동산도서관 소장 고문헌 번역총서 03

역주 유한당사씨언행록

유한당샤시언힝녹

동산도서관 소장 고문헌 번역총서 03

역주 유한당사씨언행록 유한당샤시언힝녹

초판 1쇄 인쇄 2021년 6월 16일
초판 1쇄 발행 2021년 6월 30일

옮 긴 이 김동욱
감 수 자 이종한, 장요한
펴 낸 이 신일희
펴 낸 곳 계명대학교 출판부
출판등록 제347-1998-1호(1970. 9. 1)
주 소 대구광역시 달서구 달구벌대로 1095
대표전화 053-580-6233
팩 스 053-580-6235
홈페이지 www.kmupress.com

ISBN 979-11-6516-081-4 93810 정가 25,000원

"이 저서는 대한민국 교육부와 한국연구재단이 주관하는 2021학년도 대학혁신지원사업의 지원을 받아 수행된 연구임"

동산도서관 소장 고문헌 번역총서 03

역주 유한당사씨언행록
유한당샤시언힝녹

김동욱 옮김
이종한, 장요한 감수

계명대학교 출판부

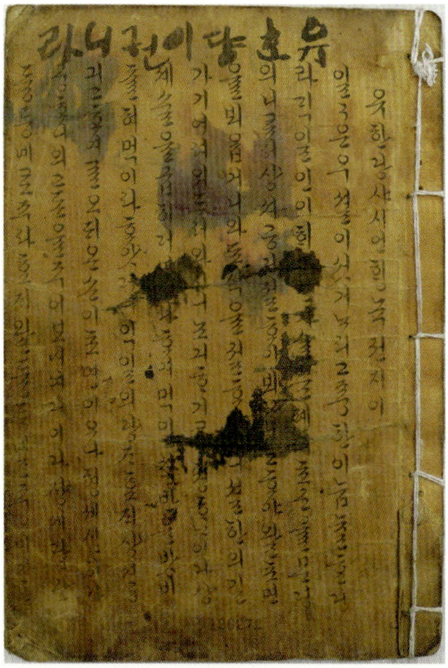

『유한당샤시언힝녹』
계명대학교 동산도서관 소장

역자 서문

『역주 유한당사씨언행록』은 계명대학교 동산도서관 소장 고문헌 번역총서의 세 번째 결과물이다. 이 책에는 허구의 여성인물 유한당(幽閒堂) 사 씨(謝氏)의 유년기와 중년기, 노년기의 일화들이 기록되어 있다. 중국 명나라 만력(萬曆, 1573~1620) 연간을 배경으로 한 것은 조선시대 소설의 관습을 따른 것으로 보인다.

유한당은 조선시대 양반 가문에서 이상적으로 여겼을 법한 여성을 허구적으로 창작해 놓은 인물이다. 유한당은 대대로 학문을 숭상하고 가법이 훌륭한 집안에서 태어났다. 어려서부터 총명했을 뿐 아니라 학문을 좋아해 매일 아침 일찍 부모님께 문안드린 후에는 종일토록 학문에 침잠하였다. 일고여덟 살 때부터 학문의 수준이 장성한 남자들을 뛰어넘었고, '왕여어(王餘魚)' 일화가 나오는 아홉 살 무렵에는 박학함이 뭇 선비들을 압도하는 경지에 이른다.

혼인 후에는 시부모님을 효로 모시고, 제사를 정성스럽게 지내며, 비복들을 인의로 대하여 일가친척의 칭송하는 소리가 자자하였다. 남편에게는 절용을 통한 치산을 건의해 가문의 재산을 늘리고, 늘어난 재산으로 의고(義庫)를 설치해 시부모가 선행을 베풀 수 있게 한다. 주변 인물과 유한당의 대화를 통해 태교와 육아, 치산과 손님 접대, 양생과 질병 예방, 언행의 유의점 등 양반 가문의 운영에 필요했을 법한 지식과 요령이 상세히 설명된다.

유한당은 일곱 아들을 비롯해 손자와 손녀, 증손자와 증손녀들에게 여러 경서와 고전을 직접 가르친다. 자손들이 묻고, 유한당이 답하는 일화들을 통해 유한당의 박학다식함이 잘 드러난다. 유한당은 학문의 목적이 박학보다 체행(體行), 즉 공부한 바를 몸소 실천하는 데 있음을 누차 강조한다.

노년의 유한당은 손녀와 손부 등을 이끌고 집안의 만수원과 수월정을 유람하기도 하고, 가족들이 모인 자리에서 시를 읊기도 한다. 작품의 마지막에는 유한당의 장자 일봉의 환갑잔치가 열린다. 시아버지 두 상서가 살아 있으니, 삼대가 환갑을 맞는 보기 드문 경사인 것이다. 잔치에는 두 상서의 후손 천여 명을 비롯하여 일가친척 수천 명이 모였다. 두 상서의 사위 태학사 위천경이 「수연서(壽宴序)」를 지어 두 상서 집안의 복록을 기록하는 것으로 작품은 끝을 맺는다.

조선시대 양반 가문의 이상적인 여성 유한당의 모습을 담은 『유한당샤시언힝녹』의 저자는 아직 밝혀지지 않았다. 이 책의 성격에 대해서도 '윤리서', '문답식 백과사전', '규훈소설' 등으로 의견이 나뉘어 있다. 이러한 점에 대해서는 추후 깊이 있는 연구가 이루어질 필요가 있다.

『유한당샤시언힝녹』을 현대어로 옮기고 주석을 달면서 역자 또한 유한당의 박학다식함에 감탄을 금할 수 없었다. 많은 노력과 시간을 쏟았고, 주변 연구자들의 가르침도 받았지만 전고의 출처를 끝내 찾지 못한 몇 곳이 마음에 걸린다. 부족하지만 앞으로의 연구에 밑거름이 되기를 바라는 마음으로 이 책을 낸다.

2021년 6월

김동욱

일러두기

1 이 책은 계명대학교 동산도서관 벽오고문헌실 소장 『유한당샤시언힝녹』(이 811.35 유한랑)을 저본으로 삼아 현대어 번역과 주석을 한 것으로, '동산도서관 소장 고문헌 번역총서' 제3권이다. 『유한당샤시언힝녹』은 명나라 만력(萬曆, 1573~1620) 연간을 배경으로 허구의 여성인물 유한당(幽閒堂) 사 씨(謝氏)를 주인공으로 하여 조선시대의 이상적인 여성상을 그린 작품이다.

2 이 책은 현대어 번역 및 주석 부분을 앞에 배치하고, 원문은 뒤에 수록하였다. 원서는 3권 3책으로 이루어져 있고 차례는 없다. 이 책의 권 구분은 원서를 따랐으며, 차례는 옮긴이가 임의로 붙인 것이다.

3 주석은 처음부터 끝까지 일련번호를 붙여 각주로 달았다. 인물, 서명, 주요 용어 및 어구의 출전, 관련 배경 지식 등을 주로 담았다. 다만 단어의 짤막한 뜻풀이는 본문의 ( ) 속에 넣었다.

4 이 책에 쓰인 연월일은 특별한 경우를 제외하고는 모두 음력이다.

5 현대어 번역 및 주석에서 한자는 가급적 적게 쓰고 반복 사용을 피하려고 했지만, 의미 전달의 명확성을 높이기 위해 고유명사나 주요 용어를 중심으로 필요하다고 생각되는 경우에 괄호 속에 병기하였다.

6 이 책에 쓰인 주요 문장부호는 다음 원칙에 따랐다.

현대어 번역

‘ ’ 중요한 의미를 지닌 어구나 용어를 강조할 때
“ ” 인용할 때
( ) 한자를 병기할 때
『 』 책이름을 표기할 때
「 」 책의 편명, 단편 작품명 등을 표기할 때

원문

【 】 원문의 쪽 표시. a는 앞면, b는 뒷면
[ ] 잘못 쓴 글자를 바로잡았을 때
○ 원문에 글자의 탈락이 있을 때. 바로 다음에 [ ]를 붙여 들어가야 할 글자를 표시
{ } 불필요하거나 중복으로 필사된 글자
□ 판독이 불가능한 글자

목차

역자 서문 • 7
일러두기 • 10

권1

유한당의 탄생 14
임진왜란을 예측하다 15
『소학』 문답① 17
『소학』 문답② 18
『소학』 문답③ 19
문(門)을 일컬은 글 20
속저(屬猪)의 유래 22
10월 16일 23
술 끊는 공부 25
글을 잘 짓는 법 27
왕여어(王餘魚) 29
여자로 태어난 한스러움 32
사당 문 앞에 서 있는 이유 34
유한당의 혼인 34
혼수는 검박하게 37
비단을 돌려보내다 39
어머니의 당부 40
유한당의 관상 42

시어머니의 병환을 살피다 ········· 44
시아버지의 조복을 짓다 ········· 45
『시경』 문답 ········· 46
일곱 아들의 출생 ········· 47
시어머니의 태교 당부 ········· 49
치산하는 법과 의고 설치 ········· 51
두효자의 꿈 ········· 54
과거를 그만 둔 두효자 ········· 57
어렸을 때 지은 시 ········· 59
삼 년 만에 친정을 찾다 ········· 61
제사 음식은 정결함이 으뜸 ········· 62
종을 부리는 도리 ········· 63
학문에 힘써라 ········· 65
『중용』과 『대학』의 큰 뜻 ········· 67
『주역』을 특히 좋아하는 이유 ········· 69
『시경』 「칠월」편 ········· 71
「경재잠」과 「숙흥야매잠」 ········· 73

권2

의고 일화① ········· 76
의고 일화② ········· 79
제나라 추기(鄒忌)의 고사 ········· 83
베 짜는 일도 공부하듯이 ········· 86
아이들 가르치는 도리 ········· 88
조선 사행을 떠나는 주지번 ········· 91
어린아이 기르는 법 ········· 95
인심과 도심 ········· 103
임신 기간이 긴 사례 ········· 105
『예기』 문답 ········· 107
『소학』 「계고」편 문답 ········· 110

사주 문답 111
약이 되는 초목과 조수 113
지기현부(知己賢婦) 117
녹함화(鹿銜花)와 앵함도(鶯含桃) 118
시어머니를 모실 때 120
음식 차리는 법 121
책력 보는 법 124
명절의 유래와 세시풍속① 130

권3

명절의 유래와 세시풍속② 143
남을 도울 때는 끝까지 145
만수원의 시 모임 147
봄에 꽃가지를 꺾지 마라 153
전당호 다녀온 아들과의 문답 155
역대 임금의 재위 기간 159
천문 보는 법 163
수월정의 가족 모임 165
검박한 가풍 169
성왕(聖王)과 성현(聖賢) 170
복을 누리는 비결 176
전당호의 명승지 188
만수원 유람 192
섭 부인의 축수 199
맏아들 일봉의 환갑잔치 202

『유한당샤시언힝녹』 원문 • 206
『유한당샤시언힝녹』 해제 • 343
찾아보기 • 355

권1

유한당의 탄생

유한당(幽閒堂) 사 씨(謝氏)는 처사 사광환(謝光翰)의 딸이요, 어머니는 노 씨(盧氏)니 한림학사(翰林學士) 노원경(盧元景)의 딸이었다. 사 씨 집안은 대대로 학문을 숭상하여 세상 사람들이 우러러 기렸고, 노 씨 가문 또한 행실과 문장이 두드러져 대대로 벼슬이 높고 법도가 훌륭한 집안이었다.

노 씨가 유한당을 정축년(丁丑年, 1577) 4월 19일에 낳으니, 송 신종(神宗) 만력(萬曆) 5년이었다. 가문이 청현(清顯)[01]하고 법도가 엄정하여 유한당이 어릴 때부터 총명하고 학문에 마음을 두니, 친척들이 다 '세상 인물의 총명한 재주는 종자(種子)가 있는 법'이라고 하였다.

유한당의 첫째 오라비인 사만춘(謝萬春)은 원외랑(員外郎)[02]이었다. 누이 동생의 타고난 자질과 성품이 빼어나고 재주가 빛남을 사랑하여 『소학(小

---

01 청현(淸顯): 청렴함이 중시되는 자리인 청환(淸宦)과 중요한 직책인 현직(顯職)을 아울러 부르는 말.

02 원외랑(員外郎): 낭중(郎中)을 보좌하는 직책으로, 명대에는 종5품직이었다.

學)』과 모든 경서를 가르쳤다. 사 씨의 나이 예닐곱이 되자 공부가 일취월장(日就月將)하여, 장성한 남자의 다 이루어진 재주로도 비할 이가 드물었다.

사 씨는 매일 일찍 일어나 세수하고 부모께 문안드리고 학문에 침잠하여 처음부터 끝까지 한결같으니, 원외랑이 기이히 여겨 '유한당'이라고 당호(堂號)[03]를 지어 주었다. 소저가 사양하며 대답하였다.

"당호는 장부라도 도성덕립(道成德立)[04]한 후에 있거늘, 하물며 여자 일고여덟 살에 어찌 당호가 있겠습니까?"

그러나 그 후에 집안사람들과 친척들이 매양 유한당이라 일컬으니, 이로 인하여 유한당이 별호(別號)가 되었다.

임진왜란을 예측하다

사 처사는 어릴 적부터 천문에 능숙하였다. 매양 밤이면 원외랑을 데리고 별을 살펴 부자(父子)가 서로 의논하더니, 계미년(癸未年, 1583) 봄에 처사가 별을 보고 말하였다.

"하늘 동쪽에 붉은 기운 있는 별이 움직였으니, 도수(度數)[05]를 의논하면 십 년이나 십일 년 후가 될 듯하다. 네가 자세히 보아라."

---

03 당호(堂號): 처소의 이름으로, 인명을 대신하여 사용하는 호칭.
04 도성덕립(道成德立): 수양하여 도와 덕을 이룸.
05 도수(度數): 별이 위치한 자리.

원외랑이 누대 위에 올라 자세히 살핀 후 아뢰었다.

“붉은 별의 기운이 중국 쪽으로 향하였으나 도수가 상당히 멀리 있으니, 외국에서는 병란(兵亂)이 날 수 있겠지만 중국은 근심이 없겠습니다.”

유한당이 곁에서 모시고 있다가 아뢰었다.

“병란이 있게 되면 소인의 나라에서 군자의 나라를 침범할 듯합니다.”

원외랑이 말하였다.

“일곱 살 어린아이가 천문서를 보지도 않았으면서 군자와 소인을 어떻게 아느냐?”

“옛 글에 ‘세재용사(歲在龍蛇)하니 군자차탄(君子嗟歎)이라’[06]하였습니다. 지금부터 십 년과 십일 년을 헤아리면 임진년(壬辰年)과 계사년(癸巳年)이니 용과 뱀의 해[07] 아닙니까. 군자가 탄식하게 된다면 군대를 움직이는 쪽은 소인이 됩니다.”

처사가 크게 웃으며 말하였다.

“일곱 살 어린아이의 글 보기와 사리 헤아리는 것이 아주 정묘하구나.”

그로부터 10년 후인 임진년에 일본이 조선(朝鮮)을 침범하니, 조선 사신이 들어와 구원병을 청하였다. 황제께서 특별한 은혜를 내리어 장수를

---

06 세재용사(歲在龍蛇)하니 군자차탄(君子嗟歎)이라: 용과 뱀의 해가 되니 군자가 탄식한다는 뜻. 『후한서(後漢書)』「정현전(鄭玄傳)」. “건안(建安) 5년 봄, 정현의 꿈에 공자가 나타나 말하였다. ‘일어나라, 일어나라! 올해는 용의 해이고, 내년은 뱀의 해이니라.’ 꿈에서 깬 정현은 그 예언을 맞추어 보고 자신의 수명이 다하였음을 알았고, 얼마 후 병으로 눕게 되었다.(五年春, 夢孔子告之曰, ‘起, 起! 今年歲在辰, 來年歲在巳.’ 旣寤以讖合之, 知命當終, 有頃寢疾.)” 이에 대해 이현(李賢)의 주에서 북제(北齊)의 유주(劉晝)의 『고재불우전(高才不遇傳)』을 인용해서, “진은 용이고 사는 뱀이다. 용과 뱀의 해가 되자 현인이 탄식하였으니, 정현이 예언을 맞추어 보았다는 말은 대개 이를 말한 것이다.(辰爲龍, 巳爲蛇. 歲至龍蛇賢人嗟, 玄以讖合之, 蓋謂此也.)”라고 하였다.

07 용과 뱀의 해: 용의 해는 임진왜란이 일어난 임진년(壬辰年, 1592)이고, 뱀의 해는 그 이듬해인 계사년(癸巳年, 1593)이다.

보내시니 처사공이 듣고 칭찬하였다.

"그때 딸아이의 말을 영민하게 들었더니 올해가 용과 뱀의 해요, 조선은 예로부터 군자로 일컫는 나라이고 일본은 바다 밖 왜적이니 그 말이 참으로 맞았도다."

『소학』 문답①

유한당이 『소학』을 읽다가 물었다.

"왕촉(王蠋)의 말에 충신불사이군(忠臣不事二君)이란 말은 군신지의(君臣之義) 조목에 두는 것이 옳거니와, 열녀불경이부(烈女不更二夫)란 말은 부부지륜(夫婦之倫) 조목에 들 법하되 군신지의 조목에 함께 들었으니 어인 일입니까?"[08]

원외랑이 말하였다.

"과연 그렇다. 이는 같은 사람의 말이니 그렇기도 하고, 책의 차례를 엮는데 상·하편이 각각 다를지라도 상편의 끝에 하편의 뜻을 연결해 놓는 것이 글의 뜻이 이어져 끊어지지 않기에 그리하였다. 네가 여자로서 책 보는 것이 심상하지 아니하니 기특하도다."

---

08 "왕촉(王蠋)의 … 일입니까?": 『소학(小學)』「명륜(明倫)」. 연(燕)의 장수 악의(樂毅)가 제나라를 침공했을 때 제나라의 신하 왕촉이 어질다는 말을 듣고 항복을 권유하였다. 그러나 왕촉은 항복을 거부하며 "충신은 두 임금을 섬기지 않고, 열녀는 두 지아비를 바꾸지 않는다(忠臣不事二君, 烈女不更二夫.)"라고 하였다.

『소학』 문답②

유한당이 「소학제사(小學題辭)」[09]를 읽을 때 원외랑이 물었다.

"원형이정(元亨利貞)은 춘하추동(春夏秋冬)의 차례로 하였거니와 인의예지(仁義禮智)는 차례가 다르다. 인(仁)은 봄에 속하고, 의(義)는 가을에 속하고, 예(禮)는 여름에 속하고, 지(智)는 겨울에 속하니 '인예의지'라 이를 법하되 '인의예지'라 하였다. 왜 그러한지 그 뜻을 아느냐?"

"별 깊은 뜻은 없습니다. 원형이정은 사계절의 차례로 일렀거니와, 인의예지는 인이 동(東)에 속하고, 의는 서(西)에 속하고, 예는 남(南)에 속하고, 지는 북(北)에 속한 것이니 동서남북 일컫는 법으로 말한 것입니다."

원외랑이 짐짓 물었다.

"동서남북은 '동남서북'이라고 못 말하느냐?"

"원형이정은 천시(天時)이니 차례로 말하옵고, 동서남북은 지리(地理)이니 마주 선 것을 의거하여 일컬은 것입니다. 어찌 유행대대지리(流行待對之理)[10]를 모르십니까?"

원외랑이 무릎을 치면서 탄복하고 칭찬하였다.

"책 읽는 남자도 유행대대지리를 아는 자 드물거늘, 너는 어린 여자인

---

09 「소학제사(小學題辭)」: 『소학』의 머리말에 해당하는 글로, 주희(朱熹)가 지었다. 「소학제사」의 첫 문장은 다음과 같다. "원형이정은 하늘 도리의 변치 않는 이치요, 인의예지는 인간 본성의 벼리이다.(元亨利貞, 天道之常, 仁義禮智, 人性之綱.)"

10 유행대대지리(流行待對之理): 유행(流行)은 시간의 차례대로 말하는 것이고, 대대(待對)는 대립되는 것을 짝지어 말하는 것이다.

데도 벌써 알고 있으니 어찌 기특하지 않으냐."

『소학』 문답③

하루는 유한당이 『소학』 첫 부분을 읽다가 원외랑에게 물었다.

"'잘 때 옆으로 눕지 않고, 앉을 때 치우쳐 앉지 않으며, 눈으로는 삿된 것을 보지 않고, 귀로는 음탕한 소리를 듣지 않는다.'[11] 남자의 학문 공부도 이러하거늘 어찌 부인에게만 일컬으며, 부인의 평상시에도 이러하거늘 어찌 임신한 때에만 일컬었나이까?"

"너의 질문이 참 정밀하고 깊구나. 남자나 부인이나 어느 때나, 학문하는 사람이라면 그렇게 행동해야 하지 않겠느냐. 다만 『열녀전(列女傳)』에서 부인이 임신하였을 때 태교하는 공부를 이른 까닭에 그리하였다."

11 잘 때 … 듣지 않는다: 『소학』 「입교(立教)」. "잘 때 옆으로 눕지 않고, 앉을 때 치우쳐 앉지 않고, 설 때 한 발로 서지 않고, 부정한 맛의 음식은 먹지 않고, 고기를 바르게 썰지 않으면 먹지 않고, 자리가 반듯하지 않으면 앉지 않고, 눈으로는 삿된 것을 보지 않고, 귀로는 음탕한 소리를 듣지 않는다.(寢不側, 坐不邊, 立不蹕. 不食邪味, 割不正, 不食, 席不正, 不坐, 目不視邪色, 耳不聽淫聲.)" 원 출처는 『열녀전(列女傳)』 「주실삼모(周室三母)」이다.

문(門)을 일컬은 글

유한당이 마루문 가장자리에 서 있었는데, 원외랑이 밖에서 들어오며 물었다.

"왜 문 옆에 서 있느냐?"

"오라버니께서 평생 길 가운데를 피하여 매양 가장자리로 다니시며, '부모께서 살아 계시거든 길 가운데로 다니지 마라.'[12]는 가르침을 몸소 실천하시거늘, 제가 어찌 문 가운데 서지 않는다는 가르침을 받들지 아니하겠습니까. 아홉 살 이후로는 문 가운데에 서지 않았습니다."

"네가 이미 '문'으로 말을 시작하였으니, 옛 사람의 가르침 중에 '문'을 일컬은 것을 대답할 수 있겠느냐?"

"행불리역(行不履閾)[13]이라는 말씀도 있고, 출입문호(出入門戶)에 필후장자(必後長者)라[14] 한 말씀도 있습니다만, 호개역개(戶開亦開)하고 호합역합(戶闔亦闔)이라[15] 하신 가르침이 참으로 좋더이다."

---

12 부모께서 … 다니지 마라: 『소학』「명륜」. "부모께서 살아 계시거든 거처할 때 어른 앉는 곳에 거처하지 않고, 앉을 때 자리 가운데 앉지 않으며, 길을 갈 때 가운데로 가지 않고, 서 있을 때 문 가운데 서지 않는다.(爲人子者, 居不主奧, 坐不中席, 行不中道, 立不中門.)" 원 출처는 『예기(禮記)』「곡례(曲禮)」이다.

13 행불리역(行不履閾): 『논어』「향당(鄕黨)」. "공자께서는 문 가운데 서지 않으셨고, 문턱을 밟지 않으셨다.(立不中門, 行不履閾.)"

14 출입문호(出入門戶)에 필후장자(必後長者)라: 『소학』「입교」. "여덟 살이 되면 문을 드나들고 음식 먹을 때 반드시 연장자보다 뒤에 하도록 하여 처음으로 겸양을 가르친다.(八年, 出入門戶, 及卽席飮食, 必後長者, 始敎之讓.)"

15 호개역개(戶開亦開)하고 호합역합(戶闔亦闔)이라: 『소학』「경신(敬身)」. "문을 들어가려 할 때는 시선을 반드시 아래로 하며, 문고리가 있는 부분을 두 손으로 받들며, 시선을 돌리지 않는다. 문이 열려 있었으면 나도 열어 두고, 문이 닫혀 있었으면 나도 닫아 두되, 뒤에 들어오는 자가 있으면 닫을 때 완전히 닫지 말아야 한다.(將入戶, 視必下, 入戶奉扃, 視瞻毋回, 戶開亦開, 戶闔亦闔,

원외랑이 또 물었다.

"『사기(史記)』에 문 일컬은 글을 말할 수 있겠느냐?"

"『사기』에는 수많은 글이 있사오니 어떻게 다 일컫겠습니까. 왕손가(王孫賈)의 노모가 문에 기대던 것[16]과 도연명(陶淵明)의 어린아이가 문에 나오던 것[17]이 각각 어머니 되어 자애로움에 그치고 자식이 되어 효에 그친 것이니,[18] 그 두 문이 분명히 별 볼 것 없는 사립문이겠지마는 어머니의 사랑과 아들의 효성으로 인해 후세에 이름을 전하니 그 아니 좋습니까."

원외랑이 크게 기뻐하고 찬탄하며 말하였다.

"너는 평범한 말에도 인륜의 행실을 일컬으니, 평소 품행을 가히 알 수 있겠다."

有後入者, 闔而勿遂.)"

16 왕손가(王孫賈)의 노모가 문에 기대던 것: 『소학』「계고(稽古)」. 왕손가는 제민왕(齊閔王)을 섬겼는데, 왕이 패하여 도망가자 왕손가는 집으로 돌아왔다. 그러자 왕손가의 어머니는 다음과 같이 말하였다. "네가 아침에 나가서 늦게 돌아오면 나는 집 문에 기대어 너를 기다렸고, 네가 저녁에 나가서 돌아오지 않으면 나는 마을 문에 기대어 너를 기다렸다. 너는 지금 섬기는 임금이 도망가 어디 계신지 모르면서, 어찌 돌아왔느냐?(女朝出而晩來, 則吾倚門而望, 女暮出而不還, 則吾倚閭而望. 女今事王, 王出走, 女不知其處, 女尙何歸?)" 원 출처는 『전국책(戰國策)』「제책(齊策)」이다.

17 도연명(陶淵明)의 어린아이가 문에 나오던 것: 도연명의 「귀거래사(歸去來辭)」에 그가 벼슬을 버리고 낙향해 집에 도착하니, "어린 자식들이 문에서 기다리고 있네.(稚子候門.)" 하는 구절이 있다.

18 어머니 되어 … 그친 것이니: 『대학(大學)』. 주 문왕(周文王)의 덕을 찬미하는 글에 "자식이 되어서는 효에 그쳤고, 아버지가 되어서는 자애로움에 그쳤다.(爲人子止於孝, 爲人父止於慈)"라고 하였다.

속저(屬猪)의 유래

원외랑의 셋째 동생이 열 살 때에 글을 읽다가 형 원외랑이 '속저(屬猪)'라 하는 글자의 뜻을 물으니 셋째가 대답을 못하였다. 원외랑이 급작스럽게 화를 내며 과하게 꾸짖으니, 유한당이 곁에 앉아 있다가 말하였다.

"형이 어린 아우를 극진히 가르치려 하니 우애가 지극하거니와, 말과 낯빛을 급작스럽게 하는 것은 학자의 공부에 부족한 일입니다. 그리고 아이에게 글도 가르치려니와, 아이 보는 데 말과 낯빛을 참을성 없이 하여 보이는 것은 아이 가르치는 도리가 아니옵니다."

원외랑이 사과하였다.

"속저라는 문자가 어려운 것이 아니거늘, 아우가 잊어버렸으니 꾸짖느라 자연스레 말과 낯빛을 삼가지 못하였다. 누이의 말이 과연 마땅하니, 내가 부끄럽구나."

유한당이 물었다.

"속저는 어떠한 말인가요?"

"송(宋)나라를 속저라 한다."

"그 유래가 무엇인지요?"

"그 유래는 모르겠구나."

유한당이 웃으니 원외랑이 말하였다.

"너는 속저의 유래를 아는가 싶으니 말하여라."

"송 태조(太祖) 조광윤(趙匡胤)이 정해생(丁亥生, 927)이니, 해(亥)는 돼지인 까닭에 속저라 일컬었습니다."[19]

원외랑이 크게 기뻐하였다.

"아우가 속저라는 문자를 잊었으니 나에게 꾸지람을 들을 법하고, 나는 속저의 유래를 몰랐으니 누이동생에게 꾸지람 듣기를 어찌 면하겠나."

10월 16일

10월 16일, 소나무 가지로 이은 처마에 달이 들고 국화주가 잘 익었다. 처사공이 원외랑과 형제들을 데리고 술을 따르게 하며 부자가 글을 담론하다가 원외랑이 유한당에게 물었다.

"오늘이 소동파(蘇東坡)가 후적벽(後赤壁)에 놀던 날인 줄 아느냐?"[20]

"오라버니는 문장을 숭상하시기에 「후적벽부(後赤壁賦)」 짓던 풍경을 생각하시거니와, 저는 다른 것을 생각합니다."

"무엇이냐?"

"주회암(朱晦庵)[21] 선생께서 달이 뜬 밤 시냇가에 허진지(許進之) 데리고

---

19 속저(屬猪): 돼지띠. 송 태조(太祖) 조광윤(趙匡胤, 927~976)이 정해년(丁亥年)에 태어났고, 송 태종(太宗) 조경(趙炅, 939~997)도 기해년(己亥年)에 태어나 '속저'가 송나라의 별칭으로 쓰이게 되었다.

20 소동파(蘇東坡)가 후적벽(後赤壁)에 놀던 날: 소식(蘇軾, 1037~1101)은 북송의 문인으로 동파(東坡)는 그의 호이다. 1082년 7월 16일, 유배 중이던 소동파는 양자강 상류에 있는 적벽에서 노닐며 「전적벽부」를 지었고, 같은 해 10월 보름에 「후적벽부」를 지었다.

21 주회암(朱晦庵): 주희(1130~1200). 남송의 유학자로 회암(晦庵)은 그의 호이다. 주자(朱子)로 높여 부르기도 한다.

거문고 들으시고 「초은조(招隱操)」 지으시던 날이 10월 16일 아닙니까.[22] 저는 회암의 일을 생각하는데 오라버니는 생각하는 것이 아름다운 문장 짓는 일에 지나지 않는군요. 오라버니가 이미 적벽의 놀이를 생각하였으니, 제가 잔을 씻고 다시 술을 드리오리다."

그리고 잔을 깨끗이 씻어 국화주를 가득 부어 가져 오니 원외랑이 받아 마시고 크게 기뻐하며 난간에 기대어 말하였다.

"10월 16일에 놀던 이를 내 또 하나 생각하였으니, 오룡한(吳龍翰)의 황산(黃山) 놀던 것[23]이 오늘이 아니냐?"

유한당이 웃고 대답하였다.

"오라버니가 생각하는 것은 또 아름다운 문장 짓는 일입니다. 제가 또 생각하는 것이 있습니다."

"무엇이냐?"

"안약우(顔若愚)가 『심경(心經)』을 간행해 군(郡)에 있는 향교의 학자들과 강론하던 날이 10월 16일이 아닙니까."[24]

원외랑이 크게 웃고 칭찬하였다.

"너는 다 현인과 군자의 일을 생각하니 과연 기특하도다. 소동파가 「전적벽부(前赤壁賦)」를 7월 16일에 지었으니, 옛적 학자가 7월 16일에 지

---

22 허진지(許進之) … 아닙니까: 『회암집(晦庵集)』 「초은조(招隱操)」. 10월 16일 밤 허진지가 거문고를 끼고 주희를 찾아와 연주하니 주희가 「초은조」를 지었다.

23 오룡한(吳龍翰)의 황산(黃山) 놀던 것: 오룡한(1233~1293)은 송의 문인이다. 그의 문집 『고매유고(古梅遺稿)』 「황산기유(黃山紀遊)」에 의하면, 1268년 10월 16일 오룡한은 포운룡(鮑雲龍), 송복일(宋復一)과 함께 황산을 유람하였다.

24 안약우(顔若愚)가 … 아닙니까: 『심경부주(心經附註)』 「심경찬(心經贊)」. 1234년 10월 16일 안약우가 『심경』을 새로 판각하고 「심경찬」을 썼다.

은 글을 말할 수 있겠느냐?"

"그것도 있습니다. 오라버니가 「적벽부(赤壁賦)」로 10월과 7월의 두 16일 말씀을 하셨고, 저는 아까 『심경』으로 말하였으니 『심경』으로 대답하오리이다. 정민정(程敏政)이 『심경』 서문을 짓던 날이 7월 보름입니다."[25]

원외랑이 몹시 웃으며 말하였다.

"너의 총명은 실로 극히 뛰어나니, 오늘 밤을 새어도 당해내기 어렵겠다."

술 끊는 공부

원외랑이 술 마시기를 즐겨 혹 아름다운 산수를 유람할 때나 꽃 핀 아침, 달 뜬 저녁에 친구를 만나면 과음하여 취하기 잦으니 부친 처사공이 매양 경계하여 금하였다. 유한당도 간하여 말하였다.

"오라버니께서 평생 『주역(周易)』을 좋아하시면서 어찌 『주역』의 '절음식(節飮食)'[26] 세 글자를 행하지 못하시나이까. 공자(孔子) 말씀에 '부모는 오직 자식이 병들지 않을까 그것만을 걱정한다.'[27]라고 하였으니, 술을 절제하지

---

25 정민정(程敏政)이 … 보름입니다: 정민정(1446~1499)은 명의 문인이다. 1492년 7월 보름 정민정이 『심경부주』 서문을 썼다.

26 절음식(節飮食): 『주역』「이괘(頤卦)」. "산(山) 아래에 우레가 있는 것이니, 군자가 이를 보고 언어를 삼가며 음식을 절제한다.(象曰. 山下有雷, 君子以愼言語, 節飮食.)"

27 공자 말씀은 … 걱정한다: 『논어』「위정(爲政)」. "맹무백(孟武伯)이 효를 묻자, 공자께서 말씀하셨다. '부모는 오직 자식이 병들지는 않을까 그것만을 걱정한다.'(孟武伯問孝, 子曰, '父母唯其疾之憂.')"

못하시다가 때때로 병들면 부친에게 얼마나 걱정을 끼치게 되겠습니까."

지성으로 간하니 원외랑이 대답하였다.

"누이동생의 말이 참으로 옳으니, 내 어찌 따르지 아니하겠는가."

그때부터 술 마시기를 그치고 「계주잠(戒酒箴)」을 지어 벽 위에 붙이고 유한당에게 말하였다.

"이후 내가 다시 술 마시거든 네가 간해라."

그리하니 유한당이 매양 거듭 칭송하더니, 오랜 후 유한당이 물었다.

"오라버니, 술 생각이 없나요?"

"내가 누이와 언약하였거늘, 다시 술 생각이 어찌 있겠느냐."

"마음을 정한 후 다시 아니 먹으려니와, 오랜 후면 생각나기 쉽지요."

그리하더니 술을 끊은 지 십여 년 만에 원외랑이 여러 벗 모인 곳에 갔다가 돌아와 말하였다.

"오늘 잔치 자리에 좋은 술이 잔에 가득하고 향기로운 기운이 누대에 낭자하니, 과연 오늘은 마시고 싶은 생각이 나더라."

유한당이 웃으며 말하였다.

"그러하기 쉽습니다. 옛적에 정명도(程明道)[28] 선생이 16세 때에 사냥을 좋아하시다가 즉시 그치신 후 '내 다시 그 마음이 없다'라고 하시니 주렴계(周濂溪)[29] 선생이 말하되, '어이 말을 쉽게 하느냐. 이 마음이 가만히 있어 일어나지 않다가 어느 날 움직이기 시작하면 다시 처음 같기 쉽다'라

28 정명도(程明道): 정호(程顥, 1032~1085)는 송의 유학자로 명도(明道)는 그의 호이다. 아우 이천(伊川)과 함께 이정(二程)으로 일컬어진다.

29 주렴계(周濂溪): 주돈이(周敦頤, 1017~1073)는 북송의 유학자로 염계(濂溪)는 그의 호이다. 『태극도설(太極圖說)』을 지었다.

고 하였습니다. 그리고 12년 뒤에 정명도 선생이 저물녘에 들판을 지나다가 사냥하는 사람의 모습을 보고 자신도 모르는 사이에 기쁜 마음이 생겨나니, '과연 못하는 줄을 이제 알겠다'라고 하였습니다.[30] 전에 술 생각이 없다는 오라버니 말씀은 말을 과연 쉽게 하는 것이었습니다. 이제 술을 보고 마음이 움직이는 것은 정명도 선생이 사냥하는 광경을 보고 기뻐하는 마음이 생기던 것과 같습니다. 정명도 선생께서 마음을 굳게 잡으시어 사냥 좋아하는 마음을 다시 내지 않으셨으니, 오라버니도 술 끊는 공부를 오래 지키어서 좋은 술을 마주해도 마실 생각이 다시 나지 않는다면 학자의 공부를 음식과 같은 작은 일이라도 가히 볼 수 있을 것입니다."

원외랑이 기특해하며 고마워하였다.

"네가 근거로 삼은 말이 과연 절실하니, 내 어찌 명심하지 않겠느냐."

글을 잘 짓는 법

처사가 공부할 때 옛 성현의 '어질 인(仁)' 일컬은 말을 다 모아 책 두 권을 만들어 『구인록(具仁錄)』이라 이름 짓고 모든 아들을 불러 서문을 지어오게 하였다. 그리고 지어 온 글을 처사가 한 번 보고는 유한당을 보여

---

30 정명도 … 라고 하였습니다: 『심경부주』 「천선개과(遷善改過)」. 정명도가 나이 16, 7세 때에 사냥을 좋아하였다가 끊고 그 마음이 없다고 하니, 주렴계가 그 마음이 단지 숨어 있을 뿐이라고 하였다. 12년 후 들판에서 사냥하는 모습을 보았더니, 과연 기뻐하는 마음이 일어났다는 정명도의 말이 있다.

주며 글의 수준을 평하라고 하니, 유한당이 아뢰었다.

“대단히 잘 지었으니, 육조(六朝)[31]의 고수라도 여기에서 더할 바 없을 정도입니다. 좋은 글입니다만 아랫부분은 문장의 격조가 윗부분만 못하여 부족할 뿐 아니라, 윗부분의 뜻을 착실히 연결하지 못하였으니 이것이 흠입니다.”

처사가 크게 웃으며 말하였다.

“시험하여 너에게 보였더니, 네 말이 과연 내 생각과 같다. 네가 여자인데 어떻게 글 짓는 데 상하관쇄(上下關鎖)[32]하는 법을 알고 있느냐?”

“이전에 약간 글을 볼 때 알았습니다.”

“어느 글에서 보았느냐?”

“글들이 다 상하관쇄 아닌 글이 없더이다. 우선 「소학제사」로 보아도 위에는 ‘범차궐초(凡此厥初), 무유불선(無有不善)’[33]이라 일컫고 아래는 ‘내복기초(乃復其初)’[34]라 하였으니, 초(初) 자 하나를 위아래로 연결한 것입니다. 그리고 위에는 ‘시왈병이(是曰秉彝)’[35]라 일컫고 아래는 ‘행자병이(幸玆秉彝)’[36]라 일컬어 병이(秉彝) 두 글자로 상하를 연결하였으니, 그 한 편의 글을

---

31 육조(六朝): 오(吳)·동진(東晋)·송(宋)·제(齊)·양(梁)·진(陳) 왕조를 말한다. 위진남북조(魏晉南北朝, 221~589) 시대에 양자강 이남의 건강(建康: 지금 南京市)에 도읍한 여섯 왕조를 지칭한다.

32 상하관쇄(上下關鎖): 글의 처음과 끝을 서로 이어 연결되도록 짓는 법.

33 범차궐초(凡此厥初), 무유불선(無有不善): 『소학』「소학제사」. “무릇 인성(人性)은 그 시초가 착하지 않음이 없으니, 가득한 네 가지 마음씨가 느끼는 바에 따라 드러난다.(凡此厥初, 無有不善, 藹然四端, 隨感而見.)”

34 내복기초(乃復其初): 『소학』「소학제사」. “명명(明命: 하늘이 사람에게 부여한 본성)이 환하여 안과 밖이 따로 있지 않으니, 덕이 높이 쌓이고 업이 널리 베풀어지면 그 본성의 시초를 회복하게 된다.(明命赫然, 罔有內外, 德崇業廣, 乃復其初.)”

35 시왈병이(是曰秉彝): 『소학』「소학제사」. “어버이를 사랑하고 형을 공경하며, 임금에게 충성하고 어른에게 공손함을 병이(秉彝: 사람의 변치 않는 본성)라 한다.(愛親敬兄, 忠君弟長, 是曰秉彝)”

36 행자병이(幸玆秉彝): 『소학』「소학제사」. “다행하게도 병이(秉彝)는 천지가 다하도록 떨어짐이 없다.(幸玆秉彝, 極天罔墜.)”

보아도 글 짓는 법의 큰 체제를 알 수 있을 것입니다."

처사가 원외랑을 불러 말하였다.

"네 누이동생이 이 글을 보고 '아랫부분이 윗부분만 못하고, 위와 아래의 글 뜻이 연결되지 못하였다'라고 하니 글 보는 소견이 무던하다."

"누이동생의 말이 맞습니다. 글을 지을 때 절반을 짓고 나서 아우가 보고 '반 아래는 내가 짓겠다'라고 하여 짓게 하였더니, 서문 짓기는 처음이라 서툴러 이렇게 된 것입니다. 아래편을 고쳐 짓겠습니다."

왕여어(王餘魚)

하루는 원외랑 형제가 모여 글도 짓고 꽃과 버드나무 경치도 구경하더니, 유한당이 물고기를 얻어 회를 쳐 내왔다.

"오라버니, 이 물고기 이름을 아시나이까?"

원외랑이 말하였다.

"반면어(半面魚)라고도 하고, 비목어(比目魚)라고도 한다."[37]

"이름이 또 있습니까?"

"듣지 못하였으니 알거든 말하여라."

37 반면어(半面魚)라고도 … 한다: 반면어와 비목어는 가자미, 넙치와 같이 눈이 한 쪽으로 쏠려 있는 물고기 종류를 말한다.

"일명 왕여어(王餘魚)[38]라 합니다. 옛적에 월나라 왕이 전당호(錢塘湖)[39]에서 물고기를 잡아 회를 쳐 먹고 반쪽을 물에 도로 넣으니 그 고기가 되살아나서 이름을 '반면어'라 하고, 왕이 먹고 남은 것이기에 '왕여어'라 합니다."

여러 형제들이 크게 웃으며 말하였다.

"세상 사람들이 우리 형제들을 책 많이 읽었다 일컫거늘, 오늘날 누이동생을 당할 길이 없으니 너의 총명한 재주를 볼 때마다 여자로 태어난 것이 안타깝다."

"장부라도 행실을 숭상할 것이니 오직 책 많이 읽는 것으로만 이름이 있다면 귀할 것이 어이 있으며, 하물며 여자는 모름지기 학문을 삼갈 것이니 박람 있는 척하는 것도 얼마나 괴이한 일입니까. 제가 약간 책을 보았으나 오라버니들 재주를 어찌 당하오며, 마침 물고기를 회 치다가 생각하니 형제와 남매 모인 자리요 바깥사람은 없기에 우연히 한 말입니다. 칭찬하심을 들으니 도리어 부끄럽습니다."

몇 개월 후 황제께서 태액지(太液池)[40]에 꽃을 구경하시고 고기를 낚으시며 선비를 모아 과거를 시행하시었다. 유한당의 셋째 오빠가 뜰에 있었는데, 과거의 글제를 '왕여어' 세 글자로 내어 거는 것이었다. 뜰에 가득

---

38 왕여어(王餘魚): 송 고승(高承)의 『사물기원(事物紀原)』「회잔(膾殘)」. "월나라 왕 구천이 회계를 지키고 있을 때였다. 막 물고기를 쳐 회를 만들었는데, 오나라 군대가 있다는 말을 듣고 그 나머지를 강에 버리니, 변해 물고기가 되었다. 그런데 회의 모습을 하고 있는 까닭에 '회잔'이라 하였다. 또는 '왕여어'라고도 한다.(越王句踐之保會稽也, 方斫魚爲膾, 聞有吳兵, 棄其餘於江, 化而爲魚. 猶作膾形, 故名膾殘. 亦曰王餘魚.)"

39 전당호(錢塘湖): 중국 절강성(浙江省) 항주(杭州) 서쪽에 있는 서호(西湖).

40 태액지(太液池): 궁궐 안 연못의 이름.

찬 선비들이 왕여어 유래를 알지 못해 다들 글을 자세하게 짓지 못하였다. 셋째는 이를 누이동생에게 들었던 것이라서 그대로 글을 지어 바쳤다. 황제가 누 위에 올라 직접 글을 평가하시다가 그 글을 보시고 크게 칭찬하여 장원으로 삼았다. 그리고 불러들여 술을 하사하며 후한 상을 내리고 물어보시었다.

"왕여어 풀이를 어느 책에서 보았느냐?"

장원이 책 이름은 듣지 못한 까닭에 누이동생에게 들었다고 사실대로 아뢰니 황제께서 말씀하시었다.

"네 형제들이 다 이름 있는 선비인데, 네 누이 또한 그러하다 하니 가히 그 오빠에 그 누이라 할 만하구나."

장원이 집에 돌아와 이러한 말씀을 다 전하니 집안사람들이 축하하고 영광을 일컫지 아니하는 사람이 없는데, 유한당은 홀로 이렇게 말하였다.

"『예기(禮記)』에 '공무를 보는 곳에서는 부녀자에 관한 일을 말하지 않는다'[41]라 하였는데, 조정에서 어찌 누이 말을 꺼내셨어요. 저는 평소 저를 기리는 말이 문 밖에 나는 것도 꺼리는데, 하물며 조정에서 기리는 것이 반갑겠습니까. 그리고 오라버니 출세하는 첫 말씀이 『예기』에 어긋나니 안타깝습니다."

장원이 자신의 잘못을 사과하였다.

---

41 공무를 … 말하지 않는다.: 『예기』「곡례 하」. "공무를 보는 곳에서는 부녀자에 관한 일을 말하지 않는다.(公庭, 不言婦女.)"

여자로 태어난 한스러움

하루는 원외랑 형제가 부모께 문안드리고 누이동생을 찾으니 부인이 말하였다.

"문안하고 갔다."

여러 형제가 유한당에 이르러 보니 책상을 대하여 글을 읽지 않고 단정히 앉아 슬픈 기색이거늘 형제들이 물었다.

"누이, 오늘이 무슨 날이기에 쓸쓸히 앉아 무슨 일을 근심하는가?"

유한당이 탄식하고 대답하였다.

"제 평생을 생각하니 남자 되지 못하고 여자의 몸이 되어 천하의 경개 좋고 이름난 많은 산천을 널리 보는 것이 장부의 쾌한 일이로되 저는 그리 못하고, 역대의 역사책을 널리 보아 고금의 치란(治亂)에 관한 사적을 두루 보는 것이 장부의 지혜 느는 것이로되 저는 그리 못하고, 인간세상의 기문벽서(奇文僻書)[42]를 많이 모아 누대 위에 쌓아두고 기화이초(奇花異草)를 동산에 많이 심어두고 그 가운데 앉아 문장을 삼는 것이 장부의 훌륭한 일이로되 저는 그리 못하고, 젊을 때 과거에 급제하여 평생 경륜을 베풀어 위로는 나라를 도와 태평성세를 이루고 아래로는 가문의 이름을 지켜 문호를 영광스럽게 하는 것이 장부의 사업이로되 저는 그리 못합니다. 발걸음이 당 아래를 내려갈까 두려워하고, 말이 발 바깥에 날까 염

42 기문벽서(奇文僻書): 기이한 글과 책.

려하며, 하는 것은 불과 길쌈과 바느질, 음식 장만하는 일에 지나지 않으니, 마음속에 아는 것이 있지만 하나도 내어 쓰지 못합니다. 이러니 장부의 허다한 사업에 비교하면 어찌 지극한 한이 되지 않겠습니까."

원외랑이 답하였다.

"천지가 나뉜 후에 건도(乾道)는 움직이기를 숭상하니, 이 이치는 『주역』 건괘(乾卦)와 곤괘(坤卦)에 밝히 일렀다.[43] 학식 있는 부녀자가 예로부터 사업을 주장하여 이룬 일이 없거늘, 이제 너뿐이라고 한탄하겠느냐. 세상 남자들인들 공명과 사업을 사람마다 이루는 것은 아니다. 남자 중에도 용렬하여 취한 듯 꿈꾸는 듯 살다가 죽는 자가 무수하다. 그러한 자로 말할 것 같으면 차라리 여자 되어 조신하여 평생 허물없이 천성을 온전히 하여 세상에 현철한 부인으로 이름을 얻는 것이 나으니, 어찌 용렬한 장부를 부러워하겠느냐. 네가 일컫는 문장과 사업 이외에, 으뜸은 학문이다. 학문 공부는 남자나 여자나 다를 것이 어찌 있겠느냐. 누이는 성품이 출중하여 문장도 할 것이요 사업도 할 것인데, 그러하건마는 여자로 태어났구나. 부모님과 우리들이 너의 지혜 특출한 것을 보거나 문자에 총명한 것을 보면 늘 애달파하였더니, 오늘 네 말을 들으니 내 마음이 더욱 한스럽다. 네 성품이 이미 도에 가깝고 집안의 가르치심이 다 학문으로 하시니, 네 학문 공부를 힘써 하여 여중군자(女中君子) 되면 부모와 형제의 마음에 어찌 기특하지 않겠느냐."

---

43 건도(乾道)는 … 일렀다: 『주역』「건괘(乾卦)」 "하늘의 운행은 굳세니, 군자가 이를 보고 스스로 힘써 쉬지 않는다.(天行健, 君子以自彊不息.)"

사당 문 앞에 서 있는 이유

유한당이 아홉 살 때에 처사의 집 한 쪽에서 불이 났다. 온 집안사람들이 놀라서 불을 끈 후에 보니 유한당이 방에 없었다. 사람들이 급히 두루 찾으니, 유한당이 사당 중문을 열고 열쇠를 손에 들고 중문 안에 서 있었다. 사람들이 까닭을 물으니 유한당이 대답하였다.

"온 집안사람들이 불을 끄려고 정신없이 바쁜데 나는 어린아이라서 불을 끄지 못합니다. 그런데 만일 불이 사당 가까이 오게 되면 어른들이 문 열기가 창졸간에 급할까 염려하여 사당 중문을 열고, 이미 연 후는 비워두지 못하여 지키고 있었습니다."

사람들이 다 기특히 여기고, 처사공도 듣고 말하였다.

"네 생각은 뛰어나기가 매양 이러하니, 남자로 태어나지 못한 게 아깝다."

유한당의 혼인

유한당이 장성하니 주위 부귀한 집에서 구혼하는 자가 많았다. 처사가 다 사양하고 원외랑에게 말하였다.

"지금 상서(尙書)로 있는 두원용(杜元庸)의 효성스럽고 우애 있는 행실이 원근에 뚜렷하고, 집안과 인물도 내 뜻에 부합한다. 그의 장자 천복(天

復)이 부모의 가르침을 받아 빼어나다고 하니, 통혼함이 어떠할까?"

"과연 합당합니다. 누이동생이 태어날 적에 기이한 몽조가 있었고, 자라서는 생각이 깊고 차분하여 법도에 어긋나지 않으며, 기상이 온화하고 자약하니 자손이 심히 번성할 것입니다. 두 상서의 가풍이 극히 어질어 후손이 많을 집이니 서로가 구하는 바에 마땅합니다."

드디어 두 상서 집에 통혼하니 두 상서가 크게 기뻐하며 말하였다.

"선비와 군자의 혼인 맺는 도리란, 재물을 논하는 것은 오랑캐의 풍속이요, 권세를 탐하는 것은 학자가 경계한 바라. 사 처사와 평상시 교분이 깊을 뿐 아니라 그 사람됨과 품행을 극히 아름답게 여기더니, 이제 두 집이 혼사를 맺음이 어찌 우연한 일이겠는가."

서로 혼약하고 처사 집에서 택일을 하려 하였다. 당시 성의백(誠意伯) 유기(劉基)[44] 후손인 시어사(侍御史) 유황의 집에 택일하는 방술을 적은 책이 대대로 전하였는데 그 술법이 정묘하였다. 마침 어사는 처사와 평소 금란지교(金蘭之交)[45]로, 처사를 보러 와 술잔을 나누며 즐기다가 처사가 말하였다.

"내 집의 어린 딸이 결혼할 길일을 정하여 줌이 어떠한가?"

어사가 허락하며 말하였다.

"길일 택하는 법이 상·중·하 삼층이니, 상등의 사람에게 중등과 하등

---

44 성의백(誠意伯) 유기(劉基): 유기(1311~1375)의 자는 백온(伯溫)이다. 원말명초(元末明初)의 학자로 명의 개국에 공을 세워 성의백에 봉해졌다. 명리학(命理學)에 능하였다.

45 금란지교(金蘭之交): 쇠처럼 굳세고 난초처럼 향기로운 사귐. 『주역』「계사전 상(繫辭傳上)」. "두 사람이 마음을 같게 하면 그 예리함은 쇠도 자를 수 있고, 마음이 같은 사람의 말은 향기가 난초와 같다.(二人同心, 其利斷金, 同心之言, 其臭如蘭.)"

의 날짜를 못 쓰고, 중등과 하등의 사람에게 상등 날짜를 못 쓰네. 세상이 그런 법을 모르고 택일만 좋게 하려고 하는데 이는 조화의 이치를 모르는 것일세. 결혼하는 집이 누구인가?"

"상서 두원룡의 장자네."

어사가 크게 기뻐하며 말하였다.

"두 상서는 내 평생의 벗이네. 친분이 깊을 뿐 아니라 가법이 가장 인후하여 후손이 필히 번창할 것이니 가히 상등 택일로 쓸 것일세. 내 두 벗의 혼인 대례 정하기를 어찌 사양하겠는가."

드디어 택일하여 주며 말하였다.

"이듬해 신묘년 2월 24일로 정하였네. 그날은 소위 '쌍비호접격(雙飛胡蝶格)'[46]이니 후세에 부귀할 뿐 아니라 자손 중에 어질고 현명한 사람과 부인이 많이 날 걸세."

처사가 고마워하며 말하였다.

"벗의 집에 혼사를 정하고, 친한 벗이 날짜를 잡아주니 실로 기이한 일일세."

---

46 쌍비호접격(雙飛胡蝶格): 명리학에서 사주의 오행을 따져 평가하는 용어로, 두 마리의 나비가 짝지어 날아다니는 격이라는 뜻.

혼수는 검박하게

처사 부인이 혼수(婚需)를 화려하게 차리고자 하니 처사가 말하였다.

"자식을 길러 결혼시킴에 부모의 마음이 어찌 혼수를 사치스럽게 하고 싶지 않겠소. 그러나 과도하게 화려한 것은 조물주가 시기하여 재앙이 닥치기 쉽고, 검박한 것은 복을 받는다고 하였어요. 옛 말이 그럴 뿐 아니라, 내 수십 년 세상에 친척과 직우(直友)[47]의 집을 보니 집집마다 겨뤄가며 사치를 숭상하던 집들 중에서 늘 화려함을 좋아하면서 재앙을 만나지 않은 집이 드무니 이런 일을 경계하지 않을 수 없어요. 또 두 상서의 집은 청렴하고 검소하기로 세상에 이름이 났고, 대대로 높은 벼슬을 지냈기에 세상 사람들이 흠모하는 집인 데다가, 우리 집도 조상 대대로 맑은 덕 있기로 일컬어온 집안이오. 이제 우리 두 집이 자녀를 혼인시키니 사람들이 눈을 떠 볼 것인데, 이제 어린 딸의 혼인을 위하여 어찌 가법을 저버리겠소. 비단과 옥 등은 절대로 구하지 말고, 형차포군(荊釵布裙)[48]으로 예를 이룸이 좋겠어요."

원외랑이 말하였다.

"요새 세상이 사치하는 것으로 관례가 되었으니 책 읽는 군자들이 개탄하는 이 많고, 두 상서 집과 우리 집이 다 세상에 이름이 있으니 검소하

---

47 직우(直友): 곧은 말을 아끼지 않는 벗. 『논어』「계씨(季氏)」. "유익한 사귐에 세 유형이 있으니, 정직한 사람과 사귀고, 성실한 사람과 사귀고, 견문이 많은 사람을 사귀면 유익하다.(益者三友, 友直, 友諒, 友多聞, 益矣.)"

48 형차포군(荊釵布裙): 가시나무 비녀와 삼베 치마. 곧 검소한 차림을 의미한다.

기를 힘써 세상이 본받게 하는 것이 옳습니다.”

노 부인이 원외랑에게 말하였다.

“자식에게 검소하게 해서 복을 아끼는 것이 의리에 옳거니와, 우리 두 집의 혼수를 검박하게 한 것으로 세상에 사치하는 풍조가 고쳐질 줄을 어찌 알겠느냐.”

“세상이 본받거나 그렇지 않기를 의논할 것이 아니라, 우리 집만이라도 가법을 지키는 것이 당연합니다. 옛적에 곽림종(郭林宗)[49]이 이름 있는 선비였는데, 머리에 쓰는 관에 뿔이 부러진 것을 썼더니 세상이 흠모하여 관의 뿔을 부러뜨려 쓰고 ‘절각건(折角巾)’이라 불렀다고 합니다. 곽림종은 그저 청담(淸淡)한 선비였지만 사람들이 흠모하여 이러하였거늘, 만일 책 읽는 군자의 집에서 예법을 밝히고 검소함을 숭상하면 세상 다스리는 도리에 유익함이 어찌 없겠습니까. 또 두 상서의 장자 천복이 열 살 이전부터 효성이 뛰어나고 원근에서 다 효자라고 일컫는다고 합니다. 열여섯 살 소년으로 문장과 학식이 유명할 뿐 아니라 예법을 알고 행동이 점잖아 부친의 가르침을 품수하여 사람들이 ‘그 아비에 그 자식이라’라고 일컬으니, 혼수를 화려히 차리면 그의 마음에도 기쁘지 않을 것입니다.”

“젊은 사람은 유식해도 화려한 것을 좋아하는 법이다.”

“젊은 사람이 호화로운 것을 좋아할지라도 어른이 금지하는 것이 옳거늘, 두효자는 학식이 있으니 어찌 화려히 하여 그른 도로 인도하겠습니까.”

---

49 곽림종(郭林宗): 곽태(郭泰, 128~169). 중국 후한 시대의 명사로 임종(林宗)은 그의 자이다. 어느 날 길을 가다가 비를 맞아 두건의 한 쪽 모서리가 꺾였는데, 사람들이 이를 따라하였다.

"네 아버지 말씀이 이와 같고, 네 말이 또 이러하니 내가 어찌 행하지 아니하겠느냐. 내 마음에도 기뻐하는 바로다."

비단을 돌려보내다

예전에 처사의 친구 진 사인이 부모상을 당하였는데, 형편이 가난하여 장사를 못 지내고 있었다. 처사가 듣고 은자(銀子) 이백 금을 보내어 장례를 지내게 하였더니, 그 후에 진 사인이 촉군 태수(蜀郡太守)[50]가 되었다. 그리고 사 처사가 딸을 시집보낸다는 말을 듣고는 촉 지방의 비단 오십 필을 보내왔다. 공이 받지 않고 도로 보내고 내당에 들어와 부인에게 말하였다.

"진 태수가 비단을 보내 딸의 혼수를 돕겠다고 하오. 이 비단은 천하에 드문 것이니, 혼수에 잘 쓸 수 있겠어요."

"혼수에 비단을 안 쓰기로 정하였는데, 남이 보내었다고 해서 어찌 쓰겠습니까. 그리고 이미 안 쓰기로 하였는데 받는 것은 군자가 물건을 사양하거나 받는 도리에 더욱 명백하지 못합니다. 돌려보냄이 좋을 듯합니다."

처사가 웃으며 말하였다.

---

50 촉군 태수(蜀郡太守): 촉군은 지금의 사천성(四川省)에 해당하는 지역으로, 예로부터 비단이 유명하였다.

"이미 돌려보내고 부인 말씀을 듣고자 말한 겁니다. 대답이 이와 같으니 나의 마음과 같구려."

진 태수가 처사의 답장을 보고 자신이 보낸 비단이 도로 왔으니 무안한 중에 처사의 검소한 마음을 칭찬하여 말하였다.

"이 사람의 평소 인품은 아는 바나, 너무 고결함은 병이로다."

어머니의 당부

몇 개월이 지난 후 길일이 되어 친영(親迎)하여 돌아갈 때 유한당의 어머니 노 씨가 유한당에게 경계하였다.

"네가 시가에 들어가면 동동촉촉(洞洞屬屬)[51]한 정성을 다해 한 순간도 마음을 놓지 말거라. 세상 부녀자들이 시부모 섬기기를 자기 부모와 같이 못 하는 이 많으니 극히 개탄스럽더라. 부모는 딸을 기를 적에 매양 남의 집에 보내려고 하지 가문을 맡길 생각은 안 하거니와, 시부모는 며느리를 새로 맞아들여 집안의 자손들을 전적으로 며느리에게 의탁하게 되니 시부모의 며느리 사랑하고 기대하는 바가 중하다. 며느리 되어 어찌 그 뜻을 터럭만큼이나 어그러뜨리겠느냐. 시부모 섬기는 도리 정성과 공경밖에는

51 동동촉촉(洞洞屬屬): 공경하고 조심스러움.

없으니 네 모름지기 시가에 간 후 숙흥야매(夙興夜寐)[52]하고 조심하며 공경하여 한 마디 말, 한 가지 일이라도 다 어른에게 아뢰어 행하여라. 시부모의 사랑만 믿고 마음을 조금이라도 방심하지 말고 극진히 섬기면 어진 며느리라 일컬어지게 될 것이고, 군자에게도 어진 아내라 일컬어지게 될 것이며, 아들과 딸을 낳아 의리로 가르치고 이끌면 어진 어머니라고 일컬어지게 될 것이니, 이 세 가지가 너의 직책이니라. 자손이 번창하고 영화와 복록을 누리는 일은 자기 한 마음에 달렸다. 어질기를 힘쓰고 행실에 의리를 따르면 하늘이 복을 내리실 것이니, 인간의 길흉이 다 제 몸으로부터 나오는 것이니라. 시부모 섬기기를 정성으로 할 줄 누가 모르겠느냐. 그러나 세상의 부녀자들이 경전 공부는 적고 의리의 학문에 어두워 그러한 것이로되, 너는 집에서 듣고 본 것이 남의 집 무식한 이와 다르고, 너의 어질고 효성스런 성품과 총명한 재주가 남보다 뛰어나니, 우리의 마음에 자애로 사랑할 뿐 아니라 실로 믿는 바다. 시부모를 내 부모로 알고 남편의 형제를 내 형제와 친척으로 알아 어진 덕행이 빠뜨리는 곳이 없어야 부모의 가르친 효험을 볼 것이다."

유한당이 머리를 숙여 말씀을 듣고 시가에 이르러 시부모에게 현구고례(見舅姑禮)[53]를 행하였다. 두 상서가 크게 기뻐하며 부인에게 말하였다.

"신부의 성품이 매우 인효하다는 소문은 들었던 것이거니와, 눈썹과 눈이 몹시 또렷하고 행동이 매우 차분하니 참으로 복을 많이 받을 그릇

52 숙흥야매(夙興夜寐): 아침 일찍 일어나고 밤에 늦게 잠.
53 현구고례(見舅姑禮): 혼례를 마친 신부가 시부모를 처음 뵙는 의례.

이구려. 우리 가문의 경사가 여기에서 더할 일이 있겠소?"

"부모의 가르침도 극진하려니와 나이 적은 부녀자 처음으로 들어와 행동거지가 이렇게 아름다우니 타고난 인품이 탁월하지 않으면 어찌 그러하겠습니까. 진실로 다행입니다."

유한당의 관상

상서의 외종누나 주 씨(朱氏)는 이부 시랑(吏部侍郎) 하문중(賀文中)의 부인이었다. 어렸을 때부터 관상 보는 안목이 높았는데, 부녀자에게 이런 것이 부질없다 하여 평생 입 밖에 내지 않았다. 상서도 잡술이라 하여 의논하는 바가 없더니, 금일 신부를 보고 상서가 기뻐 주 부인에게 물었다.

"오늘 잔치에 남매가 모였고, 새로 보는 며느리가 평범한 사람의 안목으로 보아도 용모와 풍채가 기이합니다. 누님께서 오늘은 파계하고 신부의 관상을 의논함이 어떻겠습니까?"

주 씨가 웃으며 말하였다.

"공이 평생 나에게 관상을 의논하지 말라 경계하더니, 오늘 처음으로 의논하라 하시니 며느리를 처음으로 보고 대희하여 이리 하시는 말씀이오? 공의 며느리 내 며느리와 다르지 아니하니 어찌 사양하겠냐만, 신부는 집안에서 학문과 덕행을 배운 사람이니 이런 잡술 말하는 것을 속으로 비웃을 겁니다."

"옛적에 공자의 외할아버지가 숙량흘(叔梁紇)[54]의 상을 보고 사위를 삼았고, 여공(呂公)이 한 고조(漢高祖)와 번쾌(樊噲) 상을 보고 사위 삼았으니[55] 예로부터 관상 논하는 법이 없지 아니합니다."

주 씨가 논하였다.

"관상법이 얼굴만 보고 의논하는 것이 아니라 몸 전체와 걸음걸이와 동작을 보는 것이 으뜸인데 이 신부는 전체 모습이 거북의 생김새요, 걸음과 손발의 움직임이 극히 진중하고 편안하여 경솔한 기운이 조금도 없으니 과연 지극히 귀한 격입니다. 수명이 무궁하고 자손의 번성함이 헤아릴 수 없겠습니다. 옛날 화봉인(華封人)이 요(堯)임금을 '수(壽)·부(富)·다남자(多男子)'로 축하하였으니[56] 이 세 가지에서 더 바랄 것이 있겠어요. 얼굴을 의논하자면 오악(五嶽)[57]이 풍만해 길한 기운을 띠었고, 두 눈이 인후하면서도 광채가 있으니 천성이 착하고 재주가 빼어날 겁니다. 코로는 재물을 보고 또 마음씨를 겸하여 보는데, 코가 지극히 단정하고 두툼하니 마음씨가 어질고 착하며 재물도 족할 겁니다. 입은 더욱 드문 격이라, 상법에서 만 종(鍾)이나 되는 많은 녹을 먹는 격입니다. 귀는 마주 앉은 사람에게 보이지 않으니 귀한 격일 뿐 아니라, 귀 빛이 얼굴보다 더 희니 이름이 천하에 알려질 격입니다. 내가 전후에 내외 친척 부녀자의 상을 많이

---

54 숙량흘(叔梁紇): 『사기』「공자세가(孔子世家)」. "숙량흘이 안씨(顏氏)의 딸과 야합하여 공자를 낳았다(紇與顏氏女, 野合而生孔子.)"

55 여공(呂公)이 … 사위 삼았으니: 『사기』「고조본기(高祖本紀)」에 의하면 여공은 사람의 관상을 잘 보았는데 한 고조의 관상을 보고 사위로 삼았다고 한다. 번쾌는 한 고조의 무장으로, 여공의 작은 사위이다.

56 화봉인(華封人)이 … 축하하였으니: 『장자(莊子)』「천지(天地)」에 의하면 화봉인은 화(華) 지방을 지키는 사람으로, 요임금을 '수(壽)·부(富)·다남자(多男子)'의 세 가지로 축원하였다고 한다.

57 오악(五嶽): 관상학에서 이마, 코, 턱, 좌우 광대뼈를 가리키는 말.

보았는데, 이 신부같이 여러 귀한 관상을 겸하여 가진 사람은 처음 보았습니다. 공의 집 자손이 더욱 창대할 것이니 축하합니다."

상서가 크게 기뻐하며 말하였다.

"제 생각도 이러하더니, 누님 하시는 말씀이 과연 분명합니다. 우리 집의 막대한 경사입니다. 내가 평소 술을 마시지 않지만, 오늘은 마셔야 하겠습니다."

그리고 신부를 명하여 잔을 올리게 하여 세 잔을 마셨다.

시어머니의 병환을 살피다

유한당이 드디어 시가에 머물러 세월이 오래 지났다. 효로 시부모를 섬기고 남편을 순순히 따르며, 형제자매와 지극히 우애하고 친척과 비복을 인의로 후대하니 칭송하는 소리가 이웃에 자자하였다. 상서와 부인이 맏며느리의 이렇듯 현철함을 기이하게 여겼다.

하루는 부인이 약간 병환이 있어 하루 넘게 자리에서 일어나지 못하였다. 유한당이 밤낮으로 정성을 다해 약을 친히 맛보고 곁을 떠나지 아니하여 효부의 도리 극진하니, 보는 이가 탄복하고 상서는 기특하게 여겨 부인에게 말하였다.

"신부의 행동이 나이 어린 부녀자의 미칠 바 아니니, 타고 난 숙녀가 아니면 어찌 이렇겠소."

"이번에 저의 병구완하는 것을 보니 차와 죽을 손수 끓여 병든 몸에 맞게 하고, 앉고 눕는 것도 아이들의 힘이 미치지 못하는데 며느리의 약한 몸으로 능히 나의 수고로움을 편하게 한 덕분에 병이 쉽게 나았습니다. 어찌 기특하지 않겠습니까."

시아버지의 조복을 짓다

하루는 부인이 상서의 조복(朝服)[58]을 마름질하여 지으려 하였다.

"관복은 여느 의복과 다르니, 내 앞에서 짓도록 하여라."

유한당이 명을 받들어 자와 가위를 들어 마름질하기를 마친 후에, 치수를 시누이와 의논하여 짓되 손 놀리기를 신속히 하니 날이 저물기 전에 완성이 되었다. 부인이 신기하게 여기고, 상서가 다음 날 아침 조회(朝會)[59] 때 입으니 몸에 잘 맞았다. 이후로부터 상서의 의복은 유한당이 맡아 지어 대령하되, 사계절 옷을 미리 지어 놓으니 군색함이 없었다.

---

58 조복(朝服): 신하가 조정(朝廷)에 나아갈 때 입는 관복.
59 조회(朝會): 신하들이 아침에 나아가 임금을 뵙는 일.

『시경』 문답

하루는 유한당이 새벽에 일어나 글을 읽으니 두효자 또한 잠을 깨어 일어나 앉아 물었다.

"무슨 글을 읽으시오?"

"『시경(詩經)』입니다."

그리고 두어 마디 말하는데 닭이 울었다. 유한당이 물었다.

"이 『시경』「정풍(鄭風)」에 '여자는 닭이 울었다고 말하고 남자는 아침이 희미하게 밝았다고 말하네'[60]하는 글 짓던 부인은 극히 현철하고, '비바람은 몰아치고 닭은 꼬꼬 우네'[61]한 글 지은 여자는 극히 음란합니다. 다 같이 정나라 사람의 글이요, 정나라 닭의 우는 소리 다르지 않을 것이로되 사람의 선악이 판이하게 다르니 괴이합니다."

"그렇소이다. 이러므로 맹자(孟子) 말씀에 '닭이 울면 일어나서 부지런히 착한 일 하는 자는 순(舜)임금의 무리요, 닭이 울면 일어나서 부지런히 이익을 위한 행위를 하는 자는 도척(盜蹠)의 무리'[62]라고 하셨고, 또 '닭이

---

60 여자는 … 말하네: 『시경』「정풍」「여왈계명(女日鷄鳴)」. "여자는 닭이 울었다고 하고 남자는 아침이 희미하게 밝았다고 하네. 일어나 밤하늘을 보면 샛별이 밝게 빛나고 있으리니, 날아오를 오리와 기러기를 주살로 잡아오소서.(女日鷄鳴, 士日昧旦. 子興視夜, 明星有爛, 將翺將翔, 弋鳧與雁.)"

61 비바람이 … 울도다: 『시경』「정풍」「풍우(風雨)」. "비바람은 몰아치고 닭은 꼬꼬 우네. 이미 그대를 만나보았으니 어찌 병이 낫지 않으리오.(風雨瀟瀟, 鷄鳴膠膠. 旣見君子, 云胡不瘳.)"

62 닭이 울면 … 도척(盜蹠)의 무리: 『맹자(孟子)』「진심 상(盡心上)」. "맹자께서 말씀하셨다. 닭이 울면 일어나 부지런히 착한 일을 하는 자는 순 임금의 무리이고, 닭이 울면 일어나 부지런히 이익을 추구하는 자는 도척의 무리이다.(孟子日, 鷄鳴而起, 孳孳爲善者, 舜之徒也, 鷄鳴而起, 孳孳爲利者, 蹠之徒也.)"

울어 깨어나면, 생각이 점차 일어나게 된다'[63]고 경계하였습니다."

일곱 아들의 출생

하루는 상서와 이전에 어울렸던 장 도사가 와서 상서를 뵙고 말하였다.

"옛날에 공의 할아버지 장례를 지낼 때 내가 산을 정하였는데, 천하에 드문 길지니 자손이 번성할 뿐 아니라 무수한 자손이 다 현인과 군자로 태어날 날 것이라 하였습니다. 그리고 안산(案山)[64]이 칠봉산(七峯山)인데 제일봉이 더욱 수려하니 장차 일곱 아들이 태어날 것이요, 일곱 아들 다 문장이 빼어나고 귀하려니와 제일봉을[65] 응하여 또한 군자가 장손으로 태어나리라 하였습니다. 올해가 삼십 년이니 산의 운수를 의논하면 헛되지 않을 것입니다. 올해 공의 손자가 태어났는지요?"

"올해 봄이 다하고 여름이 되었으되 집 안에 태어난 아이가 없습니다."

"그 산은 천하의 명산이요, 내가 심혈을 기울여 정한 것이니 올해 안에 귀한 후손이 태어날 것입니다."

상서가 크게 기뻐하여 내당에 들어가 부인에게 물었다.

---

63 닭이 울어 … 일어나게 된다: 송 유학자 진백(陳栢)의 「숙흥야매잠(夙興夜寐箴)」. "닭이 울어 깨어나면, 생각이 점차 일어나게 된다.(鷄鳴而寤, 思慮漸馳.)"

64 안산(案山): 풍수지리학의 용어로, 마치 앉아 있을 때 놓인 책상처럼 혈(穴) 앞에 놓인 낮고 작은 산을 말한다.

65 '제일봉을…' 부분부터 '…잉태한 후 원 부인이 음식'까지 계명대본은 낙장이어서 나손본의 내용으로 보충하였다.

"며느리 중 잉태한 이가 있소?"

"맏며느리 사 씨가 잉태한 지 다섯 달입니다."

상서가 크게 기뻐하여 나와 도사에게 말하니, 도사가 말하였다.

"그러할 것입니다. 옛적 채구봉(蔡九峰)[66] 선생의 고조부 묘의 안산이 아홉 봉우리요, 중봉이 특별히 높고 청수하였습니다. 그리고 채구봉 형제 아홉이 태어났는데 채구봉의 학문이 유명하니 사람들이 이르기를 '중봉 높은 정기라'하여 인하여 채 선생의 별호를 '구봉'이라 일컫게 된 것입니다. 공의 집 산도 일곱 봉 중에서 제일봉이 으뜸으로 수려하고, 그 이외의 봉우리가 다 수려하고 기이하니 일곱 형제 모두 차례로 글로 이름난 어진 사람이 태어날 것입니다. 올해 장자를 보시고, 다음 해에 종손이 태어나고, 연이어 일곱 아들을 낳을 것입니다."

이후 과연 햇수 정하여 준 대로 일곱 아들이 출생하였다. 상서는 아이들의 이름을 칠봉산에 응하여 일봉, 이봉, 삼봉, 사봉, 오봉, 육봉, 칠봉이라고 지었다.

---

66 채구봉(蔡九峰): 송의 학자 채침(蔡沈, 1167~1230), 구봉(九峰)은 호이다. 『서경(書經)』과 상수학에 조예가 있었다고 한다.

시어머니의 태교 당부

유한당이 잉태한 후 원 부인이 음식 삼가기를 경계하여 말하였다.

"부인이 임신하였을 때 '설 때에는 한 쪽 발로 서지 않고, 앉을 때에는 치우쳐 앉지 않으며, 눈으로 부정한 색을 보지 않고, 귀로는 부정한 소리를 듣지 않는'[67] 일 등을 『열녀전』에 이미 일렀거니와, 의서(醫書)에도 음식 금기하는 것을 많이 일컬어 여러 가지니라. 개고기, 돼지고기, 비늘 없는 물고기,[68] 게, 율무, 엿기름, 메밀, 비름나물, 잡버섯, 생강, 겨자풀, 마늘 등 여러 가지를 금하고,[69] 또 과히 덥게 입지 말고 과히 차게 말고 음식 과히 먹지 말고 취하게 마시지 말고 높은 데 오르지 말고 무거운 것 들지 말고 과히 노력하지 말며 산달이 되면 머리 감지 말며 소리 과히 크게 내지 말라[70] 경계하였다. 이 말이 다 옛적 명의들이 천지조화의 기운과 사람이 아이 배는 이치를 밝게 알아 이른 말이니, 어찌 조금이라도 범하

---

67 설 때에는 … 듣지 않는: 주석 11 참조.

68 비늘이 없는 물고기: 뱀장어나 미꾸라지, 오징어 등을 말한다.

69 개고기 … 금하고: 『동의보감(東醫寶鑑)』「잡병(雜病)」. "임산부가 개고기를 먹으면 아이가 소리를 내지 못하고, 토끼고기를 먹으면 언청이가 되며, 비늘 없는 고기를 먹으면 난산하고, 게를 먹으면 횡산(橫産)한다. … 생강 싹을 먹으면 손가락이 더 생기고, 율무를 먹으면 낙태하며, 엿기름을 먹으면 태아를 자라게 하는 기운이 줄어들고, 비름나물을 먹으면 낙태하며, 마늘을 먹으면 태아를 자라게 하는 기운이 줄어든다. … 여러 가지 버섯을 먹으면 아이가 경풍으로 요절한다.(食犬肉, 令子無聲, 食兎肉, 令子缺脣. 食無鱗魚, 難産, 食螃蟹, 令子橫生. … 食薑芽, 令子多指. 食薏苡, 墮胎. 食麥芽, 消胎氣. 食莧菜, 墮胎. 食蒜, 消胎氣. … 食諸般菌蕈, 令子驚風而夭.)" 원 출처는 명대의 의사 이천(李梴)의 『의학입문(醫學入門)』이다.

70 과히 덥게 … 내지 말라: 『언해태산집요(諺解胎産集要)』. "『부인대전(婦人大全)』에 이르기를, 임신한 부인은 옷을 너무 덥게 입지 말고, 너무 배불리 먹지 말고, 너무 취하게 마시지 말고, 탕약을 함부로 복용하지 말고, 침과 뜸을 함부로 쓰지 말고, 무거운 것을 들거나 높은 곳에 오르거나 험한 곳에 가지 말고, 너무 오래 자거나 누워있지 말라. 모름지기 때때로 거닐고, 산달이 되면 머리를 감으면 안 된다.(婦人大全曰, 衣毋太溫, 食毋太飽, 飮毋大醉, 勿妄服湯藥, 勿妄用鍼灸, 勿擧重登高涉險, 勿多睡臥. 須時時行步, 臨月不可洗頭.)"

겠느냐. 혹 무심하여 금기를 범하게 되면 그 해는 태(胎)로 들어가니, 태는 비록 뱃속에 있을지라도 이 몸의 자식이니 어미로서 어찌 자식에게 해로우리라는 말을 조금이라도 범하겠느냐. 사람이 어려서 병든 것은 자란 후 병든 것보다 고치기 어렵고, 태중에 병든 것은 어려서 병든 것보다 고치기 어렵다 하니 십분 삼가야 옳다. 아이들이 저희들끼리 놀다가 다치거나 상하거나 하여도 부모의 마음에 안타까워하거늘, 이 몸의 기거와 음식을 삼가지 않아 자식에게 해 돌아가게 하겠느냐. 세속 부녀자들이 자식을 낳은 후는 자식 사랑하는 정만 넘쳐나 업고 안고 법도에 어긋난 과한 희롱도 있으되, 낳기 바로 전에 뱃속에 두고 자식으로 알지 않고 음식과 기거를 조심하지 않는 이 많으니 매우 못마땅하다."

유한당이 답하였다.

"지금 경계하여 타이르는 말씀을 듣자오니 『열녀전』 말씀은 『소학』에서 본 것입니다. '설 때 한 쪽 발로 서지 않고, 앉을 때 치우쳐 앉지 않는다'는 것은 구태여 임신한 부녀자뿐 아니라 장부의 학문 공부도 그러한 것입니다. '눈으로 부정한 색을 보지 않고, 귀로는 부정한 소리를 듣지 않는다.'하는 것은 『열녀전』에만 일컬은 것이 아니니, '군자는 간사한 소리와 어지러운 색을 귀와 눈에 머물지 않는다.'[71]하는 말씀이 경전에 두루 실려 있습니다. '높은 데 오르지 말라', '깊은 데 임하지 말라' 말씀은 옛 성현의 가르침에 '부모가 살아 계시면 높은 데 올라가지 않으며, 깊은 곳에 임하

---

71 군자는 … 않는다: 『소학』「경신」. "군자는 간사한 소리와 난잡한 빛을 보고 듣는 것을 마음에 두지 않는다."(君子, 姦聲亂色, 不留聰明.) 원 출처는 『예기』「악기(樂記)」이다.

지 않는다.[72]라고 하였습니다. '음식을 과히 먹지 말라'하는 말씀은 『논어』에 '밥을 먹기에 배부르기를 구하지 말라.[73]라고 하였으니 모든 성현의 훈계와 의서의 경계를 삼가 행하면 다 몸소 실천함이 될까 합니다. 아이가 태중(胎中)일 때 병을 받으면 고치기 어려운 까닭에 주자(朱子)께서 아이가 태중일 때 병 얻은 것을 비유한 말씀이 있습니다.[74] 하교하신 말씀이 다 지극히 마땅하시니 어찌 명심하지 않겠습니까. 다만 평생 학문 공부 없으니 성인의 가르침을 저버리고 하교를 어그러뜨릴까 두렵습니다."

치산하는 법과 의고 설치

두효자 유한당 대접하기를 서로 극진히 공경하여 손님같이 하며, 비록 규중에서 화기애애하여도 함부로 희롱하여 웃는 바가 없었다. 그리고 매양 부부가 의논하는 바는 시부모의 의복과 음식의 차고 더운 것을 삼

---

72 부모가 … 않는다: 『소학』「명륜」. "(부모님께서 살아 계시거든 자식은) 높은 데 올라가지 말고, 깊은 곳에 임하지 말며, 구차히 꾸짖지 말고, 구차히 웃지 마라.(不登高, 不臨深, 不苟訾, 不苟笑.)" 원 출처는 『예기』「곡례 상」이다.

73 밥을 … 구하지 말라: 『논어』「학이(學而)」. "공자께서 말씀하셨다. 군자가 식사를 함에 배불리 먹기를 구하지 않고, 거처함에 편안함을 구하지 않으며, 일을 민첩히 하고 말을 신중히 하며, 도를 갖춘 사람에게 나아가 자신의 잘못을 바로잡는다면 배움을 좋아한다고 이를 만하다.(子曰, 君子, 食無求飽, 居無求安, 敏於事而愼於言, 就有道而正焉, 可謂好學也已.)"

74 주자(朱子)께서 … 있습니다: 『주자어류(朱子語類)』「정자문인(程子門人)」. "학자는 기질로 인한 병통이 가장 고치기 어렵다. … 예전에 인위를 가하지 않는 한 의사를 보았더니 침을 잘 놓았는데, 일찍이 이렇게 말한 적이 있다. '이 병은 침으로 고칠 수 있지만, 오직 태아일 때 걸린 병은 고치기 어렵습니다'라고 하였다.(學者氣質上病最難救. … 向見無爲一醫者, 善用鍼, 嘗云, '是病可以鍼而愈, 惟胎病爲難治.')"

가는 것이었다. 하루는 유한당이 두효자에게 말하였다.

"부모께 효도하고 봉양하는 도리 의복과 음식 받들기에도 있거니와 뜻 받들기가 중요한 까닭에 공자께서 증자(曾子)께 이르신 말씀이 '수신절용(修身節用)' 네 글자에서 벗어나지 아니하오니 지금 집 안에서 효도하고 봉양하는 도리 수신절용의 가르침을 따로 깊이 생각할 법합니다. 시부모님께서 천성이 인자하시어 친척과 벗 중에서 빈궁한 이를 보시면 두루 베풀어 주시기에 힘쓰시니, 지금 집 재산이 봉양하기는 근심이 아니 되거니와 베풀기에는 매양 부족함이 있습니다. 가산을 별도로 변통하여 베푸시는 데 보태게 하면 양지지도(養志之道)[75]가 되지 않겠습니까."

"내 마음에도 이 도리를 생각하였더니 부인 말씀을 들으니 과연 마땅합니다. 어떻게 변통하여야 할지 도리를 잘 생각해 보오."

"남곽(南郭) 황운평(黃雲坪) 별장에 일 년 추수하는 것이 삼천 금이 넘는데, 다른 별업에서 추수한 것은 일 년 양식을 하고 황운평 것은 날마다 소비하는 데 다 없어집니다. 지금부터 집안 어린 사람들과 비복까지 의복과 음식을 절약하면 황운평 것은 족히 남을 것이니, 삼 년을 모으면 만금이 될 것입니다. 두 곳의 수입을 합하면 매년 육천 금은 될 것이니, 이것을 전부 의식에 쓰지 말고 황운평 것을 별도로 모아 의고(義庫)를 짓고 착실

---

75 양지지도(養志之道): 뜻을 봉양하는 도리. 『맹자』「이루(離婁) 상」. "증자가 아버지 증석(曾晳)을 봉양하였는데 반드시 술과 고기가 있었다. 상을 치우려 할 때 증자는 반드시 남은 음식을 누구에게 주겠냐고 여쭈었고, 남은 것이 있냐고 물으면 반드시 있다고 대답하였다. 증석이 죽고 증원(曾元)이 증자를 봉양하였는데 반드시 술과 고기가 있었다. 그러나 상을 치우려 할 때 누구에게 주겠냐고 여쭙지 않았으며, 남은 것이 있냐고 물으면 반드시 없다고 하였으니 그 음식을 다시 올리려고 해서였다. 이것은 이른바 입과 몸만을 봉양하는 것이다. 증자와 같이 한다면 '뜻을 봉양한다.'고 이를 만하다.(曾子養曾晳, 必有酒肉, 將徹, 必請所與, 問有餘, 必曰有. 曾晳死, 曾元養曾子, 必有酒肉, 將徹, 不請所與, 問有餘, 曰亡矣, 將以復進也. 此所謂養口體者也, 若曾子, 則可謂養志也.)"

한 사람을 맡겨두어 시부모의 베푸시는 데 쓰게 하시면 좋을 듯합니다."

두효자가 칭찬하였다.

"부인의 경륜이 과연 주도면밀하오. 의고 짓기는 선대 유학자의 의창(義倉) 짓던 규례[76]가 있으니 그리합시다."

"지금 육천 금의 수입으로도 베풀기에 부족하니 점차 보탤 계교를 생각하려니와, 무릇 재물 쓰는 도리는 규칙을 처음부터 정하여야 법도가 있는 것이니 그 조목을 자세히 정하여야 할 것입니다."

"이 계획은 내 마음먹은 지 오래거니와, 오늘날 이루기는 부인의 힘이니 조목도 부인이 정하오."

"조목을 만들 것이 별로 많지 않습니다. 의고 재물 흩어 주는 것은 다섯 등급을 마련하여 친척 중에서 심하게 빈궁한 이가 길흉 대사를 당하거든 일등급에 해당하는 재물을 주고, 그 다음은 이등급으로 주고, 그 다음은 삼등급, 사등급, 오등급으로 차차 줄여 주면 일 년에 육천 냥으로도 감당할 수 있을 것입니다. 장차 보태어 더 장만하여 만금이 되면 그 후는 거의 다 감당할 수 있지 않겠습니까. 집에 여러 형제 계시니 내외의 관직에서 나오는 수입은 대대로 내려오는 재산으로도 축적할 수 있을 것이지만, 내외 관직의 녹봉 남은 것으로 재물을 더 모으지 말고 의고에 넣어 차차 모으면 장래에 의고 재물이 삼만 금에서 칠, 팔만 금이라도 될 것입니다. 그런 후에는 주는 조목을 차차 올려 마련하여 주고, 친척뿐 아

---

76 선대 유학자의 의창(義倉) 짓던 규례: 주희가 운영한 사창(社倉)이 대표적이다. 규례는 『회암집』 「사창사목(社倉事目)」에 자세하다.

니라 길 가는 사람이라도 등급을 적당히 맞춰 주게 되면 오늘날 시부모께서 베풀고자 하는 마음을 받들 뿐 아니라 자자손손 의로운 일 하는 거리가 되지 않겠습니까."

효자가 크게 기뻐하여 말하였다.

"부인의 경륜은 실로 세속 부녀자가 미칠 바가 아니오. 이전에 부친께서 매양 의창법이 좋다고 일컫는 말씀을 들었더니, 오늘 부인의 견해가 이전에 부친께 들은 바와 같습니다."

이로 인하여 그 계책을 따랐더니, 삼 년 만에 홍운평(紅雲坪)을 더 장만하게 되었다. 전부터 있었던 별업 두 곳의 소득이 일 년에 칠천 금이고, 홍운평을 더 장만하니 일 년에 의고에 들어오는 수입이 만금이 넘게 되었다. 시부모께서 빈궁한 이를 만나 베풀고자 하시면, 효자가 아뢰어 일 등급으로 줄지 이 등급으로 줄지 여쭙고 내어 주었다. 이로부터 친척과 벗들이 의고 재물을 마치 자신의 재물인 것처럼 여기게 되었다.

두효자의 꿈

하루는 두효자 꿈에 옥황상제가 붉은 옷을 입은 동자 한 쌍을 보내어 효자를 맞이해 가니, 효자가 당황하여 동자를 따라갔다. 오색의 구름이 총롱(葱蘢)[77]한 속에 기화요초가 사방에 조밀하고 옥으로 문을 만들었는데, 문 옆에 붉은 옷을 입은 선관(仙官)이 서 있다가 말하였다.

"옥황상제께서 기다리신 지 오래거늘 어찌 그리 더딘가!"

그리고 꾸짖으니 효자 더욱 황겁하여 동자를 따라 문으로 들어갔다. 푸른 옥으로 층계를 하고, 붉은 옥으로 누를 짓고, 옥으로 난간을 한 곳에 옥황상제가 높이 앉아 있었다. 좌우에 선관이 늘어서고, 푸른 옷을 입은 동자 열두 쌍이 좌우에 나눠 서 채봉선(彩鳳扇)을 받들었고, 뜰에는 오색의 옥을 깔았으니 그 영광이 황홀하였다.

효자가 더욱 황겁하여 감히 우러러 보지 못하니, 상제께서 동자를 명하여 얼굴을 들라고 하교하였다. 효자가 얼굴을 잠깐 드니 상제께서 웃고 말씀하셨다.

"너 효자 하토(下土)에 있어 능히 부모 사랑하는 도리를 극진히 알아 천상의 식견 있는 신선과 다르지 않고, 네 어진 아내의 의고 세운 경륜이 과연 나의 생령을 구휼하려는 뜻에 맞는다. 그런 까닭에 내 너를 불러 술을 먹이려 하였느니라."

그리고 선동(仙童)을 명하여 술을 먹게 하였다. 선동 한 명이 옥으로 된 술 단지로 나아가 연꽃 모양의 술잔에 계화주(桂花酒)를 부어 들고, 다른 동자 한 명은 연잎 접시에 대추를 담아다가 효자에게 주었다. 효자가 황겁하여 잔을 받들어 다 마시고 대추를 받아먹으니 대추가 접시에 많이 남았다. 효자 일어나 네 번 절하고 말하였다.

77 총롱(葱蘢): 푸릇푸릇한 모습.

"이 대추가 참으로 기이하니 집에 돌아가 부모께서 잡숫게 하고 싶습니다."

"효자의 지극한 정성에서 나오는 말을 어찌 아니 듣겠느냐."

상제께서 동자를 명하여 주라고 하시었다. 동자가 푸른 비단 보자기에 싸 소매에 넣어주니 소매가 무거웠다. 상제께서 또 하교하시었다.

"네 일곱 아들은 북두칠성을 응하였거니와, 네 손자는 이십팔수(二十八宿)[78]를 응하게 하노라."

그리고 선동을 명하여 붉은 계수나무 꽃을 꺾어오라 하여 네다섯 묶음을 안겨주셨다.

"네 자손을 나눠주어라."

효자가 나오려 하니 상제께서 말씀하셨다.

"계수나무 꽃을 많이 주었지만 아직도 부족하구나. 계수나무 꽃 씨앗을 주니 가져다가 네 집에 심어 대대로 피워 네 아비와 자손이 다 나눠 가지게 하여라."

동자가 오색의 꽃무늬가 있는 비단 보자기로 계수나무 씨앗을 누대 위로부터 받들어 전하니, 두효자 일어나 꿇어 앉아 받들어 모두 안고 일어섰다. 상제께서 동자를 명하여 길을 인도하라고 하시니 동자가 문 밖으로 나섰다. 문으로 들어갈 적에 서 있었던 선관이 동자에게 물었다.

"이 사람은 누구인데 동명화조(洞冥火棗)[79]같이 천상의 귀한 것을 많이

---

78 이십팔수(二十八宿): 하늘을 28개의 구역으로 구분한 별자리.

79 동명화조(洞冥火棗): 동명(洞冥)은 후한의 방술사 곽헌(郭憲)이 지은 『동명기(洞冥記)』를 말하고, 화조(火棗)는 전설 속에 나오는 대추 모양의 선과(仙果)로 먹으면 하늘을 날 수 있다. 원문에 '신선의 대추 먹고 장수하는 이'라고 주를 달아 놓은 것을 참고하면, 동명화조는 신선들이 먹는 선과

얻어갈 뿐 아니라, 평범한 사람에게는 계수나무 꽃과 씨앗을 하나 주기도 아까워하시거늘 이 사람은 어찌 이리 많이 가져가는가?"

"이 사람의 행실이 기이하여 상제 뜻에 맞게 한다 하시어 이리 주셨습니다. 우리가 상제를 모신 지 수천 년입니다만 이렇게 융숭하게 상을 주시는 것은 우리도 오늘 처음 봅니다."

두효자가 동자를 따라 집에 돌아와 부모와 형제, 내외 남녀 모두 다 마루에 모여 안고 자랑하다가 깨니 꿈이었다. 두효자가 꿈을 깨니 입에서 오히려 계화주 향내가 나고 좌우 소매가 묵직한 듯하고 계화 씨앗을 가슴에 안은 듯하였다. 일어앉아 깊은 생각에 잠기었는데 닭이 울었다.

과거를 그만 둔 두효자

두효자의 아우 두 사람이 문과에 급제하고, 그 중 한 명은 장원을 하여 영광이 측량할 수 없었다. 유한당이 두효자에게 말하였다.

"아버님 벼슬이 예부 상서(禮部尙書)에 이르시고, 슬하에 과거 급제한 사람이 두 명이 나왔습니다. 한 명은 백호관(白虎觀)[80] 사인(舍人)[81]으로 있고, 한 명은 한림원(翰林院) 편수관(編修官)으로 있으니 문호에 빛나기 극진

라 할 수 있다.

80 백호관(白虎觀): 한(漢)나라 장제(章帝)가 학사들을 모아 오경(五經)을 강론하였던 곳이다.

81 사인(舍人): 정4품 관직.

합니다. 세상에 부귀만 탐하고 넘치는 것을 경계하지 않는 자가 나중에 패망하지 않는 경우가 드뭅니다. 우리 집은 예전부터 학식 있는 집으로 일컬어졌는데, 어찌 오늘날 넘치는 것을 경계하지 않겠습니까. 과거를 그치시고 경서나 일 삼으셔서 여러 아들과 조카들 글과 행실을 착실히 가르쳐 이름 있는 선비를 만드시면 인간세상의 즐거움이 여기에서 더할 나위가 있겠습니까."

"과거를 그치는 데에는 넘침을 경계하는 것도 있거니와, 두 아우가 입신하여 벼슬자리로 다니게 되었으니 우리 부모를 좌우에서 모실 사람이 나 하나뿐이오. 내 어찌 잠시인들 벼슬 때문에 부모를 떠나 있겠소. 옛 사람이 이르되, '하루 동안 부모 봉양하는 것을 어찌 삼공의 벼슬자리와 바꾸랴.'라고 하였으니 매일 부모 섬기는 것을 어찌 삼공과 바꾸겠소. 오늘 이후로는 벼슬 염려를 그치고 아침저녁으로 부모님 곁을 지켜 기거와 차고 더운 것 살피기로 마음에 정하였소. 이제 부인 말씀이 의리에 합당하니 평생에 『주역』 공부하던 사람으로 겸괘(謙卦)[82]의 뜻을 통달하여 계십니다."

"제가 부녀자로서 『주역』을 마침 보았지만 무슨 공부 있다고 이르며, 전혀 배운 것 없는 사람인들 그만한 생각이야 없겠습니까."

두효자는 이날부터 과거 준비를 그만두었다.

---

82 겸괘(謙卦): 『주역』 「겸괘」. "이미 큰 것을 소유하였으면 가득함에 이르러서는 아니 되고, 반드시 겸손한 데 있어야 한다. 그런 까닭에 대유괘의 뒤를 겸괘로 받은 것이다.(其有旣大, 不可至於盈滿, 必在謙損, 故大有之後, 受之以謙也.)"

어렸을 때 지은 시

시누이가 유한당에게 글 지은 것을 보여 달라고 청하니, 유한당이 대답하였다.

"우리 첫째 오라버니가 여러 아우들을 데리고 독서할 때 곁에서 들어 혹 배운 것이 있지만 글재주가 노둔하니 어찌 글을 지었겠어요. 그리고 글 지을 재주가 있은들 여자의 소임이 아니기에 글을 지은 일이 정말 없어요."

시누이가 매양 속인다고 애달파하더니, 하루는 유한당이 칠석날에 의복을 내어 볕을 쬐여 입을 때에 시누이가 와 보다가 옷상자 사이에서 글 쓴 종이를 발견하였다. 시누이가 펼쳐 보니 다음과 같은 율시 한 수였다.

아시유가녀(我是儒家女)로	내 선비 집 딸로
연방소학시(年方小學時)라	나이 바야흐로 『소학』 배우는 때로다
시서원세업(詩書元世業)이오	시서(詩書)는 본래 대대로 내려오는 가업이요
임사즉오사(任姒卽吾師)라	태임(太妊)[83]과 태사(太姒)[84]는 내 스승이라
수기의삼성(修己宜三省)이오	몸 닦기는 세 가지로 살핌[85]이 마땅하고

83 태임(太妊): 주 문왕의 어머니.
84 태사(太姒): 주 문왕의 부인.
85 몸 닦기는 세 가지로 살핌: 『논어』「학이」. "증자께서 말씀하셨다. 나는 날마다 다음의 세 가지로

치심재구사(治心在九思)라	마음 다스리기는 아홉 가지 생각[86]에 있도다
동몽수양정(童蒙須養正)이니	어린아이 모름지기 바른 기운을 기를 것이니
일송회암시(日誦晦庵詩)라	날마다 주자의 시를 외우도다

시누이가 이 글을 가지고 기특해하여 말하였다.

"이제야 유한당의 글을 얻었구나!"

그리고 글을 가지고 가 원 부인에게 보이며 말하였다.

"유한당이 글을 안 지었다고 하더니, 이제야 글 지은 것을 얻었습니다."

부인이 보고 말하였다.

"과연 학문 공부를 일찍부터 시작하였던가 보다."

"어찌 아십니까?"

"동몽수양정(童蒙須養正)이라 하였으니 아이 때인 줄 알 것이요, 연방소학시(年方小學時)라 하였으니 여덟아홉 살 때 지은 것이다."

"남해여자(南海女子)는 일곱 살 때에 형 보내는 글 하나뿐 전하였고,[87]

나 자신을 반성한다. 남을 위하여 일을 도모하면서 충실하지 않았는가? 벗과 사귀면서 미덥지 않았는가? 스스로 익숙하지 않은 지식을 전수하지 않았는가?(曾子曰, 吾日三省吾身. 爲人謀而不忠乎? 與朋友交而不信乎? 傳不習乎?)"

86 마음 다스리기는 아홉 가지 생각: 『논어』「계씨」. "공자께서 말씀하셨다. 군자에게는 생각할 일이 아홉 가지 있다. 볼 때는 분명함을 생각한다. 들을 때는 명료함을 생각한다. 안색은 온화함을 생각한다. 용모는 공손함을 생각한다. 말은 충실함을 생각한다. 일은 조심스러움을 생각한다. 의심이 날 때는 물을 것을 생각한다. 화가 날 때는 어려움을 생각한다. 이득을 보면 올바름을 생각한다.(孔子曰, 君子有九思. 視思明, 聽思聰, 色思溫, 貌思恭, 言思忠, 事思敬, 疑思問, 忿思難, 見得思義.)"

87 남해여자(南海女子)는 … 전하였고: 『당음(唐音)』「송형(送兄)」. "헤어지는 길엔 구름이 막 일어나고 이별하는 정자에는 나뭇잎이 한창 흩날리네. 탄식하노라, 사람은 기러기와 달라 한 줄로 나란히 날아갈 수 없구나.(別路雲初起, 離亭葉正飛. 所嗟人異鴈, 不作一行歸.)" 이 시는 '남해여자'로

백리해(百里奚) 처는 「염이가(扊扅歌)」 하나만 전하였습니다.[88] 유한당의 이 글 한 수만 보아도 학문 공부를 여덟아홉 살 때에 시작한 줄 알 것입니다. 구태여 여러 수 지어서 무엇하겠습니까?"

그리고 매양 외웠다.

삼 년 만에 친정을 찾다

유한당이 부모 슬하를 떠난 지 삼 년이 흘렀다. 부모를 그리는 마음이 간절하되 서로 며칠의 거리가 떨어져 있고, 시가에 오면서부터 시부모 음식 마련하는 일과 조상의 제사를 받드는 일, 수많은 손님 대접에 한 순간도 떠나지 못하고 있었다. 친정에서 막내 동생이 결혼하는 일로 시부모께 귀녕하기를 고하니, 상서 부부가 허락하며 속히 돌아올 것을 당부하였다. 유한당이 하직하고 친정에 이르니 부모와 형제가 반기며 이별한 지 삼 년 만에 다시 모인 정을 나누었다. 어머니가 손자를 안아 기뻐 어루만지며 유한당에게 말하였다.

"'여자가 시집을 가면 친정의 부모형제와는 멀어진다.'[89]라고 하지만

알려진 일곱 살 소녀가 지었다.

88 백리해(百里奚) 처는 … 전하였으니: 백리해는 춘추 시대 사람으로, 초(楚)에 붙잡혀 있을 때 진 목공(秦穆公)이 검은 양가죽 다섯 장으로 데려와 재상이 되었다. 그가 떠돌이 생활을 할 때 아내가 닭을 잡고 염이(扊扅: 문빗장)로 불을 땐 적이 있었는데, 나중에 백리해가 재상이 되고 나서 어느 빨래하는 아낙이 찾아와 그 일을 노래하여 부부가 재회하였다.

89 여자는 … 멀어진다: 『시경』「천수(泉水)」. "여자가 시집을 가면 친정의 부모형제와는 멀어진

어찌 한 번 떠나매 돌아오기가 이리 어려우냐?"

"제가 비록 무상하지만 부모형제를 떠나 천원기수지회(泉源淇水之懷)[90]가 없겠습니까. 그러나 시가의 여러 부녀자 있으나 맡은 바가 다르고, 시부모께서 저의 손으로 만든 음식과 의복을 마음에 들어 하시니 이유 없이 떠나지 못하였습니다."

제사 음식은 정결함이 으뜸

유한당이 제사를 받들게 되었다. 제삿날 전에 날을 정해 집안을 깨끗이 청소하고, 의복을 깨끗이 하고, 비복들도 타일러서 옷차림을 단정히 하고, 고요하게 말소리를 나직이 하여 제사에 쓰는 그릇과 기물을 각별히 씻어 정결히 하고 말하였다.

"잔치 음식은 정결히도 하려니와, 맛을 숭상하고 가짓수를 많이 하여 풍성하게 해야 한다. 제사 음식은 그렇지 아니하여 정결히 하는 것이 으뜸이다."

그러하여 정성을 극진히 하여 제사가 끝난 후에야 마음을 놓으니 모

다.(女子有行, 遠父母兄弟.)"

90 천원기수지회(泉源淇水之懷): 『시경』「천수」. "솟아나는 저 샘물도 기수(淇水)로 흐르는구나. 그리운 위(衛)나라를 생각하지 않는 날이 없네.(毖彼泉水, 亦流于淇. 有懷于衛, 靡日不思.)" 『시경』「천수」는 위나라의 딸이 다른 제후에게 시집가서 친정인 위나라를 그리워하는 내용이다. 어머니가 『시경』「천수」의 한 구절을 인용해 묻자, 유한당이 같은 시의 구절로 답을 한 것이다.

든 일가친척이 다 승복하였다.

종을 부리는 도리

시어머니 원 부인의 친조카 원 소저가 왔을 때 유한당을 보고 물었다.

"부인의 여러 가지 어진 일은 타고 난 숙녀여서 그러하고, 저 같은 사람은 학식이 노둔하니 배울 길이 없습니다. 다만 비복 다루시는 것을 어떻게 하시기에 산짐승, 들짐승 같은 종들도 충성스러운 비복이 되나요?"

"종을 부리는 도리란 별다른 이치가 아닙니다. 저들이 비록 천하더라도 자기 부모께 효도하고 형제간 우애할 도리를 처음으로 가르치고 거듭해서 타이르면 비록 무식하여도 의리에 당연한 말은 더러 믿고 따르는 것이니, 그런 후에야 주인 섬길 도리를 마음에 먹습니다. 자기들 부모를 위한 일이거든 들어 주고, 부모 없는 노복은 마음을 더해 돌봐주면 위아래의 마음이 자연 어긋나지 않을 것입니다. 춥고 더운 것과 굶주리고 배부른 것을 충분히 염려해 주니, 저들도 나무나 돌이 아니거든 어찌 감동하지 아니하겠습니까. 은혜를 먼저 하고 위엄을 나중에 하며, 책망을 가볍게 하고 대접을 두터이 하는 것은, 제왕의 신하 부리기나 장수의 군사 부리는 것과 모두 같은 이치입니다. 하물며 개인 집에서 사소한 노복 부리는 도리가 어찌 그와 같지 아니하겠습니까.

이러므로 사람에게 춥고 굶주림 막는 것이 으뜸이 되는 까닭에 옛 사람이 임금께 고하되, '상등의 군주는 자기 배가 불러도 남이 배고파하는 줄 알고, 자기 몸이 더워도 남이 추워하는 줄 안다. 그 다음 중등의 군주는 자기 배고픈 후에 남이 배고파하는 줄 알고, 자기 몸이 추운 후에 남이 추운 줄 알고, 또 그 다음 용렬한 군주는 내 배가 고프고 추워도 남의 굶주리고 추운 것은 모른다.'[91]라고 하였으니 이 말이 과연 지극히 옳습니다. 이 말을 집 안의 비복이 춥고 배고픈 데 염려하여 쓸 뿐이 아니라 군자의 사람과 사물 대하는 도리 또 이러합니다. 진(晉)나라 도연명이 형의 아들에게 종을 보내어 경계한 편지에도 '그도 사람의 자식이니 잘 대해 주어라.'[92]하였으니 아무리 비복의 천한 자라도 사람의 도리로 대접하는 것이 인자한 군자의 마음 쓰는 도리입니다. 도연명은 재주 있는 선생으로 학식이 많이 있건만 사람을 대접하는 도리는 '선우(善遇)'[93] 두 글자로 행하였으니, 부녀자가 집 안에서 종을 부리는 도리 '선우' 두 글자에서 더할 것이 있겠습니까."

원 소저가 좋은 말이라고 칭송하였다.

---

91 상등의 군주는 … 추운 것은 모른다: 『안자춘추(晏子春秋)』「간상 제일(諫上 第一)」. "안영이 아뢰기를, '제가 들으니 옛날 어진 임금은 배가 불러도 남의 굶주림을 알고, 몸이 따뜻해도 남의 추움을 알고, 한가해도 남의 수고로움을 안다고 하였는데, 지금 군주께서는 모르고 계십니다.(晏子曰, '嬰聞古之賢君, 飽而知人之饑, 温而知人之寒, 逸而知人之勞, 今君不知也.)"

92 그도 사람의 자식이니 잘 대해 주거라: 『소학』「선행」. "도연명이 팽택령(彭澤令)이 되었는데 가족과 함께 가지 않고 노복 한 명을 보내어 아들에게 주며 편지로 말하였다. '네가 아침저녁의 소비를 스스로 대기 어려우므로, 이제 이 노복을 보내어 너의 물 긷고 땔나무 하는 수고를 돕게 한다. 그도 사람의 자식이니 잘 대해 주어라.'(陶淵明爲彭澤令, 不以家累自隨, 送一力, 給其子, 書曰, '汝旦夕之費, 自給爲難, 今遣此力, 助汝薪水之勞. 此亦人子也, 可善遇之.')" 원문에는 도연명의 아들로 되어 있고 '형의 아들'이라는 말은 없다.

93 선우(善遇): 잘 대해 줌.

학문에 힘써라

유한당이 여러 아들을 어렸을 때부터 학문에 힘쓰기로 가르치며 말하였다.

"'학(學)'이라 하는 글자는 『서경(書經)』 「열명(說命)」편에 비로소 일컬었으니[94] 별로 기이한 일이 아니다. 불과 인륜 중에서 효제충신(孝悌忠信)[95]의 당연히 행할 도리를 행할 따름이니 사람의 행실이 효제충신에 어긋나게 되면 무슨 낯으로 천지 사이에 설까 싶으냐. '학'이라 하는 글자는 '배울 학'이니 사람이 모르는 것을 배워 아는 것이 학문 공부니 구태여 군자에게만 학이 있는 것이 아니다. 천하의 백기천공(百技千工)[96]이 처음에 몰랐을 적 배워 아는 것이 백기천공의 학문이다. 활 만들고 살 만드는 재주라도 스승에게 배우는 것이 학이요, 모난 그릇 만들고 둥근 그릇 만드는 공장이라도 스승에게 배우는 것이 학이다. 장인 재주의 학문도 오히려 밤낮으로 부지런하여야 학문을 이루어 내거늘, 하물며 군자의 효제충신 배우는 도가 부지런하지 않고 이룰까 싶으냐.

세속 사람들이 자식을 길러 사랑에 빠져 가르치지 아니하는 이는 족히 이를 것이 없거니와, 가르치노라 하는 집들도 글자나 가르쳐 문장의

---

94 '학(學)'이라 … 일컬었으니: 『서경』은 우(虞)·하(夏)·은(殷)·주(周)의 시대 순으로 기록되어 있다. 「열명(說命)」은 은나라 22대 고종(高宗)과 신하 부열(傅說)의 대화를 기록하였으며, 상·중·하의 세 편으로 이루어져 있는데 학문을 논한 대목은 하편에 나온다.

95 효제충신(孝悌忠信): 부모에게 효도하고, 웃어른을 공경하며, 스스로 최선을 다하고, 내실이 있어 다른 사람에게 믿음을 줌.

96 백기천공(百技千工): 물건을 제작하는 수많은 기술.

재주가 있으면 그것만 기특하여 자랑하고 의리의 학문이 중한 줄을 모른다. 그리고 학문이란 것은 특별히 이상한 사람이 하는 것으로 알아 제 몸을 담당하지 않고 허튼 문장이나 만들어 세상에 유명해져 부귀와 공명 탐하기에 세상이 학문 숭상하는 집이 없고, 집집마다 그러하기에 세상의 도가 점점 낮아 삼대(三代: 夏·殷·周)의 예의지치(禮義之治)를 회복할 길이 없어진다. 세도(世道) 근심은 부녀의 알 바가 아니거니와 옛적에도 칠실(漆室)의 부녀자가 오히려 나라를 근심하였으니,[97] 지금 세상에도 만일 유식한 부녀자가 있으면 세도를 근심한다고 구태여 참람한 일이 되겠느냐. 이 말은 내가 너희 여러 아들을 기르니 집안의 책망도 있고 세상에서의 책망도 있으매 이리 이르는 것이다. 군자의 학문은 효제충신의 도리니, 당연히 행할 도리를 알려 하면 먼저 의리를 알아야 한다. 의리를 알려 하면 먼저 성현의 경전을 많이 읽어, 구절마다 이해하고 글자마다 몸소 실천한 후에야 바야흐로 학문 공부가 되는 것이다."

다섯째 아들 오봉이 무릎을 꿇어앉고 말하였다.

"어머니께서 밤낮으로 타이르심이 인륜행실밖에 말씀이 없으시고, 불초한 소자들을 다 극진히 상등 군자로 만들려 하시니 모든 소자 등이 비록 불초하온들 어찌 명심하지 아니하겠습니까. 전후에 소자들이 이런 가르침을 무수히 들었사오나 오늘 말씀은 더욱 간절하오니 기록하여 두고 보겠습니다."

97 칠실(漆室)의 … 근심하였으니: 『열녀전』「노칠실녀(魯漆室女)」. 노목공(魯穆公) 때 임금은 늙고 태자는 어렸다. 이에 칠실 지역의 어느 처녀가 나라를 걱정하였다.

그리고 붓을 들어 기록하였다.

『중용』과 『대학』의 큰 뜻

오봉이 또 말하였다.

"학문을 하려 하면 『중용(中庸)』, 『대학(大學)』을 착실히 이해할 것이니 『중용』과 『대학』의 큰 뜻을 묻습니다. 『중용』에서 성(性)을 말하여 '본성 성' 한 글자를 위주로 하였고, 『대학』은 심(心)을 말하여 '마음 심' 한 글자를 위주로 하였습니다. 증자께서 『대학』을 지으시고 자사(子思)께서 『중용』을 지으시니, 두 성인께서 모두 후세 학자를 위하여 지으신 글입니다. 그런데 혹은 성을 말하시고 심은 말하지 않아 본성을 의논함에 심을 의논하지 않고, 혹은 심을 말하시고 성은 말하지 않아 심을 의논함에 성을 아니 일렀으니, 성인의 말씀이 어째서 한 쪽으로 치우치게 되었습니까?"

"내가 말하고자 하되 그렇게 하면 오히려 참된 맛이 없을 것이다. 네가 알려 하거든 네 맏형에게 가 묻거나 네 아버지께 가서 물어 알아라."

오봉이 급히 맏형에게 물으니 일봉이 말하였다.

"물어서 아는 것이 스스로 이해하여 아는 것만 못하니 네 스스로 자세히 생각해 보아라."

오봉이 또 아버지께 가 물으니 아버지가 말하였다.

"네가 매양 어머니나 형에게 묻더니 오늘은 어찌 내게 와 묻느냐?"

오봉이 어머니와 형의 말씀을 고하니 아버지가 웃음을 머금고 말하였다.

"이는 어머니가 알고 있건만 이르지 않았다. 존심양성(存心養性)이 다 공부되거든 어느 것을 빼놓겠느냐. 고쳐서 물어 보아라."

오봉이 다시 와 유한당께 아버지와 형의 말을 고하고 여쭈니 유한당이 웃으며 말하였다.

"네 아버지 말씀이 과연 옳으시다. 심이나 성이나 어느 것을 빼겠느냐. 그런 까닭에 주자께서 『대학』 서문을 지으심에 '성' 자를 일컬으셨으니,[98] 『중용』과 『대학』에 각각 심과 성이 합하여 들었느니라."

오봉이 크게 기뻐하였다.

"과연 그러합니다."

그리고 말씀할 때에 장자 일봉이 들어와 듣고 어머니께 말씀드렸다.

"아이들이 글 뜻을 몰라 자기가 답답하여 할 때에 스스로 이해하여 깨닫는 것이 유익하기에 아까 묻는 것을 말해주지 아니하였더니, 어머니께서 먼저 말씀하셨군요."

"사자득지(使自得之)[99]라 하였으니 자득하게 하는 것이 좋거니와, 아이가 바삐 알고자 하여 분주히 다니기에 가르쳐 주었다."

---

98 주자께서 … 일컬어 계시니: 『대학』의 본문이 '마음 심'을 위주로 하였기에 주희가 지은 「대학장구서(大學章句序)」에는 '본성 성'을 말하였고, 『중용』의 본문이 '본성 성'을 위주로 하였기에 주희가 지은 「중용장구서(中庸章句序)」는 '마음 심'을 말하였다는 뜻이다.

99 사자득지(使自得之): 『맹자』 「등문공 상(滕文公上)」. "요임금이 말씀하셨다. '(백성을) 위로하고 오게 하며, 바로잡아주고 곧게 펴 주며, 도와주고 날개가 되어, 스스로 자신의 본성(本性)을 얻게 하고, 또 따라서 떨치게 하고 은혜를 베풀어 준다.'(放勳曰, 勞之來之, 匡之直之, 輔之翼之, 使自得之, 又從而振德之.)"

『주역』을 특히 좋아하는 이유

유한당이 실 뽑는 일을 부지런히 하며 곁에 『주역』을 상에 받쳐 놓고 보니 장자 일봉이 여쭈었다.

"어머니께서 책을 좋아하시되 『주역』을 특별히 손에서 놓지 아니하시니 어째서입니까?"

"너는 어느 경서를 좋아하느냐?"

"소자는 학문 공부로 의논하면 『중용』에서 '정성 성(誠)' 한 글자를 일렀고, 『대학』에서 '공경 경(敬)' 한 글자를 더 일컬었으니 성인의 경전을 공부하려 하오면 『중용』과 『대학』이 긴요하지 않겠습니까? 『주역』은 천지 조화의 이치를 의논하였으니 크기는 크거니와, 『중용』, 『대학』만큼 긴요하고 밀접하지는 않습니다."

"네 말이 옳기는 옳다. 그렇거니와 내가 『주역』 좋아하는 것은 천지 조화의 법칙과 음양소장(陰陽消長)의 이치를 내 부녀자로서 구태여 알려 하는 때문이 아니다. 다만 모든 경서 훈계한 말씀이 『주역』 일부로서 가히 취하여 보는 것인 까닭에 나는 『주역』을 좋게 여기느니라. 『중용』에서 '성(誠)' 자를 일컬었어도 『주역』 건괘에 '성' 자의 뜻이 들었고,[100] 『대학』에서 '경(敬)' 자를 일컬었어도 『주역』 곤괘에 '경' 자의 뜻이 들었으니[101] 『대

100 『주역』「건괘」에 … 뜻이 들었고: 『주역』「건괘」 "하늘의 운행은 굳세니, 군자가 이를 보고 스스로 힘써 쉬지 않는다.(天行健, 君子以自彊不息.)"

101 『주역』 곤괘에 … 뜻이 들었으니: 『주역』「곤괘」 "지극하구나, 곤(坤)의 근원이여. 만물이 이로부터 생겨나니, 순히 하늘을 받든다.(彖曰, 至哉, 坤元. 萬物資生, 乃順承天.)"

학』, 『중용』이 내 『주역』 두 괘에 들었다. 이것뿐 아니라 하우씨(夏禹氏)의 오주(惡酒)[102]와 공자의 부다식(不多食)[103]이 『주역』의 '절음식' 세 글자에 들었고, 『예기』에 구용지(口容止)[104]와 부다언(不多言)[105]은 『주역』 '신언어(愼言語)'[106] 세 글자에 들었고, 고인의 말에 '병종구입(病從口入)하고 화종구출(禍從口出)이라'[107]하니 이 말도 『주역』의 신언어, 절음식 말에 포함되어 있다. 성인의 천언만어와 선유의 훈계한 말씀이 다 『주역』에 아니 든 것이 없으니, 내 이러므로 『주역』을 유독 좋아하는 것이다. 『중용』의 독공이천하평(篤恭而天下平)[108]과 『대학』의 치국평천하(治國平天下)[109]는 성인의 경전 공부

102 하우씨의 오주(惡酒): 『전국책』「위책(魏策)」 '양왕위영상제후어범대(梁王魏嬰觴諸侯於范臺)'에서 노나라 군주가 한 말의 일부이다. "옛날 천제(天帝)의 딸이 의적(儀狄)으로 하여금 술을 만들게 하였는데 맛이 아주 좋아 우임금에게 올렸습니다. 우임금이 술을 마시고 맛있어 하였으나 마침내 의적을 멀리하고 술을 끊으면서 말하였습니다다. '후세에 반드시 술로 인하여 나라를 망치는 자가 있을 것이다.'(昔者, 帝女令儀狄作酒而美, 進之禹, 禹飮而甘之, 遂疏儀狄, 絶旨酒曰, '後世必有以酒亡其國者.')"

103 공자의 부다식(不多食): 『논어』「향당」. "공자께서는 음식을 많이 잡숫지 않으셨다.(不多食.)"

104 구용지(口容止): 『예기』「옥조(玉藻)」. "군자의 용모는 느긋해야 한다. 높은 분을 볼 때는 공경하고 삼가야 한다. 발은 신중하게 하고, 손은 공손하게 하며, 눈은 단정하게 하고, 입은 다물며, 목소리는 조용하게 하고, 머리는 곧게 하며, 기운은 엄숙하게 하고, 서 있는 모양은 덕이 있게 하며, 얼굴빛은 장엄하게 하고, 앉을 때는 가만히 있어야 하며, 한가히 있을 때와 말을 아뢸 때는 온화해야 한다.(君子之容舒遲, 見所尊者齊遬. 足容重, 手容恭, 目容端, 口容止, 聲容靜, 頭容直, 氣容肅, 立容德, 色容莊, 坐如尸, 燕居告溫溫.)"

105 부다언(不多言): 『예기』에는 '부다언'과 일치하는 구절이 없다. 『논어』「자한(子罕)」에 "공자께서는 이(利)와 명(命)과 인(仁)은 잘 말씀하지 않으셨다.(子罕言利與命與仁.)"라고 한 것이 이와 유사하다.

106 신언어(愼言語): 『주역』「이괘(頤卦)」. "산(山) 아래에 우레가 있는 것이니, 군자가 이를 보고 언어를 삼가며 음식을 절제한다.(象曰. 山下有雷, 君子以愼言語, 節飮食.)"

107 병종구입(病從口入)하고 화종구출(禍從口出)이라: 위진 시대의 문인 부현(傅玄, 217~278)의 「구명(口銘)」. "병은 입으로 들어오고, 재앙은 입으로 생겨난다.(病從口入, 禍從口出.)"

108 독공이천하평(篤恭而天下平): 『중용』「제32장」. "이런 까닭에 군자가 공경(恭敬)하는 마음을 지극히 하면 천하가 저절로 태평하게 된다.(是故, 君子篤恭而天下平.)"

109 치국평천하(治國平天下): 『대학』. "사물의 이치를 깨달아야 지식이 지극해질 수 있고, 지식이 지극해져야 뜻이 성실해질 수 있고, 뜻이 성실해져야 마음이 바르게 될 수 있고, 마음이 바르게 되어야 몸을 닦을 수 있고, 몸이 닦아져야 집안을 가지런히 할 수 있고, 집안이 가지런해야 나라를 다스릴 수 있고, 나라가 다스려져야 천하를 태평하게 할 수 있다.(物格而后知至, 知至而后意誠, 意誠而后心正, 心正而后身修, 身修而后家齊, 家齊而后國治, 國治而后天下平.)"

에 극진한 효험이로되, 『주역』의 천하문명(天下文明)[110] 네 글자에서 벗어나지 아니한다."

『시경』「칠월」편

유한당의 셋째 아들과 넷째 아들이 『시경』「칠월」편을 읽다가 여쭈었다.

"'칠월유화(七月流火)'[111]라 하였는데 화성은 어떤 별이오며, 흐른다는 말은 어떤 말입니까?"

"너희들이 글을 읽어 별자리와 도수 알려고 하는 것도 옳거니와, 그런 글을 읽어도 자기 몸에 체득하여 행하기를 생각하는 것이 옳다."

삼봉이 말하였다.

"'칠월유화' 한 구절에 몸소 실천할 것이 무엇입니까?"

"그 한 구절로 말해도 몸소 실천할 것이 어찌 없겠느냐? 칠월에 화성이 흐르는 모양을 빈(豳) 땅의 백성이 보고 절기의 차례가 쉽게 간다 하여 구월에 옷 입기를 염려하였으니 이것은 두 달 전 시기를 맞추어 미리 염

110 천하문명(天下文明): 『주역』「건괘」 문언전(文言傳). "용이 밭에 나타나면, 천하가 그 문명의 교화를 입는다.(見龍在田, 天下文明.)"

111 칠월유화(七月流火): 『시경』「칠월」. "칠월에 대화심성(大火心星: 안타레스)이 서쪽으로 내려가면, 구월에는 옷을 만들어 준다. 동짓달에는 바람이 차디차고, 섣달에는 혹한에 몸이 떨리니, 옷이 없고 털옷이 없으면, 어떻게 한 해를 보내겠는가.(七月流火, 九月授衣. 一之日觱發, 二之日栗烈, 無衣無褐, 何以卒歲.)"

려가 있었고, '극기승옥(亟其乘屋)이라야 기시파백곡(其始播百穀)이라'[112] 하였으니 이는 시월에 앉아 명년 이월의 밭 갈기를 염려하였으니 하는 말과 하는 일마다 미리 염려하는 것이 군자의 학문 공부에 어찌 해당하지 아니하겠느냐? 옛 사람이 이르되, '인불흥(寅不興)이면 폐일일지무(廢一日之務)하고, 춘불경(春不耕)이면 폐일년지식(廢一年之食)하고, 유불학(幼不學)이면 폐평생지업(廢平生之業)이라' 하였으니 이는 곧 새벽 3~5시에 일어나지 않으면 하루의 일을 폐하게 되고, 봄에 농사짓지 아니하면 일 년의 먹거리를 폐하게 되고, 어려서 공부하지 않으면 평생의 일을 폐하게 된다고 한 것이니, 이 말이 지극히 마땅하지 않으냐? 이러므로 주자께서 '공부는 중간에 그쳐지기 쉽고 의리는 찾기 어려운데, 세월은 물 흐르듯하니 심히 걱정되고 두렵다'[113]라고 근심하며 벗에게 편지로 말씀하셨다. 이런데 너희 후학들이 학문에 잠시인들 게으른 마음을 먹을 수 있겠느냐. 빈 땅 백성은 불과 농사짓는 일이로되 화성이 흘러가는 것을 보고 미리 염려하였으니, 너희는 장부로서 천하 사업이 너희 몸에 소임이거늘 어려서 장구한 염려를 두고 부지런히 공부를 아니 하겠느냐. 경서의 평범한 구절이라도 자기 몸에 적용하여 유념함이 옳다."

---

112 극기승옥(亟其乘屋)이라야 기시파백곡(其始播百穀)이라: 『시경』「칠월」. "구월에 채소밭을 다져 시월에 벼를 들여놓으니, 기장과 피, 늦벼와 올벼, 벼와 삼, 콩과 보리라. 아, 농부들아 우리 추수가 다 끝났으니 읍내에 거주하는 집에 올라가 지붕을 해야 하네. 낮에는 나가서 띠풀을 베어 오고 밤이면 새끼를 꼬아서, 하루 빨리 지붕을 이어야만 명년 봄에 다시 백곡을 파종한다.(九月築場圃, 十月納禾稼, 黍稷重穋, 禾麻菽麥. 嗟我農夫, 我稼既同, 上入執宮功, 晝爾于茅, 宵爾索綯, 亟其乘屋, 其始播百穀.)"

113 공부는 … 두렵다: 『회암집』「답여백공(答呂伯恭)」. "공부는 중간에 그쳐지기 쉽고, 의리는 찾기 어려운데, 세월은 물 흐르듯하니 심히 걱정되고 두렵다. 이를 어쩌면 좋단 말인가.(功夫易間斷, 義理難推尋, 而歲月如流, 甚可憂懼. 奈何奈何.)" 백공은 주희의 벗인 여조겸(呂祖謙, 1137~1181)의 자이다.

「경재잠」과 「숙흥야매잠」

하루는 유한당이 난간에 서 있는데 육봉이 초당에 혼자 앉아 글 읽는 소리가 들렸다. 유한당이 마음에 흔연하여 초당에 임하여 앉으며 말하였다.

"만물 소리 중에 아들의 독서성이 더욱 좋다고 하였다. 오늘 네 글 읽는 소리를 들으니 과연 그 말이 옳구나. 네 소리를 들으매 기분이 좋아 왔으니, 내가 듣게 읽어라."

육봉이 「경재잠(敬齋箴)」[114]과 「숙흥야매잠(夙興夜寐箴)」[115]을 소리 내어 읽으니 유한당이 말하였다.

"네가 이 두 글의 뜻을 알고 읽느냐?"

"그저 경계하고 타이르는 말로 읽다 보니 깊은 뜻은 모릅니다."

"「숙흥야매잠」은 시분(時分) 공부에 족하고, 「경재잠」은 지두(地頭) 공부에 속한다."

"시분과 지두는 무슨 뜻입니까?"

"시분이란 말은 학자 공부하는 것으로 하루를 나누어 새벽은 이리하고, 아침은 이리하고, 낮에는 이리하고, 저녁에는 이리하고, 밤에 이리하는

---

114 「경재잠(敬齋箴)」: 주희가 경(敬)을 수련하는 방법을 적은 4언 40구의 잠(箴). 『회암집』, 『심경』 등에 실려 있다.

115 「숙흥야매잠(夙興夜寐箴)」: 송의 학자 진백(陳栢)이 새벽부터 밤까지 힘써야 할 일과 마음가짐에 대해 4언 48구로 적은 잠. 『준생팔전(遵生八牋)』, 『독서분년일정(讀書分年日程卷首)』 등에 실려 있다.

것이 시분 공부라 하는 것이다. 지두란 말은 터를 보아 동에는 이렇게 하고, 남에는 이렇게 하고, 서에는 이렇게 하고, 북에는 이렇게 하여 터를 살펴가며 하는 것이 지두 공부다. 앉고 서기라도 앉을 법한 터에 앉고, 서 있을 법한 터에 살펴 서는 것이 지두 공부에 속한다. 지금 너 읽은 「숙흥야매잠」과 「경재잠」을 의논하면, 닭이 울었을 때로부터 아침과 낮과 저녁을 지나 밤까지 공부를 분배하여 말한 「숙흥야매잠」은 시분 공부가 된다. 그리고 「경재잠」의 '택지이답(擇地而踏)'[116]은 땅을 가리어 디디란 말이요, '출문여빈(出門如賓)'[117]이란 말은 문을 나면 귀한 손님을 보는 듯이 하라고 하여 터를 따라가며 경계하였으니 「경재잠」은 지두 공부다. 글 뜻을 이해하지 않고 읽어서는 선유의 말씀에 '책은 책이요 나는 나'[118]라고 하였으니 글이 내 몸에 유익함이 어찌 있겠느냐?"

"글 뜻 말씀을 듣자오니 이제야 깨닫습니다. 시분, 지두 말씀은 이 두 글뿐 아니니, 사시사방(四時四方)이라는 말씀도 사시는 시분에 속하고 사방은 지두에 속한 것입니다. 그리고 순식지경(瞬息之頃)이란 말은 시분에 속하고, 지척지간(咫尺之間)이란 말은 지두에 속하겠습니다."

---

116 택지이답(擇地而踏): 『심경부주』「경재잠」. "발은 반드시 신중하게 하고, 손은 반드시 공손하게 하며, 땅을 가려 밟아서, 개미집이 있으면 돌아가라.(足容必重, 手容必恭, 擇地而踏, 折旋蟻封.)"

117 출문여빈(出門如賓): 『심경부주』「경재잠」. "문을 나서 사람을 대할 때는 높은 손님을 맞는 듯하고, 일을 할 때는 제사를 치르듯하여, 두려워하고 조심하여 감히 혹시라도 쉽게 여기지 말라.(出門如賓, 承事如祭, 戰戰兢兢, 罔敢或易.)"

118 책은 책이요 나는 나: 『대학』「독대학법(讀大學法)」. "『대학』을 읽는 것이 어찌 그 언어를 보는 데 있으리오. 자신의 마음에 어떠한지를 징험하기를 진심으로 원하여야 한다. 마치 아름다운 여색을 좋아하고 악취를 싫어하는 것을 내 마음에 시험하여 과연 이처럼 선을 좋아하고 악을 미워할 수 있는가? 한가로이 지낼 때 선하지 못함이 과연 있는가? 이렇게 하여 하나라도 지극하지 못함이 있거든 용맹하고 분발하여 그치지 말아야 반드시 장족의 발전이 있을 것이다. 이제 이와 같은 것을 모른다면 책은 책이요 나는 나라, 무슨 유익함이 있겠는가.(讀大學, 豈在看他言語. 正欲驗之於心如何. 如好好色, 惡惡臭, 試驗之吾心, 果能好善惡惡如此乎? 閒居爲不善, 是果有此乎? 一有不至, 則勇猛奮躍不已, 必有長進. 今不知如此, 則書自書, 我自我, 何益之有.)"

"네가 추리하여 이해하기를 과연 잘 하였다. 네 재주도 형들에 비해서 못하지 아니하다."

권2

의고 일화①

하루는 비와 눈이 섞여 내려 바람과 추위에 몸이 떨리는 날이었다. 손님 한 명이 해어진 갓을 쓰고 낡아 해진 베옷을 입고 뜰에서 상서공께 절하여 뵈옵고 고하였다.

“초면으로 뵙지만 아침을 거르고서 눈 내리는 날의 추위에 길 가기가 어려워 들어왔으니 요기하기를 청합니다.”

상서가 술을 급히 데워오라 하여 먹이고 저녁상을 바삐 차려 먹이라 하였다. 다음날 두효자가 상서공께 고하여 말하였다.

“오신 손님이 초면이지만 살림살이의 형편이 심히 가엾으니 의고의 돈을 주어 보내고자 합니다.”

“중등례로 주어라.”

“중등례로 주는 것이 마땅하나 그 사람의 머리를 보니 스스로 일하여 먹고 살지 못하는 백발노인이고, 때가 몹시 추우니 저 사람이 집에 돌아간 후 한때의 배고픔과 추위라도 막아주려 하면 상등례로 주어야 할 것입니다."

"그러하다. 저 사람의 말에 따르면 노모가 있다고 하니 상등례로 주는 것이 더욱 마땅하다."

두효자가 아버지의 말을 받들어 상등례로 주니 손님이 사례하며 말하였다.

"길 가운데 눈을 만나 들어왔는데, 천만 의외로 이리 많이 주시니 실로 분에 넘치게 감사합니다."

다시금 사례하거늘 상서가 말하였다.

"재물이 비록 내 집 의고 중에 있으나 천하의 재물이요, 그대도 천하의 사람이니 천하 재물을 누가 가져다가 의식에 쓰지 못 하겠소."

넷째 아들 사봉이 유한당께 고하였다.

"밖에 왔던 손님이 의복이 낡고 얇아 길을 가기 어려워 보이니 제 옷을 벗어 입혀 보내려 합니다."

"그 손님의 체격이 어떠하더냐?"

이봉이 고하였다.

"사봉의 뜻은 어질고 후덕하지만 어려서 일을 알지 못합니다. 사봉은 키가 작고 그 손님은 키가 매우 크니 옷을 주어도 실상에 부합하지 않은 일이 될까 합니다. 소자에게 벗어 둔 옷이 있으니 주어 보냄이 어떠할까요?"

유한당이 말하였다.

"너의 말이 과연 좋으니 그렇게 하여라."

이봉이 아내에게 옷을 가져오라고 하니 아내가 답하였다.

"벗어 둔 옷은 얇고 해어진 데다 오래되어 쉽게 해질 것입니다. 새 옷

한 벌이 두꺼우니 그 옷을 주어 보내면 지금 추위를 막는 것뿐만 아니라 다음 해 추위도 막을 것이니 좋을 듯합니다."

유한당이 여종을 시켜 옷을 봉하여 내니 사내종이 들어와 고하였다.

"그 손님이 벌써 떠나간 지 벌써 한참이 되었습니다."

이봉이 말하였다.

"그가 갔을지라도 내 마음에 이미 주려던 것이니 어찌 중지하겠느냐? 빨리 가져다가 주어라."

그리하여 사내종이 지고 바삐 가 십여 리 쯤 가서 만났다. 이봉의 말을 전하니 그 손님이 당황하고 감격하여 사내종에게 사례하고 의고 돈을 받아가던 짐을 풀고 네다섯 꿰미를 내어 그의 노고를 위로하며 추위에 급히 오느라 수고하였다고 주었다. 사내종이 사양하며 말하였다.

"우리 집안의 주인이 의고를 창설하신 것은 이런 일에 쓰려 하신 마음에서입니다. 나는 종으로서 그 뜻을 받들어 행할 따름인데, 내 어찌 이 돈을 받아 우리 주인의 어지신 마음을 상하게 하겠습니까?"

그리고 굳게 사양하니 그 손님이 더욱 감격하여 도로 들어와 상서께 사례하고 길을 갔다.

"한 집안에 늙은이와 젊은이 할 것 없이 모두가 군자이시니 다시 일컬을 말이 없거니와, 아무리 천한 종들이라도 다 군자이십니다."

의고 일화②

인근의 고을에 있던 손님이 하루는 문 밖에 찾아와 사내종을 불러 상서께 고하였다.

"인근의 고을에 있는데 집이 가난하여 생계가 어렵습니다. 의고의 돈을 많이 주시기 바랍니다."

상서가 두효자를 불러 의논하자 두효자가 대답하였다.

"이 사람은 옛날부터 들어와 살던 사람이고, 나이가 지금 장정입니다. 밭을 갈아도 족히 먹을 것이요, 글을 읽어도 족히 읽을 것이요, 공장(工匠) 노릇이나 장사를 하여도 족히 먹을 것인데 사농공상(士農工商) 네 가지를 폐하고 유의유식(遊衣遊食)[119]하려고 하니 어찌 가난하지 않겠습니까. 지금 그가 당한 길흉대사도 없는데, 저 사람의 집이 가난하다고 어찌 의고의 돈을 주겠습니까."

"내 마음에도 안 주기로 정하였다."

그리고 사내종을 시켜 전하여 말하였다.

"의고 절목(節目)[120]에는 혼인 또는 초상을 당하거나, 부모의 병환을 당하거나, 길 가는 중 낭패한 사람처럼 그런 급한 데 구휼하도록 되어 있다. 가난하다고 주지는 못한다."

---

119 유의유식(遊衣遊食): 하는 일 없이 놀면서 입고 먹음.
120 절목(節目): 법률이나 규정 따위의 낱낱의 조나 항목.

이렇게 말한 후 두효자가 들어와 그 말을 일컬으니 유한당이 말하였다.

“의고 돈은 그런 데 못 주는 것이 맞습니다. 다만 그 손님이 사농공상을 일삼지 않고 거지가 되어도 저 사람의 죄이지만 들으니 측은합니다. 옛적 이윤(伊尹)[121]이라는 이는 ‘필부불획(匹夫不獲)하면 기심치지(其心恥之)하여 약달우시(若撻于市)라’,[122] 즉 ‘한 사람이라도 살 곳을 얻지 못하면 스스로 부끄러워하였다’라고 하였습니다. 오늘날에 만일 이윤 같은 이가 있게 되면 이런 사람을 보고 도리어 부끄러워할 것입니다. 장횡거(張橫渠)[123]께서 지으신 「서명(西銘)」에는 말하기를, ‘천하의 피륭잔질(疲癃殘疾)과 경독환과(惸獨鰥寡)는 개오형제지전련이무고자야(皆吾兄弟之顚連而無告者也)라’,[124] ‘천하의 어려운 처지에 놓인 사람들은 다 나의 형제로서 정처 없이 떠돌아 말할 데 없는 사람처럼 여기라’라고 하셨습니다. 오늘날 장횡거 선생 같이 큰 뜻이 있게 되면 더 마음이 없겠습니까. 문 밖에 왔던 객의 언행이나 성질이 대단히 어그러지고 아주 사나운 것이 아니라면, 분명히 저 사람이 어릴 때 부모님을 여의고 어릴 때에 글 배우지 못하고 정처 없이 떠돌아 다니는 것입니다. 아무라도 이르고 가르쳐 금일부터 사농공상 중의 제 재

---

121 이윤(伊尹): 은나라의 이름난 재상. 탕(湯)임금을 도와 하나라를 멸망시키고 나라를 잘 다스렸다.

122 필부불획(匹夫不獲)하면 … 약달우시(若撻于市): 『서경』「열명 하」. “옛날 전대의 어진 신하 보형(保衡)이 우리 선왕을 격려하여 말하기를, ‘나의 임금을 요순처럼 만들지 못한다면 시장에서 종아리를 맞는 것처럼 내 마음이 부끄러울 것이요, 한 사람이라도 자기 살 곳을 얻지 못한다면 이는 또한 나의 죄라고 할 것이다.(昔先正保衡, 作我先王, 乃曰, ‘予弗克俾厥后惟堯舜, 其心愧恥, 若撻于市, 一夫不獲, 則曰時予之辜.’)”

123 장횡거: 장재(張載, 1020~1077). 북송의 유학자로서 『정몽(正蒙)』을 지었다.

124 천하(天下) … 개오형제지전년이무고재야(皆吾兄弟之顚連而無告者也): 『장자전서(張子全書)』「서명(西銘)」. “무릇 천하의 지치고, 쇠하고, 상하고, 병든 사람들 그리고 형제가 없는 사람, 자식이 없는 사람, 아내가 없는 홀아비, 남편이 없는 과부들은 모두 어려운 처지에 놓여 호소할 곳 없는 나의 형제들이다.(凡天下, 疲癃殘疾, 惸獨鰥寡, 皆吾兄弟之顚連而無告者也.)”

주와 힘에 맞는 것을 소업 삼아 날마다 부지런하고 해마다 근근이 하여 한 가지 소업이라도 이루게 한다면, 인인군자(仁人君子)[125]의 백성 가르치는 정사가 될 것입니다."

두효자가 칭찬하였다.

"장횡거 선생 「서명」의 가르침 같이 마음을 먹게 되면 천하의 한 가지 일인들 장부의 소임 아닌 것이 어디 있겠소. 가르침이 착실하면 감동하지 않을 사람 없으니 내 불러 가르쳐 이르고자 하오."

장손녀가 곁에 모시고 있다가 유한당에게 말하였다.

"그 사람 이야기를 들으니 불쌍한가 싶으니 가르쳐 가업을 일구어 거지 되어 다니기를 면하게 하면 좋으려니와, 인심이 예전과 지금이 다르니 감화할 줄 어떻게 알겠습니까? 군자의 도리는 가르치는 것이 옳겠지만 말입니다."

"인심이 예전과 지금이 다를 것이 어디 있겠느냐. 의서의 약재 항목을 보아도 초목의 맛이 옛적에 달던 것은 지금도 달고 옛적에 쓰던 것은 지금도 쓰다. 초목처럼 무지한 것도 예전과 지금의 맛이 다르지 않거늘, 사람은 만물 중에 가장 신령스러우니 천성이 어찌 예전과 지금이 다르겠느냐. 가르쳐 이루면 초목의 단 맛이 변하지 않은 것과 같고, 가르치지 못하여 근본 천성을 보존하지 못하면 초목 맛이 단 것이라도 음식 만들 때 잘못하여 좋은 맛이 변하는 것과 같다. 가르쳐 이루지 못할 일이 어디 있겠느냐."

---

125 인인군자(仁人君子): 성품이 인자하고 덕행이 높은 사람.

"말씀이 참으로 그러합니다. 이러므로 맹자께서 '인개가이위요순(人皆可以爲堯舜)이라',[126] '사람은 다 요순과 같은 성인이 될 수 있다'라고 하셨습니다."

두효자가 바깥채로 나가 앉아 사내종을 명하여 그 손님을 불러 마루에 앉히고 경계하여 말하였다.

"사람이 하는 일 없이 지내려 하면 배고픔과 추위가 뼈에 사무칠 뿐만 아니라 사람의 천성을 잃기 쉬운 것입니다. 사농공상의 한 가지 일을 잡아 일을 삼고 밤낮으로 부지런하여 오늘 여차하고 다음 날 여차하여 집안 살림을 일구어 거지 되어 다니기를 면하는 것이 그대의 직책이니 오늘부터 마음을 단단히 굳혀 한 가지나 이루기를 바랍니다."

거듭 타이르며 가르치니 손님이 사례하며 말하였다.

"어려서 부모님을 여의고 글 배우지 못하고 집안이 가난하여 농사짓지 못하고 배고픔과 추위를 견디지 못하여 이리 다니나 본심은 그렇지 않았습니다. 오늘 이 말씀을 들으니 잠시 게으르던 것이 안타깝습니다."

그리고 자신의 잘못을 뉘우치고 자책하고 돌아갔다.

삼 년 후, 손님 하나가 의복을 선명히 하고 준마를 타고 문 밖에 와 사내종을 불러 두효자께 '이전에 뵈었던 사람이니 뵙고 싶습니다'하고 청하였다. 두효자가 들어오라고 하여 보니 얼굴을 기억하지 못하는 사람이었다. 그 손님이 두효자에게 말하였다.

---

126 인개가이위요순(人皆可以爲堯舜)이라: 『맹자』「고자 하(告子下)」. "조교(曹交)가 물었다. '사람은 모두 요순이 될 수 있다고 하는데 그렇습니까?' 맹자께서 말씀하셨다. '그렇다.'(曹交問曰, '人皆可以爲堯舜, 有諸?' 孟子曰, '然.')"

"삼 년 전에 정처 없이 떠돌아다닐 때 여기에 와 두효자께 꾸중과 가르침을 듣고 돌아가 그날부터 농사를 시작하여 잠을 자더라도 온 밤을 다 자는 일이 없이 부지런하니 과연 가세가 나아졌습니다. 지금은 집안 살림을 이루어 배고픔과 추위를 면하니 이것이 다 두효자가 가르치신 공이니 집안에서 밥 한 숟가락을 떠먹을 때라도 두효자의 은혜를 기립니다."

"천하의 거지들로 하여금 다 그대처럼 회과천선(悔過遷善)[127] 할 요량이면 요순 세계를 다시 보게 될 것이오."

그리고 술을 먹이고 칭찬하여 보내고 내당에 들어와 유한당에게 말하였다.

"수년 전 거지로 왔던 손님이 의복과 말안장을 화려하게 하여 이전 모양이 아니요, 농사를 지어 가세가 나았다고 하니 과연 기특하더이다."

"인성이 본디 선하니, 천하에 가르쳐 낫지 않는 이가 있겠습니까."

제나라 추기(鄒忌)의 고사

하루는 효자가 이른 아침에 의관을 가다듬고 거울을 들어 보고 유한당에게 말하였다.

"어제 이웃의 손님이 와 내 얼굴을 보고 이전보다 더 낫다고 하더니

127 회과천선(悔過遷善): 지난날의 잘못을 뉘우치고 착한 일을 함.

오늘 보니 더 나은 줄 모르겠소."

"제나라 추기(鄒忌)의 손님이 추기의 얼굴을 기리듯이 하던 것인가 싶습니다."[128]

"부인이 사사로운 정을 기리는 일이 없으면 추기의 일과는 다르지요."

그리고 웃으니 조카딸 두 소저가 모시고 있다가 물었다.

"두 분 말씀을 들으니 제나라 추기 말씀이 가히 웃을 일이 있는가 싶으니 듣고 싶습니다."

두효자가 답하였다.

"『전국책』에 있으니 『전국책』을 보아라."

소저가 급히 알고 싶다며 유한당에게 청하니 유한당이 말하였다.

"옛적 추기는 제나라 사람이니 신장이 팔 척이요, 얼굴이 고왔다. 아침에 의관을 정제히 하고 거울을 보고 그 아내에게 묻기를, '나와 성(城) 북쪽에 사는 서공(徐公) 중 누가 더 곱소?'하니 부인이 답하였다. '당신이 더 곱습니다. 서공이 어찌 당신에게 미치겠습니까.' 성 북쪽에 사는 서공은 제나라의 미남이니 추기가 스스로 믿지 않고 다시 첩에게 물었다. '나와 성 북쪽에 사는 서공 중 누가 더 고운가?' 첩이 말하였다. '서공이 어찌 당신에게 미치겠습니까.' 객이 밖에서 들어와 또 물으니, 객이 말하였다. '당신이 곱습니다. 서공이 미치겠습니까.' 다음 날에 서공이 찾아와 눈여겨 자세히 살펴보니, 스스로 생각해도 자기 외모가 그보다 심하게 못하

---

128 제나라 추기의 … 싶습니다: 『전국책』 「제책」. '추기의 키는 8척이 넘었다(鄒忌脩八尺有餘)'에 실린 고사로, 내용은 유한당이 설명한 것과 같다.

였다.

저녁에 자다가 깨어 말하였다. '내 처가 나를 곱다고 하는 말은 내게 사사로운 정을 뒀기 때문이요, 첩이 날 곱다고 하는 말은 날 두려워하기 때문이요, 객이 날 곱다고 하는 말은 내게 구할 것이 있기에 그리 말한 것이다.' 그리고 조정에 들어가 제위왕(齊威王)께 고하였다. '신이 진실로 서공보다 곱지 못한 줄 알건마는, 신의 아내는 신에게 사사로운 정을 두었고, 신의 첩은 신을 두려워하였고, 신의 객은 신에게 구할 것이 있어 신을 곱다고 하였습니다. 이제 제나라 땅이 사방 천리이고 성이 일백 개이니, 궁녀들은 왕께 사사로운 정이 있고, 조정 신하는 다 왕을 두려워하고, 사방에 있는 이들은 다 왕께 구하는 것이 있습니다. 이렇게 보면 왕께 가려지는 것이 심합니다.' 왕이 옳다고 말하고, '대면하여 과인의 허물을 간하는 이는 상등상을 주고, 글을 올려 간하는 이는 중등상을 주고, 길에서 의논하여 과인의 귀에 들리게 하는 이는 하등상을 주리라' 하니 명령이 처음으로 내리자 간하고자 하는 신하의 무리들이 문에 가득하였다. 1년 만에 비록 말하고자 하여도 과연 일컬을 말이 없어졌다. 연나라, 조나라, 위나라가 듣고 제나라에 와 조회하니 『전국책』에 전승어조정(戰勝於朝廷)이라, '싸움을 조정에서 이겼다'라고 일컬었다.

추기는 제위왕에게 말의 형세에 대해 간하였거니와, 무릇 임금이 허물 듣기를 싫어하면 집안 처첩이라도 바른 말로 간하기 어려운 것이다. 장부만 그럴 뿐 아니라, 부녀자들도 허물 말하는 것을 듣기 싫어하면 비복이라도 간하기가 쉽지 않다. 너희들이 이런 글이나 말을 들어도 내 몸에 적용하여 남의 이르는 말을 기꺼이 듣는 것이 옳으니라."

베 짜는 일도 공부하듯이

유한당이 베틀에 올라 베를 짜니 시누이가 와 보다가 유한당에게 말하였다.

“이제 유한당께서 연세가 많으시니 베 짜기가 수고로우실 듯합니다.”

“옛적 공보문백(公父文伯)의 어머니는 재상의 어머니로서 베를 짰으니,[129] 내 어찌 부녀의 소임을 그치겠습니까.”

“유한당께서는 늘 매사를 자기 몸에 적용하고 이해하여 행하라 말씀하셨지요. 오늘 이 베틀로 말하자면 어떻게 실천하여야 합니까?”

유한당이 웃으며 말하였다.

“내 매번 아이들이 글을 읽을 때 데면데면하게 읽지 말고 몸으로 체득하여 행하게 가르치기 위하여 그리하였거니와, 이 베틀로 말한들 체득하여 행할 것이 어찌 없겠습니까. 길게 날줄[130]을 놓으시니 이는 천경(天經)이라 이를 것이요, 가로로 씨줄[131]을 놓으시니 이는 지위(地緯)라 이를 것입니다. 천경지위(天經地緯)[132]의 큰 것을 작은 베틀에서 과연 볼 수 있을 것

129 공보문백(公父文伯)의 … 베를 짰으니: 『소학』「계고」. “공보문백이 조정에서 나와 어머니를 뵈었는데, 어머니는 마침 베를 짜고 있었다. 문백이 ‘제 집의 어른이신 어머니께서 길쌈을 하실 것이 있겠습니까’라고 말하자 어머니가 탄식하며 말하였다. ‘노나라는 망하겠구나! 이런 어린애로 관직을 맡게 하고서 아직 이것을 알지 못하게 하였구나!’(公父文伯退朝, 朝其母, 其母方績. 文伯日, 以歜之家, 而主猶績乎 其母歎日, 魯其亡乎! 使僮子備官而未之聞耶!)”

130 날줄: 날실. 옷감을 짤 때, 세로 방향으로 놓인 실.

131 씨줄: 씨실. 옷감을 짤 때, 가로 방향으로 놓인 실.

132 천경지위(天經地緯): 하늘의 세로줄과 땅의 가로줄. 영원히 변하지 않을 떳떳한 도리를 말함.

이요, 북[133] 날리는 것이 한 번 가고 한 번 오는 것이 잇따라 이어져서 끊이지 않는 것을 의논하면 하늘의 해와 달이 왕래함 같고 바다의 밀물과 썰물이 있는 것 같습니다. 장부가 천지의 조화를 알려고 하면 이런 것이라도 무심하게 볼 것이 아니지요.

옛적에 베를 짜다가 베를 잘라버린 사람이 있으니, 맹자 어머니는 아들을 가르치려 베를 자르셨고,[134] 악양(樂羊)의 아내는 남편의 공부를 걱정하여 베를 잘랐습니다.[135] 맹자는 그 후에 성인에 버금가는 분이 되어 백성이 스승이 되셨고, 악양은 그 후에 명장이 되어 중산(中山)을 치는 공을 이뤘습니다. 사람의 어미 된 이와 사람의 아내 된 이들이 베틀을 보아 유념하는 것이 옳은 것이지요. 증삼의 어머니는 증삼이 살인하였다는 말을 세 번 전해 듣고 북을 던졌으니,[136] 이 일은 옛적 사람이 임금께 고하여 참소

---

133 북: 베틀에서 날실의 틈으로 왔다 갔다 하면서 씨실을 푸는 기구. 배 모양으로 생겼다.

134 맹자 어머니는 … 자르셨고: 『열녀전』「추맹가모(鄒孟軻母)」. “맹자가 어릴 때 공부를 그만두고 집으로 돌아왔다. 베를 짜고 있던 맹자 어머니가 ‘공부가 어디까지 이르렀느냐?’라고 물었다. 맹자는 ‘별 차이가 없습니다’라고 말하였다. 맹자 어머니는 베를 칼로 잘랐다. 맹자가 두려워하며 그 까닭을 묻자, 맹자 어머니는 말하였다. ‘네가 학문을 폐하는 것은, 내가 이 베를 자르는 것과 같다.’ … 맹자는 두려워하여 아침저녁으로 쉬지 않고 부지런히 학문에 힘썼다. 자사를 스승으로 삼아, 마침내 천하에 이름난 유학자가 되었다.(孟子之少也, 旣學而歸. 孟母方績, 問曰, ‘學何所至矣?’ 孟子曰, ‘自若也.’ 孟母以刀斷其織. 孟子懼而問其故. 孟母曰, ‘子之廢學, 若吾斷斯織也.’ … 孟子懼, 旦夕勤學不息. 師事子思, 遂成天下之名儒.)”

135 악양의 아내는 … 잘랐습니다: 『후한서』「악양자처(樂羊子妻)」. “악양이 일 년 만에 집으로 돌아오자, 아내가 꿇어앉아 돌아온 까닭을 물었다. 악양이 ‘오랫동안 밖에 있으니 생각이 나서 왔지 다른 이유는 없소.’라 하자 아내가 칼을 뽑아 베틀로 가더니 말하였다. ‘이 베는 누에고치에서 생겨나 베틀 위에서 완성이 됩니다. 실을 하나씩 이어서 한 치의 옷감을 이루고, 한 치의 옷감에서 그만두지 않아야 마침내 한 필의 옷감이 이루어집니다. 이제 만약 이 옷감을 자른다면, 지금까지 쌓아온 공과 시간을 모두 잃어버리게 됩니다. … 당신께서 중도에 돌아오시는 것이, 이 베를 자르는 것과 무엇이 다르겠습니까?’ 그 말에 감동받은 악양은 다시 돌아가 학업을 마칠 때까지, 칠 년이 되도록 집에 오지 않았다.(一年來歸, 妻跪問其故, 羊子曰, ‘久行懷思, 無它異也.’ 妻乃引刀趨機而言曰, ‘此織生自蠶繭, 成於機杼. 一絲而累, 以至於寸, 累寸不已, 遂成丈匹. 今若斷斯織也, 則捐失成功, 稽廢時日. … 若中道而歸, 何異斷斯織乎?’ 羊子感其言, 復還終業, 遂七年不返.)”

136 증삼의 어머니는 … 던졌으니: 『전국책』「진책(秦策)」 ‘진무왕위감무(秦武王謂甘茂)’. “옛날 증자가 비읍에 살았습니다. 비읍에는 증자와 동명이인이 살았는데 그가 살인을 하였습니다. 어느 사람이 증자의 어머니에게 ‘증자가 살인을 하였습니다’라고 하였습니다. 증자 어머니는 ‘내 아들

하는 것에 비유하였습니다. 그러니 임금과 신하 사이에 이 북 하나를 보아도 경계할 것이요, 부녀자들도 혹 남의 말을 너무 믿기 쉬우니 이런 것을 유념하는 것이 아니겠습니까."

아이들 가르치는 도리

하루는 주 부인이 와서 유한당과 종일 담화하다가 말하였다.

"아이들이 매번 유한당께 말씀 듣고 돌아가면 말씀마다 너그럽고 유복한 기상이 드러난다고 일컫더니, 오늘 말씀을 들어 보니 한 마디 말도 사람을 상하거나 만물에 해를 끼치려는 마음이 전혀 없으시군요. 다남다복(多男多福)한 기상이 관상에도 있을 뿐 아니라 상법의 심상(心相)[137]을 먼저 의논한다고 하여 '관상이 심상만 같지 못하다'[138]라고 하였으니 과연 오늘 경험합니다."

"평생에 다른 공부는 없거니와 아이들 듣는데 경망하고 천박한 말은

은 살인을 할 사람이 아니오'라고 하고 태연자약하게 베를 짰습니다. 잠시 후 한 사람이 또 '증자가 살인을 하였습니다'라고 하였습니다. 증자 어머니는 여전히 태연하게 베를 짰습니다. 잠시 후 또 한 사람이 '증자가 살인을 하였습니다'라고 말하자 증자 어머니는 두려워하며 북을 내던지고 담을 넘어 달아났습니다.(昔者, 曾子處費. 費人有與曾子同名族者而殺人. 人告曾子母曰, '曾參殺人,' 曾子之母曰, '吾子不殺人.' 織自若. 有頃焉, 人又曰, '曾參殺人.' 其母尚織自若也. 頃之, 一人又告之曰, '曾參殺人.' 其母懼, 投杼踰墻而走.)"

137 심상(心相): 마음씨.

138 관상이 심상만 같지 못하다: 『순자(荀子)』「비상(非相)」. "관상을 보는 것은 마음을 논하는 것만 못하다.(相形不如論心.)"

듣게 아니합니다."

"무릇 말을 풍부히 할 것이요, 지나가는 말이라도 경박히 할 것이 과연 아닙니다."

"참으로 그러합니다. 옛적에 한 무제(漢武帝)가 동방삭(東方朔)이 해몽을 잘한다는 말을 듣고 불러들여 이르기를, '밤의 꿈에 전각의 기왓장 둘이 떨어져 새가 되어 날아가니 그 꿈을 풀이하라.' 동방삭이 대답하길, '궁녀 두 명이 오늘 죽을 것입니다.' 무제가 크게 웃으며 말하기를, '내 꿈을 꾼 일이 없는데 너를 시험하느라 거짓으로 물어 봤더니, 네가 그걸 모르고 풀이하는구나.' 그리고 웃으니 동방삭이 정색하고 이렇게 말하였다고 합니다. '꿈이란 것은 헛일이라도 오히려 맞거늘, 사람의 입으로 말한 것은 헛일인 꿈과 다르오니 더 맞을 것입니다.' 이윽고 후원에서 울음소리가 들려와 무제가 급히 물으니 궁녀 두 명이 서로 싸우다가 난간에 떨어져 즉사하였다는 것입니다. 무제가 동방삭의 말을 기이히 여겼다고 야사에 기록하여 사람이 말을 가려하기를 경계하였으니 후세의 학사들이 유념할 것이요, 부녀자들이 더욱 삼갈 것입니다."

"인거(引據)[139]하여 일컫는 말씀이 말조심하기에는 과연 간절합니다."

주 부인이 유한당에게 또 물었다.

"남의 집에서 처음 들어오는 며느리들도 다 글을 가르쳐 일일이 능히 행한다고 하니, 글은 배우려니와 행하게 하는 일이 기특하더이다."

"장부나 부녀나 글 가르치기야 무엇이 어렵겠습니까마는 행하게 하기

---

139 인거(引據): 인용해서 근거로 삼음.

는 어렵더이다."

"그런 까닭에 『서경』에 '비지지간(非知之艱)이라 행지유간(行之惟艱)이라'[140]하여 '아는 것이 어려운 일이 아니라, 행하는 것이 어렵다'라고 하였습니다."

"입으로 능히 말만 하고 행하지 않으면 이것이야말로 '앵무능언(鸚鵡能言)에 불리비조(不離飛鳥)라',[141] '앵무새는 말을 할 수 있지만, 새에 지나지 않는다.'라는 말이 옳습니다. 가르치는 도리는 글과 말로 가르치려니와 자기 몸으로 가르치는 것이 효험이 빠르더이다. 아이들 보는 데 문지방을 밟으며 다니지 않는 것을 보여주는 것이 '행불리역'[142]을 백 번 읽히는 것보다 낫고, 밥 먹을 때 과식하지 않음을 보여주는 것이 '식무구포(食無求飽)'[143]를 천 번 읽히는 것보다 낫습니다. 한 마디 말과 하나의 거동도 잘못된 것을 보여주지 않으면, 자연히 어른의 가르치는 말을 믿고 듣게 되어 행하기 유익하더이다."

"아이들 가르치는 도리가 저러하시거늘 어찌 집안의 모든 사람이 배우지 않겠습니까. 이런 것은 아이들 가르치는 도리로 묘한 방법이오나,

---

140 비지지간(非知之艱)이라 행지유간(行之惟艱)이라: 『서경』「열명 중」. "부열이 절하고 머리를 조아리며 말하였다. '아는 것이 어려운 일이 아니라, 행하는 것이 어렵습니다.'(說拜稽首曰, '非知之難, 行之惟艱.')"

141 앵무능언(鸚鵡能言)에 불리비조(不離飛鳥)라: 『예기』「곡례 상」. "앵무는 말을 할 수 있지만 새에 지나지 않으며, 성성이는 말을 할 수 있지만 짐승에 지나지 않는다. 이제 사람으로서 예(禮)가 없다면 비록 말을 할 수 있지만 또한 금수와 같은 마음이 아니겠는가?(鸚鵡能言, 不離飛鳥, 猩猩能言, 不離禽獸. 今人而無禮, 雖能言, 不亦禽獸之心乎?)"

142 행불리역: 주석 13 참조.

143 식무구포(食無求飽): 『논어』「학이」. 공자께서 말씀하셨다. "군자는 식사를 하면서 배불리 먹기를 구하지 않고, 거처함에 편안함을 구하지 않으며, 일을 민첩히 하고 말을 신중히 하며, 도를 갖춘 사람에게 나아가 자신의 잘못을 바로잡으니, 이렇게 하면 배우기를 좋아한다고 이를 만하다.(子曰, 君子食無求飽, 居無求安, 敏於事而愼於言, 就有道而正焉, 可謂好學也已.)"

유한당 이외에는 능히 행할 사람이 많지 않을 듯합니다."

조선 사행을 떠나는 주지번

만력 34년 병오년(丙午年, 1606)[144]에 한림원 주지번(朱之蕃)[145]이 상서공께 편지하여 말하였다.

"황제의 명을 받들어 조선국에 사신을 가게 되어 친구들이 이별의 글 지어 보내는 이 많거니와, 복 많으신 상서공 어르신의 기이한 글을 받아 가면 수만 리 여행길의 괴로울 때 때때로 보고 길 위의 근심을 조금이나마 위로할까 합니다."

상서공이 보고 두효자에게 말하였다.

"내 늘그막에 이런 글 주고받는 것이 꼭 필요하지는 않을 듯하다."

"먼 길 가는데 이별의 시문 지어 주는 것이 보통 있는 일이고, 주 한림은 나라의 명을 받들어 가니 사사로운 여행과는 다릅니다. 그리고 조선은 산천과 풍속이 천하에 유명하고, 예악의 문명을 이루어 소중화(小中華)라 일컫는 나라입니다. 주 한림의 문장필법이 기이하오니 조선으로 가

144 만력 34년 병오년(丙午年): 원문에는 "만녁 ᄉᆞ십ᄉᆞ년 병오"로 잘못 적혀 있어 바로잡았다.
145 주지번(朱之蕃, 1558~1624): 명의 문인. 1606년 봄 조선에 사신으로 와서 조선의 문인들과 많은 시를 주고받았다. 『봉사조선고(奉使朝鮮稿)』를 남겼다.

면 전대지임(專對之任)[146]을 잘 할 것이요, 영광스럽게 잘 다녀올 것이니 이 사람에게도 글을 지어 주는 것이 좋을 듯합니다."

"과연 그러하다. 멀리서 편지를 보내 글을 구하니, 내 지어 보내야 하겠다."

드디어 지필을 명하여 놓으라 하였다. 장손 일봉이 벼루를 받들어 나오고, 증손 원성이 필묵을 받들어 나오며, 유한당이 연적(硯滴)을 받들어 벼룻물을 치니 상서가 붓을 들어 글을 썼다.

해동방운사황조(海東邦運似皇朝)하니	해동의 나라 운수가 중국과 같으니
이석단군역병요(伊昔檀君亦幷堯)라	옛적 단군이 또한 요와 나란히 나라를 세웠도다
이십오년금고사(二十五年今古事)니	예나 지금이나 이십오 년 일이니
군행응부청구요(君行應復靑丘謠)라	그대 응당 다시 청구(靑丘)의 노래를 들으리로다

상서공이 글을 다 쓴 후 아들과 손자들을 보라 하니 모든 자손이 고하였다.

"잠깐 사이에 지으신 글이 과연 좋습니다."

---

146 전대지임(專對之任): 외국에 사신으로 가서 혼자 응대하는 임무. 『논어』「자로(子路)」. "공자께서 말씀하셨다. 『시경』의 시 삼백 수를 외웠지만 그에게 정치를 맡겨도 제대로 처리하지 못하고, 사방의 다른 나라에 사신으로 가서도 혼자 응대할 수 없다면, 비록 시를 많이 외웠다고 한들 또 무슨 소용이 있겠는가?(子曰, '誦詩三百, 授之以政, 不達, 使於四方, 不能專對, 雖多, 亦奚以爲?')"

상서가 유한당에게 물었다.

"첫 구절의 뜻을 아느냐?"

"알고 있습니다. 우리 중원과 조선이 천문의 기미성(箕尾星) 분야에 같이 있기에 중원의 문물이 발전하는 운을 만나면 조선도 문물이 발전하는 운을 같이 만납니다. 그렇기에 요임금이 갑진년(甲辰年, BC 2357) 즉위하신 지 이십오 년 만에 조선에 단군이 계시니[147] 요임금도 성인이시고, 단군도 성인이니 다 같이 문명의 다스림을 이루었습니다. 그리고 명 태조(明太祖)께서 무신년(1368) 건국하신 후 이십오 년 만에 조선의 강헌대왕(康獻大王)[148]이 개국하였습니다. 태조 황제도 성인이시고, 강헌대왕도 성인이시기에 중원과 조선이 같이 문명의 다스림을 이루었으니 예나 지금이나 세상에 이십오 년씩 운수 당하는 일이 기이합니다.[149] 지으신 글의 두 구절에 이 뜻이 다 포함하였으니 글의 품격이 좋을 뿐 아니라, 조선에 가는 사신에게 주는 글의 뜻에도 부합하니 극히 좋습니다."

상서가 웃으며 말하였다.

"역대 제왕의 운수와 중국, 외국의 사적을 장부들도 아는 이 드물거늘 너는 여자로서 밝게 알았으니, 내 매양 손자들 총명이 출중한 것을 보

---

147 요임금이 … 단군이 계시니: 『동국통감(東國通鑑)』「단군조선(檀君朝鮮)」. "동방에는 처음에 군장(君長)이 없었는데, 신인(神人)이 박달나무 아래로 내려와 나라 사람들이 임금으로 세우니 바로 단군이다. 국호는 조선이라 하였으니, 중국 요임금의 무진년이었다.(東方初無君長, 有神人降于檀木下, 國人立爲君, 是爲檀君. 國號朝鮮, 是唐堯戊辰歲也.)" 이어 주석에, "요임금이 즉위한 것은 상원 갑자 갑진년(甲辰年, BC 2357)의 일이며, 단군이 즉위한 것은 25년 후인 무진년(BC 2333)의 일이니, 요임금과 동시에 나라를 세웠다는 것은 사실이 아니다.(堯之立, 在上元甲子甲辰之歲, 而檀君之立, 在後二十五年戊辰, 則曰, '與堯並立'者, 非也.)"

148 강헌대왕(康獻大王): 태조 이성계(1335~1408, 재위 1392~1398).

149 이십오 년씩 운수 당하는 일이 기이합니다: 중국과 조선의 역사가 25년 차이를 두고 반복된다는 뜻.

면 너를 타고난 것이라 일컫는다."

"여자로서 책을 많이 읽지 못하였으니 무엇을 알겠습니까. 물으시는 것은 마침 들었던 말이라 말씀드렸던 것인데 하교를 듣자니 부끄럽습니다. 아이들이 총명한 것은 아버지의 가르침 덕분이거니와, 혹 저의 못난 것을 배울까 송구합니다."

두 상서가 글을 주 한림께 보내었더니 주 한림이 사신을 다녀 돌아와 편지를 보내어 말하였다.

"이번 조선에 나가 두루 살펴보니 예악풍속이 대단하고 문물이 발달하여 우리 중원에 비해 조금도 다른 일이 없고, 강호 누대(樓臺) 곳곳이 우리 중원과 우열을 다툴 듯하니 소중화라 일컫기 실로 옳습니다. 별장(別章)으로 받은 시 수천 장을 가지고 갔더니 조선의 문장가 여럿이 보고는, 상서공 글을 극히 진한(秦漢) 시대 이전 문장이라 하고 기리니 기쁘더이다."

그리고 평양(平壤) 연광정(練光亭)[150] 그린 것과 금천(金川) 회란석(廻瀾石)[151] 글 써 새겨 박은 것을 보내었다. 상서공이 자손들을 데리고 펴 보니, 유한당이 곁에 앉았다가 말하였다.

"평양은 주 무왕 때에 기자가 백마로 나가 도읍하였던 곳으로[152] 정전(井田)하던 터가 있을 것이니 연광정 강산을 그리지 말고 정전하던 터

---

150 연광정(練光亭): 평양성 대동강 가에 위치한 누정.

151 회란석(廻瀾石): 황해북도 금천군 금천읍 오조천 기슭에 있는 비석으로 1567년 세워졌다. 비석의 한 면에는 "廻瀾石" 글자가 크게 새겨져 있고, 다른 면에는 일대의 풍경을 읊은 시구가 새겨져 있다.

152 평양은 … 도읍하였던 곳이니: 기자동래설(箕子東來說)에 입각한 언급이다. 『사기』「송미자세가(宋微子世家)」. "이에 주 무왕은 기자를 조선에 봉하였으나, (기자는) 신하가 되지 않았다.(於是, 武王乃封箕子於朝鮮, 而不臣也.)"

를 그려 왔더라면 좋을 걸 그랬습니다. 그때에도 중원에는 무왕이 성인으로 서시고 조선은 기자께서 성인으로 나라를 세우셨으니 그것도 천지 운수의 서로 같은 것으로 볼 것이 있습니다. 조선이 기자의 교화를 입어 오륜의 가르침에 극히 밝아 부녀들의 정절 있기가 천하만국의 으뜸이 되니, 강산이 만 리를 가로막고 있으나 매양 보는 듯합니다."

어린아이 기르는 법

하루는 시어머니 원 부인의 조카며느리 양 씨가 유한당께 물었다.

"아이들 가르치기는 유한당 말씀같이 어른들이 그른 행실과 그른 일을 안 보여 옛 성인이 솔선하여 가르친다는 말씀을 체득하여 행하면 자연히 예전의 규율에 어긋나지 않을 것입니다. 그러나 어린 아이는 태어날 때부터 잘 기르기 어려운데 유한당 집안의 아이들은 태어나는 대로 낱낱이 잘 기르니, 무슨 묘책이 있습니까?"

"옛적 명의들 말씀에 '영의십장부(寧醫十丈夫)언정 난의일부인(難醫一婦人)이요, 영의십부인(寧醫十婦人)이언정 난의일소아(難醫一小兒)라'[153] 하였습

153 영의십장부(寧醫十丈夫)언정 … 난의일소아(難醫一小兒)라: 『동의보감』「소아(小兒)」. "옛말에 이르기를, '차라리 사나이 열 명의 병은 고칠지언정 부인 한 명의 병을 고치기가 어렵고, 차라리 부인 열 명의 병은 고칠지언정 어린이 한 명의 병을 고치기가 어렵다. 어린이는 증상을 묻기 어렵고, 맥을 살피기 어려워 치료가 더욱더 어렵기 때문이다.(古語曰, 寧醫十丈夫, 難醫一婦人, 寧醫十婦人, 難醫一小兒. 蓋小兒難問證, 難察脉, 治之尤難故也.)" 원 출처는 명대의 의사 이천의 『의학입문』이다.

니다. 그 말씀은 '차라리 사나이 열 명의 병은 고칠지언정 부인 한 명의 병을 고치기가 어렵고, 차라리 부인 열 명의 병은 고칠지언정 어린이 한 명의 병을 고치기가 어렵다'라고 하니 그 말씀이 과연 옳습니다. 어린아이는 어른과 달라 뼈의 마디가 굳지 않았고 원기와 피가 많지 않고 포대기에 싸여 있어 말하지 못하기에 병을 앓는 동안 알지 못하니 의술과 약을 쓰기 여간 어려운 일이 아닙니다. 그리고 어른들은 한여름에 상하거나 음식에 상하거나 병드는 것이 제 몸을 삼가지 못한 탓인데, 어린이 병드는 것은 제 탓이 아니라 어른이 삼가지 못해 병이 나는 것이니 부모의 마음이 어이 조심치 아니하겠습니까. 어린이 보양할 도리를 의논하려 하면, 천지조화 이치와 사람의 잠자는 일과 먹는 일의 도리를 밝게 안 후 비로소 어린이 기르는 도리를 알 것입니다. 우리같이 학식에 서툰 이들이 어찌 묘책이 있겠습니까."

"천지조화의 이치를 크게 의논은 못하더라도 유한당 집안에서 행하는 범절을 듣고자 합니다."

유한당이 웃었다.

"내 집에는 별로 묘책이 없지만 다만 '지나칠 과(過)'자 한 글자로 어린아이들을 경계합니다. 아이 젖 먹일 때도 과하게 배부르게 말고, 울음도 과하게 울리지 말고, 또 배도 과하게 고프게 말고, 바람도 과하게 쐬지 말고, 과하게 덥게 말고, 과하게 차게 말고, 아이를 사랑하여 과하게 웃게 말고, 안고 업고 하여 사람의 손에 있게 말고, 제풀로 두어 스스로 일어나게 하여 사람이 억지로 미리 앉히지 말고, 서기도 스스로 서지 어른이 억지로 미리 세우지 않습니다. 모든 동작을 천지자연의 이치로 스스로 하게 하는 것이 좋은 도리이지, 어른이 억지로 앉히고 세우는 것이 아이를 사랑하는 듯해도 도리어 해가 됩니다. 그러므로 맹자 말씀에 '송나라 사람 중에 곡식이 빨리 자라도록 모를 뽑아놓는 이 있다'라고 하였습니다.[154] 맹자 말씀은 다른 데 이른 말씀이거니와, 무릇 아이 기르는 것도 어린 곡식 기르기 같아 미리 앉히고 세우는 것이 모를 뽑는 해 같습니다."

"참으로 천지의 이치를 깨닫게 하는 말씀입니다. 아이가 태어나자마자 옷 입히기는 무엇으로 입히십니까?"

"태어나자마자 포대기로 싸 두는데 별로 차려 입힐 것이 있겠습니까. 옛적 명의 말씀에 '칠팔십 먹은 노인의 땀 밴 옷으로 감싸면 아이가 오래 살고 부귀하다'[155]라고 하였으니 그런 것으로 옷이나 포대기나 하는 것이 좋습니다."

"명의의 그 말씀은 어떤 이유에서일까요?"

"어린아이는 자신의 기혈이 부족하기에 노인의 진액(津液)과 기운이 묻은 것으로 제 몸을 싸는 것이 유익할 듯한 이치가 분명합니다."

"이런 말씀을 데면데면하게 들었더니 과연 오늘 깨닫습니다. 아이를 삼 일에 한 번씩 잘 씻겨야 좋다 하는데 이 말씀이 옳습니까?"

---

154 맹자 말씀에 … 하였습니다: 『맹자』 「공손추 상」. "송나라 사람 중에 곡식의 모가 자라지 않는 것을 근심하여 모를 뽑아 올려 준 자가 있었다. 그가 피곤한 모습으로 집으로 돌아와 가족들에게 '오늘은 힘들구나. 내가 모가 자라도록 도와주었다'라고 하였다. 아들이 달려가서 보니, 모는 시들어 있었다.(宋人有閔其苗之不長而揠之者, 芒芒然歸, 謂其人曰, '今日病矣. 予助苗長矣.' 其子趨而往視之, 苗則槁矣.)"

155 칠팔십 먹은 … 부귀하다: 『동의보감』 「소아」. "칠팔십 먹은 노인의 낡은 잠방이나 웃옷을 고쳐 아기 옷을 만들어 입히면 진기(眞氣)를 길러주어 아기가 장수할 수 있다.(宜用七八十歲老人舊裩舊襖, 改作小兒衣衫, 眞氣相滋, 令兒有壽.)" 원 출처는 명대의 의사 공정현(龔廷賢)의 『만병회춘(萬病回春)』이다.

"물가에서 사는 사람들이 아이를 찬물에 씻겨야 좋다고 하여 물에 넣어 씻기었다가 꺼내는 이도 있고, 혹 물을 떠서 아이에게 부으면서 씻기는 이도 있습니다. 그것은 씻기는 도리가 '과할 과' 자를 삼가지 못한 것으로 낭패 보는 이 많습니다.[156] 내 집에는 아이를 씻기려 하면 배꼽에 바람이 들까 염려하여 안 씻기는 것을 으뜸으로 삼습니다."[157]

"아이를 씻기지 않으면 자란 후 얼굴이 검다 하던데 그렇습니까?"

"설사 얼굴이 검을지라도 과하게 씻겨 탈이 나는 것보다 낫습니다. 하물며 아이가 태어나자마자 얼굴이 검으나 희나 허물을 여러 번 벗으니 처음 검던 것이 무슨 관계가 있겠습니까? 그것도 급히 희게 하여 사람에게 자랑코자 하는 뜻이 미리 싹을 뽑아 놓던 농부와 같습니다."

"유한당 집 사람들은 다들 역질(疫疾)을 안 하였다고 하오니 무슨 묘책이 있어 그리합니까?"

"역질은 주(周)나라 말기에서 진(秦)나라 초기 무렵 나타났으니, 과연 세상에서 제일 고치기 어려운 병입니다. 내 무식한 부녀자로서 무슨 비법이 있겠습니까? 시아버지께서 옛 처방을 얻으시어 아이들 어릴 때 검은깨기름 먹이기를 힘써 하시더니 그 효험으로 시아버지의 많은 자손 중 반은 역질을 안 하고 나머지 반은 역질을 해도 가볍게 하더이다."

---

156 아이를 씻기려 … 삼습니다: 『동의보감』「소아」. "세속에서 아이는 몸에 열(熱)이 있다고 여겨 목욕시킬 때 물에 오래 앉아 있게 하는데 이렇게 하면 찬바람이 겉을 상하고 물 기운이 속으로 스며들어 바람기로 인해 팔다리가 오그라들 수 있으니 경계하지 않을 수 있겠는가?(世俗, 以爲小兒體熱, 或遇澡浴, 卽與久坐湯水之中, 風冷外傷, 水濕內滲, 變成風搐, 可不戒之?)" 원 출처는 송대의 의사 양사영(楊士瀛)의 『직지소아방(直指小兒方)』이다.

157 안 씻기는 것을 으뜸으로 삼습니다: 『동의보감』「소아」. "아이를 기르는 열 가지 방법. 첫째, 등을 따뜻하게 한다. … 열째, 목욕을 되도록이면 시키지 말아야 한다.(養子十法, 一要背煖. … 十少洗浴.)" 원 출처는 명대의 의사 이천의 『의학입문』이다.

"이 말씀은 듣던 중 크게 배워갑니다. 아이가 태어나자마자 길흉을 알 도리 있습니까?"

"의서에 '아이 우는 소리로 안다'라고 하였고 '아이 손목에 뼈가 튀어나와 있지 않으면 기어갈 때 길하지 않고 발꿈치 뼈가 나와 있지 않으면 걸을 때 길하지 않다'[158]라고 하였습니다. 소리는 들어 분간하기 어렵거니와 손과 발에 뼈가 나와 있는 것이 길하더이다."

"아이 기르는 법이 예전과 지금이 다 다르니 상고시대(上古時代)[159]처럼 길러서는 병들 사람이 많습니다."

"그러합니다. 상고시대 사람들은 굴속에서 살고 풀 옷을 입고 나무 열매를 따 먹으며 지내니 어린아이가 태중에 있을 적부터 풍한서습(風寒暑濕)[160]을 꺼리지 않고 배태(胚胎)하여 아기를 낳은 후에 풍한서습을 조심하여도 해가 되지 않습니다. 요즘 사람은 어른이 포식난의(飽食暖衣)[161]하고 깊숙한 방의 북쪽 벽에 병풍과 유장(油帳)을 갖추어 지내기에 아이를 가진 후라도 열 달을 그리 지냈기에 옛사람들이 풀 옷을 입고 나무 열매를 따 먹으며 지내던 때에 잉태한 아이와 같이 길러서는 해가 되는 것이 당연합니다."

"이 말씀이 과연 옳습니다. 상고시대 때 풀 옷을 입고 나무 열매를 따

---

158 아이 손목에 길하지 않다: 『동의보감』「소아」. "손바닥의 뼈가 다 만들어지지 않으면 기어갈 수 있어도 죽는다. 발꿈치 뼈가 다 만들어지지 않으면 걸을 수 있어도 죽는다.(掌骨不成, 能匍匐而死. 踵骨不成, 能行而死.)" 원 출처는 원대의 의사 위역림(危亦林)의 『세의득효방(世醫得效方)』이다.

159 상고시대(上古時代): 하·은·주 이전의 아주 오랜 옛날.

160 풍한서습(風寒暑濕): 바람과 추위와 더위와 습기.

161 포식난의(飽食暖衣): 배불리 먹고 따뜻하게 입음.

먹을 때의 아이처럼 기르지 못하려니와, 깊은 구석방의 북쪽 벽에 늘 두어서도 해가 될 듯합니다."

"깊숙한 방의 북쪽 벽에 두어도 과도하게 두지 말고, 백일 후에 차차 점점 내어 햇빛과 바람을 조금씩 적당히 보이는 것이 기르는 도리입니다."[162]

"그 말씀도 과연 그러합니다. 맹자께서 알묘(揠苗)를 경계하신 말씀은 아까 들었거니와 맹자께서 물망물조장(勿忘勿助長)[163]이라 하신 말씀—잊어버리지도 말고 자라기를 돕지도 말란 말—이 과연 아이 기르는 도리에 절실하신 말씀이십니다."

"성현의 말씀이 한마디라도 이치에 통한 말씀이니 어디 적용하지 못하겠습니까. 어린아이 보호 극난하기는 옛사람이 '늙은 부모 공양하기를 어린아이 보호하듯이 하라'[164]라고 하였고, '잠모양잠(蠶母養蠶)에 빈빈회고(頻頻回顧)하여 여양치아(如養稚兒)라',[165] '누에를 치는 계집이 누에를 기를 때 자주 돌아보아 어린아이 기르듯이 하라'라고 하시니 이것은 맹자의 '물망' 교훈과 한 뜻입니다. 지레 앉히고 지레 세우는 것은 맹자의 '알묘' 경계와 '물조장' 경계를 범한 것입니다. 아이 우는데 급히 달래려고 젖을 급히 먹이지 말고, 울음 그친 후 젖을 적당히 먹이고, 어른의 마음속이 답

162 백일 후에 … 도리입니다: 『동의보감』「소아」. "갓난아기는 … 만약 날씨가 따뜻하면 아기를 안고 바람과 햇빛을 쏘이게 하면 기혈이 굳세어져 풍한을 견딜 수 있고 질병이 이르지 않는다. 요즘 사람들은 아이를 품에 안아 땅에 닿지 아니하여 근골이 약해져 질병이 쉽게 생기게 하니 이것은 아이를 사랑하고 보호하는 도리가 아니다.(凡嬰兒 … 若天氣和暖, 抱之使見風日, 則氣血堅剛, 可耐風寒, 不致疾病. 今人懷抱小兒, 不着地氣, 致令筋骨緩弱, 疾病易生, 非愛護之道.)" 원 출처는 원대의 의사 위역림의 『세의득효방』이다.

163 물망물조장(勿忘勿助長): 『맹자』「공손추 상」. "반드시 호연지기(浩然之氣)를 기르는 일에 힘쓰되 미리 기대하지 말고, 마음에 잊어버리지도 말고 자라는 것을 돕지도 말아서, 송(宋)나라 사람처럼 하지 말아야 한다.(必有事焉而勿正, 心勿忘, 勿助長也, 無若宋人然.)"

164 늙은 부모 … 보호하듯하라: 출전 미상.

165 잠모양잠(蠶母養蠶)에 … 여양치아(如養稚兒)라: 출전 미상.

답할 때 젖을 먹이지 말고, 젖을 가끔 씻겨 먹이고, 사람이 악취 나는 기운을 쏘인 다음 급히 안지 말고, 아이 곁에서 과하게 성내지 말고 과하게 큰 소리 내지 말고, 이런 등등은 부녀들도 모르지 아니하여 다 알지만 일일이 삼가 행하기 어렵습니다."

"아이 태어난 이후 기르는 도리는 대체로 알겠습니다. 아이가 태에 있을 적 남녀 분간할 도리가 있습니까?"

"이런 말씀은 의서에 있으나 분간하기 어렵습니다. 옛날 사람이 말하기를 '진신서(盡信書)면 불여무서(不如無書)라',[166] 글을 다 믿으면 글 없느니만 못하단 말씀이 옳습니다. 아이를 밴 후 열 달만 기다리면 알 것이니 미리 알아 무엇하겠습니까."

"듣자하니 아버님께서 무슨 처방이 있어 아는 것이 계시기에 아버님 자손들이 배워 다들 득남 한다 하니, 그 말씀이 옳습니까?"

"아버님께서 천문지리와 인사물리(人事物理)에 통달하시니 그런 것의 말씀인들 없겠습니까. 아버님 자손에 아이를 배는 사람이 열 명이면 남자 낳는 이가 칠팔 인이나 되니 남들이 그리 이르기 괴이하지 아니합니다."

"아버님께 배워 가고자 합니다."

"아버님께서 매양 그런 말씀에 애를 밴 열 사람 중 열 사람이 다 득남하면 그 법이 있다 하겠지만 열 사람 중에 득녀하는 사람이 두세 명 있으니 그 법이 있다 못한다고 하십니다. 무릇 득남하고 아이 잘 기르는 법

---

166 진신서(盡信書)면 불여무서(不如無書)라: 『맹자』「진심 하」 "맹자께서 말씀하셨다. '책의 내용을 다 믿는다면, 책이 없느니만 못하다.'(孟子曰, '盡信書, 不如無書.')"

이 있는 것을 세속 부녀가 행하기 어렵습니다.”

“무슨 법이 있습니까?”

“사람이 자식 많이 두는 것을 오복의 으뜸으로 여겨 화봉인이 ‘다남자’로 요임금께 헌축하였고,[167] 주나라 때 시인이 문왕(文王)께 ‘즉백사남(則百斯男)’[168]을 헌송(獻頌)하였고, 공자 어머님이 니구산(尼丘山)[169]에 빌어 공자 형제를 낳으셨습니다. 그러니 예로부터 득남하기는 인도에 극히 관중(款重)[170]한 복이 아니겠습니까. 아들 많은 복을 구하려면, 부모 되는 사람이 인심과 인덕을 힘쓰지 않고 그런 복을 바라겠습니까. 마음속에 조금이라도 살기(殺氣) 있는 마음을 머금거나 입으로 조금이라도 살기 있는 말을 하게 되면 자신의 몸에 재앙과 환난이 납니다. 이러므로 ‘작선(作善)에 강지백상(降之百祥)하고 작불선(作不善)의 강지백앙(降之百殃)이라’,[171] ‘어진 일을 지으면 백 가지 상서로운 일을 내리고 착하지 않은 일을 하면 백 가지 앙화를 내린다’라고 하였습니다. 이렇게 보면 남의 아이를 다치게 하면 남도 내 아이를 다치게 하지 않겠습니까. 맹자 말씀에 ‘유오유(幼吾幼)하야 이급인지유(以及人之幼)라’[172]하여 ‘나의 어린아이를 사랑하여 남의 어

---

167 화봉인이 … 헌축하였고: 주석 56 참조.

168 즉백사남(則百斯男): 『시경』 「사제(思齊)」. “엄숙하신 태임은 문왕의 어머니이시니, 주강(周姜)을 사랑하시어 주나라의 며느리를 삼으시니, 문왕의 비 태사가 아름다운 명성을 이으시어, 백 명의 아들을 낳았도다(思齊大(太)任, 文王之母, 思媚周姜, 京室之婦, 太姒嗣徽音, 則百斯男.)”

169 니구산(尼丘山): 『사기』 「공자세가(孔子世家)」. 공자의 부친 숙량흘과 모친 안징재(安徵在)가 산동(山東) 곡부(曲阜)에 있는 이 산에서 기도하여 공자를 얻었다고 한다.

170 관중(款重): 요긴하고 중요함.

171 작선(作善)에 … 강지백앙(降之百殃)이라: 『서경』 「이훈(伊訓)」. “상제는 늘 똑같지 않으시어, 착한 일을 하면 온갖 상서로움을 내려 주시고, 착하지 않은 일을 하면 온갖 재앙을 내려 주십니다.(惟上帝不常, 作善, 降之百祥, 作不善, 降之百殃.)”

172 유오유(幼吾幼)하야 이급인지유(以及人之幼)라: 『맹자』 「양혜왕 상」. “내 노인을 노인 대접하는 도리로 섬겨 남의 노인에게까지 미치며, 내 어린이를 어린이 대접하는 도리로 사랑하여 남의 어린이에게까지 미친다면 천하를 손바닥에 놓고 움직이듯 할 수 있습니다.(老吾老, 以及人之老,

린아이에 미치라'라고 하셨습니다. 아무 일이나 부녀로서 알아 무엇하냐는 말씀을 들으면 여자의 몸으로 태어난 것이 큰 한이 됩니다."

인심과 도심

유한당이 말하였다.

"형기지사(形氣之私)로 난 것을 인심(人心)이라 이르고 성명지정(性命之正)으로 난 것을 도심(道心)이라 이른다."[173]

손녀가 대답하였다.

"형기지사로 난 것이면 인욕이 됩니까?"

"주자 말씀에 '인심이 구태여 인욕이 아니라'[174]라고 하셨다. 너는 어찌

幼吾幼, 以及人之幼, 天下可運於掌上.)"

173 형기지사(形氣之私)로 … 이른다: 『심경』「인심도심장(人心道心章)」. "주자가 말씀하셨다. '마음의 허령한 지각(知覺)은 하나일 뿐인데 인심과 도심의 차이가 있다고 한 것은, 어떤 것은 형기(形氣)의 사사로움에서 생겨나고, 어떤 것은 성명(性命)의 바름에서 근원하여, 지각하는 것이 같지 않기 때문이다.(朱子曰, '心之虛靈知覺, 一而已矣, 而以爲有人心道心之異者, 以其或生於形氣之私, 或原於性命之正, 而所以爲知覺者不同.')"

174 인심(人心)이 … 인욕이 아니라: 『심경』「인심도심장」. "노재 왕백(王柏)이 말하였다. '주자는 인심과 도심이 다른 것은 어떤 것은 형기의 사사로움에서 생겨나고, 어떤 것은 성명의 바름에서 근원하기 때문이라고 하였다. 이미 사사로움이라 하였으면 곧 인욕인데, 또 인심을 인욕이라고 부를 수 없다고 한 것은 어째서인가? '근원'이라는 말은 밖에서 들어온 것을 말하니 본래 있었음을 알 수 있어 미묘하다고 하였고, '생겨나다'하는 말은 사물에 감응해 움직였으니 본래 없었음을 알 수 있어 위태롭다고 한 것이다. '바름'과 '사사로움'은 모두 밖으로 나타나기 때문에 인심을 인욕이라 일컬을 수 없는 것이니 만약 인욕이었다면 결코 성인이 위태롭다고 말씀하지 않았을 것이다.(魯齋王氏曰, 朱子謂人心道心不同, 以其或生於形氣之私, 或原於性命之正, 旣曰私卽人欲矣, 又曰人心不可謂之人欲, 何也? 蓋原字, 自外推入, 知其本有, 故曰'微'. 生字, 感物而動, 知其本無, 故曰'危'. 正字, 私字, 皆見于外者, 故人心不可謂之人欲. 人心若便是人欲, 聖人必不曰危.)"

마음이 둘이냐고 하거니와 인심과 도심이 둘이 아니다. 본심(本心)이라 이르고, 양심(良心)이라 이르고, 적자심(赤子心)이라 이르고, 대인심(大人心)이라 일러 여러 가지로 일컬으셨으니,[175] 너는 『심경』을 자세히 보아라.”

“인심은 형기지사로 나고 도심은 성명지정으로 나게 되면, 『서경』에 요순이 마음 쓰는 법을 전하실 때 어째서 성명지정으로 난 도심을 먼저 일컫지 않고 형기지사로 난 인심을 먼저 일컬으셨습니까?”[176]

“무릇 언어는 가벼운 것을 먼저 하고 중요한 것을 후에 하는 것도 있고 중요한 것을 먼저 하고 가벼운 것을 후에 하는 것도 있다. 인심과 도심의 선후 차례는 구태여 경중을 의논할 것은 아닌데 경계할 것이 인심에 더 있기에 그리하였는가 싶다. 선유(先儒)의 의논에 인심과 도심의 차례 의논하신 것을 보지 못하였다. 사람이 글을 읽을 때에 성현의 정심지훈(正心之訓)[177]과 존심지훈(存心之訓)[178]을 착실히 몸소 실천할 것이니, 도심이니 인심이니 경서 구절만 입으로 외우기만 해서야 제 몸에 유익할 것이 어찌 있겠느냐?”

“할머니 가르침이 참으로 그러합니다.”

---

175 본심(本心)이라 이르고 … 자세히 보아라: 『심경』 「심경도(心經圖)」. “정복심(程復心)이 말하였다. 적자심은 인욕에 물들기 이전의 양심이요, 인심은 곧 욕심을 깨달은 것이다. 대인심은 의리가 갖추어진 본심이요, 도심은 곧 의리를 깨달은 것이다. 이것은 두 가지의 마음이 있는 것이 아니니, 실로 형기에서 나온 것은 모두 인심이 없을 수 없고, 성명에서 근원한 것은 도심이 되는 것이다.(赤子心是人欲未汨之良心, 人心卽覺於欲者. 大人心是義理具足之本心, 道心卽覺於義理者. 此非有兩樣心, 實以生於形氣, 則皆不能無人心, 原於性命, 則所以爲道心.)”

176 『서경』에 … 일컬으셨습니까: 『서경』 「대우모(大禹謨)」. “인심은 위태롭고 도심은 은미하니 오직 정밀하고 하나같이 하여 진실로 그 중도를 잡아야 한다.(人心惟危, 道心惟微, 惟精惟一, 允執厥中.)”

177 정심지훈(正心之訓): 마음을 바르게 가다듬는다는 말.

178 존심지훈(存心之訓): 마음에 새겨 두고 잊지 않는다는 말.

임신 기간이 긴 사례

유한당의 장손녀가 유한당에게 여쭈었다.

"사람이 배태하는 이치는 옛 사람이 지금 사람과 다를 리 없고 성인과 범인이 다를 리 없는데, 달수를 열 달이 가까워야 낳는 이도 있고 혹 열 달 후 여러 달이 지나서 낳는 이도 있으니 그것도 괴이한 이치 아닙니까?"

"열 달 만에 낳는 이는 평범한 일이려니와 천지조화의 이치 무궁무진하니 여러 달 만에 낳는 이도 있고 여러 해 만에 낳는 이도 있으니 구태여 괴이한 이치 아니니다. 요임금이 14개월 만에 태어나셨단 말은 『한서(漢書)』에 있고,[179] 하(夏)나라의 우(禹) 임금이 14개월 만에 태어나셨단 말은 『둔갑개산도(遁甲開山圖)』라 하는 책에 있고,[180] 설(契)이 14개월 만에 태어나셨단 말은 『습유기(拾遺記)』에 있고,[181] 한 소제(漢昭帝)가 14개월 만에 태어나셨단 말은 『십육국춘추(十六國春秋)』에 있고,[182] 왕양명(王陽明)이 14개월 만

---

179 요임금 … 『한서(漢書)』에 있고: 『한서』 「외척전(外戚傳) 상」. "권부인은 첩여(婕妤)가 되어 구익궁(鉤弋宮)에 거처하였다. 크게 총애를 입어 태시(太始) 3년에 소제(昭帝)를 낳았는데 구익자(鉤弋子)라고 불렀다. 임신 열네 달 만에 아이를 낳으니 주상이 말하였다. '내 들으니 옛날 요임금이 임신 열네 달 만에 태어났다고 하더니 지금 구익도 그러하구나.'(拳夫人進爲婕妤, 居鉤弋宮. 大有寵, 太始三年生昭帝, 號鉤弋子. 任身十四月乃生, 上曰, '聞昔堯十四月而生, 今鉤弋亦然.')"

180 하(夏)나라의 … 책에 있고: 『설부(說郛)』. "『둔갑개산도(遁甲開山圖)』에 이르기를, '여적(女狄)이 저녁에 석뉴산 아래에서 물을 긷다가, 샘물 속에서 달걀처럼 생긴 월정(月精)을 얻고는 좋아하여 입에 머금었다가 자신도 모르는 사이에 삼켰다. 마침내 임신이 되어 열네 달 후 우(禹)를 낳았다.(遁甲開山圖. '女狄暮汲石紐山下, 泉水中得月精如鷄子, 愛而含之, 不覺而呑, 遂有娠, 十四月生夏禹.)"

181 설(契)이 … 『습유기(拾遺記)』에 있고: 『습유기』 「은탕(殷湯)」. "간적이 알을 품은 지 일 년이 지나 임신을 하였고, 열네 달 후 설을 낳았다.(狄乃懷卵, 一年而有娠, 經十四月而生契.)"

182 한 소제 … 『십육국춘추(十六國春秋)』에 있고: 『십육국춘추』는 사관 최홍(崔鴻, 478~525)이 편찬하였는데, 한 소제의 사례는 검색되지 않는다. 『한서』에 구익부인 조씨가 잉태한 지 14개월 만에 소제를 낳았다고 하였다.

에 태어나셨단 말은 「연보(年譜)」에 있다.[183] 주규리가 15개월 만에 태어나셨단 말은 『사찬좌편(史纂左編)』에 있고,[184] 곽탄(郭坦)이 22개월 만에 태어나셨단 말은 『진주선(珍珠船)』이란 책에 있고,[185] 황제 헌원씨(黃帝軒轅氏)가 24개월 만에 태어나셨단 말은 『수신기(搜神記)』에 있고,[186] 왕철이 24개월 만에 태어나셨단 말은 『사찬좌편』에 있다. 이필이 3년 만에 태어나셨단 말은 『어□외전』에 있고,[187] 팽조(彭祖)가 3년 만에 태어나셨단 말은 『대대례기(大戴禮記)』에 있고,[188] 온반석(溫盤石)이 3년 만에 태어나셨단 말은 유경숙(劉敬叔)의 『이원(異苑)』에 있고,[189] 원탁이 3년 만에 태어나셨단 말은 『동

---

183 왕양명(王陽明)이 … 「연보(年譜)」에 있고: 『왕양명전집(王陽明全集)』 「왕수인연보(王守仁年譜)」. "어머니 정씨가 임신한 지 14개월째였다. 할머니의 꿈에 비단옷과 옥관자를 단 신인이 구름 속에서 음악 소리와 함께 나타나 아이를 건네주었다. 아이를 받은 할머니가 놀라 깨었는데, 이미 아이 울음소리가 들렸다.(太夫人鄭娠十四月. 祖母岑夢神人衣緋玉雲中鼓吹, 送兒授岑, 岑警寤, 已聞啼聲.)"

184 주규리 … 『사찬좌편(史纂左編)』에 있고: 『사찬좌편』은 당순지(唐順之, 1507~1560)의 『역대사찬좌편(歷代史纂左編)』을 가리킨다. 주규리는 미상.

185 곽탄(郭坦)이 … 『진주선(珍珠船)』: 진계유(陳繼儒, 1558~1639), 『진주선』. "공봉관(供奉官) 곽탄(郭坦)은 어머니 뱃속에서 해가 넘도록 있으면서 나오지 않았다. 침을 잘 놓는 사람이 백여 대의 침을 놓았지만 끝내 움직임이 없다가 22개월이 되어서야 태어났다. 산모와 아이 모두 무사하였으나, 다만 곽탄의 가슴에 수십 개의 검은 점이 있었으니, 그때 침을 맞은 자국이었다.(供奉官郭坦, 在母胎餘年不育. 有善針人百餘針, 竟亦不動, 至二十二月生. 子母俱安. 唯胸臆中有黑點數十處, 乃當日針痕也.)" 같은 내용이 『치림(卮林)』, 『유설(類說)』에도 보인다.

186 황제헌원씨(黃帝軒轅氏) … 『수신기(搜神記)』에 있고: 『수신기』 「황제지생(黃帝之生)」. "신농씨 말기에 이르러 소전씨(少典氏)는 다시 부보(附寶)를 아내로 맞았다. 부보는 커다란 무지개 빛이 북두칠성의 중심이 되는 별을 감싸며 교외를 비추는 것을 보았다. 그리고 잉태한 지 25개월 만에 황제를 수구(壽丘)에서 낳았다.(及神農之末, 少典氏又娶附寶. 見大霓光繞北斗樞星, 照郊野. 附寶孕二十五月, 生黃帝於壽丘.)"

187 왕철이 … 『어□외전』에 있고: 출전 미상.

188 팽조 3년 만에 … 『대대례기(大戴禮記)』에 있고: 『대대례기』 「제계(帝繫)」. "육종씨(陸終氏)가 귀방씨(鬼方氏)의 누이 여퇴씨(女隤氏)에게 장가들었다. 여퇴씨가 아들 여섯을 낳았다. 잉태한 지 3년이 되었는데 아이가 나오지 않으므로 왼쪽 옆구리를 절개하니 여섯 아이가 나왔다. 첫째는 번(樊)이며 곤오(昆吾)가 되었다. 둘째는 혜련(惠連)으로 삼호(參胡)가 되었다. 셋째는 전(籛)이며 팽조(彭祖)가 되었다.(陸終氏娶于鬼方氏, 鬼方氏之妹謂之女隤氏, 產六子. 孕而不粥, 三年, 啟其左脅, 六人出焉. 其一曰樊, 是為昆吾. 其二曰惠連, 是為參胡. 其三曰籛, 是為彭祖.)"

189 온반석(溫盤石)이 … 『이원(異苑)』에 있고: 『이원』. "태원 사람 온반석은 어머니가 회임하고 3년 후에 태어났다. 태어나자마자 바로 앉아서 웃었고, 머리카락이 얼굴을 덮었으며, 어금니가 모두 갖춰져 있었다.(太原溫盤石, 母懷身三年然後生, 墮地便坐而笑, 髮覆面, 牙齒皆具.)"

파집(東坡集)』에 있다. 혜릉(慧棱)이 6년 만에 태어나셨단 말은 『반경서』에 있고,[190] 협존자(脇尊者) 60년 만에 태어나셨단 말은 『전등록(傳燈錄)』에 있고,[191] 노자(老子)가 72년 만에 태어나셨단 말은 『신선전(神仙傳)』에 있고,[192] 『형천좌편(荊天左編)』[193]에는 노자가 80년 만에 태어나셨다고 하였다. 이 사람들이 한 달이나 한 해가 조금 더 되어 태어나도 해로운 일이 없어 그 중 성인도 있고 현인도 있고 어진 제왕도 있고 어진 정승도 있고 나이를 팔백 세 산 이도 있고 오백 세 산 이도 있고 혹 이단이라도 또한 착한 사람들이다. 오랜만에 태어나는 것이 품수를 오래 하였기에 길하다고 한다."

『예기』 문답

유한당 증손녀가 11살 때에 『예기』를 읽다가 유한당에게 여쭈었다.

---

190 원탁이 … 『반경서』에 있고: 출전 미상.

191 협존자(脇尊者) … 책에 있고: 『경덕전등록(景德傳登錄)』. 『전등록』은 인도의 조사(祖師)들과 중국의 전등법계(傳燈法系)를 기록한 책이다. 60년만에 태어난 것은 인도의 제9조 복타밀다(伏馱蜜多)의 일로서, 그는 "뱃속에 60년 있었기에 '난생'이라 불린다.(處胎六十歲, 因號難生.)"라고 하였다. 협존자는 제10조로, 본래의 이름은 난생(難生)이었는데 제9조인 복타밀다를 모실 때 옆구리를 땅에 대고 잠을 잔 적이 없어 '협존자'라고 불리게 되었다. 『유한당사씨언행록』에서 협존자가 60년 만에 태어났다는 언급은 사실과 다른데, 명의 능적지(凌廸知)가 편찬한 『씨족박고(氏族博攷)』「신선성명(神仙姓名)」에는 "노자는 80년간 어머니 뱃속에 있어서 귀가 길었던 까닭에 노담(老聃)이라 하고, 협존자는 어머니 뱃속에 60년을 있었던 까닭에 난생(難生)이라 하였다.(李耳在母胎八十年, 耳有聃, 故一名老聃, 脅尊者在母胎六十年, 故號難生.)"는 언급이 있다.

192 노자가 72년 만에 … 『신선전』에 있고: 갈홍의 『신선전』에는 노자에 대한 언급이 없다. 『태평광기』「노자」. "혹자는 노자의 어머니가 노자를 72년간 회임하였다가 낳았는데, 태어날 때 어머니의 왼쪽 겨드랑이를 가르고 나왔고, 태어나면서부터 머리가 희어서 노자라고 불렀다고 한다.(或云, 母懷之七十二年乃生, 生時剖母左腋而出, 生而白首, 故謂之老子.)"

193 『형천좌편(荊天左編)』: 형천(荊天) 당순지의 『역대사찬좌편』을 가리킨다.

"『예기』에 '길을 다닐 때에 남자는 오른쪽으로 다니고 여자는 왼쪽으로 다닌다'[194]라고 하시니 이는 남녀가 다니는 길을 다르게 하는 뜻이로되, 오는 사람의 왼편이 가는 사람의 오른편이 되고 가는 사람의 오른편이 오는 사람의 왼편이 됩니다. 그렇게 되면 오는 남자와 가는 여자의 길이 한편에 있고 가는 남자와 오는 여자가 길 한편으로 있게 되니, 남녀의 가는 길을 다르게 하는 뜻이 됩니까?"

"사람의 좌우로 의논한 것이 아니라 길의 좌우로 의논한 것이다."

"옛 유학자들의 의논이 있습니까?"

"한유(韓愈)가 이야기하신 것이 분명하지 않고,[195] 『소학』에 이 대문을 여시되 주석에 풀어 일컫지 아니하셨다.[196]"

손녀가 또 여쭈었다.

"남녀수수불친(男女授受不親)[197]이라 하기는 예법인데, 어린아이를 포대기에 싸안아다가 서로 주고받을 때는 직접 주고받지 않는 예를 행하기 어려워 보입니다."

"어렵지 않다. 『소학』에 '그릇을 주고받을 때에 앉아서 놓은 후에 취하여 가라'[198]라고 하였으니 아이 주고받기도 그대로 하여 아이를 돗자리

---

194 길을 … 다닌다: 『예기』「왕제(王制)」. "길을 다닐 때에 남자는 오른쪽으로 다니고, 여자는 왼쪽으로 다니며, 수레는 가운데로 다닌다.(道路男子由右, 婦人由左, 車從中央.)"

195 한유(韓愈)가 … 분명하지 않고: 출전 미상.

196 『소학』에 … 아니하셨더라: 『소학』「명륜」의 집성(集成). "유씨가 말하였다. '도로를 다니는 법도는, 그 오른쪽은 남자가 다니고, 그 왼쪽은 여자가 다니는 것이 옛 법도이다.'(劉氏曰, 道路之法, 其右以行男子, 其左以行女子, 古之道也.)"

197 남녀수수불친(男女授受不親): 『맹자』「이루 상」. "남녀 사이에 직접 물건을 주고받지 않는 것은 예법이고, 제수(弟嫂)가 물에 빠졌을 때 손으로 구함은 권도이다.(男女授受不親, 禮也, 嫂溺援之以手, 權也.)"

198 『소학』에 … 취하여 가라: 『소학』「명륜」. "제사나 상사가 아니면 서로 그릇을 주고받지 않는다. 그릇을 주고받으려면 여자는 광주리로 받아야 하고, 광주리가 없으면 땅에 꿇어앉아 물건을 놓

속에 놓은 후에 안아 가는 것이 옳다. 아이를 어른이 서서 주고받는 것이 극히 위태하여 혹 실수하여 놓치면 생명도 염려되고 장애되기도 쉬우니 극히 조심하는 것이 옳다."

이렇게 말할 때에 소저의 맏형이 들어오다가 듣고 웃으며 소저에게 말하였다.

"옛글에 '미유학양자이후가자야(未有學養子而后嫁者也)라',[199] '자식 기르는 것을 배운 다음에 시집가는 이는 없다'라고 하였는데 너는 자식 기르기를 먼저 배우느냐?"

"옛적 부녀들이 어린 때부터 「내칙(內則)」과 『열녀전』을 읽으셨으니 '부사구고(婦事舅姑)'[200] 대문과 '부인임자(婦人妊子)'[201] 본문을 폐하고 읽었다는 말씀을 듣지 못하였습니다. 범순부(范淳夫) 딸은 어려서 『맹자』를 읽었으니,[202] 그 아버지가 학문하시는 선생으로 그 딸을 '유오유하야 이급인지유라'[203]하는 문장을 빼놓고 읽혔겠습니까."

만형이 웃으며 말하였다.

고 그것을 가져간다.(非祭非喪, 不相授器. 其相授則女受以篚, 其無則皆坐奠之而後取之.)" 원 출처는 『예기』 「내칙」이다.

199 미유학양자이후가자야(未有學養子而后嫁者也): 『대학』. "「강고(康誥)」에 이르기를, '갓난아이를 보호하듯 한다'라고 하였으니, 마음에 진실하게 구한다면 비록 정확하게 맞지는 못해도 크게 멀어지지는 않을 것이다. 자식 기르는 것을 배운 다음에 시집가는 이는 없다.(康誥曰, '如保赤子'. 心誠求之, 雖不中, 不遠矣. 未有學養子而后嫁者也.)"

200 부사구고(婦事舅姑): 『예기』 「내칙(內則)」. "며느리가 시부모를 섬기는 것은 친부모를 섬기듯이 한다.(婦事舅姑, 如事父母.)"

201 부인임자(婦人妊子): 주석 11 참조.

202 범순부(范淳夫) 딸은 … 읽었으니: 『심경부주』 우산지목장(牛山之木章)」. "범순부(范淳夫)의 딸이 『맹자』 「조존장(操存章)」을 읽고는, '맹자는 마음을 몰랐다. 마음이 어찌 출입이 있겠는가'라고 하였다. 정이(程頤)가 그것을 듣고, '비록 맹자의 본의는 몰랐지만 그래도 마음을 알았다'라고 하였다." 범순부의 이름은 조우(祖禹, 1041~1098)로, 송의 학자이다.

203 유오유(幼吾幼)하야 이급인지유(以及人之幼)라: 주석 172 참조.

"네 묻는 말마다 자세하고 깊이가 있어 기특하여 웃노라 말을 하였다. 네 말이 또 모두 사리에 꼭 들어맞으니 기특하구나."

유한당이 말하였다.

"옛글에 '유자(幼子)를 상시무광(常視無誑)이라'[204] 하였다. 어린아이 보는 데 희롱인들 하겠느냐."

그리고 크게 웃었다.

『소학』「계고」편 문답

유한당 셋째 손녀가 『소학』「계고」편을 읽다가 유한당에게 여쭈었다.

"「계고」편의 첫 대문에 태임 말씀을 내고 그 다음에 공자 말씀을 하시어서 시대의 차례가 바뀌었으니 그 어인 일입니까?"[205]

"이 편은 「입교」를 밝힌 편이기에[206] 태임이 문왕을 배시고 태교하시던 일을 기록하고, 그다음에 맹자 어머니께서 맹자 어릴 때 가르치신 말씀을

204 유자(幼子)를 상시무광(常視無誑)이라: 『예기』「곡례 상」. "어린아이에게는 항상 속임이 없는 것을 보여주어야 한다.(幼子常視無誑.)"

205 「계고」편의 … 어인 일입니까?: 『소학』「계고」편은 주 문왕의 어머니 태임의 태교를 말하고, 다음으로 맹자 어머니가 맹자 어릴 때 가르쳤던 일화를 말하고, 다음으로 공자가 아들에게 가르침을 준 일화를 말하였다. 인물들의 시대 순이 아니라 가르치는 대상의 나이 순서로 일화를 배열하였다.

206 이 편은 「입교」를 밝힌 편이기에: 『소학』「계고」에서는 앞의 「입교」·「명륜」·「경신」의 내용을 옛일을 근거로 들어 고찰하였다. 첫 부분의 태임과 맹자 어머니, 공자의 일화는 「입교」의 내용에 관련된 부분이다.

기록하고, 공자께서 백어(伯魚)[207] 가르치시던 말씀을 기록하였다. 공자는 맹자 전 성인이지만 가르치는 차례로 백어가 자란 후 학문 가르치시던 말씀이기에 그리하였다."

"다시 보니 과연 그렇습니다."

사주 문답

하루는 육봉의 장자 규성이 유한당에게 여쭈었다.

"밖에 장 도사의 아들이 와서 제부(諸父) 사주를 보고 의논하여 말하기를 '여러분 사주들이 다 기이한 격이다' 하고 높이더이다."

"네 큰아버지의 사주는 천간일기격(天干一氣格)[208]이라 하고, 네 둘째아버지 사주는 지지상등격(地支上等格)[209]이라 하더냐?"

규성이 크게 기뻐하며 말하였다.

"과연 그러합니다. 할머니께서 그리 아시면서 이전에는 이런 말씀을 안 하셨습니까?"

"그런 방술서들을 이전에 약간 보았으나 잡술이기에 내 평생 입 밖에

---

207 백어(伯魚): 공자의 아들 공리(孔鯉).

208 천간일기격(天干一氣格): 사주의 천간(天干) 네 자(字)가 모두 같은 사주이다. 천간은 갑(甲)·을(乙)·병(丙)·정(丁)·무(戊)·기(己)·경(庚)·신(辛)·임(壬)·계(癸)를 말한다.

209 지지상등격(地支上等格): 사주의 지지(地支) 네 자의 조합이 상등에 해당하는 사주이다. 지지는 자(子)·축(丑)·인(寅)·묘(卯)·진(辰)·사(巳)·오(午)·미(未)·신(申)·유(酉)·술(戌)·해(亥)를 말한다.

내지 않았다."

"어떤 격을 천간일기격이라 합니까?"

"네 큰아버지는 임술년(壬戌年) 임자월(壬子月) 임오일(壬午日) 임인시(壬寅時)에 태어났으니, 천간에 임(壬)이 4개이기에 천간일기격이라 한다. 네 둘째 숙부는 갑자년(甲子年) 병자월(丙子月) 경자일(庚子日) 병자시(丙子時)에 태어났으니, 지지에 자(子)가 4개이기에 지지상등격이라 한다."

"다른 사람들도 사주의 위에 네 글자가 한 글자면 천간일기격이 됩니까?"

"다 그러하거니와 격 되는 법이 무수하다."

"셋째 숙부와 넷째 숙부는 무슨 격입니까?"

"셋째는 병인년(丙寅年) 경인월(庚寅月) 병진일(丙辰日) 병신시(丙申時)에 태어났으니, 천간에 병(丙) 셋이 들었고 사이에 다른 간지가 격으로 들었으니 격간삼봉격(隔間三峯格)이라 하고, 넷째는 무진년(戊辰年) 갑자월(甲子月) 무진일(戊辰日) 갑자시(甲子時)에 태어났으니, 무진이 둘이오, 갑자 둘이 천간과 지지에 다 쌍으로 들었으니 쌍비호접격[210]이다."

"어째서 호접격이라 합니까?"

"나비들이 붙어 쌍으로 다니기에 그 기상을 취하여 이른 말이다."

"다섯째 숙부와 아버지와 일곱째 숙부는 무슨 격이 되겠습니까?"

"경오년(庚午年) 갑신월(甲申月) 갑신일(甲申日) 경오시(庚午時)에 태어났으니 이것도 쌍비격이라 하되 이는 연과 시가 같고 월과 일이 같기에 소쌍비격(小雙飛格)이라 한다. 네 아버지는 을해년(乙亥年) 정해월(丁亥月) 정사일

---

210 쌍비호접격: 주석 46 참조.

(丁巳日) 을사시(乙巳時)에 태어났으니 천기비화격(天氣比和格)[211]이다. 칠봉은 정축년(丁丑年) 기유월(己酉月) 정축일(丁丑日) 정미시(丁未時)에 태어났으니 이는 격간삼봉격이다."

규성이 '이제는 알겠습니다' 하고 좋아하니 유한당이 말하였다.

"너희들 공부에는 방해로우니 아는 것이 요긴하지 않다."

약이 되는 초목과 조수

유한당이 하루는 만수원(萬樹園)에 가 나물과 약재를 캐더니 스물다섯 번째 손자 성이 창출(蒼朮)[212]을 캐어 들고 유한당에게 여쭈었다.

"창출 이름을 어찌 '출(朮)'이라 하였습니까?"

"그런 초목 이름 알기가 요긴한 공부이겠느냐. 그러나 공자 말씀에 '다식어초목조수지명(多識於鳥獸草木之名)'[213]이라 하셨으니, 네 육예루(六藝樓)에 가 자학(字學) 의논한 책을 보아라. 창출의 '출' 자를 전자(篆字)[214]로

211 천기비화격(天氣比和格): 사주의 천간이 같은 글자 둘씩 만나는 사주로, 유한당의 여섯째는 천간에 '乙-乙', '丁-丁'이 있다.

212 창출(蒼朮): 삽주의 뿌리로, 약재로 쓰인다. 삽주는 국화과의 풀이다.

213 다식어초목조수지명(多識於鳥獸草木之名): 『논어』「양화(陽貨)」. "공자께서 제자들에게 말씀하셨다. '너희들은 왜 시를 배우지 않느냐? 시는 뜻을 감발시키고, 정치의 잘잘못을 살필 수 있으며, 사람들과 어울릴 수 있게 하고, 남을 원망할 수 있으며, 가까이는 부모를 섬기고 멀리는 임금을 섬기며, 새와 짐승과 초목의 이름을 많이 알게 한다.'(子曰, 小子何莫學夫詩? 詩可以興, 可以觀, 可以群, 可以怨, 邇之事父, 遠之事君, 多識於鳥獸草木之名.)"

214 전자(篆字): 황제(黃帝)의 사관(史官) 창힐(蒼頡)이 만들었다고 전해지는 고대 한자의 서체이다.

쓴 모양이 창출 처음 날 때의 모양 같아서 그리하였다."[215]

자성이 말하였다.

"과연 그러합니다. 다른 약초 이름도 다 그렇습니까?"

"약초 이름들이 혹 빛을 이름으로 삼은 것도 있으니 황백(黃柏),[216] 현삼(玄蔘)[217]은 누렇고 검은빛을 이름으로 한 것이다. 또 맛을 이름으로 한 것은 감초(甘草), 고삼(苦蔘)이니 달고 쓴 것으로 이르고, 형상으로 이름 삼은 것은 인삼(人蔘)이 사람의 형상 같기에 사람 인(人)으로 이름하고 구등(鉤藤)[218]은 낚시 바늘처럼 굽었기에 '갈고리 등나무'라는 뜻의 구등으로 이름을 한 것이다. 혹 저절로 이름이 된 것이 있으니 반하(半夏)는 5월의 여름 반이 되면 비로소 나기에 이름을 '여름의 절반'이라는 뜻의 반하로 한 것이다.[219] 성미(性味)로 이름을 한 것이 있으니 당귀(當歸)는 약효가 혈액으로 돌아가기에 돌아갈 귀(歸)로 이름 한 것이다.[220] 혹 지명으로 이름을 삼은 것이 있으니 천궁(川芎)은 천궁 땅에서 난 궁궁(芎藭)이 좋아서 천궁으로 이름을 한 것이다."[221]

---

215 창출의 … 하였다: 『본초강목(本草綱目)』「출(朮)」. "'출'자의 전문(篆文)은 그 뿌리와 줄기, 가지와 잎의 모양을 본뜬 것이다.(朮字篆文, 象其根幹枝葉之形.)"

216 황백(黃柏): 황경피나무의 껍질을 말린 한약재.

217 현삼(玄蔘): 현삼 또는 현삼의 뿌리를 말린 한약재.

218 구등(鉤藤): 한약재. 가지에 갈고리 모양의 가시가 달려 있다.

219 반하(半夏)는 … 한 것이다: 『예기』「월령」 중하지월(仲夏之月: 음력 5월)에 "반하가 난다(半夏生)"라고 하였다.

220 당귀(當歸)는 … 한 것이다: 『본초강목』「당귀」. "당귀는 임산부의 산후 나쁜 피가 위로 치받는 증상을 치료할 때 빠른 효험이 있다. 기혈이 어지러운 자가 복용하면 즉시 진정이 된다. 기혈이 각자 돌아갈 곳이 있게 할 수 있으므로, 당귀라는 이름은 아마도 여기에서 유래하였을 것이 분명하다.(當歸治妊婦産後惡血上沖, 倉卒取效. 氣血昏亂者, 服之卽定. 能使氣血各有所歸, 恐當歸之名必因此出也.)"

221 천궁(川芎)은 … 한 것이다: 『본초강목습유(本草綱目拾遺)』「무궁(撫芎)」. "대개 궁궁은 촉(蜀)의 사천(四川) 지역에서 나는 것이 상품으로, 맛이 맵고 달다. 다른 지역의 것은 맛이 맵고 강렬해 효능이 크게 뒤떨어진다.(蓋芎藭以蜀産爲上, 味辛而甘. 他産氣味辛烈, 遠不逮矣.)" 『본초강목』

"민강(閩薑)[222]은 민강(閩江) 땅에서 난 생강입니까?"

"민 땅에서 나는 생강이 좋기에 민강이라 이른다. 주자께서 민중(閩中)에서 태어나셨으니 나는 민강을 볼 적마다 주자 계시던 데 생강이라 귀히 여긴다."

"황련(黃連)은 색을 이름으로 한 것입니까?"

"황련은 색과 모양을 겸하여 이름으로 한 것이다. 황련의 빛깔이 누렇고 모양이 연하여 구슬을 꿴 듯하기에 황련이라 하고 모양과 맛을 겸하여 이름으로 한 것이다. 세신(細辛)[223]은 뿌리 가늘기가 실 같고 맛이 맵기에 세신이라 이름 하였다."

"초목만 약재가 될 뿐 아니라 곤충과 조수(鳥獸)도 약재가 되는가 싶습니다."

"그러하다."

"창경(鶬鶊)이란 새는 무슨 새인데 부인들 투기(妬忌)하는 데 약에 넣어 먹으면 투기를 그친다 합니까?"

"그 말이 『산해경(山海經)』에 있다."[224]

"투기로 인해 우스운 이야기가 서책에 많다 하니, 듣고 싶습니다."

에는 천궁의 효능에 대한 말이 없고, 청대의 의사 조학민(趙學敏)이 지은 『본초강목습유』에 유한당의 설명과 같은 말이 있다.

222 민강(閩薑): 민강은 일반적으로 생강을 얇게 썰어 설탕에 조려 만든 음식을 말한다. 민강이 민 땅에서 난 생강이라는 유한당의 설명은 출전 미상.

223 세신(細辛): 족두리풀이라고도 하며 한약재이다.

224 창경(鶬鶊)이란 … 그친다 합니까: 『산해경(山海經)』「헌원산(軒轅山)」. "그곳에 새가 있으니, 생긴 것은 마치 올빼미 같은데 머리가 희다. 이름은 꾀꼬리이다. 우는 소리는 자기 이름과 같으며, 이 새의 고기를 먹으면 질투를 하지 않게 된다.(有鳥焉, 其狀如梟而白首. 其名曰黃鳥. 其鳴自詨, 食之不妒.)"

"옛적에 태부(太傅) 사안(謝安)의 처 유 씨(劉氏)[225]의 투기가 심하였다. 태부가 기첩(妓妾)을 두지 못하여 근심하니, 그 조카들이 부인에게 말하였다. '「관저(關雎)」[226]와 「종사(螽斯)」[227]에 투기 안 한 덕이 있는 것으로 후세에 유명합니다.' 유 부인이 자신을 달래는 줄 알고, '「관저」와 「종사」를 누가 지었는가?', '주공(周公)이 지었습니다.', '주공은 남자기에 그리 지었거니와 만일 문왕의 비 태사께서 지으셨다면 마땅히 그 말이 없을 것이다.' 이렇게 말하더라고 하였으니 부인의 편협한 성격은 회유하기 어렵다.

이뿐 아니라 옛적에 임괴(任瓌)가 벼슬이 병부 상서(兵部尙書)에 이르매 당 태종이 미첩 둘을 내리니, 그 아내 유 씨(柳氏)[228]가 투기하여 머리털을 잘라버렸다. 태종이 금으로 만든 병에 술을 넣어 보내 말하였다. '이 술은 마시면 즉사하는 술이니 먹고 죽으라. 이후 투기를 아니 하려거든 먹지 말라.' 유 씨가 조서를 절하고 받들어 고하여 말하길, '첩이 남편과 함께 미천하였다가 이제 영화를 누리매 남편이 첩을 많이 두오니 진실로 사는 게 죽느니만 못합니다. 금병의 술을 마시겠습니다.' 태종이 듣고 상서에게 말하였다. '인불외사(人不畏死)하니 불가사이공(不可死以恐)이라.[229] 짐이 오히

---

225 태부(太傅) 사안(謝安)의 처 유 씨(劉氏): 『세설신어보(世說新語補)』「혹닉(惑溺)」. 내용은 유한당의 말과 같아 다시 싣지 않는다.

226 「관저(關雎)」: 『시경』「관저」. 주자의 주에, "(「관저」는 부부가) 더불어 화락하면서도 공경함이 또한 물수리가 정이 두터우면서도 분별이 있음과 같음을 말한 것이다.(言其相與和樂而恭敬, 亦若雎鳩之情摯而有別也.)"라고 하였다.

227 「종사(螽斯)」: 『시경』「종사」. 주자의 주에, "(「종사」는) 비(妃)가 투기하지 않아 자손이 많은 까닭에, 여러 첩들이 메뚜기가 무리지어 있으면서 자손이 많은 것에 빗댄 것이니, 이러한 덕이 있으면 마땅히 이러한 복이 있음을 말한 것이다(后妃不妬忌而子孫衆多, 故衆妾以螽斯之群處和集而子孫衆多比之, 言其有是德而宜有是福也)."라고 하였다.

228 임괴(任瓌)의 처 유 씨(柳氏): 『조야첨재(朝野僉載)』「영사역투(寧死亦妬)」. 내용은 유한당의 말과 같아 다시 싣지 않는다.

229 인불외사(人不畏死)하니 불가사이공(不可死以恐)이라: 사람이 죽음을 두려워하지 않으니 죽음으로 놀라게 할 수 없다는 뜻.

려 금하지 못하니 경이 어떻게 하리오. 별실에 두라.' 임 상서 부인은 꾀꼬리 고기를 많이 먹여도 고치기 어려운 병이다."

유한당 둘째 손녀가 대답하였다.

"임, 사 두 사람이 집사람의 투기를 금하지 못하되 벼슬은 상서와 태부에 이르렀사오니 그 나라 사람 쓰는 도리 가히 알 만합니다. 군자가 여색에 침혹(沈惑)하는 우환이 있으면 간하기는 괴이하지 아니하거니와, 상서와 태부 벼슬하는 군자를 투기를 특별하게 해 조정에서 비웃음을 얻으니 그는 더 이를 것이 없습니다."

"부녀들이 규중에 앉아있으나 선악 간에 이런 한 가지 일은 자연이 드러나 세상에 전파하기 자연 쉬운 것이다. 주위 세상에 전파할 뿐 아니라 후세 천만 대에 전하기 이러하니 어찌 조심하지 아니하겠느냐."

지기현부(知己賢婦)

유한당이 평상시 시부모 모시기를 공경과 정성으로 하고 밤낮으로 조심스러워 잠시도 게으르지 아니하였다. 시아버지가 내당에 들어오시면 상의 방석과 베개 속도 유한당이 손수 가지런히 하고 서책을 날날이 점검하여 앞에 쌓아 차례 바뀌게 하지 않고 물건 하나라도 기울게 놓지 아니하였다. 시아버님 들어오시면 며느리와 손녀 손부들이 차례로 뵈옵고 모셔 지내되 유한당이 늘 곁에 모셔 한 마디 말, 한 가지 일도 명하시는 대로 봉승하니 모든 부녀들이 따라오지 못하였다. 상서가 원 부인에게 말하였다.

"부인이 매양 서책과 기물을 정제히 하여 두기에 내 수고를 덜어 주어 늘상 '지기부인(知己婦人)'이라 일컫더니, 근래는 맏며느리가 또 이러하니 내가 '지기(知己)의 현부(賢婦)'라 일컫소."

"나는 근래 늙고 병들었는데 맏며느리가 대신하기를 영민히 하니 다행입니다. 그리고 맏며느리가 또 늙어가오나 손부, 증손부 다 현철하여 차차 대령하올 것이니, '지기의 증손부(曾孫婦)'라고 일컬으심을 듣게 되겠소이다."

녹함화(鹿銜花)와 앵함도(鶯含桃)

상서가 석양에 내당으로 들어오시니 여러 딸들과 며느리들이 유한당을 따라 당에서 내려와 맞이하였다. 상서공이 들어오며 유한당에게 물었다.

"모란화(牡丹花)를 녹함화(鹿銜花)[230]라 일컫기를 언제부터 하였는가?"

"당나라 때에 모란화 핀 때 사슴이 꽃송이를 떼어 머금고 가서 녹함

230 녹함화(鹿銜花): 모란꽃을 말한다. 송의 문인 유부(劉斧)의 『청쇄고의(青瑣高議)』에, 당 현종(唐玄宗) 때 민간에서 크기가 한 척이나 되는 큰 모란꽃을 바쳤는데, 황제가 감상하기도 전에 사슴이 나타나 물고 가 버렸다는 이야기가 나온다.

화라 일컬었습니다."

"그 책을 찾아오너라."

"아까 서안(書案) 위에 놓아두었습니다."

상서가 놀라 대답하였다.

"내 모란화 보고자 하는 줄 네 어찌 알았느냐?"

"어제 아이들이 말하길 수월정(水月亭) 뒤에 모란화가 많이 피었더라 하였고, 오늘 오전에 아버님께서 수월정에 가시니 모란화 말씀도 나왔을 것이고 글도 지으실 듯하기에 모란화 든 권을 찾으실 듯하여 대령해놨습니다."

공이 여러 딸들과 손녀들을 돌아보며 말하였다.

"너희도 시집가서 모든 일을 저렇듯 영민히 하면 시부모가 어찌 사랑치 아니하겠느냐."

상서공이 또 물었다.

"녹함화는 네가 알았거니와, 녹함화 같이 '머금을 함' 자로 이름을 삼은 과일이 있다. 그것도 아느냐?"

"앵함도(鶯含桃)[231]입니다."

"과연 그러하다. 세상의 장부들인들 너처럼 책을 두루 많이 읽는 이가 어디 있으리."

시누이와 모든 소녀들이 앵함도 설명을 듣기 청하니 유한당이 말하였다.

---

231 앵함도(鶯含桃): 앵두. 당의 문인 허경종(許敬宗, 592~672)의 「액정산부(掖庭山賦)」에, "망아지는 콩잎을 먹어 마당에서 길들이고, 꾀꼬리는 앵두를 머금고 골짜기를 날아가네.(駒食藿而馴場, 鶯含桃而出谷)"라고 하였다.

"옛적 꾀꼬리가 앵두를 따 머금고 갔기 때문에 '앵함도'라 하였다."

유한당의 증손자들이 유한당에게 물었다.

"당나라 때 시에 비관어원조함잔(非關御苑鳥含殘)[232]이라 하고 꾀꼬리라 하지 않았습니다."

"새 조(鳥)가 아니라 꾀꼬리 앵(鶯)을 써서 앵함잔(鶯含殘)이라 할 것이로되, 높은 자 쓸 자리요 '앵' 자는 낮기에 조함잔(鳥含殘)이라 하였다. 너희도 시 지을 때 글자의 고저(高低) 놓을 자리를 보아 하는 것이 옳다."

"과연 그러합니다."

시어머니를 모실 때

유한당이 시어머니를 모실 때 협실에 가까이 있어 시어머니의 자고 깨시는 기거를 살피고 물으시는 말씀을 대답할 때 비록 창문을 사이에 두고 누워있을지라도 반드시 일어나 앉아 대답하였다. 시어머니가 민망하여 말 묻기를 어려워하더니, 하루는 말을 물으면서 '날이 차고 불이 꺼졌으니 누운 채 대답하여라'라고 하였다. 유한당이 말하였다.

"옛 말씀에 '불위소소신절(不爲昭昭信節)이요 불위명명타행(不爲冥冥惰行)

232 당나라 … 아니하였습니다: 당의 시인 왕유(王維)가 지은 「어명으로 백관에게 앵도를 하사하다.(勅賜百官櫻桃)'의 한 구절이다. "이 앵도는 모두 능묘의 봄 제사상에 올렸던 것이지, 어원(御苑)의 새가 먹다 남긴 것은 아니라네.(摠是寢園春薦後, 非關御苑鳥含殘.)"

이라'[233] 하였으니, 감히 누워 대답하겠습니까."

음식 차리는 법

하루는 주 부인이 와 유한당이 음식을 차려 나왔다. 주 부인이 먹은 후 유한당에게 물었다.

"친척들이 매양 유한당에게 와 음식을 먹고 돌아가면 일컫기를, 음식도 잘 하였거니와 그릇과 술상들도 사치스럽지 않고 극히 검박하며, 상을 받아 저물도록 대하였는데도 쉽게 물릴 마음이 없더라 하니 무슨 도리로 그러합니까?"

"별것이 어찌 있겠습니까. 다만 친척이라도 집에 온 후는 손님 대접이나 다르지 아니하니 공경하여 차릴 것입니다. 그리고 사람대접하는 도리 귀천을 논할 것 없이 음식을 먹일 때 어찌 감히 정결하지 않은 그릇에 먹이겠습니까. 이런 뜻을 상하 매양 경계할 따름입니다."

"음식 만들 때 생강, 계피 넣는 것이 맛을 돕는 것인데 음식 중에 서로 금기하는 것이 많으니 인가(人家) 일용(日用)에 모르고 범하기 쉽습니다.

233 불위소소신절(不爲昭昭信節)이요 불위명명타행(不爲冥冥惰行)이라: 『소학』「계고」. 위령공(衛靈公)이 밤에 부인과 함께 있었는데 수레소리가 대궐 문에 이르러 그쳤다가 다시 가는 소리가 들렸다. 그러자 부인은 이 사람이 필시 거백옥(蘧伯玉)일 것이라며, "무릇 충신과 효자는 밝은 곳이라 해서 절의를 드러내 보이려 하지 않으며, 어두운 곳이라 해서 행실을 태만히 하지 않는다.(夫忠臣與孝子, 不爲昭昭信節, 不爲冥冥惰行.)"라고 하였다. 위령공이 사람을 보내 알아보았더니 과연 거백옥이었다.

내 매양 부인에게 물어 배워다가 부녀들을 가르치고자 하니 이번에 많이 들어가고자 합니다."

"이런 일은 의술에 익숙한 사람이 알 것이니 내 부녀로서 어찌 알겠습니까."

"부인이 아시는 것을 듣고자 합니다."

"인가의 부녀들이 음식 만들 때 금기를 모르고 범하면 먹는 이가 병들기 쉬우니 그런 일은 알아두는 것이 옳습니다. 옛적에 한 사람이 정자(程子) 댁에 약을 캐게 종을 빌리고자 하여 말하였습니다. '상백피(桑白皮)를 캐려 하는데 상백피는 볕을 쬐면 독이 있어 못 쓰니 남의 집 종은 속이기 쉬우나 선생 댁 종은 속이지 않을 것이니 빌리고자 청합니다.'[234] 천한 종들도 사람이 상하리라 하면 극히 경계하는데, 하물며 유식한 부녀들이 어찌 조심을 아니하겠습니까.

음식 익히는 도리에는 특별한 방법이 없습니다. 신농씨(神農氏)가 백성들에게 불로 익혀 먹는 법을 가르친 후 화기 없는 음식이 없사오니, 불 뜨겁기의 완급을 맞추어야 맛이 좋습니다. 완급 맞추는 도리는 문무화법(文武火法)이 있습니다. 문화는 은근히 때고 무화는 불을 세게 때는 것입니다. 문화로 때다가 무화로 때어 음식을 익혀야 맛이 좋아집니다.

---

234 옛적에 … 빌리고자 청합니다: 『이정문집(二程文集)』「가세구사(家世舊事)」. 정명도가 주부(主簿)이고 사사직(謝師直)이 강동전운판관(江東轉運判官)일 때, 사사직이 상백피를 캐게 노복을 빌려달라고 청하였다. 정명도가 전운사에 소속된 역졸이 아주 많은데 왜 그들을 부리지 않는지 묻자, 사사직은 "『본초』에 상백피가 흙에서 나와 볕을 쬐면 사람을 죽일 수 있다고 하였습니다. 그대가 부리는 사람은 속이지 않을 것이어서 빌리고자 할 따름입니다(.本草說, 桑白皮出土見日者, 殺人. 以伯淳所使人不欺, 故假之耳.)"라고 하였다. 『신농본초경소(神農本草經疏)』「상근백피(桑根白皮)」에, "흙 밖으로 나온 것은 사람을 죽게 한다.(出土上者, 殺人.)"라고 하였다.

죽순은 상백피와 같아서 별 쬐어 꺾으면 먹지 못하고, 능금은 많이 먹으면 눈병 나고, 은행은 어린아이 먹이면 경풍(驚風) 나고,[235] 가지는 많이 먹으면 이질(痢疾) 나고, 순은 많이 먹으면 병납니다. 마늘, 파, 부추는 꿀과 한가지로 먹지 못하고,[236] 참외는 물에 오래 담갔다가 먹으면 안 되고, 참외 꼭지 둘 열린 것이나 꽃부리 둘 있는 것은 먹지 못합니다. 버섯은 술과 한가지로 못 먹고, 닭은 두 발 흰 것 못 먹고, 차조기와 한가지로 못 먹고, 계란은 고추 넣어 못 먹습니다. 자라는 머리와 꼬리는 독이 많아 못 먹고, 비름나물과도 함께 못 먹습니다.[237] 쥐고기는 행인(杏仁)과 한가지로 못 먹고, 코 붉은 개는 못 먹습니다.[238] 우유는 식초나 생선과 함께 못 먹고,[239] 소주는 복숭아와 같이 못 먹습니다. 복어와 숭늉 자리끼는 결단코 못 먹을 것이니 인가에서 손님 대접할 때 삼가야 합니다.

음식 맛은 그르지 않게 하려니와 사치한 것은 특별히 경계하여야 합니다. 당나라 때 벼슬한 사람이 금의옥식(錦衣玉食)으로 배를 채우며 문하

---

235 은행은 … 경풍(驚風) 나고: 『동의보감』「과부(果部)」 은행(銀杏). “날 것으로 먹으면 목을 자극하고, 어린아이가 먹으면 경기를 일으킨다.(生則戟人喉, 小兒食之發驚.)” 원 출전은 원대의 의사 오서(吳瑞)의 『일용본초(日用本草)』이다.

236 마늘, 파, 부추는 … 먹지 못할 것이오: 『금궤요략논주(金匱要畧論註)』. “생파와 꿀을 함께 먹으면 죽을 수 있다. 특히 마늘은 더욱 꺼린다. … 꿀을 먹은 후 4일 안에 생파나 부추를 먹으면, 가슴에 통증이 생긴다.(生葱不可共蜜, 食之殺人. 獨顆蒜彌忌. … 食糖蜜後四日内食生葱·韭, 令人心痛.)

237 자라는 … 못 먹는 것이오: 『금궤요략논주』. “거북이와 자라의 고기는 비름나물과 함께 먹을 수 없다.(龜鱉肉不可合莧菜食之.)”

238 코 붉은 개는 못 먹고: 『비급천금요방(備急千金要方)』. “황제(黃帝)가 말하였다. ‘흰 개와 해유(海鮋)를 먹으면 반드시 나쁜 병을 얻고, 흰 개가 저절로 죽었는데 혀를 내밀지 않은 것은 먹으면 사람을 해친다. 개는 봄철에 많이 미치는데, 코에 붉은 기가 돌고 건조한 개는 미치려고 하는 것이니, 그 고기는 먹을 수 없다.’(黃帝云, ‘白犬合海鮋食之, 必得惡病, 白犬自死不出舌者, 食之, 害人. 犬春月多狂, 若鼻赤起而燥者, 此欲狂, 其肉不任食.’)”

239 우유는 식초나 생선과 함께 못 먹고: 『본초강목』「음식금기(飲食禁忌)」. “유유는 생선과 식초를 꺼린다.(牛乳忌生魚酸物.)”

에 다니는 중에게 '숯불로 밥을 지어야 먹지 그렇게 하지 않으면 내 힘들어 못 먹노라' 하였습니다. 그 후 재산이 탕진한 후 길을 걸어가다가 하교(河橋)를 지나던 도중에 좁쌀을 얻어 질솥[240]에 밥을 지어 기름진 쌀밥과 고기보다 더 달게 먹는데, 그 중이 웃으며, '이도 숯불에 지은 음식이냐?' 물으니 그 사람이 부끄러워 대답을 못하더라고 하였습니다. 인가에 일시 부귀하나 너무 사치할 것이 아니요, 음식이 낮은 품이면 먹으리 못 먹으리 하는 것이 극히 좋지 아니합니다."[241]

책력 보는 법

동짓날에 유한당의 스물일곱째 손자 익성이 열한 살인데 새 달력을 들고 절기(節氣)의 빠르고 늦음을 따져보고 있었다. 유한당이 물었다.

"네가 책력(冊曆)을 알고 보느냐, 모르고 보느냐?"

"절기의 빠르고 늦음을 살펴볼 따름이니 특별하게 볼 것이 있겠습니까."

"아무 글의 한 줄이나 반 줄을 보더라도 이해하여 보면 천지만물의 이치와 집안, 나라 다스리는 경륜의 도리를 미루어 알 것이요, 이해 못하고 보면 성현의 경전을 자기 말 외우듯이 하여도 조금이라도 유익할 것

240 질솥: 진흙으로 구워 만든 솥.

241 음식이 낮은 … 아니합니다: 『고금사문유취(古今事文類聚)』 「불가택미식(不暇擇美食)」. 내용은 유한당의 말과 같아 다시 싣지 않는다. 원 출처는 『강병극담록(康駢劇談録)』이다.

이 어찌 있겠느냐. 여느 서책도 그러하거니와, 책력은 천지일월이 계속 운행하는 것이며 초목곤충의 변화하는 것이 다 실려 있다. 어찌 데면데면히 볼까 싶으냐."

"천지의 운행과 덥고 추운 계절의 변화는 책력에 있거니와, 초목곤충에 대한 말도 책력에 있습니까?"

"정월에는 칩충(蟄蟲)이 시진(始振)이라고 하고 달제어(獺祭魚)라 하고,[242] 이월은 응화위구(鷹化爲鳩), 현조지(玄鳥至), 도시화(桃始華)라 하고,[243] 삼월은 대승(戴勝)이 강우상(降于桑)이라 하고,[244] 사월은 맥추지(麥秋至)라 하고,[245] 유월은 부초위형(腐草爲螢)이라 하고,[246] 칠월은 응내제조(鷹乃祭鳥)라 하고,[247] 팔월은 현조귀(玄鳥歸)라 하고,[248] 구월은 홍안래빈(鴻鴈來賓), 시내제수(豺乃祭獸), 국유황화(鞠有黃華)라 하여[249] 여러 가지를 기록한 것이 수없이 많다. 책력 볼 때 그런 것을 이해 아니하면 군자 격물하는 공부에

---

242 정월에는 … 달제어(獺祭魚)라 하고: 『예기』「월령」. 음력 1월. "동풍이 얼음을 녹이면, 숨어서 겨울을 나던 벌레들이 비로소 일어난다. 물고기가 얼음 근처로 올라오면, 수달은 잡은 물고기를 제사 지내듯 늘어놓는다.(東風解凍, 蟄蟲始振. 魚上冰, 獺祭魚.)".

243 이월의 … 도시화(桃始華)라 하고: 『예기』「월령」. 음력 2월. "처음으로 비가 내리고, 복숭화 꽃이 핀다. 꾀꼬리가 울고, 매는 비둘기가 된다. … 이 달에 제비가 날아온다.(始雨水, 桃始華. 倉庚鳴, 鷹化爲鳩. … 是月也, 玄鳥至.)".

244 삼월의 … 강우상(降于桑)이라 하고: 『예기』「월령」. 음력 3월. "뻐꾸기가 날개를 떨치고, 오디새가 뽕나무에 내려 앉는다.(鳴鳩拂其羽, 戴勝降于桑.)".

245 사월에 맥추지(麥秋至)라 하고: 『예기』「월령」. 음력 4월. "냉이 같은 풀들은 죽고, 보리알이 익는 때가 된다.(靡草死, 麥秋至.)".

246 유월의 부초위형(腐草爲螢)이라 하고: 『예기』「월령」. 음력 6월. "매의 새끼가 날기를 익히고, 썩은 풀은 반딧불이 된다.(鷹乃學習, 腐草爲螢.)".

247 칠월의 응내제조(鷹乃祭鳥)라 하고: 『예기』「월령」. 음력 7월. "서늘한 바람이 불고, 백로가 내리며, 쓰르라미가 울고, 매는 잡은 새를 제사 지내듯 늘어놓는다.(涼風至, 白露降, 寒蟬鳴, 鷹乃祭鳥.)".

248 팔월의 현조귀(玄鳥歸)라 하고: 『예기』「월령」. 음력 8월. "매서운 바람이 불고, 기러기가 날아오며, 제비는 돌아가고, 뭇 새들은 먹을 것을 저장한다.(盲風至, 鴻鴈來, 玄鳥歸, 群鳥養羞.)".

249 구월의 … 국유황화(鞠有黃華)라 하여: 『예기』「월령」. 음력 9월. "기러기가 손님으로 오고, 참새는 큰물로 들어가 조개가 된다. 국화는 노랗게 피고, 승냥이는 잡은 짐승을 제사 지내듯 늘어놓고 먹는다.(鴻鴈來賓, 爵入大水爲蛤. 鞠有黃華, 豺乃祭獸戮禽.)".

유익할 것이 어찌 있겠느냐."

"기록한 것이 다 『예기』「월령」에서 나온 것입니까?"

"후대에 책력 기록한 것이 「월령」에서 나온 것도 있고, 그 밖의 것도 혹 있다."

익성이 형 예성과 아우 진성을 급히 청하여 데리고 부인께 고하였다.

"오늘 저희들이 책력의 초목과 조수에 관한 말을 다 배우고자 합니다."

"『예기』「월령」을 자세히 보아라."

진성이 말하였다.

"눈으로 보는 것이 나은 일도 있고, 귀로 듣는 것이 나은 일도 있으니 자세히 듣고 싶습니다."

"너희가 이리 간청하니 내 약간 일러 주마. 정월에 '칩충이 시진이라'는 말은 온 겨울의 벌레들이 집 짓고 칩거하였다가 봄이면 흩어져 날기에 『서경』에 '궐민(厥民)은 석(析)이라'[250] 하였다. 달제어는 수달이 잡은 물고기를 제사 지낸다는 것이요, 칠월에 응내제조는 매가 새를 잡아 제사 지낸다는 것이요, 구월에 시내제수는 승냥이가 짐승을 잡아 제사 지낸다는 것이다. 이런 짐승들도 능히 때를 따라 맞추어 제사를 지낼 줄 아는데 사람이 어찌 천시(天時)를 따라가며 물산이 나는 대로 제사하는 일을 대충하겠느냐.

이월에 응화위구는 매가 변화하여 비둘기가 된다는 말이요, 구월의

250 『서경』에 궐민(厥民)은 석(析)이라: 『서경』「요전(堯典)」. "춘분이 되어 조성(鳥星)이 보이니 이로써 봄을 맞이하면, 백성들은 나누어 흩어지고 뭇 짐승은 새끼를 친다.(日中星鳥, 以殷仲春, 厥民析, 鳥獸孳尾.)"

작입대수위합(爵入大水爲蛤)이라는 말은 참새가 큰물에 들어가 조개가 된다고 하는 말이다. 그러나 참새가 조개 되고 조개는 참새가 되지 못하기에 『예기』에 참새는 될 화(化)를 쓰지 아니하였고, 매는 화하여 비둘기 되었다가 도로 매가 되기에 매는 될 화를 써 응화위구라 하였다. 이런 것을 보아도 새와 짐승의 변화하는 것을 경서에서 한 글자도 대충 놓지 않은 것을 살펴야 한다.

삼월에 '대승이 강우상이라'하는 말은 오디새가 뽕나무에 내려온다는 말이니 오디새는 봄에 뽕을 누에 먹이는 때 오는 새다."

진성이 여쭈었다.

"아까 경서에는 한 글자도 대충 쓰지 않았다 하셨습니다. 여기에서 내릴 강(降) 자는 특별한 뜻으로 놓은 것입니까?"

"네가 묻는 것이 무던하다. 내릴 강 자를 『예기』에 특별히 쓴 것은, 오디새가 오는 때에 사람이 누에 칠 때 되었다 깨달으라고 하늘이 시켜 내려 보내듯이 하기에 내릴 강을 썼으니 성인의 유념하신 뜻이 깊다.

사월에 맥추지라, '보리 가을이 이르렀다'라고 하였으니 모든 곡식이 다 가을에 익되 보리는 사월에 익기에 보리 가을이라 일컫는다. 인가에 작년 곡식이 다 떨어지고 새 곡식은 아직 없을 때에 보리를 거두면 곧 추수하는 듯하다. 그렇기에 옛 성인이 보리를 중히 여기시고, 『시경』에 이아내모(貽我來牟)[251]라, '하늘이 나에게 밀과 보리를 주셨다'라고 일컬었다.

---

251 이아내모(貽我來牟): 『시경』「사문(思文)」. "우리에게 밀과 보리를 주심은, 이것으로 백성들을 두루 기르도록 상제께서 명하신 것이라.(貽我來牟, 帝命率育.)"

구월에 국유황화라, '국화 누른 꽃이 있다'라고 하였다. 이월 복숭아꽃과 삼월 오동꽃은 다 빛을 일컫지 않고 국화는 노란 빛을 일컬었으니, 국화가 서리 내릴 때 노랗고 정색(正色)[252]을 띠었기에 성인이 귀히 여겨 기록하신 것이다. 이렇게 책력 하나 가지고도 천지, 일월, 성신과 곤충, 초목, 조수의 이치를 궁리할 것이다. 그렇지 않고 책력의 큰달, 작은달만 일컬으면 이것이 대충 보는 것 아니겠느냐."

예성이 여쭈었다.

"저희들이 주의를 기울여 보지 않았더니 오늘 많이 알게 됩니다. 『예기』「월령」에, 봄에 기러기가 온다고 하였고 가을에도 기러기가 온다고 하였습니다. 봄에 왔으면 가을에는 돌아간다고 할 것이요, 가을에 왔다고 하면 봄에는 돌아간다고 할 것이로되 봄, 가을 모두 '온다'라고 하였으니 무슨 뜻입니까?"

"네가 의심하여 물을 만하다. 기러기가 봄에 남으로부터 북으로 갈 때 중국을 지나 북으로 가고, 가을에 북방의 추위로 인하여 남으로 갈 때 중국을 지나 남으로 가는데 그 오는 것만 기록하여 봄, 가을에 다 온다고 하였다. 천하 만물이 다 중국을 위하여 오는 듯이 썼기 때문이다."

"그렇군요. 책력에서 나라와 집을 경륜(經綸)하는 도리는 무엇을 어찌하여 이해하여야 합니까?"

"책력 하나를 놓고 의논하자면 천하의 허다한 경륜이 다 들었다. 봄

---

252 정색(正色): 청색, 황색, 적색, 백색, 흑색을 말한다.

바람에 화기가 왕성하게 떨쳐 일어나는 때에는 안자(顔子)[253]의 기상 같고, 가을 서리가 맑고 높아 숙연하게 거두어들이는 때는 맹자의 기상 같고, 공자는 대성인이시기에 사계절의 기상을 다 띠어 계시니 학자들이 책력 열두 달 절기를 보게 되면 여러 성인의 기상을 배우기를 생각할 것이다.

봄에 초목곤충의 맹동(萌動)하는 모양을 보면 성왕이 어진 정사를 행할 것이요, 가을에 초목곤충이 성숙하는 것을 보면 성왕의 정사를 수렴하기를 숭상할 것이다. 봄에 양기가 처음 생겨나는 것을 체행하여 어리고 약한 아이를 사랑하라는 말이 「월령」에 실려 있고[254] 가을에 양기 쇠하는 때 늙고 쇠한 이를 보양하라는 말이 「월령」에 실려 있다.[255] 춘분, 추분에 균형석(鈞衡石),[256] 평도량(平度量)[257]이란 말은 저울과 섬을 고르게 하고 자의 치수를 고르게 하라는 말이다. 춘분과 추분은 천지 사이에 추위와 더위가 매우 고르게 되는 때이니, 만국의 저울이나 자나 그런 기물들을 어긋나지 아니하게 다 고르게 하라고 한 말이다. 이것으로 의논하면 사람이나 초목, 곤충 대접하는 것과 기물 같은 것은 다 정제히 하는 것이니, 큰 일이나 작은 일이나 어느 것이 천지의 절기 순서를 맞추어 하는 것이 아니겠느냐."

---

253 안자(顔子): 안회(顔回). 공자가 가장 아꼈던 제자였으나 32세로 죽었다.

254 봄에 … 실려 있고: 『예기』「월령」 음력 2월. "이 달에는 초목의 싹을 온전히 하며, 어린아이들을 잘 기르고, 여러 고아들을 보호한다.(是月也, 安萌牙, 養幼少, 存諸孤.)"

255 가을에 … 실려 있고: 『예기』「월령」 음력 8월. "이 달에는 노쇠한 자들을 봉양하며, 안석과 지팡이를 주고, 죽과 음식을 나눠준다.(是月也, 養衰老, 授几杖, 行糜粥飮食.)"

256 균형석(鈞衡石): 『예기』「월령」 음력 2월. "춘분이 되면, 천하의 도량을 같게 한다. 저울대와 무게의 단위인 섬을 고르게 하고, 부피의 단위인 말과 휘를 공평히 하며, 저울추와 평미레를 바르게 한다.(日夜分, 則同度量. 鈞衡石, 角斗甬, 正權槪.)"

257 평도량(平度量): 『예기』「월령」 음력 8월. "추분이 되면, 천하의 도량을 같게 한다. 저울추와 저울대를 바르게 하고, 무게를 재는 균(鈞)과 섬을 바로잡으며, 부피의 단위인 말과 휘를 공평히 한다.(日夜分, 則同度量. 平權衡, 正鈞石, 角斗甬.)"

익성이 말하였다.

"할머니 말씀은 늘 작은 것이라도 큰 것과 이어서 말씀하시되 의리에 통달하시니, 저희들이 듣기에도 좋고 깨닫기도 많이 깨닫습니다."

명절의 유래와 세시풍속①

손자들 여럿이 모여 유한당에게 여쭈었다.

"열두 달의 풀과 나무, 짐승들의 변화하는 것에 대한 말씀을 들었습니다. 1월 1일과 3월 3일, 5월 5일, 7월 7일, 9월 9일은 모두 명절로 일컫는데, 2월 2일, 4월 4일, 6월 6일, 8월 8일 등은 어찌하여 명절로 일컫지 아니합니까?"

"옛날 성인이 양(陽)을 귀하게 여기고 음(陰)을 천하게 여기었다. 1월 1일과 3월 3일, 5월 5일, 7월 7일, 9월 9일은 월도 양이요 일도 양이기에 명절로 일컫고, 2월 2일, 4월 4일, 6월 6일, 8월 8일은 월과 일이 다 음이기에 천하게 여겨 일컫지 아니하였다. 양을 귀하게 여겨 군자에게 빗대는데, 10월에 음이 극히 성하고 양이 없어졌다가 동짓날(음력 11월)에 하나의 양이 처음으로 나오기에 동지도 귀한 명절로 일컫는다. 소강절(邵康節)의 「동지(冬至)」[258] 시에 그 말이 있다.

---

258 소강절(邵康節)의 「동지(冬至)」: 소강절의 『격양집(擊壤集)』 「동지음(冬至吟)」. 한글본 원문에는

동지자지반(冬至子之半)의　　동짓날 자정
천심무개이(天心無改移)라　　하늘의 중심은 변함이 없더라
일양초동처(一陽初起處)오　　하나의 양이 처음 동하는 곳이요
만물미생시(萬物未生時)라　　만물이 나지 못한 때로다
현주미방담(玄酒味方淡)이오　　맑은 물은 그 맛이 담담하고
대음성정희(太音聲正希)라　　큰 음악은 소리가 드물다
차언여불신(此言如不信)이면　　이 말을 만일 믿지 못한다면
갱청문포희(更請問庖犧)하라　　다시 복희씨에게 물어보라

옛날 풍속에 동짓날 부녀자들이 버선을 지어 시부모께 장수를 빌며 올렸다. 그 뜻은 한 양기가 땅으로부터 생겨나 오르기에 새 버선을 응하여 밟으시라는 뜻이다. 그리하여 최인(崔駰)이라 하는 사람이 「말명(襪銘)」— 버선 두고 지은 글—을 지으니 이러하다.[259]

양승어하(陽升於下)하고　　양기는 아래로부터 올라오고
일영어천(日永於天)이라　　해는 하늘에 길도다
장리경복(長履景福)하여　　기리 큰 복을 밟으시어
지우억년(至于億年)이라　　억만년에 이르리로다

'起'를 '動'으로 적었는데 여기서는 『격양집』에 실린 대로 적었다.

259 최인(崔駰)이라 … 이러하다: 후한(後漢) 때 최인이 「말명(襪銘)」을 지었다. 『예문유취(藝文類聚)』, 『천중기(天中記)』 등에 보인다.

여러 손자들이 또 여쭈었다.

"3월 3일, 5월 5일, 7월 7일 모두 양이 겹쳐 들었는데, 9월 9일만 특별히 '중양(重陽)'[260]이라고 일컬으니 무슨 뜻입니까?"

"낙서(洛書) 숫자에 2, 4, 6, 8이 음이 되고, 1, 3, 5, 7, 9는 양이 된다. 9는 양수 중에서도 으뜸으로 많기에 9월 9일을 중양절(重陽節)이라 일컫는다."

"여러 명절에 만들어 먹는 음식이 다 각각 다르고, 놀이가 또 각각 다르니 그는 어찌된 일입니까?"

"입춘(立春)에 비단으로 기를 만들어 춘번(春幡)이라 하는 것은 한나라 때 풍속이요,[261] 비단으로 꽃을 만들어 채화(綵花)라 하고 채승(綵勝)이라 하는 것은 당나라 때 풍속이요,[262] 채색으로 제비를 만들어 채연(綵鷰)이라 하기는 형초(荊楚)의 풍속이다.[263] 다섯 가지 매운 나물을 만들어 그릇에 담아 오신반(五辛盤)이라 하기는 송나라 때 더욱 성하였고,[264] 귤로 술

---

260 중양(重陽): 9월 9일을 중양절이라 부른다. '중양'은 양이 겹쳐 들었다는 뜻이다.

261 입춘(立春)에 … 한나라 때 풍속이요: 『후한서보일(後漢書補逸)』「춘번(春幡)」. "입춘에 춘번을 세운다. 흙으로 빚은 소와 농부를 문 밖에 둔다.(立春之日, 竪春旛, 施土牛耕人於門外.)". 『후한서』「예의지(禮儀志)」에는 '청번(靑幡)'이라고 하였다.

262 비단으로 … 당나라 때 풍속이요: 『한원신서(翰苑新書)』「입춘(立春)」. "채승(綵勝). 입춘에 사대부 집에서는 비단을 잘라 작은 깃발을 만들고 이를 춘번이라 부른다. 혹은 여자의 머리에 달아 놓고, 혹은 꽃가지 아래에 묶어 놓기도 한다. 또 비단을 잘라 봄나비, 봄제비, 봄장식을 만들어 놀거리로 삼았다.(立春之日, 士夫之家, 剪綵為小幡, 謂之春幡. 或懸於佳人之頭, 或綴於花枝之下. 又剪為春蝶, 春燕, 春勝, 以為戲.)"

263 채색으로 … 형초(荊楚)의 풍속이요: 『형초세시기(荊楚歲時記)』「정월(正月)」. "입춘이 되면 다들 비단을 잘라 제비를 만들어 머리 장식으로 하고, '의춘(宜春)' 두 글자를 써서 문에 붙인다.(立春之日, 悉剪綵為鷰以戴之, 貼宜春二字.)"

264 오신반(五辛盤): 『형초세시기(荊楚歲時記)』「정월(正月)」. "주처(周處)의 『풍토기(風土記)』에 의하면, '1월 1일 오신반을 만들어 다섯 가지 매운 채소로 몸의 도를 닦는다'라고 하였다. 주석에는 '다섯 가지의 매운 맛은 오장(五臟)의 기운을 발하게 하니, 곧 마늘, 달래, 부추, 유채, 고수이다.'(周處『風土記』曰, '元日造五辛盤, 正月元日, 五薰鍊形.' 注: '五辛所以發五藏之氣, 即大蒜·小蒜·韭菜·雲臺·胡荽是也.')"

을 빚어 먹기에 소동파 시에 '신반(辛盤)의 청부(青韭)요 납주(臘酒)의 황감(黃柑)이라, 신반에는 푸른 나물이요 납월(臘月, 12월) 술에는 다 노란 귤이로다'[265] 하여 글귀가 지금까지 전해져 온다.

제야에는 대나무를 불에 태워 소리 내어 잡귀신을 놀라게 하고,[266] 복숭아 가지를 문에 걸고 '도부(桃符)'라 하여 귀신을 쫓고[267] 도소주(屠蘇酒)[268]를 빚어 마시니 이것도 형초 풍속이다. 『형초세시기』라 하는 책이 있으니 너희들이 자세히 보아라. 매년 1월 7일을 인일(人日)이라 한다. 초하루 날은 닭에게 속하였다 하여 계일(鷄日)이라 하고, 2일은 구일(狗日), 3일은 저일(猪日), 4일은 양일(羊日), 5일은 우일(牛日), 6일은 마일(馬日), 7일은 인일(人日)이라 하여 그날 날씨의 맑고 흐림을 보아 맑으면 그날 속한 동물이 성하다고 한다.[269] 일곱 가지 나물 만들어 먹고 이름을 칠종채(七種菜)[270]라 하니 『형초기(荊楚紀)』에 있다.

---

265 소동파 시에 … 감자로다: 『동파전집(東坡全集)』「입춘일소집정이단숙(立春日小集呈李端叔)」. "오신반에는 푸른 부추요, 납월의 술에는 누른 감귤이로다.(辛盤得青韭, 臘酒是黃柑.)"

266 대나무를 … 놀라게 하고: 『형초세시기』「정월」. "살피건대 『신이경(神異經)』에 이르길, '서방의 산 속에 어떤 사람이 키는 1척이 넘고 발은 하나로, 사람을 두려워하지 않으며 그와 마주친 사람은 오한과 열이 나게 한다. 산조(山臊)라 부른다. 사람이 대나무에 불을 붙여 폭죽 소리를 내면 산조가 놀라고 겁먹어 멀리 도망간다. 『현황경(玄黃經)』은 산조귀(山獫鬼)라 부른다'라고 하였다.(按神異經云, '西方山中有人焉, 其長尺餘, 一足, 性不畏人, 犯之則令人寒熱. 名曰山臊. 人以竹著火中烞熚有聲, 而山臊驚憚遠去. 玄黃經所謂山獫鬼也.')"

267 복숭아 … 귀신을 쫓고: 『형초세시기』「정월」. "살피건대 장자(莊子)가 이르길, '닭을 문에 걸고, 그 위에 갈대로 엮은 노끈을 매달아 놓고, 복숭아나무 부적을 옆에 꽂으면 온갖 귀신이 이를 두려워한다'라고 하였다.(按莊周云, '有掛雞於户, 懸葦索於其上, 插桃符於旁, 百鬼畏之.')"

268 도소주(屠蘇酒): 설날에 마시면 전염병과 삿된 기운을 물리친다는 술로, 나이가 적은 사람부터 마시는 풍습이 있었다.

269 매년 1월 7일을 … 한다: 『형초세시기』「정월」. "살피건대 동훈(董勛)의 『문예속(問禮俗)』에 이르길, '정월 1일은 닭, 2일은 개, 3일은 양, 4일은 돼지, 5일은 소, 6일은 말, 7일은 사람의 날이라 하여 날씨의 흐리고 맑음으로 풍작 여부를 점친다'라고 하였다.(按董勛問禮俗云, '正月一日爲雞, 二日爲狗, 三日爲羊, 四日爲猪, 五日爲牛, 六日爲馬, 七日爲人, 以陰晴, 占豐耗.')"

270 칠종채(七種菜): 『형초세시기』「정월」. "1월 7일은 사람의 날이니, 이날 일곱 가지 나물을 뜯어 국을 끓여 먹는다.(正月七日為人日, 以七種菜為羹.)" 일곱 가지 나물은 미나리, 냉이, 쑥, 별꽃, 개보리뺑이, 순무의 싹, 무의 싹을 말한다.

상원(上元)[271]은 새해의 보름달이 처음 오기로 달구경도 다니고 등불도 켜고 귤도 보내는 일이 있기에 당나라 때 3일 동안 밤에 다니기를 금하지 아니하였다. 혹 누에 귀신에게 제사도 지낸다는 말이 예로부터 있다.[272] 2월 1, 2일을 중화절(中和節)이라 이름하고 백곡을 채색비단 주머니에 넣어 가지고 놀이하는 풍속이 있었다.[273] 3월 3일은 증점(曾點)께서 기수(沂水)에 목욕하고 무우(舞雩)에서 바람을 쐬려 하던 때이다.[274] 날씨가 청량하고 만물이 번화하니, 옛 사람들이 답청(踏青)[275] 놀이하던 때라도 증점의 말에 비길까 싶으냐? 선유의 말씀에, '증점의 이 말이 요순의 기상이 있다'라고 일컬었으니 그런 것을 더욱 유념할 것이다. 열두 달 명절 말을 다 하려 하면 지루하여 못 한다."

"공자께서 증자께 이르신 말씀 중에 안자가 듣지 못한 말씀이 있고, 자로에게 이르신 말씀이 있으시되 오늘 저희들은 여럿이 모여 이런 말씀을 함께 들으니 아니 좋습니까. 명절 말씀을 더 일러 주십시오."

"한식(寒食)은 동지 후 105일이나 106일이 된다."[276]

---

271 상원(上元): 음력 정월 보름.

272 신기루 … 있다: 『형초세시기』「정월」. "살피건대 『제해기(齊諧記)』에 이르기를, '정월 보름에 신(神)이 진씨(陳氏)의 집에 내려와 말하기를, 잠실에 만약 제사를 지내면 누에와 뽕나무의 생산을 백배로 해 주리라'라고 하였다.(按齊諧記曰, '正月半有神降陳氏之宅云, 是蠶室, 若能見祭, 當令蠶桑百倍.')"

273 백곡을 … 있더니라: 『천중기』「중화절」. "중화절은 2월 1일이니, 당 덕종(德宗)이 만든 명절이다. … 민간에서는 푸른 주머니에 곡물과 과일의 씨앗을 가득 담아가지고 서로 물으며 주는데, 이를 '헌생자(獻生子)'라고 부른다.(中和節, 二月一日爲中和. 德宗方置此節 … 民間以青囊盛百穀瓜果種, 相問遺, 號爲獻生子.) 이 내용은 『형초세시기』에 없다.

274 증점(曾點)께서 … 하던 때니: 『논어』「선진(先進)」. 공자가 제자들에게 각자의 뜻을 묻자 증점이 이렇게 말하였다. "늦은 봄에 봄옷이 만들어지면, 관을 쓴 대여섯과 아이들 예닐곱과 함께 기수(沂水)에 가서 목욕하고 무(舞雩)에서 바람을 쐬고 노래하며 돌아오겠습니다.(莫春者, 春服既成, 冠者五六人, 童子六七人, 浴乎沂, 風乎舞雩, 詠而歸.)"

275 답청(踏青): 3월 3일 교외를 산책하는 풍속.

276 한식은 … 된다: 『형초세시기』「이월(二月)」. 종름(宗懍)의 원문에는 "동지로부터 105일이 지나

예성이 여쭈었다.

"진(晉)나라 때 개자추(介子推) 불에 타 죽은 날이라서 그날 불을 아니 쓰고 밥을 묵혔다가 먹어 한식이라 하니 그 말이 옳습니까?"

"그렇게 말하거니와, 개자추가 죽은 제삿날이면 어찌 2월 아니면 3월로 날짜가 매년 바뀔까 싶으냐. 옛적에 청명절(淸明節) 가까워지면 사나운 바람이 많이 불어 화재를 무섭게 여겨 불을 금하여 밥을 묵혀 먹기에 한식이라 하고,[277] 혹 냉절(冷節)[278]이라고도 한다."

"당나라 때 유종원(柳宗元)이 유주로 귀양 갔을 때 '한식에 부모 산소에 못 가노라'하는 말이 있으니[279] 한식에 제사 지내기는 당나라 때부터 하던가 싶습니다. 제사는 어떻게 지냅니까?"

"한나라 광무제(光武帝) 때 여러 장수들이 고향으로 돌아가는 일이 있으면 광무제가 소뢰(小牢)를 주어 조상의 묘에 제사하도록 하니 고향에서 영광스럽다고 일컬었다. 이로부터 매번 한식 때에 자손들이 이로 인하여 제사하는 풍속이 되었다."[280]

면 바람이 세게 불고 비가 많이 내린다. 이 날을 한식이라고 부르고, 불 쓰는 일을 3일간 금하며, 엿과 보리죽을 만든다.(去冬節一百五日, 即有疾風甚雨. 謂之寒食, 禁火三日, 造餳大麥粥.)"라고 하였고, 두공첨(杜公瞻)의 주석에는 "책력을 살피건대 청명 전의 2일과 부합하니 동지로부터 106일이기도 하다.(按曆合在清明前二日, 亦有去冬至一百六日者.)"라고 하였다.

277 옛적에 … 한다: 『형초세시기』「이월」. "『좌전』과 『사기』에는 모두 개자추가 불타 죽은 기록이 없다. 『주례(周禮)』「사훤씨(司烜氏)」에 '음력 2월에는 목탁으로 알려 나라에 불 쓰는 일을 금한다'라고 하였고, 주석에 '음력 3월에는 화재가 나기 쉽기 때문이다'라고 하였다.(左傳及史記, 並無介推被焚之事. 周禮司烜氏, 仲春以木鐸修火禁於國中, 注云, 爲季春將出火也.)"

278 냉절(冷節): 『사민월령(四民月令)』. "사람들이 한식을 '냉절'이라고 부른다.(齊人呼寒食爲冷節.)"

279 당나라 때 … 말이 있으니: 『신당서(新唐書)』「유종원전(柳宗元傳)」. 유종원이 유주(柳州)로 귀양가 있으면서 경조윤(京兆尹) 허맹용(許孟容)에게 편지를 보냈는데 그 중에 다음과 같은 말이 있었다. "오늘날 성묘하는 예법이 중한데, 성묘를 못한 것이 4년이나 되었습니다. 매양 한식날이 되면 북쪽을 향해 길에 울부짖으며 머리를 땅에 조아립니다.(近世禮重拜掃, 今闕者四年矣. 每遇寒食, 則北向長號, 以首頓地.)"

280 한나라 … 되었다: 『고금사문유취』「제묘지시(墓祭之始)」. "한 광무제가 처음 대업을 잇고, 여러

"추천(鞦韆)[281] 놀이는 어떤 놀이입니까?"

"그것도 한나라 때 놀이다. 혹 반선(半仙)이라 부르기도 하니 대저 호풍(胡風)인가 싶다."[282]

자성이 여쭈었다.

"단오(端午)에 맹상군(孟嘗君) 전문(田文)이 태어났다는 말씀이 옳습니까?"[283]

"맹상군이 단오날 태어나니, 속설에 단오에 태어난 아이가 자라서 키가 문에 닿을 정도가 되면 부모에게 이롭지 않다 하여 버리라 하였다. 맹상군이 묻자 부모가 그 까닭을 말하니, 맹상군이 '문 키를 높이소서'라고 하였다고 맹상군 전에 전한다. 그 후에 왕진악(王鎭惡)이 단오에 태어나

장수들이 출정할 때 고향을 지나가는 자가 있으면 관리에게 조서를 내려 소뢰(小少牢)의 제물을 주고 성묘하게 하니, 이를 영광스럽게 여겼다.(漢光武初纂大業, 諸將出征, 有經鄕里者, 詔有司給少牢, 令拜掃, 以爲榮.)"

281 추천(鞦韆): 그네.

282 반선(半仙)이라 … 싶더라: 『천중기』「한식」. "반선희(半仙戲)는 천보(天寶) 연간 궁중에서 한식날이 되면 다투어 그네를 만들어 궁궐의 빈(嬪)들이 타고 놀며 즐거움으로 삼게 하였다. 황제가 이를 '반선지희(半仙之戲)'라 부르니 나라 사람들이 이로 인해 그렇게 부르게 되었다. 『고금예술도(古今藝術圖)』에 이르기를, 추천은 북쪽 산융(山戎)의 놀이라고 하였다.(半仙戲, 天寶宮中, 至寒食節, 競築鞦韆, 令宮嬪輩戲笑, 以爲宴樂. 帝呼爲半仙之戲, 都中士民因而呼之. 古今藝術圖云, 鞦韆, 北方山戎之戲.)"

283 단오(端午)에 … 옳습니까: 『고금사문유취』「단오탄자(端午誕子)」. "전문(田文)의 어머니가 5월 5일 전문을 낳았다. 아버지는 키우지 말라고 하였는데 어머니는 몰래 전문을 키우다가 자라서야 사실대로 말하였다. 마침내 전문이 아버지에게 아뢰었다. '5월에 태어난 아이를 키우지 않는 것은 어째서입니까?' 아버지가 말하였다. '키가 문 높이에 이르면 그 아비에게 해롭기 때문이다.' 전문이 말하였다. '명(命)이란 하늘로부터 받는 것이니, 어찌 문으로부터 받겠습니까? 만약 문으로부터 명을 받는다면, 어째서 그 문을 높이지 않습니까? 그리한다면 누가 그 문에 닿을 수 있겠습니까?' 아버지는 그의 현명함을 알고, 훗날 맹상군으로 봉하였다. 세속에 5월은 흉한 달이라 하여 꺼린다.(田文母, 五月五日生文. 父令勿擧, 母私擧文, 長以實告之. 遂啓父曰, '不擧五月子, 何也?' 父曰, '生及戶, 損父.' 文曰, '受命於天, 豈受命於户? 若受命於户, 何不高其户? 誰能至其户耶?' 父知其賢, 後封孟嘗君. 俗以五月爲惡月, 故忌.) 원 출처는 『이원』이다.

고,[284] 왕봉(王鳳)이 단오에 태어났다.[285] 호광(胡廣)이 단오에 태어나니 호광의 부모가 안타깝게 여겨 호리박에 넣어 물에 띄웠는데, 다른 사람이 가져다가 길렀다. 자라서 큰 이름이 있자 친부모가 도로 데려오고자 하였다. 호광이 말하되, '친부모를 버리면 의리에 해롭고 양부모를 버리면 은혜를 잊는 것이 된다.'하고, 스스로 호리박에서 태어났고 하며 성을 호라 하고 이름을 광이라 하더니 후에 벼슬이 삼사(三司)에 올랐다.[286] 단오날 태어난 이들은 이 사람들이거니와 단오에 죽은 이는 삼려태부(三閭大夫) 굴원(屈原)이다. 굴원이 멱라수에 빠져 죽으니 초나라 사람들이 불쌍히 여겨 배를 다투어 타고 건지려 하였다. 지금까지 「경도곡(競渡曲)」 노래가 있다.[287]

송나라 때 풍속에 구자종(九子粽)이라는 떡을 만들고,[288] 창포로 술을

---

284 왕진악(王鎭惡)이 … 태어나고: 『고금사문유취』「단오탄자」. "왕진악이 5월 5일 태어나자, 집안 사람들은 그를 버리고자 하였다. 그러자 왕진악의 할아버지가 엄히 말하였다. '옛날 맹상군이 이날 태어나 마침내 제나라의 재상이 되었다. 이 아이는 반드시 우리 집안을 일으킬 것이다.' 그리하여 진악(鎭惡)으로 이름을 지었다.(王鎭惡以五月五日生, 家人欲棄之. 其祖猛曰, '昔孟嘗君以此日生, 卒得相齊. 此兒必興吾宗.' 以鎭惡名之.)" 원 출처는 『송략(宋略)』이다.

285 왕봉(王鳳)이 … 태어나니라: 『고금사문유취』「단오탄자」. "왕봉이 5월 5일 태어나자, 그 아버지는 왕봉을 키우고 싶지 않아하며 말하였다. '속담에 이날 태어난 아이는 문 높이에 닿을 정도로 자라면 스스로를 해치거나 아니면 부모를 해친다고 한다.' 그러자 숙부가 말하였다. '옛날 전문도 이날 태어났지만 불길하지 않았다.' 마침내 왕봉을 키우게 되었다.(王鳳以五月五日生, 其父欲不擧曰, '俗諺擧此日生子, 長及户則自害, 否則害其父母.' 其叔父曰, '昔田文亦以此日生, 非不祥也.' 遂擧之.) 원 출처는 『서경잡기(西京雜記)』이다.

286 호광(胡廣)이 … 오르니라: 『고금사문유취』「단오탄자」. "호광의 성은 본래 오(吳)였는데, 5월 5일에 태어났다. 부모가 그를 싫어하여 호리박에 담아 강물에 띄워 버렸더니, 강가에 사는 사람이 거두어 길렀다. 자라서 이름을 이루게 되자, 친부모가 다시 그를 아들로 삼고 싶어 하였다. 호광이 생각하기를, '친부모를 버리면 의리에 해롭고 양부모를 버리면 은혜를 잊는 것이다'라고 하여 어느 쪽으로도 돌아가지 않고 호리박에 의탁해 태어났다 하여 호(胡)로 성씨를 삼고 이름을 광(廣)이라 하였다. 훗날 벼슬이 삼사(三司)에 올랐으며 중용을 지켰다는 이름이 있었다.(胡廣本姓吳, 以五月五日生. 父母惡之, 藏之葫蘆, 棄之河流, 岸側居人收養. 及長有盛名, 父母欲取之, 廣以爲背其所生則害義, 背其所養則忘恩, 兩無所歸, 託葫蘆而生也, 乃姓胡名廣. 後登三司, 有中庸之號.)"

287 굴원(屈原)이 … 있다: 『형초세시기』「오월」. "살피건대 5월 5일 경도(競渡)를 하는 것은 세속에서 굴원(屈原)이 멱라수에 빠져 죽은 날 그의 죽음을 마음 아파하여 배를 타고 건지려 하는 것이다.(按五月五日競渡, 俗爲屈原投汨羅日, 傷其死所, 故並命舟檝以拯之.)"

288 구자종(九子粽): 『고금사문유취』「구자종」. "단오에 먹는 종자(粽子: 찹쌀 등의 재료를 잎으로 감싸 쪄 낸 음식)의 종류는 매우 많으며, 모습이 같지 않다. 각종(角粽)·추종(錐粽)·능종(菱粽)·통종(筒粽)·칭추종(稱鎚粽)이 있고, 또 구자종이 있다.(端午粽子名品甚多, 形製不一, 有角粽·錐

빚어 마시고,[289] 난초물에 목욕하고,[290] 쑥으로 사람을 만들어 문 위에 걸고 애인(艾人)이라 하고,[291] 벽사(辟邪)한다고 놀기에 후세까지도 전하였다. 단오를 그렇게 명절로 일컫기에 당나라 때 옷을 지어 조신(朝臣)에게 하사하니, 두보(杜甫)가 궁의(宮衣)를 받고 「단오사의(端午賜衣)」를 지었다.[292]

궁의역유명(宮衣亦有名)하니	궁에서 지은 옷 받는 명단에 이름이 있어
단오피은영(端午被恩榮)이라	단오날 성은을 입었도다.
세갈함풍연(細葛含風軟)하고	가는 베는 바람을 머금은 듯 부드럽고
향라첩설경(香羅疊雪輕)이라	향기로운 비단은 눈이 쌓인 듯 가벼워라
자천제처습(自天題處濕)이여	옷 스스로의 촉촉함이여
당서착래경(當暑着來輕)이라	더위를 당하여 입으니 시원하구나.
의내칭장단(意內稱長短)하니	마음속으로 길고 짧음을 재어보니
종신하성정(終身荷聖情)이라	평생의 성은을 짊어졌구나.

이 글만 보아도 두보의 충정(忠情)을 볼 수 있다. 또 송나라 때 입춘처럼 단오첩(端午帖)[293]을 지어 대궐 문에 붙인 사람이 있으니, 구양수(歐陽

粽·菱粽·筒粽·秤鎚粽, 又有九子粽.)" 원 출처는 『세시잡기(歲時雜記)』이다.

289 창포로 … 마시고: 『고금사문유취』 「창포주(菖蒲酒)」. "단오에 창포를 실 같이 만들거나 아니면 가루처럼 만들어서 술에 띄운다.(端午以菖蒲, 或縷或屑, 汎酒.)" 원 출처는 『세시잡기』이다.

290 난초물에 목욕하고: 『대대례기』 「하소정(夏小正)」. "난초를 모으니, 목욕을 하기 위해서이다.(蓄蘭, 爲沐浴也.)"

291 쑥으로 … 애인(艾人)이라 하고: 『고금사문유취』 「결애인(結艾人)」. "형초 지방 사람들은 단오에 쑥을 캐서 사람 모양으로 만들어 문 위에 걸어 놓고 이것으로 독기를 제거한다.(荊楚人端午採艾結爲人, 懸門户上, 以禳毒氣.)"

292 「단오사의(端午賜衣)」: 『고금사문유취』 「단오사의」. 이 시는 『보주두시(補注杜詩)』 등에 「단오일사의(端午日賜衣)」라는 제목으로 실려 있다.

293 단오첩(端午帖): 단오를 축하하는 시를 지어 궁중에 올린 첩자(帖子).

修)의 단오첩 시 두 수도 그러하다.[294]

가신공희목란탕(佳辰共喜沐蘭湯)한데	좋은 명절 함께 난초물에 목욕해 즐거운데
독랭하수채애양(毒冷何須採艾禳)고	독한 냉기를 쑥을 캐서 없앨 필요 있을까
단득고요조정내(但得皐陶調鼎鼐)면	고요 같은 신하 얻어 나랏일을 조율하면
자연재려변휴상(自然災沴變休祥)이라	자연스레 재앙이 변해 상서롭게 되리라

초국인참축굴원(楚國因讒逐屈原)하고	초나라는 참소로 인해 굴원을 내쫓고
종신무부입군문(終身無復入君門)이라	종신토록 다시는 궁궐에 들이지 않았네
원인각서순유속(願因角黍詢遺俗)하여	종자(粽子)로 인하여 남은 풍속을 물어보아
가감전왕혹교언(可鑒前王惑巧言)이라	전대 왕이 미혹된 것을 거울삼기 바라네

294 구양수(歐陽修)의 단오첩: 『고금사문유취』 「첩자규간(帖子規諫)」.

구양수가 충성이 있기에 이런 평범한 글에도 임금께 규간(規諫)하는 말을 하였으니, 후인이 이르되, '거필(擧筆)에 불망규간(不忘規諫)이라'[295] 하였다. 너희도 이런 명절을 만나거든 옛사람의 착한 일을 매양 생각하여라. 칠석은 가을철이 새로 드는 때이기에 '수많은 나무 중 오동잎 하나가 떨어진다'[296]라고 하였다."

맹성이 여쭈었다.

"칠월 칠석에 견우(牽牛)와 직녀(織女)가 오작교(烏鵲橋)로 은하수(銀河水)를 건너 만난다는 말이 옳습니까?"

"그 말이 『제해기(齊諧記)』란 책에 있거니와 극히 허황한 말이다.[297] 옛적에 칠석날 서책과 의복을 볕에 쬐어 넣으면 좀이 아니 생긴다고 하여 집집마다 앞 다퉈 가며 서책과 의복 많은 것을 자랑하였다. 학융(郝隆)이라는 사람이 집이 가난하여 서책도 의복도 없으되 글은 잘 하였다. 뜰에 나와 하늘을 우러러 누워 배에 볕을 쬐니 사람들이 묻되 학융이 대답하기를, '나는 의복은 없으나 뱃속에 서책이 많이 들었기에 볕을 쪼인다'라고

---

295 거필(擧筆)에 불망규간(不忘規諫)이라: 『고금사문유취』 「진시종신(眞侍從臣)」. "구양수가 한림학사로 있을 때 송 인종이 어각에 붙은 춘첩자(春帖子)를 보고 읽고는 사랑하여 좌우에게 물으니 학사 구양수의 글이라고 하였다. 이에 궁중의 첩자를 모두 모아 읽어보니 글마다 간하는 뜻이 있었다. 송 인종이 탄식하며 '붓을 들면 간하는 것을 잊지 않으니 참으로 임금을 모시는 신하로구나!'라고 하였다.(歐陽修在翰林, 仁宗見御閣春帖子, 讀而愛之, 問左右, 日, 學士歐某之文也. 乃悉取宮中帖子閱之, 見其篇篇有意. 歎日, '擧筆不忘規諫, 眞侍從之臣也!')

296 칠석은 … 떨어진다: 『고문진보(古文眞寶)』 장뢰(張耒)의 「칠석가(七夕歌)」. "인간 세상에는 오동잎 하나가 바람에 떨어지고, 욕수(蓐收: 가을을 맡은 신)는 가을을 진행시키느라 북두성의 자루를 돌리네.(人間一葉梧桐飄, 蓐收行秋回斗杓.)"

297 그 말이 … 말이라: 『고금사문유취』 「직녀가견우(織女嫁牽牛)」. "계양(桂陽)의 성무정(成武丁)은 신선의 도가 있었는데, 동생에게 말하였다. '7월 7일에 직녀가 마땅히 은하수를 건너고, 뭇 신선들은 모두 궁으로 돌아갈 것이다.' 동생이 '직녀가 무슨 일로 은하수를 건넙니까?' 하고 물었더니 답하기를, '잠시 견우를 만나려는 것이다'라고 하였다. 사람들이 지금까지 말하기를, '직녀가 견우에게 시집간다'라고 한다. 『속제해기』에 있다.(桂陽成武丁, 有仙道, 謂其弟日, '七月七日, 織女當渡河, 諸仙悉還宮.' 弟問日, '織女何事渡河?' 答日, '織女暫詣牽牛.' 世人至今云, '織女嫁牽牛也.' 續齊諧記.)"

하니 당시 사람들이 웃었더라고 한다.[298] 너희는 뱃속에 서책이 얼마나 들었느냐?

팔월 십오일은 추석이라 하니 광릉(廣陵)[299] 땅에 밀물과 썰물의 물결이 심히 장하여 사람들이 다투어 구경하기에 광릉관도(廣陵觀濤)[300]라 하였다. 당나라 때 옥당학사들에게 술과 촛불을 내려주어 달구경하고 놀게 하니 온 하늘에 구름 한 점 없고 달빛이 대낮같으니 학사 소정이, '맑은 빛이 사랑스러우니 어찌 촛불을 쓰리오'[301]라고 하였다고 한다.

구월 구일은 예로부터 중양가절(重陽佳節)이라 일컬었다. 당나라 때에도 모든 벼슬아치에게 술을 내려주어 상림원(上林苑)에서 놀게 하니 옥당학사들이 시 지은 것이 많다. 여남(汝南) 땅에 환경(桓景)이라 하는 사람이 비장방(費長房)이라 하는 도사와 함께 어울렸다. 하루는 도사가 환경에게, '9일에 너의 집에 재앙이 있을 것이니 급히 내려가 집안사람들을 시켜 붉은 주머니를 많이 만들고 수유나무 열매를 넣어 줄에 걸고 산에 올라 국화주를 마셔라. 그렇게 하면 화를 가히 면할 것이다'라고 하였다. 환경이

---

298 학융(郝隆)이 … 웃었더라고 한다: 『고금사문유취』「쇄복중서(曬腹中書)」. "7월 7일이 되자 학융은 이웃 사람들이 모두 옷가지를 햇볕에 쬐는 것을 보았다. 학융이 이에 마당에 누워서 햇볕에 배를 쪼이며 말하였다. '나는 뱃속의 책에 볕을 쪼이노라.'(郝隆, 七月七日, 見隣人皆曝曬衣物. 隆乃仰卧曝腹於庭日, '我曝腹中書.')"

299 광릉(廣陵): 지금의 중국 양주시(揚州市).

300 광릉관도(廣陵觀濤): 『고금사문유취』「관도광릉(觀濤廣陵)」. "매승(枚乘)의 「칠발(七發)」에서 객이 말하였다. '8월 보름날 제후와 함께 광릉의 곡강으로 파도를 구경하러 갈 것입니다.'(枚乘七發, 客日, '將以八月之望, 與諸侯並往觀濤於廣陵之曲江.')"

301 맑은 빛이 … 쓰리오: 『고금사문유취』「옥당완월(玉堂玩月)」. "소정(蘇頲)과 이예(李乂)는 황제의 조서를 맡고 있었는데, 8월 15일 밤에 궁궐에서 숙직하고 있었다. 여러 학사들이 달을 감상하고자 술자리를 준비하였는데, 마침 하늘에는 한 점의 구름도 없었고 달빛은 대낮 같았다. 소정이 '맑은 빛이 사랑스러우니, 어찌 촛불을 쓰리오?'라고 하여 마침내 촛불을 철거하였다.(蘇頲與李乂, 對掌綸誥. 八月十五夜, 於禁中直宿, 諸學士翫月, 備卮酒之宴. 時長天無雲, 月色如晝. 蘇日, '清光可愛, 何用燈燭?' 遂令徹去.)" 원 출처는 『개원천보유사(開元天寶遺事)』이다.

그 말과 같이 집안사람들과 산에 올랐다가 저녁에 돌아가니 집 안의 소와 양, 닭과 개가 모두 급사하였다. 도사가 듣고 가축들이 대신 죽은 것이라고 하니, 후세 사람들이 매양 9일이면 산에 올라 국화주를 마시고 부인들은 수유낭(茱萸囊)을 매고 다니게 되었다.[302] 도연명이 9일에 술이 없이 앉았더니 강주자사가 흰 옷 입은 사자로 술을 보내니 도연명이 받아 마시고 대희하여 지은 글이 있다."[303]

진성이 여쭈었다.

"왕발이 「등왕각서(滕王閣序)」[304]를 9일에 지었습니까?"

"「등왕각서」 주에 9일이라 하였고,[305] '시유구월(時維九月)이요 서속삼추(序屬三秋)로다.'[306] 하였다. 너희가 글을 데면데면히 읽기에 깨닫지 못한 것이다."

---

302 여남(汝南) 땅에 … 다니게 되었다: 『형초세시기』 「구월(九月)」. "『속제해기』에 이르기를, 여남 땅의 환경이라는 사람이 비장방을 따라 다니며 배웠는데, 비장방이 말하였다. '9월 9일 네 집에 재액이 있을 것이니, 급히 집안사람들로 하여금 주머니를 만들고 수유를 담아 팔 위쪽에 묶고, 산에 올라 국화주를 마셔야 이 재액이 소멸될 수 있다.' 환경이 그 말대로 집안사람들을 데리고 산에 올랐다가 저녁에 돌아와 보니 닭과 개, 소, 양이 일시에 급사해 있었다. 비장방이 듣고는 '그것들이 대신할 수 있다'라고 하였다. 오늘날 사람들이 9월 9일에 높은 곳에 올라 술을 마시고, 부녀자들이 수유 주머니를 차는 것은 대개 여기에서 비롯한 것이다.(續齊諧記云, 汝南桓景, 隨費長房遊學, 長房謂之曰, '九月九日, 汝家中當有災厄, 急令家人縫囊盛茱萸繫臂上, 登山飮菊花酒, 此禍可消.' 景如言, 擧家登山, 夕還, 見雞犬牛羊, 一時暴死. 長房聞之曰, '此可代也.' 今世人九日登高飮酒, 婦人帶茱萸囊, 蓋始於此.)"

303 도연명이 … 있다: 『고금사문유취』 「적국영파(摘菊盈把)」. "도연명이 중양절에 술이 없어, 집 주변에 국화를 손에 가득히 따 놓고는 그 옆에 앉아 오랫동안 하염없이 있었다. 마침 흰 옷 입은 사람이 와서 보니, 그는 강주자사(江州刺史) 왕홍(王弘)이 술을 보낸 사람이었다.(陶潛嘗九月九日無酒, 宅邊菊叢摘盈把, 坐其側, 悵望久之. 見白衣至, 乃江州王弘送酒也.)" 원 출처는 『속진양추(續晉陽秋)』이다.

304 「등왕각서(滕王閣序)」: 당 고조(高祖)의 아들 이원영(李元嬰)이 화려한 누각을 짓고, 이를 등왕각(滕王閣)이라 칭하였다. 그 후 홍주 목사(洪州牧使) 염백서(閻伯嶼)가 중양절에 큰 연회를 베풀었는데, 이때 손님 중 나이가 가장 어린 왕발(王勃)이 「등왕각서」를 지어 명성을 날렸다.

305 「등왕각서」 … 하였고: 『고문진보』 「등왕각서」의 앞에 붙어있는 주에 다음과 같은 말이 있다. "왕발의 자는 자안(子安)으로, 어려서부터 빼어난 재주가 있었다. … 아버지의 임소로 가서 모시려고 가는 길에 종리(鍾離)를 지나게 되어서, 9월 9일 이 정자에 모여 이 서문을 지었다.(勃字子安, 少有逸才. … 後到父任所, 省侍, 道過鍾離, 九月九日, 會此而作此序.)"

306 시유구월(時維九月)이요 서속삼추(序屬三秋)로다: 때는 구월이요 절서는 삼추에 속한다.

권3

명절의 유래와 세시풍속②

"과연 그러합니다."

"동짓날은 양기 하나가 처음으로 생겨나 해가 조금씩 길어지기 때문에, 진(晉)나라 궁녀들이 붉은 실로 해의 그림자를 재어 동지 후에는 하루마다 한 올을 더하였기에 첨궁선(添宮線)이라 한다."[307]

예성이 여쭈었다.

"동짓날 팥죽 쑤는 것은 무슨 일입니까?"

"옛날에 공공씨(共工氏) 아들이 동짓날 죽어 돌림병 귀신이 되었는데, 붉은 팥을 무서워하는 까닭에 팥으로 죽을 쑤어 먹고 예방하였다."[308]

---

307 동짓날은 … 첨궁선(添宮線)이라 한다: 『형초세시기』「십일월(十一月)」. "또 위진 연간에 궁중에서 붉은 실로 해의 그림자를 재었는데, 동짓날부터는 매일 그림자가 실 하나만큼 길어졌다.(又晉魏間, 宮中以紅線量日影, 冬至後日影添長一線.)"

308 공공씨(共工氏) … 예방하였다: 『형초세시기』「십일월」. "공공씨에게 재주가 부족한 아들이 있었는데, 동짓날에 죽어서 돌림병 귀신이 되었다. 붉은 팥을 두려워하기에 동짓날에는 팥죽을 쑤어 돌림병 귀신을 쫓는다.(共工氏有不才之子, 以冬至死爲疫鬼. 畏赤小豆, 故冬至日作赤豆粥以禳之.)"

“콩을 두부로 만드는 것은 어느 때부터였습니까?”

“한(漢)의 회남왕(淮南王) 유안(劉安)이, 사람들에게 용력이 있는 것을 꺼려 두부를 만들어 먹여 살찌고 둔하게 만들었다고 한다.[309] 음력 12월 납평(臘平)은 예로부터 이름 있는 날인데, 하나라 때에는 가평(嘉平)이라 하고, 은나라 때에는 청사(淸祀)라 하고, 주나라 때에는 대사(大蜡)라 하였다. 한나라 때에는 납(臘)이라 하니 납이라는 말은 전렵(田獵)의 ‘엽(獵)’ 자와 글자 모양이 같다.[310] 당나라 때에 호부 시랑(戶部侍郞) 소경(蕭炅)이 엄준(嚴俊)과 함께 복날과 납평을 일컫다가 ‘복납(伏臘)’이라고 할 것을 ‘복렵(伏獵)’이라고 하니, 당시 사람들이 ‘복렵 시랑(伏獵侍郞)’이라 부르며 조롱하였다.”[311]

309 회남왕(淮南王) … 한다: 『본초강목』「두부(豆腐)」. “두부를 만드는 법은 한나라 회남왕 유안으로부터 시작되었다.(豆腐之法, 始於漢淮南王劉安.)”

310 납평(臘平)은 … 같은지라: 『고금사문유취』「납(臘)」. “하나라는 ‘가평(嘉平)’이라 하고, 은나라는 ‘청사(淸祀)’라 하고 주나라는 ‘대사(大蜡)’라 하고 한나라는 고쳐서 ‘납(臘)’이라 하였으니 납이라는 것은 ‘사냥할 렵(獵)’이다. 사냥을 해서 짐승을 잡아서 조상에게 제사를 지내는 것이다.(夏日嘉平, 殷日淸祀, 周日大蜡, 漢改日臘, 臘者獵也. 因獵取獸以祭先祖.)”

311 당나라 때에 … 조롱하였다: 『고금사문유취』「불식랍자(不識臘字)」. “당나라 「엄준전(嚴浚傳)」에, 호부 시랑(戶部侍郞) 소경(蕭炅)이 엄준과 대화하다가 증상복랍(蒸嘗伏臘)을 ‘복렵(伏獵)’으로 잘못 말하였다. 엄준이, ‘조정에 복렵 시랑(伏獵侍郞)이 있단 말인가?’하고 소경을 기주 자사(岐州刺史)로 내보냈다.(唐嚴浚傳, 户部侍郞蕭炅, 嘗與浚言蒸·嘗·伏·臘, 乃爲‘伏獵.’ 浚日, ‘省中而有伏獵侍郞乎?’ 乃出炅爲岐州刺史.)”

남을 도울 때는 끝까지

만수원 서쪽으로 십 리 안쪽에 포의한사(布衣寒士)[312]의 집이 있었다. 딸의 혼례를 지내려 하고 의복과 자장(資裝)[313]을 겨우 장만하였는데, 하룻밤 사이에 도적이 들어 의복과 자장을 잃었다. 결혼 날짜가 며칠 앞으로 닥치지 한사의 부인이 낭패하여 밤낮으로 식음을 전폐하고 근심하며 유한당에게 의복을 빌리고자 하는데 노인께 감히 번거롭게 청하지 못하였다. 이웃 사람이 유한당에게 와 이야기하다가 그 사연을 전하니, 유한당이 듣고 측은히 여겨 의상을 보내고자 하였다. 손녀가 말하였다.

"할머님 의복을 어찌 보내겠습니까. 젊은 사람들의 옷을 보내야 합니다."

"그 집에서 내게 옷가지를 빌리고자 하는 것은 내 나이가 많고 자손이 많다 하여 빌리고자 하는 뜻이다. 그 사람의 뜻에 쾌히 맞게 하는 것이 옳으니 내 옷을 빌려주고자 한다."

드디어 여종에게 누각에 가 의복을 넣은 상자를 내어 오라 하여 여러 가지 옷을 손수 봉하고, 한사의 아내가 청하기도 전에 먼저 보내었다. 한사의 아내가 감격하여 열어보니 여러 가지 의복이 빠진 것이 없어 다시금 감사하며 혼례를 지내고 현구고(見舅姑)[314] 날 쓴 후에 환송하려 하였다. 그런데 다음날 밤에 폭우가 갑자기 내려 집이 새어 의상을 넣은 상자

---

312 포의한사(布衣寒士): 벼슬이 없는 가난한 선비.
313 자장(資裝): 혼수.
314 현구고(見舅姑): 주석 53 참조.

가 다 더러워져 다시 입지 못하게 되었다. 한사의 부인이 딸의 현구고 날짜가 가까웠는데 의상도 걱정되거니와, 새로이 유한당에게 빌린 여러 가지 옷을 다 더럽히게 되니 밤낮으로 마음을 졸여 병이 들어 눕게 되었다. 유한당이 그 소문을 듣고 측은하여 손녀에게 말하였다.

"그 집이 측은하다. 옛날에 한신(韓信)이 남창(南昌) 정장(亭長)의 집에서 아침마다 밥을 얻어먹었다. 정장이 날마다 먹이다가 나중에는 싫증이 나 새벽에 밥을 지어 먹고 한신이 아침에 오니 정장이 '아침밥을 못 지어 먹는다'라고 하여 한신이 못 먹고 갔다. 그 후 한신이 제나라 왕이 되어 남창을 지나다가 정장을 불러 '위덕부졸(爲德不卒)[315]하였다'라고 꾸짖으니 사람에게 덕을 베푸는 것을 끝까지 하지 못하였다는 말이다. 지금 한사의 집에 처음에는 의상을 빌려주었다가 낭패하였다는 말을 듣고 내가 다시 빌려주지 않으면 그것도 위덕부졸이 된다."

"작은 일도 측은히 여기시는데 이 일은 정말 측은하니, 다시 보내실 줄 짐작하였습니다."

부인이 여종에게 시켜 옷상자를 내어다가 여러 가지 의상과 자장을 봉하고 '먼저 보낸 의복은 더러워져 낭패하셨다는 것을 들으니 측은하여 새로 의상을 보내니 현구고 대례(大禮)를 평안히 지내소서'라고 글을 써 보냈다. 한사의 부인이 백번 감사하여 받아 현구고를 지낸 후, 의상을 다 상자에 담아 보내니 유한당이 받지 않고 도로 보내며 편지하여 말하였다.

---

315 위덕부졸(爲德不卒): 『사기』「회음후열전(淮陰侯列傳)」. 유방은 항우를 꺾은 후 한신을 제왕(齊王)에서 초왕(楚王)으로 옮겼다. 한신은 고향인 초나라로 돌아와 자신이 굶주릴 때 밥을 주었던 빨래하는 아낙에게는 천금(千金)을 주었지만, 남창 정장에게는 일백 전(錢)만 주면서 이렇게 말하였다. "그대는 소인이다. 은덕을 베풀다가 중도에 그만두었다.(公, 小人也. 爲德不卒.)"

"비록 현구고례를 지냈다 한들 앞으로도 입으실 의상이 없는 줄 내 아니, 그대로 두고 입으소서."

그리고 도로 보내니, 한사의 부인이 날마다 동쪽을 향하여 유한당의 장수를 빌었다.

만수원의 시 모임

한식 날 두효자가 유한당과 함께 만수원을 구경하고 앙관대(仰觀臺)에 올라 두루 보다가 유한당에게 말하였다.

"부인이 평생에 문장 실력이 넉넉하되 시 짓기는 불길하다 하여 한 수도 지은 일이 없고, 거의 칠십 년이 되도록 나 또한 전하는 일도 없소. 오늘 화조(花鳥) 풍경이 아름다울 뿐 아니라 부인의 나이가 이미 늙었으니 시를 지어도 무방하오. 오늘은 한 수 지어도 좋을 듯하오."

"옛날에 양박(楊璞)의 부인과 두고(杜羔)의 처 유 씨(劉氏)가 모두 남편에게 글을 지어 주었는데, 그 부인들이 학문을 하였던지 모르겠습니다. 저도 이제 시 짓는다고 해서 의리에 무슨 큰 해가 되겠냐마는, 육칠십 년 동안 폐하였던 글을 마음과 같이 짓기 쉽지 않습니다."

조카딸이 곁에 모시고 있다가 말하였다.

"양박의 부인이 송행시(送行詩) 지었다는 말은 전에 들었지만,[316] 두고의 처가 글을 지었다는 것은 듣지 못하였습니다. 할머니께서 그 글을 외우고 계시거든 들려주십시오."[317]

"두고가 과거를 여러 번 떨어지고 돌아오니 유 씨가 먼저 글을 지어 돌려보내며 말하였다.

양인적적유기재(良人的的有奇才)하니　낭군은 분명히 뛰어난 재주 지녔는데
하사년년피방회(何事年年被放回)오　무슨 일로 매년 낙방하고 돌아오시나
여금첩면수군면(如今妾面羞君面)하니　이제는 낭군 얼굴 보기 부끄러우니
군도래시근야래(君到來時近夜來)하라　만약 오시려거든 밤중에 오소서

두고가 그 글을 보고 즉시 돌아가서 과거를 보아 높이 참방(參榜)하

---

316 양박(楊璞)의 부인이 송행시(送行詩) 지었다: 『고금사문유취』「처시전행(妻詩餞行)」. "송 진종이 태산에서 봉선의 예를 하고 천하의 은자를 찾아 기(杞) 사람 양박을 얻었는데, 시를 잘 지었으나 황제를 대해서는 시를 못 짓는다고 하였다. 황제가 '집을 떠날 때 경에게 시를 지어 주던 사람은 없던가?'라고 묻자 양박이 말하였다. '제 아내가 지어주었습니다. 정신 잃고 술에 탐닉하지 말고, 제멋대로 시를 읊지도 마오. 오늘 관아에 붙잡혀 가서는 단번에 늙은 머리가 잘려 돌아온다오.' 황제가 크게 웃고는 그를 놓아 산으로 돌려보냈다.(眞宗東封, 訪天下隱者, 得杞人楊璞, 能爲詩, 召對自言不能. 上問, '臨行有人作詩送卿否?' 璞曰, '獨臣妻有詩一首云. 更休落魄貪盃酒, 亦莫猖狂愛詠詩, 今日捉將官裏去, 這回斷送老頭皮.' 上大笑, 放還山.)"

317 두고(杜羔)의 처가 글을 지었다: 『고금사문유취』「처시면부(妻詩勉夫)」. 당나라 때의 문인 두고가 과거에 누차 떨어지고 집으로 돌아오는 길에 아내가 먼저 첫 번째 시를 보내왔다. 시를 본 두고는 즉시 발걸음을 돌려 마침내 과거에 급제하였다. 그러자 아내가 두 번째 시를 보내왔다고 한다. 시는 본문에 제시된 것과 같다.

니 유 씨가 또 시를 지어 보냈는데, 그 글은 이러하였다.

장안차거무다지(長安此去無多地)하니	장안은 이곳에서 멀지 않은데
울울총총가기부(鬱鬱蔥蔥佳氣浮)라	왕성하고 상서로운 기운 떠도네
양인득의정연소(良人得意正年少)하니	합격한 낭군은 아직 젊으니
금야취면하처루(今夜醉眠何處樓)오	오늘 밤 취해 어느 곳에서 주무시나

글을 이리 지었으니 후대의 사람이 말하기를, '능히 그 남편을 바른 길로 권면(勸勉)하였다'[318]라고 기렸다."

"옛날에도 부인들이 시를 지은 사람이 있었는가 싶습니다."

"부인으로 시를 잘 지은 이가 그뿐만이 아니라 여럿이니라."

두효자가 말하였다.

"옛날 부녀자들도 글을 지었다는 것을 알았으니, 이제 사양하지 말고 한 수 지으면 내가 차운(次韻)하겠소."

"이리 권하시니 어찌 사양하겠습니까. 한 구를 먼저 지으시면 제가 한 구를 지어 율시를 이루면 될 듯합니다."

두효자가 드디어 붓을 잡아 한 구를 쓰니 유한당이 한 구를 쓰고, 두효자가 한 구를 또 쓰니 유한당이 또 한 구를 써 율시를 이루었다. 두

---

318 능히 … 권면(勸勉)하였다: 『고금사문유취』「처시면부」. "가히 그 남편을 바른 길로 권면하였다고 이를 만하다.(可謂能勉其君子以正矣.)"

효자가 시를 읊어 보고 말하였다.

"부인이 폐하였던 시라도 내 시구보다 낫습니다."

유한당이 웃으며 말하였다.

"시의 좋고 나쁨은 의논하지도 말고, 평생 짓지 않기로 자부하던 것을 오늘날 권하셔서 파계하고 도리어 웃습니다."

이렇게 말씀할 때 원 부인이 손자와 증손자들을 거느리고 올라오니, 두효자와 유한당이 당에서 내려와 맞아들였다. 소저가 시를 쓴 종이를 원 부인 안전에 펴 놓고 글을 짓던 사연을 고하였다. 원 부인이 크게 웃으며 말하였다.

"오늘 한식을 맞이하여 훌륭한 일이로다."

이렇게 말씀할 때 논밭 사이로 난 길로 말을 타고 오는 사람이 있었다. 소저가 가리켜 말하였다.

"너무 멀어서 누군지 모르겠으나, 이른바 '말 위에서 한식을 맞이하도다'[319]입니다."

원 부인이 말하였다.

"네 말이 재치 있구나."

가까이 왔는데 보니 유한당의 외손자였다. 그가 문 밖에 있는 오래된 소나무 뿌리에 말을 매어 두고 대에 바삐 올라 차례로 문안 인사를 드리고 앉으니 원 부인이 말하였다.

---

319 말 위에서 한식을 맞이하도다: 『당음』 「도중한식(途中寒食)」. "말 위에서 한식을 맞았으니, 길 가는 도중에 늦봄이 되었구나.(馬上逢寒食, 道中屬暮春.)" 이 시는 송지문(宋之問)의 시이다.

"네 외조부모의 시이니 보아라."

그리고 글 지은 것을 주니 외손자가 보기를 마치고 원 부인에게 여쭈었다.

"큰할머님은 어찌 글을 짓지 않으십니까?"

"나는 글을 짓고 난 후에 왔다."

"큰할머님께서 시를 지으시면, 두 할머님께서 함께 지으신 글을 얻어 돌아가 어머니께 보여 드리면 기뻐하실 것입니다. 지어 주시기를 바랍니다."

"네가 그리 간청하니 네 먼저 그 시의 한 짝을 쓰면 내 그 시 한 짝을 써 첫 구를 이루고, 내가 다시 한 짝을 쓰면 유한당이 한 짝을 써 둘째 구를 이루고, 유한당이 그 시 한 짝을 쓰면 손자며느리가 한 짝을 써 셋째 구를 이루고, 손자며느리가 한 짝을 쓰면 네가 한 짝을 써 율시를 이루는 것이 좋겠다."

유한당이 말하였다.

"각각 고시(古詩)를 한 구씩 외워 네 구를 이루면 시를 새로 짓는 혐의가 없어 좋겠습니다."

외손이 첫 짝을 외워 쓰니 원 부인이 말하였다.

"아까 아들과 며느리가 지은 글을 내 차운하여 부를 것이니 너희도 각각 그 운을 부르게 하여라."

그리고 차차 고시를 외워 차례로 써 놓으니, 원 부인이 손자며느리를 시켜 한 번 읽히고 말하였다.

"우리 집 부녀자들이 시를 못 짓는 이 적고, 만수원과 수월정, 앙관대의 풍경이 이름 있기에 글 하는 손님들이 문장을 아니 짓는 이 없다. 우리 집 부녀자들은 시를 짓는 것이 여자의 소임이 아니라 하여 서로 경계하여 시 한 수 지은 일이 없더니, 오늘 시를 처음 짓는구나."

외손자가 말하였다.

"부녀자인들 글을 짓는 것이 구태여 죄가 되겠습니까. 오늘 이 글은 과연 여러 가지로 귀한 일입니다. 천시로 말하자면 춘삼월 온갖 생명이 태어나는 때이고, 지리로 말하자면 전당호 앞의 뛰어난 경치이며, 지으신 글로 말하자면 처음 시로 차운하였으니 차운한 것이 한 격이요, 연구(連句)하였으나 또 한 격입니다. 그리고 시를 모아 삼대의 고부(姑婦)가 다 모여 차례로 이루었으니 인간의 낙사(樂事)로서 오랜 세월 동안 보기 드문 일입니다. 제 어머님께서는 불참하였지만 제가 와 처음과 끝 구절에 참여하였으니 이 시를 베껴다가 어머님께 보여드리려 합니다."

그리고 베껴 소매에 넣고 돌아가 모친께 사연을 말하고 보여드리니, 어머니가 보고 말하였다.

"내 부모님을 떠나 내내 천원기수지회[320] 심하고 어르신들이 만수원에서 노시는 것은 날마다 있는 일이거니와 모여서 글을 짓는 것은 처음이구나. 내가 그 자리에 참여하지 못한 것이 애달프니 나도 글을 차운하겠다."

붓을 잡아 글을 쓰니 외손자가 한번 읽고 말하였다.

"어머니께서 또 이리 지으셔서 시축(詩軸)을 이루었으니 이 시축 하나가 세상의 드문 일입니다. 우리 외조부모의 늘그막 복록이 끝이 없으셔서 집 뒷동산의 예사로운 놀이라도 자손 남녀가 번성하고 번화하며 부귀

320 천원기수지회: 주석 90 참조.

한 것이 세상의 드문 일이며, 학사로서 글짓기가 가정에서 힘쓰는 일이거니와 한 집안의 삼대, 사대에 걸친 남녀의 글 짓는 재능이 이 시축 하나에 다 드러나니 귀한 일입니다. 여러 어르신 글들이 다 효제인후(孝悌仁厚)하고 유화정정(柔和貞正)한 기상이 드러나니 평범한 시축으로 볼 수가 없습니다."

봄에 꽃가지를 꺾지 마라

유한당이 며느리와 손녀를 거느리고 소나무 아래에 앉았는데 칠봉이 꽃을 꺾어 오니 부인이 말하였다.

"봄에 볕이 따스해져 만물이 좋은 때를 만났는데 네가 그 가지 하나라도 꺾는 것은 천지(天地)간 생기(生氣)를 손상하는 것이다. 이후로는 꺾지 마라."

"꽃이 너무 좋아 보여 꺾었는데 말씀을 들으니 과연 그러합니다. 이러므로 옛날 송 인종(仁宗)[321]이 버들을 꺾으니 정자가 잘못되었다고 말하였는데,[322] 어머님의 말씀이 정자의 말씀과 같습니다."

"정자의 말씀뿐만 아니라 『예기』에서 '단일수(斷一樹), 살일수(殺一獸),

---

321 송 인종(仁宗): 북송의 제4대 황제(1010 ~ 1063, 재위 1022 ~ 1063).

322 송 인종이 … 말하였는데: 『고금사문유취』「간절유지(諫折柳枝)」. "정이(程頤)가 숭정전(崇政殿)의 설서(說書)로 있던 어느 날 진강(進講)을 마치고 아직 물러가지 않았을 때에 상이 문득 일어나 난간에 몸을 기대고는 장난삼아 버드나무 가지를 꺾었다. 선생이 나아가서, '이제 막 봄이 되

불이기시(不以其時)하면 비효야(非孝也)라'[323]라고 하였다. 나무 하나를 자르고 짐승 한 마리를 죽이는 것도 알맞은 때에 하지 않으면 효가 아니라고 하였으니 그런 풀과 짐승을 베거나 죽이는 데에도 때가 있다. 그런 까닭에 옛날 성왕(聖王)이 1월에 짐승의 알을 깨는 것을 금지하시고 물고기나 들짐승을 사냥하는 것을 금지하신 것은 생명이 막 만들어지는 것을 아끼시기 때문이다."[324]

손녀가 듣고 말하였다.

"성왕께서 법을 제정하시는 것에 어지신 마음이 충분히 드러나니 나라를 다스리시는 도리가 어찌 훌륭하지 않으시겠습니까. 제왕의 정치도 이러하시거늘 하물며 평범한 자의 마음가짐으로 하나의 풀이나 나무, 미세한 곤충인들 함부로 훼손하겠습니까."

그리고 대숲을 가리켜 말하였다.

"저 죽순을 꺾어 나물을 하게 되면 그것도 적당한 때를 가리지 않은 것이 되겠습니다."

"죽순이나 나무의 싹이나 뜯는 것이 다 그렇다."

칠봉이 여쭈었다.

"동산에 은행나무 두 그루가 있는데, 하나는 해마다 열매가 열리고

어 생기가 자라나는 때이니, 이유 없이 꺾으면 아니 됩니다'라고 하였다.(程頤召充崇政殿說書, 一日講罷未退, 上忽起憑檻, 戲折柳枝. 先生進曰, '方春發生, 不可無故摧折.')" 『근사록집주(近思錄集註)』, 『이락연원록(伊洛淵源錄)』 등에도 보인다.

323 단일수(斷一樹) … 비효야(非孝也)라: 『예기』 「제의(祭義)」. "나무 하나를 자르고 짐승 한 마리를 죽이는 것도 알맞은 때에 하지 않으면 효가 아니다.(斷一樹, 殺一獸, 不以其時, 非孝也.)"

324 성왕(聖王)이 … 때문이다: 『예기』 「월령」, 음력 1월. "새끼 짐승을 죽이지 말고, 알을 깨뜨리지 말라.(毋麛, 毋卵.)"

하나는 열매가 열리지 않으니 누군가 말하되 '나무도 암수가 있다'라고 하였습니다."

"그렇다. 은행나무뿐만 아니라 밭의 삼과 동산의 대나무도 암수가 있다고 한다."[325]

"그 말씀은 처음 듣는데 어느 글에 있습니까?"

"『주역』 소주(小註)에 있다."

전당호 다녀온 아들과의 문답

하루는 일봉이 여러 형제와 친구들을 모아 전당호에서 배를 타고 노니, 유한당이 맏며느리로 하여금 음식을 장만하게 하고 종들을 시켜 작은 배를 태워 보냈다. 일봉의 형제가 친구들을 데리고 종일토록 놀고 달이 뜬 후에 돌아오니 유한당이 일봉에게 물었다.

"오늘 모였던 친구들이 누구이며 글 솜씨들이 어떠하더냐?"

"모인 친구들이 20명인데, 그 중 학문하는 이가 두 명이고 글을 짓는 이가 열다섯입니다. 둘은 글씨가 명필이고 하나는 그림을 잘 그리니 놀던 경치를 그려 왔습니다."

325 밭의 삼과 … 있다고 한다: 『주역전의부록(周易傳義附錄)』 소주(小註). "또한 초목과 같은 것도 암수가 있으니, 은행나무와 오동나무, 닥나무, 삼과 대나무 등이 모두 그러하다.(又如草木之有雌雄, 銀杏桐楮, 牝牡麻竹之類, 皆然.)"

부인이 그림을 보고 손으로 점을 찍으며 말하였다.

“옥련당(玉蓮堂)[326]의 서쪽에 있는 다리는 유수교(溜水橋)이고, 보석산(寶石山)[327]의 동쪽에 있는 것은 지과사(智果寺)이며, 샘 이름은 참료천(參寥泉)인가 싶구나. 지과사는 송 소흥(紹興, 1131~1162) 연간에 지은 것이고,[328] 참료천은 소동파가 항주에 오셨을 때 참료자(參寥子)[329]를 데리고 놀다가 이름 지은 우물이다.”[330]

“이 말씀은 저와 친구들도 몰랐던 말씀인데 어디에 있습니까?”

“『명산기(名山記)』[331]에 있다.”

“이 샘 가에 배를 대고 샘물을 떠먹는데 물이 많이 차니 모두 논의하기를, ‘물은 냉천도 있고 온천도 있는데 불에는 냉화(冷火)가 없으니 이상하다’라고 하였습니다. 그런데 한 사람이 냉화는 있다고 하고, 없다고 하는 사람도 있어 결단을 내리지 못하였습니다.”

“있다는 말도 옳고 없다는 말도 옳다.”

일봉이 크게 웃으며 말하였다.

“두 말이 다 옳다 하시니 어쩐 일입니까?”

---

326 옥련당(玉蓮堂): 서호의 전당문(錢塘門)을 나오면 호숫가에 있는 빈관(賓館).

327 보석산(寶石山): 서호의 북쪽 호숫가에 위치한 작은 산.

328 지과사(智果寺)는 … 것이고: 명 전여성(田汝成)의 『서호유람지(西湖遊覽志)』. “지과사는 옛날 고산(孤山)에 있었는데 오월왕(吳越王)이 지은 것이다. 송 소흥 연간에 이곳으로 옮겨지었다.(智果寺舊在孤山, 吳越王所建. 宋紹興間, 徙築於此.)”

329 참료자(參寥子): 소동파의 절친한 벗이었던 승려 도잠(道潛)의 호이다.

330 참료천은 … 우물이다: 『서호유람지』. “예전에 소동파가 항주에 있을 때, 지과사의 승려 참료자와 친하여 그가 있는 곳의 샘물을 참료천이라 이름 붙였다.(先是蘇子瞻守杭州, 與智果院禪師參寥子善, 名其所居泉曰, ‘參寥泉’.)”

331 『명산기(名山記)』: 『명산승개기(名山勝槩記)』를 말하는 듯하다.

"소강절의 말씀에 '수유온천(水有溫泉)하고 화무한염(火無寒炎)이라'[332] 하였으니 없다는 말도 틀린 것이 아니고, 유공(劉公)의 말에 '차가운 불이 소구(蕭丘) 땅에 있다'[333]라고 하였으니 있다는 말도 틀린 것이 아니다."

"여럿이 모두 말하는데 벗을 많이 사귀어야 좋다고 하는 이도 있고, 적게 사귀어야 좋다고 하는 이도 있으니 어느 말이 옳습니까?"

유한당이 웃으며 말하였다.

"두 말이 다 옳다."

일봉이 웃으며 말하였다.

"그게 무슨 말씀이십니까?"

"『논어』에서 말하기를 '범애중(汎愛衆)하되 이친인(而親仁)이라'[334] 하였으니, 여럿을 사랑하는 것은 벗을 많이 사귀는 것이고, 어진 이를 가려 친하게 지내려 하면 벗을 적게 사귀는 것이다."

"이 두 말씀을 겸하여 실행하면 좋을 듯합니다."

"그렇다. 사람을 사귀는 것은 무릇 가려서 할 것이기에 옛날 유안세(劉安世)가 '일 년이 지나도록 글을 읽지 않을지언정 하루라도 소인은 가

---

332 수유온천(水有溫泉)하고 화무한염(火無寒炎)이라: 『제동야어(齊東野語)』「온천한화(溫泉寒火)」. "소강절이 말하기를, '세상에 온천은 있지만 찬 불은 없다.'(邵康節曰, '世有温泉而無寒火.')" 같은 내용이 『통아(通雅)』, 『패편(稗編)』에도 수록되어 있다.

333 차가운 불이 소구(蕭丘) 땅에 있다: 『제동야어』「온천한화」. "『유자(劉子)』「종화(從化)」편에 이르기를, '샘물은 성질이 차갑지만 화양(華陽)에는 온천이 있다. 그렇지만 샘물이 차다고 말하는 것은 차가운 것이 많아서이다. 불은 성질이 뜨겁지만 소구(蕭丘)에는 차가운 불이 있다. 그렇지만 불이 뜨겁다고 말하는 것은 뜨거운 것이 많아서이다.(劉子從化篇曰, '水性宜冷而有華陽温泉. 猶曰泉冷, 冷者多也. 火性宜熱而有蕭丘寒燄. 猶曰火熱, 熱者多也.')"

334 범애중(汎愛衆)하되 이친인(而親仁)이라: 『논어』「학이」. "공자께서 말씀하셨다. '너희들은 집에 들어가면 부모님께 효도하고 밖에 나가면 윗사람을 공경하며, 말과 행동을 삼가고 믿음이 있으며, 사람들을 널리 사랑하되 어진 사람을 가까이 하여라. 이렇게 하고 남는 힘이 있으면 글을 배우는 것이다.'(子曰, '弟子, 入則孝, 出則悌, 謹而信, 汎愛衆而親仁. 行有餘力, 卽以學文.')"

까이하지 못하겠다'라고 말하였고 주자께서 이를 기려 계시니[335] 후대 사람들이 본받을 것이니라."

칠봉이 말하였다.

"어머님께서 계속 두 말이 다 옳다 하시는데, 오늘 여럿이 다투어 결론짓지 못한 일이 있으니 그것은 결단하지 못할 것입니다."

"하나가 옳고 하나가 그르면 어찌 옳고 그름을 분별하지 못할까."

"오늘 모인 사람들이 도홍경(陶弘景)[336]이 젊은 시절 관직에서 물러난 이야기를 하다가 한 명이 도홍경의 이름이 넓을 홍(弘)이라 하고 다른 한 명은 클 홍(洪)이라 하며 다투어 결단하지 못하였습니다."

"그도 둘의 말이 다 옳다."

칠봉이 크게 웃으며 말하였다.

"어머님께 묻기는 판결하기 위함이었는데, 클 홍이 틀리면 넓을 홍이 맞는 것이고, 넓을 홍이 틀리면 클 홍이 맞는 것인데 어찌 두 말이 다 옳습니까?"

부인이 웃으며 말하였다.

"모든 일의 옳고 그름을 명확히 아는 체하는 것이 아니다. 이 말은 둘의 말이 다 근거 있으니 억지로 하나를 틀렸다고 하지 못할 것이다. 도

---

335 주자께서 이를 기려 계시니: 『회암집』「여진승상서(與陳丞相書)」. "원성 유충정공이 자제들에게 '차라리 일 년이 다하도록 글을 읽지 않을지언정, 하루라도 소인을 가까이하지 마라'라고 말하였으니, 이 말이 참으로 의미 있는 말입니다.(元城劉忠定公有言子弟, '寧可終歲不讀書, 而不可一日近小人.' 此言極有味.)"

336 도홍경(陶弘景, 456~536): 중국 남북조 시대의 학자. 일찍이 벼슬을 버리고 구곡산(句曲山)에 은거하였다.

홍경의 이름이 클 홍인데 송나라에서 클 홍을 휘(諱)하기에[337] 그 후에는 책에서 넓을 홍으로 고쳐 썼다. 그러니 클 홍이라 하는 이는 본 이름을 이르는 말이고, 나머지 하나는 고친 후의 이름을 이르는 말이니 두 말이 다 틀리지 않았다."

역대 임금의 재위 기간

유한당의 둘째 손자인 천성이 여덟 살에 『자치통감강목(資治通鑑綱目)』[338]을 읽다가 여쭈었다.

"제요 도당씨(帝堯陶唐氏)[339]가 즉위한 갑진년(甲辰年, BC 2357)부터 올해인 신유년(辛酉年, 1621)에 이르기까지 대체로 몇 해나 됩니까?"

"네가 읽는 데 있으니 찾아보아라."

"『강목(綱目)』은 권수가 많아 찾기 어려울 뿐 아니라 요·순·하·은·주나라는 『강목』에 들어 있지 않으니 할머님께서 말씀해 주십시오."

"여느 경서의 구절과 다르니, 이런 말은 네 할아버지께 배워서 알아라."

천성이 즉시 나가 할아버지께 물으니 할아버지가 말하였다.

---

337 송나라에서 … 휘(諱)하기에: 송 태조 조광윤의 부친은 조홍은(趙弘殷)이다. 이 때문에 송나라에서 '클 홍' 자를 휘한 것이다.

338 『자치통감강목(資治通鑑綱目)』: 송 사마광(司馬光)이 지은 역사책 『자치통감(資治通鑑)』을 주희가 『춘추(春秋)』의 형식에 따라 강(綱)과 목(目)으로 구별하여 엮은 책.

339 제요 도당씨(帝堯陶唐氏): 요임금. 성은 이기(伊祁), 이름은 방훈(放勳), 호는 도당씨(陶唐氏)이다.

"네 할머니가 알 것인데 일러주지 않고 매번 나에게 일러주라 하니 네 도로 들어가서 배워라."

천성이 들어와 할머니께 그 사연을 말씀드리고 가르쳐달라 하니 유한당이 웃으며 말하였다.

"그러면 내 알려주겠다. 요임금의 재위 기간이 100년이고, 순임금의 재위 기간이 50년이니 합 150년이다. 하나라의 17대 재위 기간을 합하면 441년, 은나라 28대의 재위 기간을 합하면 644년이다. 주나라는 서주(西周)가 20대니 재위 기간을 합하면 350년이고, 동주(東周)가 26대니 재위 기간을 합하면 520년이니 동·서주를 합하면 38대의 재위 기간이 870년이므로 문왕과 태임, 태사의 적덕누인(積德累仁)한 공이 거룩하지 않느냐.

진(秦)나라는 두 대에 재위 기간이 30년이니[340] 진시황의 사납고 포악스러움 때문에 그리 빨리 망하였다. 한나라는 서한(西漢)이 12대니 재위 기간을 합하면 240년이고, 동한(東漢)이 10대니 재위 기간을 합하면 196년이고, 촉한(蜀漢)이 2대니 재위 기간을 합하면 43년이다. 서한과 동한의 두 대 사이에 왕망(王莽)이 제위를 찬탈하였으니 서한과 동한, 촉한을 합치면 26대이고 재위 기간을 합하면 469년이다.[341]

사마씨(司馬氏)의 진(晉)나라는 4대의 재위 기간을 합하면 52년이고, 동진(東晉)의 11대 재위 기간을 합하면 104년이니 두 진을 합치면 15대이

340 30년이니: 원문은 "수십"으로 되어 있고 나손본도 그러하나 둘 다 "솜십"의 오기인 듯하다. 진시황의 재위 기간은 26년, 이대 황제의 재위 기간은 3년이다.

341 재위 기간을 합하면 469년이다: 본문의 숫자를 합하면 479년으로, 왕망의 찬탈 기간을 10년으로 계산하여 제외한 것이다.

며 재위 기간은 불과 156년이다. 유송(劉宋)[342]은 8대의 재위 기간을 합하면 60년이고, 제(齊)나라는 일곱 왕의 재위 기간의 합이 24년이며, 양(梁)나라는 네 왕의 재위 56년이고, 진(陳)나라는 다섯 왕의 합 30년이다.

수(隋)나라는 세 왕의 재위 합 38년이요, 당(唐)나라는 20대니 재위 기간을 합하면 290년이다. 후량(後梁)나라는 두 왕의 재위 합 17년이고, 후당(後唐)나라는 네 왕의 재위 합 14년이다. 후진(後晉)나라는 두 왕의 재위 합 11년이고, 후한(後漢)나라는 두 왕의 재위 합 4년이며, 후주(後周)나라의 3대 재위 기간을 합하면 10년이다.

송(宋)나라는 9대의 재위 기간을 합하면 168년이고, 남송(南宋)은 아홉 왕의 재위 기간의 합이 153년이니 두 송을 합하면 18대, 재위 기간은 320년이며, 원 세조(元世祖) 홀필렬(忽必烈)[343]은 열 왕의 재위 기간을 합하면 90년이다.

명 태조께서 무신년(戊申年, 1368)에 천하를 바로잡으시니, 태조의 재위 31년, 혜종(惠宗)의 재위 4년, 성조(成祖)의 재위 22년, 인종(仁宗)의 재위 1년, 선종(宣宗)의 재위 10년, 영종(英宗)의 재위 22년, 대종(代宗)의 재위 7년, 헌종(憲宗)의 재위 18년, 무종(武宗)의 재위 16년, 세종(世宗)의 재위 45년, 목종(穆宗)의 재위 6년이니 지금 우리 황제[344]께서 즉위한 계유년(癸酉年, 1573)까지 요임금이 즉위한 갑진년(甲辰年)으로부터 230대이고 3930년이

---

342 유송(劉宋): 동진(東晉)의 장수 유유(劉裕, 363~422)가 건국한 나라로, 후대의 송나라와 구분하기 위해 '유송'으로 부른다.

343 원 세조(元世祖) 홀필렬(忽必烈, 1215~1294): 쿠빌라이 칸. 징기스칸의 손자로 남송을 멸망시키고 중국을 통일하였다.

344 우리 황제: 명 신종(明神宗, 1563~1620, 재위 1573~1620). 계유년(1573)은 만력 원년이다.

다. 역대의 햇수를 세려 하면 대체적으로 이러하다."

천성이 붓을 잡아 책에 기록할 때 두효자가 들어와 보고 유한당에게 물었다.

"부인이 이미 저리 알면서 아이에게 처음에 일러주지 않고 내게 내보낸 것은 어쩐 일이오?"

"여자가 역대의 역사 기록을 아는 체하기 간결하지 않아 이르지 않았고, 아이들 자란 후로는 묻는 말에 대답하느라 마지못해 경서에 기록된 말이나 일러 주다가 자연히 말이 길어져 평생 간단하게 하려던 공부가 도리어 말이 많아져 가니 민망하여 내어 보냈습니다."

"옳은 말이고 마땅한 말이면 많아도 공부에 해로울 일이 있겠소."

"'만언만당(萬言萬當)이 불여일묵(不如一默)이라'[345] 하였으니 말이 적은 것 외에 무엇이 있겠습니까."

"맹자의 어머니께서 삼천지교(三遷之教)하실 때 어찌 한 번만 보고 가르쳤겠습니까."

두효자가 이렇게 말하고 크게 웃었다.

천성이 기록하여 가지고 아버지와 여러 숙부들께 뵈니, 모두 보고 어머니께서 책을 많이 읽으신 것도 어려울 뿐 아니라 어릴 적 보신 것을 지금에 와 이르시며 한 자도 그릇 말씀하지 않으시니 총명이 줄지 않아 계시니 다행하다고 하였다.

---

345 만언만당(萬言萬當)이 불여일묵(不如一默)이라: 황정견(黃庭堅)의 「증송장숙화(贈送張叔和)」. "백 번 싸워 백 번 이겨도 한 번 참느니만 못하고, 만 마디의 말이 모두 맞아도 한 번의 침묵만 못하다.(百戰百勝, 不如一忍, 萬言萬當, 不如一默.)"

천문 보는 법

유한당의 셋째 손자 운성이 열한 살일 때 유한당에게 여쭈었다.

"어젯밤 해가 질 무렵에 여섯째 숙부와 막내 숙부께서 앙관대에 올라 별을 보고 도수를 의논하다가 서로 말하기를, '별을 보니 경칩(驚蟄)[346]이 모레라' 하였습니다. 소자도 배우기를 부탁하니 막내 숙부께서 방서(方書)를 보고 배우라 하고 가르쳐주지 않았습니다. 할머니께서 아시거든 가르쳐 주십시오."

"천문을 별 기운이나 별빛을 보아 앞날의 길흉을 맞추기는 어려운 것이나, 태양이 절기 따라 가는 도수야 정확한 것이니 알기 어렵지 않다. 지금 2월 경칩에 드는 날로 일러도 태양이 28수 중에 위수(危宿) 제10도에 있을 것이고, 청명(清明) 삼월절(三月節)에 드는 날은 태양이 벽수(壁宿) 제8도에 있을 것이고, 입하(立夏) 사월절에 드는 날은 위수(胃宿) 첫머리에 있을 것이오, 망종(芒種) 오월절에는 필수(畢宿) 제8도에 있을 것이오, 소서(小暑) 유월절에 드는 날은 정수(井宿) 제10도에 있을 것이다."[347]

운성이 말하였다.

---

346 경칩(驚蟄): 24절기 중 3번째 절기. 양력으로 3월 초 무렵이며, 태양의 황경(黃經)은 345˚이다. 시헌력에서는 황경이 0˚인 날이 춘분이고, 15˚ 움직일 때마다 24절기가 하나씩 바뀌어 270˚인 날이 동지가 된다.

347 태양이 … 있을 것이다: 28수는 하늘의 별들을 28개의 구획으로 구분한 것이다. 북방 7수는 두(斗)·우(牛)·여(女)·허(虛)·위(危)·실(室)·벽(壁), 서방 7수는 규(奎)·누(婁)·위(胃)·묘(昴)·필(畢)·자(觜)·삼(參), 남방 7수는 정(井)·귀(鬼)·유(柳)·성(星)·장(張)·익(翼)·진(軫), 동방 7수는 각(角)·항(亢)·저(氐)·방(房)·심(心)·미(尾)·기(箕)이며, 각 별자리마다 차지하고 있는 각도의 크기가 다르다. 본문에서는 24절기와 태양의 위치를 차례로 언급하였다.

"7월 이후는 말하지 않으시면 제가 헤아려 보겠습니다."

그러고는 손을 꼽아 헤아려보고 말하였다.

"입추(立秋) 칠월절에 드는 날은 유수(柳宿) 제7도에 있고, 백로(白露) 팔월절에 드는 날은 장수(張宿) 11도에 있고, 한로(寒露) 구월절에 드는 날은 진수(軫宿) 제6도에 있고, 입동(立冬) 시월절에 드는 날은 저수(氐宿) 제2도에 있고, 대설(大雪) 십일월절에 드는 날은 미수(尾宿) 제2도에 있고, 소한(小寒) 십이월절에는 여수(女宿) 제5도에 있습니까?"

"너도 도수를 잘 헤아리는구나. 과연 그렇다."

운성이 매우 기뻐하여 밖으로 나가 여러 숙부들께 다 알았노라 자랑하며 말하였다.

"제가 손을 꼽아 헤아려 보니 태양이 가는 도수를 다 헤아려 깨달았습니다."

"그럼 네가 자세히 일러 보아라."

운성이 열두 달 가는 것을 헤아려 말씀드리니 숙부가 말하였다.

"별 중에 구성(臼星)[348]이란 별의 모양이 절구의 모양 같기에 구성이라 하고, 또 패구성(敗臼星)[349]이란 별이 또 절구 모양 같은데 이것을 패구성이라 하는 것은 어쩐 일인지 네가 여쭈어보아라."

---

348 구성(臼星): 북방 7수의 위수(危宿)에 딸린 별. 『천문류초(天文類抄)』. "구성은 절구질을 주관하는 별이다. 엎어져 있으면 대기근이 발생하고, 위로 놓여 있으면 큰 풍년이 든다. 별이 밝지 않으면 백성들이 굶주리고, 별이 모여 있으면 안락한 해가 되며, 흩어지거나 동요하면 기근이 든다. 객성(客星: 초신성)이나 혜성이 들어오면 병란이 일어나고, 천하가 전쟁에 휩쓸리게 된다.(主春. 覆則大饑, 仰則大豐. 不明民飢, 星衆歲樂, 疎或動饑. 客彗入杵臼, 兵起, 天下聚米.)"

349 패구성(敗臼星): 북방 7수의 허수(虛宿)에 딸린 별. 『천문류초』. "패구성은 패망과 재해를 주관하는 별이다. 별 하나가 보이지 않으면 백성들이 시루와 솥을 팔게 되고, 모두 보이지 않으면 자기 고향을 떠나게 된다. 수성, 목성, 금성, 화성, 토성이 들어오면 낡은 것을 버리고 새 것을 펼쳐

운성이 들어와 말씀드리니 유한당이 웃으며 말하였다.

"구성은 절구 모양이 바로 놓이고 그 위에 절굿공이 같은 별 저성(杵星)[350]이 있으니 구성이라 하는 것이 당연하다. 패구성이란 것은 저성이 없어 못 쓰는 절구라 패구성이라 하는 것이 당연하니, 물을 것이 어찌 있겠느냐."

운성이 나가서 숙부께 말씀드리니 칠봉이 크게 웃으며 말하였다.

"어젯밤에 두 별을 보고 이름이 다른 것을 의심하여 그 말을 하였는데, 어머님의 말씀을 들으니 너도 알았을 뿐만 아니라 나도 알았구나"

수월정의 가족 모임

하루는 상서가 모든 자손을 데리고 수월정에 올라 꽃도 보고 글을 짓게 하며 놀다가 손자 칠봉을 보내어 부인께 며느리와 딸, 손자며느리와 손녀를 거느리고 오라 하였다. 원 부인이 세 며느리와 딸과 손자며느리 13명과 손녀 여럿과 어린 증손자들을 거느리고 가니 동산에 꽃이 피고 학이 쌍으로 놀며 난간 밖에는 전당호가 둘러싸 있고 뱃노래 소리는 곳

내게 되고, 객성이나 혜성이 들어오면 백성들이 굶주리고 유랑하며, 병란이 일어난다.(主敗亡災害. 一星不具, 民賣甑釜, 不見, 民去其鄉. 五星入, 除舊布新, 客彗犯之, 民飢流亡, 兵起.)"

350 저성(杵星): 북방 7수의 위수(危宿)에 구성과 함께 속한 별자리로, 구성 바로 위에 절굿공이처럼 놓여 있다. 『천문류초』. "저성은 절구질과 군량을 주관하는 별이다. 저성이 아래의 구성을 똑바로 가리키면 길하고, 가리키는 것이 맞지 않으면 양곡이 끊어지게 된다. 저성이 곧지 않으면 백성들이 굶주리고, 별자리가 제대로 갖추어지지 않으면 백성들이 시루와 솥을 팔게 된다.(主舂軍糧. 正直下臼吉, 不相當糧絶. 不直民飢, 不具民賣甑釜.)"

곳에서 들렸다. 상서가 술잔을 비우고 부인에게 말하였다.

"예부터 시인 묵객(墨客)이 벗들을 데리고 강호(江湖) 누대(樓臺)에 오르는 이 무수하였는데, 한 가족 중 남녀노소 삼, 사대가 모여 노는 이는 드물게 들었소. 오늘 우리 집의 이 놀이가 인가의 쉽지 않은 일이오."

"맏며느리 유한당이 고서를 많이 보았으니, 옛적에 누구의 집이 이러하였느냐?"

유한당이 대답하였다.

"이백(李白)의 「춘야연도리원서(春夜宴桃李園序)」[351]에서 천륜(天倫)의 낙사(樂事)를 일컬었는데, 그는 형제만 모였습니다. 주자께서 벗에게 보낸 편지에 '진실유산(盡室遊山)이 심시기사(甚是奇事)라'[352]라고 하셨으니 그 벗은 온 집이 함께 산으로 가 놀았으나, 산수(山水)를 오르내리는 괴로움이 있고 어린 아이들까지 갔는지 어찌 알겠습니까. 우리 집안의 오늘 놀이는 여행길의 피로도 없고, 전당호의 뛰어난 경치를 난간 아래에 두었으며, 계절을 따지지 않고 한 집안의 남녀노소가 생활하는 것이 이곳에서 떠나지 아니하였습니다. 실로 천지 사이에 제일 즐거운 일이니, 이전의 사례와 비할 데가 없습니다."

상서가 말하였다.

---

351 「춘야연도리원서(春夜宴桃李園序)」: 『고금사문유취』「춘야연도리원서」. "복숭아꽃과 배꽃이 핀 동산에 모여 형제들과 즐겁게 천륜의 회포를 푸네. 빼어난 아우들은 모두 사혜련(謝惠連)처럼 훌륭하여, 우리들이 시를 지어 읊조림에 있어 나 홀로 사령운(謝靈運)만 못하니 부끄럽구나.(會桃李之芳園, 序天倫之樂事. 羣季俊秀, 皆爲惠連, 吾人詠歌, 獨慚康樂.)" 당의 시인 이백(李白, 701~762)의 글로 『고문진보』에도 실려 있다.

352 진실유산(盡室遊山)이 심시기사(甚是奇事): 『회암집』「답유덕수(答劉德修)」. "온 가족이 산을 유람하는 것은, 참으로 기이한 일입니다.(盡室遊山, 大是一段奇事.)"

"우리 집 선대(先代)가 덕을 많이 쌓아 내 집에 영화(榮華)가 매우 크며, 자손의 번창함이 이러하다. 실로 한 집안의 윗사람과 아랫사람, 어른과 아이가 모두 두려워하는 마음을 가지고 드나들 때 행실을 각별히 삼가며, 의복과 음식을 각별히 검소하게 하여 선대의 유훈(遺訓)을 저버리지 않기로 술을 부어 서로 약속하는 것이 옳다."

유한당이 말하였다.

"오늘 경계하시는 말씀이 실로 성만지계(盛滿之戒)[353]보다 나으시니, 자손들 중에서 누가 명을 듣지 않겠습니까."

종손 일봉이 잔을 들어 상서께 나오니 종손부(宗孫婦)가 잔을 들어 원 부인께 나왔다. 차례로 잔을 부어 어린 아이들까지 마신 후, 상서가 말하였다.

"술을 몇 잔이나 비웠느냐?"

손부가 대답하였다.

"오늘 비운 술이 50여 잔입니다."

공이 『근사록(近思錄)』[354]과 『열녀전』[355]을 가져오라 하여 아들과 손자는 『근사록』을 한 대문씩 읽게 하고, 며느리와 손자며느리는 원 부인 앞에서 『열녀전』을 한 대문씩 읽게 하였다. 유한당이 말하였다.

---

353 성만지계(盛滿之戒): 가득 차는 것을 경계함. 삼국시대 조조(曹操)의 악부시 「선재행(善哉行)」에, "가득 차는 것은 부족함만 못하니, 덕이 있는 자라야 할 수 있네(持滿如不盈, 有德者能卒.)" 라고 하였다.

354 『근사록(近思錄)』: 송의 학자 주희와 여조겸이 주돈이·정호·정이·장재의 글에서 요긴한 부분들을 뽑아 편집한 책으로, 성리학의 핵심적인 저술이다.

355 『열녀전』: 전한(前漢)의 학자 유향(劉向)이 여성에게 모범과 경계가 될 만한 인물들의 일화를 모아 놓은 책이다.

"이런 글들을 보아 학문을 하려니와, 학문에 뜻을 두면 글이 아니라도 눈앞에 있는 곤충과 초목이라도 이해하여 본다면 모두 행실에 유익할 것입니다."

원 부인이 말하였다.

"과연 그러하다. 저 못의 가운데 연꽃은 주렴계께서 '꽃 중의 군자'[356]라고 하였으니 군자지학(君子之學)을 가히 생각할 것이고, 저 수풀 가운데 반포(反哺)하는 까마귀는 백낙천의 시에 '조중지증삼(鳥中之曾參)'[357]이라 하였으니 효자지도(孝子之道)를 생각할 것이며, 밭 가운데에서 송아지를 핥아주는 어미 소를 보면 자애지정(慈愛之情)을 능히 생각할 것이고, 자형화(紫荊花)[358]와 연리지(連理枝)[359]를 보게 되면 형제지륜(兄弟之倫)을 능히 생각할 것이며, 섬돌 아래 개미를 보면 군신지의(君臣之義)를 생각할 것이니 어느 것이 학문 공부가 아니 되리오."

유한당이 대답하였다.

"소강절이 '눈앞의 모든 사물로 『주역』 한 부를 지을 수 있다'[360]라고 하였습니다. 지금 누대 위에 보이는 풀과 나무, 날짐승과 길짐승들로 오

---

356 꽃 중의 군자: 『고금사문유취』 「애련설(愛蓮說)」. "내가 생각하건대, 국화는 꽃 중의 은일한 자요, 모란은 꽃 중의 부귀한 자요, 연꽃은 꽃 중의 군자라.(予謂, 菊花之隱逸者也, 牡丹花之富貴者也, 蓮花之君子者也.)" 「애련설」은 주렴계의 문집 『주원공집(周元公集)』을 비롯해 『고문진보』 등 여러 문헌에 실려 있다.

357 조중지증삼(鳥中之曾參): 『고금사문유취』 「자오야제(慈烏夜啼)」. "효성스러운 까마귀여, 효성스러운 까마귀여, 새 중의 증삼이로다.(慈烏復慈烏, 鳥中之曾參.)" 새끼 까마귀는 나중에 늙은 어미 까마귀에게 먹을 것을 물어다 준다고 하여 효성스러운 새로 일컬어졌으며 반포지효(反哺之孝)라는 고사성어가 있다. 이 시는 당의 문인 백거이(白居易)의 『백향산시집(白香山詩集)』을 비롯해 『고문진보』 등 여러 문헌에 실려 있다.

358 자형화(紫荊花): 박태기나무의 꽃으로, 하나의 가지에 꽃이 무성하게 피어 화목한 형제를 비유한다.

359 연리지(連理枝): 뿌리가 다른 나뭇가지가 마치 하나의 나무처럼 이어져 자라는 것을 말한다.

360 눈앞의 … 수 있다: 출전 미상.

륜지교(五倫之敎)를 삼아도 충분합니다."

검박한 가풍

하루는 원성의 여섯째 아우 친영일(親迎日)에 주 부인이 왔다. 잔치자리가 끝난 후에 주 부인이 유한당에게 말하였다.

"오늘 자리에 하객으로 온 친척 부녀자 백여 명이 다 구슬과 옥, 비단으로 옷치장을 화려하고 사치스럽게 하고 모였습니다. 그렇지만 백 명에 가까운 상서공 집안의 부녀자들은 위아래 옷을 다 무명 옷감으로 해 입고, 무늬 있는 비단옷 한 가지도 입은 이가 없으니 상서공의 검소하고 소박한 가풍에 탄복합니다. 더구나 나이 어린 부녀자들이 무명 옷감의 옷을 입고 구슬과 옥으로 치장하고 비단으로 수놓은 옷을 입은 사이에 나란히 앉았으되 부끄러워하는 기운이 하나도 없으니, 과연 가르침이 극진하신 줄 알겠습니다."

유한당이 웃으며 말하였다.

"나이 어린 부녀자들이 내 집에 갓 들어왔을 적에는 그런 일을 부끄러워하는 일도 없지는 않았지만, 수년이 지나면서 쾌히 나아지더군요."

"고인의 말씀에, '해진 옷을 입고 호백구(狐白裘)[361] 입은 곁에서 부끄러

---

361 호백구(狐白裘): 여우 겨드랑이의 흰 털이 있는 부분의 가죽으로 만든 갖옷.

워하지 않는 사람은 공자 문하의 제자들 중에도 자로(子路) 하나뿐'[362]이라고 하였으니, 나이 어린 부녀자들이 그러하기 이상하지 아니합니다. 오히려 수년 만에 곧 나아지니 이런 것이 한 집안에 살며 교화된 것 아니겠습니까. 옛 글에 '일가인(一家仁)이면 일국흥인(一國興仁)'[363]이라고 하였으니, 어찌하면 상서공의 가풍을 세상 풍속으로 만들 수 있을까 합니다."

성군(聖君)과 성현(聖賢)

유한당의 장손녀가 여쭈었다.

"글 읽는 대장부들은 요·순·우·탕·문왕·무왕을 성군으로 일컫고, 공자·안자·증자·자사·맹자와 염락(濂洛)의 여러 현인들을 다 성현으로 일컫습니다. 그런데 저는 그 성명과 생몰년을 전혀 모르니, 여자로서 그런 일을 알아 무엇하겠는가마는 너무 모르는 것은 부끄러우니 할머니께 오늘 배우고 싶습니다."

"부녀자로서 그런 일을 알아 무엇하리오. 그러나 너무 모르는 것은

362 해진 옷을 … 자로(子路) 하나뿐: 『논어』「자한」. "공자께서 말씀하셨다. '다 낡은 솜옷을 입고, 여우나 담비 가죽 옷을 입은 사람과 함께 서 있으면서 부끄러워하지 않는 사람은 아마도 자로 하나뿐일 것이다.'(子曰, '衣敝縕袍, 與衣狐貉者立, 而不恥者, 其由也與.')"

363 일가인(一家仁)이면 일국흥인(一國興仁): 『대학』. "한 집안이 어질면 그 나라에 어진 풍속이 일어나고, 한 집안이 사양하면 그 나라가 사양하는 풍속을 일으키고, 한 사람이 탐내고 사나우면 그 나라가 어지러워지니 그 기틀이 이와 같다.(一家仁, 一國興仁, 一家讓, 一國興讓, 一人貪戾, 一國作亂, 其機如此.)"

고루하기 심하니, 내 대강 일러주겠다.

제요 도당씨(帝堯陶唐氏)는 성은 기(祁)씨이고 이름은 방훈(放勛)이시고, 제곡 고신씨(帝嚳高辛氏) 아들이시다. 어머니는 진봉씨(陳鋒氏)의 딸이시니 수태한 지 열네 달만에 출산하시니, 고신씨 즉위하신 지 63년 정해년(丁亥年)이다. 요임금의 재위는 백년이고, 향년 117세였다.[364]

제순 유우씨(帝舜有虞氏)는 성은 요(姚)씨니 이름은 중화(重華)이시고 아버지는 고수(瞽瞍)이며 어머니는 악등(握登)이시니, 무지개를 보고 뜻이 감동해 순을 낳으시니, 제요의 41년 갑신년이었다. 제요를 이어 즉위하시니 원년은 갑신년(甲申年)이었다. 재위 기간은 오십 년에 향년 110세였다.[365]

하우씨(夏禹氏)[366]는 성은 사(姒)씨고 이름은 문명(文明)이시다. 곤(鯀)의 아들이고 어머니는 수기(修己)시니, 별을 보고 뜻이 감동하여, 제요 55세 무술년(戊戌年) 6월 6일에 우를 낳으셨다. 갑술년(甲戌年)에 순을 이어 즉위하시니 재위 10년이요 향년 106세였다.

은왕(殷王) 성탕(成湯)[367]의 성은 자(子)씨이고 이름은 이(履)이며, 어머니

---

364 제요 도당씨(帝堯陶唐氏): 요임금. 성은 이기(伊祁), 이름은 방훈(放勛), 호는 도당씨(陶唐氏). 『사기』「오제본기(五帝本紀)」. "제요 도당씨는 성이 기(祁)이다. 어머니 경도(慶都)가 열네 달 임신하여 요를 낳았다.(帝堯陶唐氏祁姓也. 母慶都十四月生堯.)" 『어정역대기사연표(御定歷代紀事年表)』. "고신씨에게 시집가서 잉태한 지 열네 달만인 정해년에 요를 단릉에서 낳았다.(孕十四月於高辛氏, 丁亥歲生堯於丹陵.)"

365 제순 유우씨(帝舜有虞氏): 순임금. 성은 요(姚), 이름은 중화(重華)이다. 『고금사문유취』「감추성생(感樞星生)」. "악등이 무지개를 보고 마음에 느낌이 있더니 순을 낳았다.(握登見虹意感而生舜.)"

366 하우씨(夏禹氏): 중국 하나라의 우임금을 이르는 말. 『산당사고(山堂肆考)「탄주잉우(呑珠孕禹)」. "수기가 산을 가다가 유성이 묘성을 관통하는 것을 보았고, 또 신령스러운 구슬을 삼키고 뜻이 감응해 석뉴산에서 우를 낳았다.(修己山行, 見流星貫昴, 又呑神珠, 意感而生禹于石紐.)"

367 성탕(成湯): '탕왕(湯王)'의 다른 이름. 『고금사문유취』「백기관월(白氣貫月)」. "탕의 어머니 도부(扶都)는 흰 기운이 달을 꿰뚫는 것을 보고 뜻이 감동하여 탕을 낳았다.(湯母扶都, 見白氣貫月, 意感而生湯.)"

는 도부(扶都)이시니 흰 기운이 달을 꿴 것을 보고 뜻이 감동하여 탕을 낳았으니, 하나라 공갑(孔甲)[368]의 27년 무신년(戊辰年)이다. 걸(桀)이 무도하니, 제후들이 탕(湯)을 높여 천자 자리에 오르시게 하니, 원년(元年)이 을미년(乙未年)이다. 재위 3년이고 향년 100세였다.

주 문왕은 성은 희(姬)씨이고 이름은 창(昌)이니 후직(后稷)[369]의 16세손이었다. 어머니는 태임이시니 은(殷)나라 임금 경정(庚丁)[370] 원년 임인년(壬寅年)에 낳으셨다. 서백(西伯)으로 봉해졌으며 무인년(戊寅年)에 죽으니 향년이 97세였다.

무왕은 문왕의 아들이시니 이름은 발(發)이었다. 문왕이 태사를 취하시어 무왕을 낳으셨다. 은나라 임금 경정의 12년 계축년에 무왕을 낳으시니, 문왕이 홍(薨)하시매 뒤를 이어 서백이 되었다. 은나라의 주왕이 무도(無道)하거늘 왕이 제후들을 모아서 치니 모든 제후들이 왕을 높여 천자를 삼으니 원년 기묘년(己卯年)이고, 재위 7년이며 향년은 93세이셨다. 이 여섯 임금은 만고의 성인이시다. 성덕과 사적(史蹟)이 경전과 역사서에 실렸다.

공자는 이름은 구(丘)이고 자는 중니(仲尼)이시다. 아버지는 노나라 사람 숙량흘[371]이시고 어머니는 징재(徵在)이시니, 숙량흘이 나이가 많아서, 니구산에 빌어 아들 백니(伯尼)를 낳고, 또 빌어 중니를 낳았다. 공자는 주

---

368 공갑(孔甲): 하나라의 14대 군주.
369 후직(后稷): 주나라의 시조로 농사에 능해 후직(后稷)이라는 직책을 맡았다.
370 경정(庚丁): 은나라의 27대 군주.
371 숙량흘: 춘추시대 노(魯)나라 사람으로 공자의 아버지이다.

령왕(周靈王) 21년 경술년(庚戌年, BC 551)에 나오셔서 주 경왕(敬王) 41년 임술년(壬戌年, BC 479)에 죽으니 향년이 73세였다.

안자는 이름이 회(回)이고 자는 자연(子淵)이니 아버지는 노나라 사람 안무유(顔無繇)이고 어머니는 강(姜)씨이다. 주 경왕 7년 무자년(戊子年, BC 513)에 태어나 38년 기미년(己未年, BC 482)에 죽으니 향년이 32세였다.

증자는 이름이 삼(參)이고, 아버지는 노나라 사람 증점이셨다. 어머니 성씨는 후세에 전하지 아니하였다. 증자가 주 경왕 15년 병신년(丙申年, BC 505)에 나서 주 고왕(考王) 5년 을사년(乙巳年, BC 436)에 죽으시니 향년은 70세였다.

자사(子思)[372]는 이름은 급(伋)이고 자는 자사이니, 공자의 손자이고 백어(伯魚)의 아들이셨다. 태어난 해는 후세에 전하지 않고, 동주(東周) 위열왕(威烈王) 22년 정축년(丁丑年)에 돌아가시니, 혹자는 향년이 110여세라 말한다.

맹자의 이름은 가(軻)이고, 자는 자여(子輿)이니, 아버지는 추(鄒)나라 사람 격(激)이고, 어머니는 장씨(仉氏)이다. 주 열왕(烈王) 4년 기유년(己酉年)에 태어나셔서, 주 난왕(赧王) 26년 임신년(壬申年)에 돌아가시니 향년은 84세였다.

이 다섯 성인은 천고의 큰 성인들이시니 공자의 『논어』와 맹자의 『맹자』와 증자의 『대학』과 자사의 『중용』의 덕과 말씀은 가히 볼만하다. 오직 안자만 지으신 글이 없으니 일찍 세상을 떠나셔서 그런가 한다.

---

372 자사(子思): 공자의 손자이며, 증자에게 배웠고, 맹자의 스승이다. 『중용』을 지었다.

염락의 모든 성현을 의논하자면, 송 태조 건덕(乾德) 5년 정묘년(丁卯年, 967)에 금, 목, 수, 화, 토 다섯별이 규성(奎星) 분야에 모여 있었기 때문에,[373] 여러 성인이 나셨다고 일컫는다.

소강절[374] 선생은 이름은 옹(雍)이고 자는 요부(堯夫)니 강절은 별호이다. 낙양 사람으로, 송 진종(眞宗) 대중상부(大中祥符) 4년 신해년(辛亥年, 1011)에 태어나시어 송 신종 희녕(熙寧) 10년 정사년(丁巳年, 1077)에 돌아가시니 향년이 67세였다.

주렴계[375] 선생은 이름은 돈이(敦頤)이고 자는 무숙(茂叔)이니 염계는 별호이다. 아버지는 계양령(桂陽令) 보성(輔成)이니 도주(道州) 사람이고 어머니는 정(鄭)씨였다. 송 진종 천희(天禧) 원년 정사년(1017)에 태어나셔 송 신종 희녕 6년 계축년(癸丑年, 1073)에 돌아가시니 향년은 57세였다.

장횡거[376] 선생은 이름은 재(載)이고 자는 자후(子厚)이니 횡거는 별호이다. 아버지는 전중승(殿中丞) 적(迪)이니 개봉(開封) 사람이었다. 송 진종 천희 4년 경신년(庚申年, 1020)에 태어나셔서 희녕 정사년(1077)에 돌아가시니, 향년은 58세였다.

정명도[377] 선생은 이름은 호(顥)이고 자는 백순(伯淳)이다. 아버지는 태

---

373 규성(奎星): 『고금사문유취』 「오성취규(五星聚奎)」. “송 태조 건덕 5년 3월, 별 다섯이 꿴 구슬처럼 누(婁)수의 다음에 내려와 있었다. 애초에 두의(竇儀)가 후주 주현덕(周顯德)의 조정에 있으면서 일찍이 동료 양휘지(楊徽之) 등에게 말하기를, ‘정묘년에 별 다섯이 규성에 모일 것이니, 이때부터는 천하가 태평해질 것이다’라고 하였다.(宋太祖乾德五年三月, 五星如連珠, 在降婁之次. 初, 竇儀周顯德中嘗謂楊徽之等曰, ‘丁卯歲, 五星聚奎, 自此天下太平)”

374 소강절: 북송의 유학자 소옹(邵雍, 1011~1077). 역학에 밝았다.

375 주렴계: 각주 29 참조.

376 장횡거: 각주 123 참조.

377 정명도: 각주 28 참조.

중대부(太中大夫)이니 하남(河南) 사람이었다. 어머니는 후(侯)씨이다. 선생은 송 인종 원년 임신년(1032)에 태어나셔서 송 신종 원풍(元豊) 8년 을축년(乙丑年, 1085)에 돌아가시니 향년은 54세였다.

정이천(程伊川)[378] 선생은 이름은 이(頤)이고 자는 정숙(正叔)이니 이천(伊川)은 별호였다. 정명도의 아우이시니 명도가 태어나시던 이듬해 계유년(1033)에 태어나시고, 송 휘종(徽宗) 대관(大觀) 원년 정해년(1107)에 돌아가시니 향년이 75세였다.

주자는 이름은 희(熹)이고 자는 원회(元晦)니 별호는 회암 선생이었다. 아버지는 이부 원외랑(吏部員外郎)이니 무원(婺源) 사람이었다. 어머니는 축(祝) 씨이셨다. 송 고종(高宗) 건염(建炎) 4년 경술년(1130)에 태어나셨다. 공자도 경술생이시고 주자도 경술생이시니, 경술년에 태어나신 성현이라 일컬어 글을 지은 사람도 있었다.[379] 송 영종(寧宗) 경원(慶元) 6년(1200)에 돌아가시니 향년은 71세이셨다. 주자가 요순공맹지도(堯舜孔孟之道)를 전하시니 후세에 공자가 다시 나셨다고 일컬었다."

소저가 듣고, '기록하여 두고 보겠습니다'라고 하였다.

---

378 정이천(程伊川): 정이(程頤, 1033~1107). 송의 유학자.

379 명 당문봉(唐文鳳)의 『오강집(梧岡集)』「상유지현중수자양서원서(上劉知縣重修紫陽書院書)」. "앞의 경술년에는 주나라가 도읍을 동쪽으로 옮겼는데 공자께서 태어나셨고, 뒤의 경술년에는 송나라가 도읍을 남쪽으로 옮겼는데 주자께서 태어나셨으니, 아, 성현의 태어남에는 관계가 있는 것일까.(前庚戌而孔子生于東遷, 後庚戌而朱子生於南渡, 嗚呼, 聖賢之生關乎.)"

복을 누리는 비결

하루는 상서의 외종매(外從妹) 섭 부인이 와서 유한당에게 물었다.

“어르신께서 구십이 넘어 계시니, 근력이 강건하신 줄은 압니다만, 근래에는 대체로 어떠하시옵니까?”

“어릴 때부터 새벽에 글을 외우기를 지금까지 하루도 그치지 아니하시고, 세수하시고 사당에 신알례(晨謁禮)[380]를 기한성서(祁寒盛暑)[381]라도 하루도 폐하지 아니하십니다. 저녁에 만수원 동산과 수월정에 가셔서 앉아 계시다가 내려오시기를 폐하신 일이 없고, 섬돌과 누각에 오르내리실 때 자제들이 붙들면 말라 하시며 그저 오르시고, 근력이 대강 이와 같습니다.”

“어르신께서 언제나 학문 공부가 계신 줄은 알고 있습니다만, 무슨 양생(養生) 공부를 하시며 음식 드시는 법은 어떠하십니까?“

“음식도 몸과 다른 일이 없으니, 본디 많이 잡숫지 못하셔서 어릴 때부터 지금까지 한결같으시고, 매우 더운 날이라도 물을 마시는 일이 없으시고 부채질을 않으십니다. 술을 혹 마시긴 하지만 취하게 마시지 아니하시고, 침을 헤프게 뱉지 아니하시고, 소리를 크게 하지 않으십니다. 이런 일은 학문 공부하시느라 그러하시는 것이나, 이런 것들이 양생방(養生方)

---

380 신알례(晨謁禮): 이른 아침에 사당의 조상신께 문안드리는 일.
381 기한성서(祁寒盛暑): 혹독한 추위와 심한 더위.

에 저절로 어긋나지 아니하더이다."

섭 부인이 또 물었다.

"소리를 크게 아니하시면, 모시는 사람들이 소리를 능히 삼갑니까?"

"시아버님께서 소리를 매우 싫어하시니, 세 자제분이 어찌 감히 소리를 크게 하며, 부녀자들이야 더욱 큰소리를 낼 수 있겠습니까? 매우 조심합니다."

"부인께서 연세가 칠십이 넘어 계시니, 일을 주관하시기 수고롭지 아니 하십니까?"

"『예기』에 이르기를, '부모님이 살아계시거든 행동과 말에 늙음을 칭하지 말라'[382] 하였으니, 시아버님을 모셨으니 내 나이 칠십이 되었던들 '늙었노라' 하겠습니까. 늙으신 두 노친을 모셨으니 음식의 절차를 몸소 받드는 것이 자식의 도리일 뿐 아니라, 백발로 어른들을 모시는 것이 인간의 즐거움이니 어찌 수고롭다 하겠습니까. 광무제 말씀에 '아자락차(我自樂此)니 불위고(不爲苦)라'[383] 하였으니 내 즐거움을 알아 행하는 것이니 수고로운 줄 모릅니다. 며느리들이 아주 현철하니 충분히 대신 행할 만하지만, 내가 몸소 받들고자 하여 저들을 대신 시키지 아니합니다."

섭 부인이 또 물었다.

"한 집안에 5대 자손 남녀가 매우 번성하니, 매일 음식 마련하는 일

---

382 부모님이 … 칭하지 말라: 『예기』「방기(坊記)」. "공자께서 말씀하셨다. '부모님이 살아계시거든 행동과 말에 늙었음을 칭하지 말라.'(子云, '父母在, 不稱老.')"

383 아자락차(我自樂此), 불위고(不爲苦): 『후한서』「광무제기(光武帝紀)」. 후한 광무제가 매일 조회를 보는데 해가 기울어서야 파하였고, 자주 신하들을 불러 경서의 이치를 공론하여 밤이 늦어서야 잠들었다. 황태자가 걱정하여 간하자 광무제는 "내가 스스로 즐거워서 하는 것이니, 피곤하지 않다.(我自樂此, 不爲疲也.)"라고 대답하였다.

을 어찌하십니까?"

"장부와 부녀자 일인당 한 되의 쌀로 해서, 한 번에 두 섬의 쌀로 밥을 하고, 하루에 네 섬의 쌀[384]이 쓰입니다. 종들은 하루에 여덟 섬의 쌀로 밥을 지어 먹습니다."

"밥상이 그리 많으니 조리하는 것은 어떻게 살피십니까?"

"근래에 며느리들이 살핍니다. 이전에는 나 혼자 하였더니, 동서 두 사람이 노친네 공양을 직접 하겠다고 지성으로 청하니, 시부모님께서 허락하셔서 한 달에 열흘씩 셋이 나누어 하게 정하셨습니다. 대개 한나라 때에 육가(陸賈)가 다섯 아들에게 열흘씩 가던 일을 본받아 따라하신 것입니다.[385] 아침과 저녁 이외에 이르고 늦음과 춥고 따뜻함을 보아 별도로 상을 내오는 것은 내가 다른 사람을 시키지 못합니다. 평상시 식성을 잘 알기에 맞게 하느라 그럽니다."

섭 부인이 또 물었다.

"대장부나 부녀자나 매일 하여야 할 일로는 무슨 일을 합니까?"

"두 노친을 모시고 자손 남녀들이 문침(問寢)과 시선(視饍)[386]하는 겨를에, 글 읽는 소리와 베 짜는 소리 그치지 않을 따름입니다."

---

384 네 섬의 쌀: 원문에 "듕원일여셕말(중국은 10두가 1석)"이라는 주석이 붙어 있다. 조선에서는 1섬이 소곡(小斛)은 15말, 대곡(大斛)은 20말이었기 때문에 원문에 이러한 주석이 붙은 것이다. 1인당 1되(약 572㎖)의 쌀로 밥을 하고, 한 번에 2섬의 쌀로 밥을 하는데 중국에서는 1섬이 10말이라고 하였으니 유한당 집안의 장부와 부녀자 수는 약 200명 정도가 된다.

385 육가(陸賈)가 … 따라하심이로소이다: 『사기』「역생육가열전(酈生陸賈列傳)」. 육가는 다섯 명의 아들들에게 2백금씩을 나누어주며 이렇게 말하였다. "너희들과 약속을 하자. 내가 너희들 집에 들르게 되면 너희들은 나와 시종들, 말에게 술과 식사를 제공하라. 원하는 것을 다 받고 열흘이 되면 머무는 집을 바꾸고, 내가 죽게 되거든 그 집에서 나의 보검과 수레, 말, 시종을 갖도록 하여라.(與汝約. 過汝, 汝給吾人馬酒食, 極欲, 十日而更, 所死家, 得寶劍車騎侍從者.)"

386 문침(問寢)과 시선(視饍): 문안시선(問安視膳). 자식이 부모님을 예법에 맞게 모시는 것. 매일 문안 인사를 드리고 식사하실 때 곁에서 시중을 드는 일.

"시어른을 주야로 모시는 건 누가 합니까?"

"시아버지 계신 곳은 세 자제가 곁방에서 밤낮으로 모시고 있고, 손자가 두 사람씩 모시어 사흘 만에 교대로 합니다. 시어머니 계신 곳도 며느리 세 사람이 손자며느리들을 거느리고 똑같이 합니다."

"형제 자식들 모든 사람의 숫자가 대체로 몇 명이나 됩니까?"

"오륙 년 전에 시어른께서 만수원에 앉으시고 자손을 모아서 노시다가, 자손 중에 관례(冠禮)를 치른 남자들로 각각 『주역』 한 괘(卦)씩 읽혀 64괘를 다 읽고도 십여 사람이 남았습니다. 그 후에 수십 사람이 또 관례를 치렀습니다."

섭 부인이 또 물었다.

"사람이 한 집안에 그렇게 많으니, 장공예(張公藝)의 '참을 인(忍)' 글자 백 번 쓰던 공부가 계실 텐데,[387] 가정이 언제나 화목하니 무슨 공부로 그렇습니까?"

"사람의 성품은 유식함이 각각 다른 것과 같아서 강유완급(剛柔緩急)도 다릅니다. 어찌 한 사람의 성품과 같겠습니까. 다만 한 집안의 사람이 남녀노소를 막론하고 시어른의 마음을 조금도 어그러지지 않게 하는 것으로 밤낮 공부를 할 뿐, 다른 도리가 어찌 있겠습니까. 장공예의 말씀은 후대 사람들이 일컫는 것이지만, 사람의 마음에 부족한 것이 있어야 '참

---

387 장공예(張公藝)의 … 계실 텐데: 『소학』「선행(善行)」. "장공예는 9대가 함께 살아서, 북제(北齊)·수(隋)·당(唐)에서 모두 정표를 하였다. 인덕 연간에 당 고종(高宗)이 태산에서 봉선의 예를 하고 장공예의 집에 가서 장공예를 불러 보고 가족들이 화목하게 지낼 수 있는 까닭을 물으니 장공예가 붓과 종이를 청하여 '참을 인'자 백 번을 써서 올렸다.(張公藝九世同居, 北齊隋唐, 皆旌表其門. 麟德中, 高宗封泰山, 幸其宅, 召見公藝, 問其所以能睦族之道, 公藝請紙筆以對, 乃書忍字百餘以進.)" 원 출처는 『구당서(舊唐書)』, 『온공가범(溫公家範)』이다.

을 인'으로 하여야 하는 것인데, 내 집에는 참을 일이 없는 것으로써 공부를 합니다. 한 집안에 있는 사람들이 형제와 숙질 자녀에서 벗어나지 않으니, 형제와 자매 사이에 잡다한 말이 있게 되면 패륜하기에 가깝습니다. 그리 되면 어찌 책 읽는 군자의 집이라 하겠습니까?"

"한 집안의 남녀노소가 다 인화효제(人和孝悌)에 극진하시지마는, 남녀 종들도 수백 사람이 한 집안에 있으니 어떠합니까?"

"성품이 각각 다르거니와, 이목이 많아서 그른 일과 사나운 행실을 하다가는 부끄러움이 심한 까닭에 심하게 그른 일을 하는 일이 없이 종신토록 효성스러운 지아비, 지어미로 늙습니다."

"두효자의 몽조(夢兆)가 이전에 기이하더니, 이러한 복록(福祿)은 유한당의 공입니다."

"시어른의 천성이 인자하고 후덕하시므로 만년에 복록을 누리시니, 세상이 다 아는 일입니다. 어찌 며느리 한 사람의 공이겠습니까."

섭 부인이 좋다고 칭찬하며 말하였다.

"인간의 복록이 장수함, 부귀함, 아들 많음을 일컫는데, 어르신의 연세는 백세가 멀지 않으시고, 귀하기로는 일품의 벼슬이시고, 부유함으로는 만금의 재산이요, 부부 해로하셔서 슬하에 자손 수백 명을 거느리고 계십니다. 요순과 하, 은, 주 이후로 다시 비교할 데가 없을 듯합니다."

"고금에는 귀한 사람도 있고, 수명이 긴 사람도 있고, 부유한 사람도 있고, 아들 많은 사람도 있습니다. 그렇지만 우리 시어른의 한 가지 일만은, 남이 당하지 못할 것입니다."

"무슨 일입니까?"

"시어른의 자손 중에 임신하여 유산하거나 낙태한 사람도 없고, 태어난 후에 일찍 죽은 사람도 없습니다. 내가 시어른을 모시고 육십 여년이 되었는데, 가벼운 감기 기운으로도 의원을 청해 본 일이 없으니, 이런 일은 남의 집에서 흔하지 않습니다."

"이 말씀을 들으니, 천지간에 다시는 없는 일입니다. 이러므로 친척과 벗들이 시어른 얼굴만 뵙고 와도, 신선이 산다는 삼산(三山)[388]과 십주(十洲)[389] 신선을 뵌 듯 자랑하지 않는 사람이 없더군요."

섭 부인이 또 물었다.

"남자 아이들 글 가르치는 일은 자연히 층층이 서로 할 것입니다. 그렇지만 들어오는 부녀자들은 어린 아이와 다르고, 남의 집에서 태어나 성장하였으니 어찌 가르치십니까?"

"아이들 글 가르치는 것은 사람 사는 집에서 예사로운 일입니다. 부녀자들 가르치는 것이 남에게는 드물겠지만, 내 집에서는 부녀자들이 처음 온 후에 먼저 글을 가르칩니다."

"무슨 글을 가르치십니까?"

"『예기』「내칙」편과 『열녀전』과 『소학』을 가르칩니다."

"나이 어린 여자들이 처음부터 능히 잘 배웁니까?"

"양반가 여자들이라 전혀 무식하지 않고, 내 집에 들어온 후에는 학문을 일삼으니 지성으로 배우려고 하는데 총명하고 재능이 있는 사람은

---

388 삼산(三山): 신선이 산다고 전해지는 방장산(方丈山), 봉래산(蓬萊山), 영주산(瀛洲山)을 말한다.
389 십주(十洲): 신선이 산다고 전해지는 조주(祖洲), 영주(瀛洲), 현주(玄洲), 염주(炎洲), 장주(長洲), 원주(元洲), 유주(流洲), 생주(生洲), 봉린주(鳳麟洲), 취굴주(聚窟洲)를 말한다.

즉시 배우고 조금 둔한 사람이라도 오래지 않아서 배웁니다."

"자손이 많지만 질병으로 의원을 보는 일이 드물다 하니, 병이 들지 않는 것은 무슨 공부를 하여 그렇습니까?"

"병은 바람과 추위와 더위, 습기로 비롯해 생기는 것입니다. 집안사람들이 매우 심한 추위를 겪게 하지 않거니와, 먼 길에 다니느라 피로하거나 괴로울 일이 없고, 별로 수고하는 일도 없으니 병이 자연히 적습니다."

"집안사람은 어려서부터 그렇게 길러서 이상하지 않지만, 각각 남의 집에서 들어온 부녀자들이 어찌 한결같습니까?"

"어찌 사소한 질병에 걸리는 사람이 없겠습니까만, 내 집에 들어온 후는 가법(家法)이 엄정하여 시어른이 경계하시는 한 말씀도 감히 어그러트리지 못합니다. 이에 몸가짐을 경계하시는 대로 찬 곳에 있지 않고, 찬물을 마시지 않고, 바람을 쐬지 않고, 위태한 곳에 오르지 않습니다. 술을 마시지 말라 하시면 사내들이라도 감히 과음하지 못하니, 이런 가르침을 몸소 실천하는 것이 자손의 도리일 뿐 아니라 자녀들 섭생(攝生)의 방책이 되더군요."

"각각의 집 부녀자들이 그렇듯이 하여 여기 들어온 후에 배우겠습니다마는, 어찌 그리 한마음으로 어질고 사리에 밝은 것입니까?"

"처음 아들이 구혼할 때, 부귀한 집을 탐하지 말고 빈천한 집을 피하지 말고, 학식 있고 어질고 후덕하기로 이름난 집을 구해 결혼합니다. 들어온 사람들이 혹 숙성한 사람도 있고 숙성하지 못한 사람도 있어서 각각 다르지만, 천품은 어질고 후덕하고 모든 일을 가풍에 배운 것이 과연 있기에 부귀하기만 하고 무식한 집에서 자란 사람보다 나았습니다."

섭 부인이 또 물었다.

"노야께서 이와 같은 강호의 누대에 부귀와 번화함을 누리시니 봄철이나 가을철 풍경 좋을 때 가무 놀이를 하십니까?"

"시어른께서 가무를 좋아하지 않으실 뿐 아니라 왕우칭(王禹偁)의 「황주죽루기(黃州竹樓記)」에 '기녀들을 노래하고 춤추게 하였을 뿐이니, 이런 것은 시인이 할 일이 아니다'[390]라고 하신 말씀으로 경계하십니다. 자손들의 책 읽는 소리가 분명한 것을 좋은 노래로 들으시고, 자손들의 걸음걸이가 법도에 맞는 것을 좋은 춤추는 것으로 보아 연가조무(燕歌趙舞)[391]를 부러워하지 않는다고 하시니 다른 놀이가 어찌 있겠습니까."

"자손 문안 때 번거롭지 않은지요?"

"여러 자손이 문안 인사할 때 어찌 감히 번거롭고 요란스럽겠습니까. 세 아들이 먼저 안부를 여쭌 후에 아들 예닐곱 명씩 네 번에 나누어 절하여 뵌 후 증손자들이 대여섯 명씩 여러 번 절하여 뵙고, 현손자들이 그 예법으로 뵙습니다. 그리고 사당에 문안을 드리고 내당으로 들어오시면, 며느리, 손주 며느리, 증·현손 며느리가 같은 식으로 문안드리고 딸과 손녀, 증·현손녀까지 다 그대로 합니다. 어린 남녀 아이들도 다 항렬을 차려 절하여 뵈오니, 예를 행할 때 진지하고 엄숙하여 빗대자면 대장군이 대장단에 앉으면 막하 장수들이 군사를 거느려 군례를 행하는 모양이니, 어

---

390 왕우칭(王禹偁)의 … 일이 아니다: 『고금사문유취』 「죽루기(竹樓記)」. "저 제운루나 낙성루가 높기는 높고, 정간루나 여초루는 화려하기는 화려하다. 그러나 기녀들을 모아서 노래하고 춤추게 하는 데 그쳤으니 이런 것은 시인이 할 일이 아니라, 내가 취하지 않는 바다.(彼齊雲落星, 高則高矣, 井幹麗譙, 華則華矣. 止于貯妓女, 藏歌舞, 非騷人之事, 吾所不取.)"

391 연가조무(燕歌趙舞): 아름다운 춤과 노래. 옛날 연나라와 조나라 사람들이 가무에 능하였다고 한다.

찌 감히 시끄럽고 요란하겠습니까."

"자손의 숫자를 자세히 알고자 여러 번 말이 나오되 대답하시기를 대강만 하고 자세히 이르지 않으니 어인 일이십니까?"

"모름지기 사람의 일이란 과히 밝게 하는 것을 꺼리고 번성하다는 말을 피하고자 그러합니다."

"시비를 쾌히 하지 않으면 도가(道家)의 도리에 가깝습니까?"

유한당이 웃으며 말하였다.

"과연 그러합니다. 매사에 분명한 것을 꺼리니 노자의 도에도 가까운 듯하고, 곤충의 지극히 미세한 것이라도 죽이는 것을 꺼리니 그것은 불교(佛敎)의 도리에 가깝다고 하여 집안사람들이 서로 웃습니다."

"재주 있고 박람하기로 유명하시니 묻습니다. 사람의 수명이 길고 짧은 것과 자손의 많고 적음을 알 도리가 있던가요?"

"관상 보는 이와 점치는 이들이라도 앞일을 맞히는 이 드물거늘, 부녀로서 타고난 자질이 부족하니 어찌 알겠습니까. 다만 자손의 많고 적음은 성품의 강하고 부드럽기에 달렸더이다. 남의 집으로부터도 자연스레 듣는 일이 많고 집안사람이 심히 많으니, 극히 유순하고 착한 이는 자녀를 많이 두고, 그 다음으로 유순하고 착한 이는 그 다음으로 많이 두고, 성격이 강맹한 이는 적게 두고, 매우 강맹한 이는 그 해를 많이 받더이다. 내 집으로 보아도 일고여덟 명 둔 이도 있고 혹 대여섯 명 둔 이도 있고 과히 강맹한 이는 집 안에 없기에 아들 세 명 못 둔 이는 없으니 부녀의 천성으로 많이 알겠더이다."

"대개 그러하거니와 극히 어질며 착한데 자식 없는 이도 있고, 극히 악하면서도 자식이 많은 이 있으니 그는 괴이하지 않습니까?"

"극악하고 자식 많은 사람은 착하고 자식이 많은 이보다는 적을 것이요, 어질고 선한데 자식 없는 이가 극악하고 자식 없는 이보다 적을 것입니다. 빗대어 말하자면 불이 뜨겁기가 당연한 이치로되 혹 차가운 불꽃이 있고, 물이 차갑기가 당연한 이치로되 온천이 있는 것 같아 예외적인 이치가 되는 것입니다. 어찌 당연한 이치를 버리고 드물게 예외적인 이치를 취하겠습니까? 주자께서 '엄상대동지중(嚴霜大凍之中)에도 기무사소온화지일(豈無些少溫和之日)이라'[392] 하여 계시니 겨울에 극히 추운 때인들 온화한 날이 없겠냐마는 겨울을 춥다고 일컫기는 당연한 이치를 의거한 말이요, 안회의 요절하고 백도(伯道)의 자식 없는 것[393]은 예외적인 일입니다."

"인가 길흉이 과연 부녀자를 따라가는 까닭에 『사기』를 보아도 하우씨 일어날 때 도산씨(塗山氏)[394] 계시고, 걸이 망할 때 매희(妺喜) 있고, 은나라 탕 임금이 계실 때 유신씨(有莘氏)[395] 계시고, 주나라가 망할 때 달기(妲己) 있고, 주나라 희에게는 문왕의 후비 태사와 무왕의 후비 강씨 계시고,

---

392 엄상대동지중(嚴霜大凍之中)에도 기무사소온화지일(豈無些少溫和之日)이라: 『회암집』「답반숙도(答潘叔度)」. "그러나 매서운 서리가 불고 몹시 추운 때라 하여도, 어찌 온화한 바람과 따스한 햇볕의 기미가 조금도 없을 수야 있겠습니까? 그렇다면 많은 쪽이 이길 따름입니다.(然嚴霜大凍之中, 豈無些小風和日暖意思? 要是多者勝耳.)"

393 백도(伯道)의 자식 없는 것: 『소학』「선행」. "진(晉)의 우복야(右僕射) 등유(鄧攸)가 영가(永嘉) 말년에 석륵(石勒)에게 패하여 사수(泗水)를 건넜다. 등유는 소와 말에 처자식을 태우고 도망하였는데 또 도적을 만나 소와 말을 빼앗겨서 아들과 동생의 아들 유(綏)를 업고 걸어서 가게 되었다. 등유는 두 아이를 모두 보전할 수 없다고 생각하고 아내에게 말하였다. '동생은 일찍 죽었고 그의 자식은 이 아이 하나뿐이니, 이치 상 후사를 끊을 수 없소. 단지 우리 아이를 버리는 것이 마땅하오. 다행히 우리가 살아남게 된다면, 우리는 나중에 마땅히 아이를 둘 것이오.' 아내는 울면서 따랐다. 이에 그 자식을 버리고 떠났는데, 끝내 후사가 없었다.(晉右僕射鄧攸, 永嘉末, 沒于石勒, 過泗水. 攸以牛馬負妻子而逃, 又遇賊, 掠其牛馬, 步走, 擔其兒及其弟子綏, 度不能兩全, 乃謂其妻曰, '吾弟早亡, 唯有一息, 理不可絶. 止應自棄我兒耳. 幸而得存, 我後當有子.' 妻泣而從之, 乃棄其子而去之, 卒以無嗣.)" 원 출처는 『진서(晉書)』「양리열전(良吏列傳)」이다.

394 도산씨(塗山氏): 하나라 우임금의 비.

395 유신씨(有莘氏): 은나라 탕임금의 비.

유왕(幽王)이 쇠할 때에 포사(褒姒) 있으니 제왕이 천하를 얻고 잃는 것에도 부인의 선악으로도 가히 볼 수 있을 것입니다. 인가 길흉이 부녀자로 아니 가겠습니까. 오늘 유한당 말씀이 과연 이치를 깨달으신 말씀이십니다."

"인가의 장부는 득실과 길흉이 여자에게 어이 있겠습니까. 전적으로 장부에게 있다고 하여 부지런히 어질고 착한 도리를 행하고, 여자 된 이는 길흉이 내조에 있다고 하여 부지런히 어질고 착한 일을 행하면 집안이 흥하지 않는 이 드물더이다."

섭 부인이 좋은 말이라고 하였다.

"부인의 집안이 어질고 선하며 화합하고 순하기로 유명하여 세상 사람들이 부러워하지 않는 이 없으니, 내 매양 듣기로 무슨 공부로 그러하신가 하였습니다. 유한당 말씀을 들으니 과연 근본 있는 줄 알겠습니다."

섭 부인의 셋째 딸이 나이 팔세에 모친을 따라 왔다가 말하였다.

"『주역참동계(周易參同契)』에 '제비와 참새는 봉을 낳을 수 없고, 여우와 토끼는 말을 젖먹일 수 없다'[396]하였으니, 어진 어머니 없이 공자와 맹자, 정자와 주자 같은 성현이 어찌 나오셨겠습니까?"

유한당이 말하였다.

"세속의 부녀자들이 이런 일을 아직 못하고 무복(巫卜)이나 숭상하니, 그런 이들은 참으로 개탄스럽지 않습니까. 소저의 말이 총명하여 부인 말

396 제비와 … 없다: 『주역참동계고이(周易參同契考異)』, "제비와 참새는 봉을 낳을 수 없고, 여우와 토끼는 말을 젖먹일 수 없다.(燕雀不生鳳, 狐兎不乳馬.)"

씀의 뜻을 깨달았으니 기특합니다."

이윽고 첫째 일봉이 들어왔다. 유한당이 소저가 공자와 맹자, 정자와 주자 일컫던 말을 알리니 일봉이 말하였다.

"공자 아버님 숙량흘이 적덕지인(積德之人)이요, 맹자 어머니는 세 번 이사한 가르침으로 일컫거니와 부친 격공의(激公宜)의 교훈이 어찌 없었겠습니까. 후 부인과 축 부인이 착하실 뿐 아니라 정태중(程太中)[397]과 주위재(朱韋齋)[398] 두 어른이 다 착하시니, 대개 어진 아비가 있어야 어진 자식을 낳습니다."

섭 부인이 말하였다.

"이 말이 아까 말과 같다. 이는 당부의 말이기에 자식이 아비를 닮는다고 일컫도다."

소저가 웃으며 말하였다.

"옛말에 호부불생견자(虎父不生犬子)라, '범 같은 아비는 개 같은 자식을 아니 낳는다'라고 하니 이 말은 그 뜻이로소이다."

---

397 정태중(程太中): 정명도의 부친.
398 주위재(朱韋齋): 주희의 부친.

전당호의 명승지

섭 부인이 유한당에게 물었다.

"전당호를 천하 명승지로 일컫는데 이 풍경 가운데서 일상생활을 하시니 세상 사람들이 다 부러워하거니와 전당 풍경을 두루 다 보십니까?"

"부녀의 몸이 되어 전당호 옆에서 육십 년을 있었으되, 두루 보지는 못하니 심히 한이 됩니다."

"전당호 산천을 다 보질 못하였지만 이름들은 다 들어 계실 것이니, 들으신 말씀을 더러 말씀해 주시겠습니까?"

"차례대로 못하겠지만 귀로 들은 대로 더러 하겠습니다.

전당 문이 물가에 있어 이름을 옥련당이라 하고, 그 북편에 집이 하나 있으니 내작루(來鵲樓)라 합니다. 그 서편에 유수교라 하는 다리 있고, 다리 아래 호수가 많이 있어서 폭포소리 옥이 부서지는 소리 같다고 합니다. 다리 지나 소경사(昭慶寺)라 하는 절이 있고, 그 서편에 석함교(石函橋)라 하는 다리 있습니다. 그 서편에 보석산이라 하는 산이 있으니 옛적의 장즉지(張卽之)[399]의 글씨로 호산승개(湖山勝槩)라 네 자 쓴 것이 새겨져 있고, 산의 봉우리는 사자봉(獅子峰)이라 합니다. 소나무 아래 돌이 있어 별 떨어진 모양 같기에 이름을 낙성석(落星石)이라 하고, 그 곁에 간송대(看松臺)라 하는 누대가 있습니다. 대 밑에 샘이 있으니, 맛이 달아 사람의

---

399 장즉지(張卽之, 1186~1263): 남송의 서예가로 자는 온부(溫夫), 호는 운료(樗寮)이다.

젖 같기에 유천정(乳泉井)이라 하고, 그 곁에 석벽이 있어 천연으로 생긴 그림 같으니 세상 사람이 진시황이 신선 구할 때에 배를 매었던 돌이라고 전하여 이름을 남선석(纜船石)이라 합니다.

언덕과 들은 붉고, 글은 푸르러 인가들은 흩어져 있어 바둑 둔 모양 같고, 닭 울고 개가 짖는 소리는 구름 속에서 나는 듯하다고 합니다. 골짜기에는 자양서원(紫陽書院)이 있으니, 주회암 선생 제사 지내는 서원입니다. 또 갈옹정(葛翁井)이라 하는데 있으니, 이는 치천(稚川)[400]이 단사(丹砂) 만들던 우물이라 합니다. 호두암(虎頭巖)이라 하는 봉은 모양이 호랑이 머리 같기에 이름을 지은 것인데, 옛적 망기(望氣)하는 자가 항주(杭州)에 왕기(王氣) 있다 하여 없앴습니다.[401] 검문관(劒門關) 북편의 금고동(金鼓洞)이 있으니, 거기 돌을 두드리면 금고 소리가 난다고 합니다.

그 아래 송나라 장수 악비(岳飛)[402]의 무덤이 있고, 경화산(慶化山)의 송나라 처사(處士) 진숭진(陳崇眞)[403]의 살던 데이기에 매년 6월 24일의 고을 사람들이 모여 제사 지내기를 지금까지 폐하지 아니합니다. 통천동(通天

---

400 치천(稚川): 동진의 도사 갈홍(葛洪, 283~343). 치천은 그의 자이고 호는 포박자(抱朴子)이다.

401 왕기(王氣) 있다 하여 베어 내리치고: 『서호유람지(西湖遊覽志)』. "호두암은 산의 형태가 돌출되어 마치 호랑이의 머리 같다. 오와 월 지역이 왕성할 때 기운을 살피는 자가 말하기를, '항주에 왕기가 있습니다'라고 하였다. 상이 이를 깎도록 명하여서, 지금은 잘려 떨어졌다.(虎頭巖, 山形突出, 若虎頭然. 吳越王盛時, 望氣者云, '杭州有王氣.' 藝祖命鑿之, 今斷落矣.)"

402 악비(岳飛, 1103~1142): 남송의 장수로 금을 물리치는 데 많은 공이 있었으나 재상 진회(秦檜)의 모함으로 억울하게 죽임을 당하였다.

403 진숭진(陳崇眞): 『서호유람지』. "신소뢰원(神霄雷院)은 송 함순(咸淳, 1265~1274) 연간에 도사 진숭진이라는 자가 민 땅으로부터 와서 이곳에 터를 잡았다. 벼락을 잘 다스렸기에 칙명으로 뇌원(雷院)을 지어 살게 하고 충소진인(冲素真人)이라는 호를 내렸다. 매년 6월 24일 사람들이 모여 비용을 써 가며 제사 지내기를 지금까지도 그치지 않는다.(神霄雷院, 宋咸淳間, 羽士陳崇真者, 自閩來卜居於此. 善雷法, 因勑建雷院以居之, 賜號冲素真人. 六月二十四日, 郡人雲集, 設醮捨貲, 至今不廢.)"

洞)이라 하는 곳은 절벽에 장지기(蔣之奇)[404] 전자(篆字)로 쓴 글씨가 있습니다. 또 연지령(臙脂嶺) 북편에 석봉이 있으니 올라 바라보면 전당의 모든 뫼들이 병풍처럼 둘러져 있고, 호수는 거울처럼 맑고 구름 빛이 거꾸로 드리워져 있습니다. 고깃배와 채방(彩舫)이 물 위에 떠 올라와 갈매기 같이 연파(煙波)에 출몰하고, 서로 바라보면 강 빛이 흰 비단을 새로 빨아 편 듯하고, 멀리 창해를 접하여 넓고 먼 것이 끝이 없습니다.

절승문(絶勝門)이라 하는데 있으니 이름 쓰기를 혹 갈홍(葛洪)의 글씨라고도 하고, 혹 송지문(宋之問)의 글씨라고도 합니다.[405] 전당문(錢塘門)을 나오면 산 빛이 층층이 달라 천 송이 부용꽃이 핀 듯하고 금대교(錦帶橋)라 하는 데 있으니, 도류(桃柳)와 화훼가 사면에 영롱합니다. 그 곁에 사현당(四賢堂)이라 하는 있으니, 당나라 때 업후(鄴侯) 이필(李泌)[406]과 중서사인(中書舍人) 백거이(白居易)[407]와 송나라 때 학사 소식(蘇軾)[408]과 처사 임포(林逋)[409]를 제사하는 곳입니다. 세 사람은 항주 원을 지냈고, 처사 임포는 여기 살던 곳이어서 처사의 묘가 있고, 그 앞에 매화 두어 그루 있고 처사

---

404 장지기(蔣之奇, 1031~1104): 북송의 문인으로 자는 영숙(穎叔)이다.

405 절승문(絶勝門)이라 … 글씨라고도 합니다: 『서호유람지』. "영은선사(靈隱禪寺)는 진(晉) 함화(咸和, 326~334) 원년에 혜리(慧理)라는 승려가 지었다. 편액에 '절승각장(絶勝覺場)'이라고 쓰여 있는데, 전하기로는 갈홍이 썼다고 하고 혹자는 송지문이 썼다고도 한다.(靈隱禪寺, 晉咸和元年, 僧慧理建山門. 扁曰, '絶勝覺場', 相傳葛洪所書, 或云宋之問書.)" 갈홍은 동진(東晉)의 도사로 자는 치천(稚川)이고, 송지문은 당의 시인으로 자는 연청(延淸)이다. 위 편액은 지금 '최승각장(最勝覺場, 수많은 사람들이 깨닫는 도량)'으로 되어 있다.

406 이필(李泌, 722~789): 당의 정치가로 여러 훌륭한 업적을 남겼으며, 항주 자사로 있으면서 선정을 베풀었다.

407 백거이(白居易, 772~846): 당의 시인으로, 항주 자사로 있으면서 서호에 백제(白堤)라는 제방을 건설하는 등의 치적을 남기고 선정을 베풀었다.

408 소식(蘇軾, 1037~1101): 북송의 시인으로, 항주 자사로 있으면서 서호에 소제(蘇堤)라는 제방을 건설하는 등의 치적을 남기고 선정을 베풀었다.

409 임포(林逋, 967~1028): 북송의 은일시인. 항주의 서호 고산(孤山)에 숨어 살았다.

의 학 놀던 곳이라 일컫습니다. 그 곁에 망호정(望湖亭)이 있으니 고산이 첩첩이 푸르러 호수 앞에 둘러 있습니다. 호심정(湖心亭)은 물 가운데 학이 서 있는 듯하고, 바람은 처마 방울을 울리고, 달빛은 꽃 그림자를 움직이니, 누정 위에 오르면 우화등선(羽化登仙)할 생각이 아니 나는 사람이 없다 합니다. 전당 북편에 청파문(清波門)이 있으니, 석벽의 『주역』 가인(家人)괘와 『중용』의 「악기(樂記)」편을 써서 새기었는데 사마온공(司馬溫公)[410] 글씨라 합니다. 이 전당산의 빼어난 경치를 눈으로 보지 못하여도 여러 자손들이 매양 보고 와서 이르기에 대개 이러한 줄은 알거니와 그런 기이한 경치를 어찌 다 말로 형용하겠습니까?"

"전당 강산을 두루 다 돌아보지 못할지라도 이 집안 원림(園林) 누대 풍경을 보는 것이 강산을 유람하는 것보다 못하지 아니하다 하더이다."

"원림은 봄날이 한창일 때 수많은 꽃이 사면에 피었고, 진귀한 새들이 쌍쌍이 지저귀어 나무마다 날아다니니, 봄바람 부는 삼월에 볼 만합니다. 가을 날씨가 맑고 선선하면 나무마다 서리 철을 지나 잘 익은 과일이 주렁주렁 있으니, 두보 시의 '혹홍여단사(或紅如丹砂)하고 혹흑여점칠(或黑如點漆)이라'[411]고 하는 구절과 똑같습니다. 단풍이 깊이 들면 사면의 비단으로 수놓은 휘장을 친 듯하여, 당시(唐詩)의 상엽홍어이월화(霜葉紅於二月花)[412] 한 글귀와 똑같으니 선선한 가을 팔구월에 이 경치가 볼 만합니다.

---

410 사마온공(司馬溫公): 북송의 문인 사마광(司馬光, 1019~1086). 『자치통감(資治通鑑)』을 편찬하였다.

411 혹홍여단사(或紅如丹砂)하고 혹흑여점칠(或黑如點漆)이라: 『보주두시』(補注杜詩)』 「북정(北征)」. "자잘하게 수많은 산열매가, 도토리, 밤과 골고루 섞여 나는구나. 혹은 붉은 것이 마치 단사 같고, 혹은 검은 것이 옻칠과 같구나.(山果多瑣細, 羅生雜橡栗, 或紅如丹砂, 或黑如點漆.)"

412 상엽홍어이월화(霜葉紅於二月花): 『당음』에 실린 두보의 「산행(山行)」. "수레 멈춘 것은 늦가을

수월정 의논을 하자면 난간 밖에 호수 한 점 티끌이 없고 고깃배들이 곳곳에 흩어 있어 뱃노래 화답하는 것은 낮에 볼 만하고, 호수가의 달이 돋아 여러 난간(欄干)을 낮같이 밝게 비추고 사면의 봉우리 빛은 창망하여 천지가 비어 있는 듯하니 이는 달밤에 볼 만합니다. 어느 경치를 먼저 보려 하십니까?"

"봄에 왔으니 만수원 봄 경치를 보고, 오늘 수월정 낮 경치를 보고 싶습니다. 수일 후 달이 좋을 것이니 그날 수월정 야경을 보고, 올해 가을에 다시 와 만수원 추경, 야경을 하나도 빼지 말고 보기를 바랍니다."

만수원 유람

유한당이 만수원에 가는 문을 열라고 명하고 자질 부녀 십여 명과 시누이와 섭 부인을 모시고 가니 왕 소저도 따라갔다. 북편 문을 나가니 좌우의 죽림이 푸르고, 십여 간을 가니 동산들이 평평하고 널찍하여 천여 명이나 가히 앉음직하였다. 뜰 사면으로 기화요초 영롱이 피었고, 화초 뒤로는 수목이 우거져 낙낙하여 하늘에 닿았고, 녹수는 아름답게 땅에 드리웠다. 소나무와 버드나무 사이로 천천히 걸어 백여 보를 행하여 앙관

단풍으로 물든 숲을 사랑하기 때문이니, 단풍잎의 붉기가 이월의 꽃보다 더하구나.(停車坐愛楓林晚, 霜葉紅於二月花.)"

대에 오르니, 전당호수가 무릎 아래 놓여 있고 하늘이 점점 넓어 보여 인간이 아니요 별세계 오른 듯하였다. 섭 부인이 말하였다.

"이런 경치는 세상에 없는 듯하니 부녀들이 볼 것이 아닙니다. 남자 중에도 신선풍골이 있는 이들이 봄 직합니다."

왕 소저가 말하였다.

"대에 올라 호수를 보니 송유(宋儒)의 글에 '운영천광공배회(雲影天光共徘徊)'[413]라 하는 말이 옳습니다."

유한당이 말하였다.

"소저가 요즘에 염락문자(濂洛文字)를 본다는 말을 들었더니 지금 말이 과연 딱 들어맞는 말입니다."

섭 부인이 말하였다.

"이 대는 무슨 대입니까?"

"장부들이 올라 별자리를 보는 누대로소이다."

"이 누대에 오르면 과연 못 보는 별이 없을 듯합니다. 아까 소나무와 대나무 숲 뜰은 어떤 곳입니까?"

"사람이 많기에 남녀노소 일시에 나란히 앉으려면 넓은 누각이라도 매양 부족하기에 시부모께서 자손을 일시에 앉게 하려면 이리 오십니다."

"이 뜰에 자주 모이십니까?"

"당부나 부녀가 더러 나올 때는 사람이 적기에 아무 누각에나 모이

---

413 운영천광공배회(雲影天光共徘徊): 『회암집』「관서유감이수(觀書有感二首)」. "작고 네모난 연못은 거울처럼 열려있는데, 하늘빛과 구름 그림자가 함께 배회하고 있구나.(半畝方塘一鑑開, 天光雲影共徘徊.)"

고, 다 모이는 때에 이리 옵니다."

"전후의 몇 번이나 모였습니까?"

"시부모께오서 구경으로 다니시기는 봄가을에 날씨가 청명한 때 아니 다니시는 날이 드뭅니다. 잔치로 모이기는 일 년의 서너 번씩 하고, 과거하여 문희연(聞喜宴)[414]으로 모이기는 오십 여년의 삼십여 번 됩니다."

섭 부인이 거느리고 북으로 백여 보는 가니 복숭아와 자두나무 숲이 있었다. 왼쪽으로는 살구 숲이 있고 오른쪽으로는 매실 숲이 있어, 복숭아꽃은 만발하고 늦게 피는 꽃은 바야흐로 피어나려는 때였다. 꽃무늬가 골짜기 안에 가득하고, 바위 사이에 닭과 개, 새 소리가 기이하며, 만산홍록(滿山紅綠)이 영롱하고 황홀하여 이루 형용할 수 없었다. 섭 부인이 말하였다.

"수목이 이리 많으니 만수원이라 이르기 당연하거니와, 금일 소견으로는 소나무와 대나무, 매화와 버드나무, 복숭아와 살구나무 정도만 겨우 이름을 알겠고 기이한 화초는 이루 다 알지 못하겠습니다."

"장부들도 이름 모르는 수목이 많습니다."

유한당의 손녀가 말하였다.

"'간엽재분색(澗葉纔分色)이요 산화불변명(山花不辨名)이라'[415]는 말이 과연 옳습니다."

섭 부인이 말하였다.

---

414 문희연(聞喜宴): 과거에 급제한 사람들을 축하하는 잔치 자리.

415 간엽재분색(澗葉纔分色)이요 산화불변명(山花不辨名)이라: 『왕자안집(王子安集)』「마평만행(麻平晩行)」. "시냇가의 나뭇잎은 겨우 색깔 분간하겠고, 산에 핀 꽃들은 이름을 모르겠네.(澗葉纔分色, 山花不辨名.)"

"소저에게 할머니의 문장 솜씨가 내렸군요."

서편 수풀로 백여 걸음을 행하니 수풀이 다하고 언덕 위에 작은 누각이 하나 있었다. 섭 부인이 말하였다.

"이 누는 무슨 누입니까?"

"앞뜰이 넓기에 만들도록 하고 봄과 가을에 장부들이 누각에 와 보기에 누 이름을 관가정이라 합니다."

"이 뜰이 십여 리라 하니 다 이 집의 땅입니까?"

"그러합니다."

"추수하여 어디에 두고, 어떻게 쓰십니까?"

"의고 곁에 별고(別庫) 있으니 그리로 들여 양식을 하고, 장부들이 누각에 와 친히 보아 거두는 곡식은 제물고(祭物庫)로 들여 일 년 자성(粢盛)[416]을 받듭니다."

이윽고 시비 수십 명이 상을 이고 꽃나무 사이로 정자에 와서 찬상을 차례로 드리니 섭 부인이 말하였다.

"창졸간에 음식을 차리는데 어찌 이리 성대합니까?"

"나이 든 부모님을 모시는 집이어서 음식은 매양 준비한 것이 있습니다. 따로 준비한 것은 아닙니다."

왕 소저가 말하였다.

"상진(常珍)이라는 『예기』의 말처럼 늘 진미로 대접하는 예법이군요."[417]

416 자성(粢盛): 제사에 쓰는 정결한 곡식.

417 상진(常珍): 『예기』「왕제(王制)」. "50세의 노인은 젊은이와 음식을 다르게 하고, 60세의 노인은 격일로 고기를 올리며, 70세의 노인은 좋은 반찬 두 가지를 더하고, 80세의 노인은 늘 진미(珍味)를 올린다.(五十異粻, 六十宿肉, 七十貳膳, 八十常珍.)"

유한당이 말하였다.

"음식이야 매양 준비하거니와 진미는 쉽지 아니합니다."

상을 물리고 나서 섭 부인이 돌아오니 유한당이 말하였다.

"오던 길로 가려고 하면 멀 뿐만 아니라 나무와 화초를 더 보시게 새 길로 가십시다."

섭 부인이 좋다고 하고 층계로 내려가 수풀 사이로 십여 걸음을 가니 작은 누 여섯이 있었다. 섭 부인이 물었다.

"이것은 무슨 누입니까?"

"이 누는 육예루라고 합니다. 첫째 누에는 예서(禮書)를 모아두고, 둘째 누에는 악서(樂書)를 모아두고, 다른 네 누에는 사(射)·어(御)·서(書)·수(數) 글을 모아 둡니다. 장부들이 예법을 의논하려고 하면 첫째 누에 와서 예서를 보고 의논하고, 음악을 의논하려 하면 둘째 누에 와 악서를 놓고 의논하고, 사·어·서·수를 의논하려 하면 다 그대로 합니다."

"상서공 가학(家學)이 이러하군요. 세상 사람들이 육예를 의논할 때에 어르신과 자제들을 일컫지 않는 사람이 없더니, 어찌 이러한 공부 없이 그러하겠습니까."

섭 부인이 첫째 누에 올라 예서 쌓은 것을 구경하고 와서 말하였다.

"옛 경전에 예악불가사수거신(禮樂不可斯須去身)[418]이라 하였으니, 예악은 학자 공부의 으뜸입니다. 이렇게 서책을 모아 힘써 공부하는 것이 장부의

---

418 예악불가사수거신(禮樂不可斯須去身): 『예기』「악기」. "예(禮)와 악(樂)은 모름지기 잠시라도 몸에서 떠나서는 안 된다.(禮樂不可斯須去身.)"

도리일 뿐 아니라 부녀자들도 보고 듣는 것이 어찌 많지 않겠습니까.”

“시어른께서 이 집을 지으시고 자손을 위한 계책으로 하였다고 말씀하시니 장부들도 매양 여기에서 강학 하거니와, 부녀자들은 약간도 배워 알지 못하니 겸연쩍습니다.”

섭 부인이 차례로 올라 사·어·서 세 누를 보고 나중에 여섯째 누에 앉아 왕 소저에게 말하였다.

“네가 늘 수학을 좋아하더니 이 누에 왔으니 유한당께 물어서 배워라.”

유한당이 말하였다.

“나이 어리고 총명하니 수학을 응당 많이 알 것입니다.”

그리고 유한당이 왕 소저에게 물었다.

“부녀자가 수학을 알아 무엇에 쓰겠느냐. 그렇지만 부녀자에게 속한 일을 물을 것이니 대답하여라. 「공작동남비(孔雀東南飛)」에 삼일단오필(三日斷五匹)[419]이라 하였으니 한 필이 사십 척이니 하루 짠 것이 몇 자, 몇 치, 몇 푼인가?”

왕 소저가 즉시 대답하였다.

“이것은 두 치 남은 후에는 숫자로 형용을 못하니, 한 치를 셋으로 나눈 것의 둘이라 하겠습니다.”

유한당이 웃으며 말하였다.

---

419 삼일단오필(三日斷五匹): 『악부시집(樂府詩集)』 「초중경처(焦仲卿妻)」. “사흘에 다섯 필 옷감을 짜는데도, 어르신은 느리다고 미워하시네.(三日斷五匹, 大人故嫌遲.)”

"우연히 물었더니 민첩히 대답하니 수학에 유의(有意)하던 줄 가히 알겠구나."

섭 부인이 여섯째 누에서 내려와 수월정에 올라앉았다. 호수 물은 푸르고 석양이 비껴 전당호 그림자가 거꾸로 물속에 들어 푸르고, 호수 밖 경치가 창망하여 하늘인지 물인지 아득하여 알 수 없었다. 섭 부인이 말하였다.

"뱃노래 서로 답하는 경치가 유한당 말씀과 같습니다."

왕 소저가 창망한 하늘을 가리키며 말하였다.

"소동파 글에 '산야운야원막지(山耶雲耶遠莫知)'[420]라고 한 글귀가 이미 오늘 이 곳에 과연 핍절합니다. 물은 두보의 시에 춘수선여천상좌(春水船如天上坐)[421]라, '봄물의 배는 하늘 위에 앉은 듯하다'라는 말이 오늘 이 수월정에서 본 바입니다."

섭 부인이 말하였다.

"네 말도 과연 옳지만 그 글 대구에 노년화사무중간(老年花似霧中看)이라, '노년의 꽃구경은 안개 속에서 보는 것 같다'라는 말이 바로 내가 이 꽃구경하는 모양이로다."

유한당이 말하였다.

"어른과 어린이의 말씀이 두보 두 글귀를 나누어 일컬으셔도 지극히

---

420 산야운야원막지(山耶雲耶遠莫知): 『동파전집(東坡全集)』「서왕정국소장연강첩장도(書王定國所藏煙江疊嶂圖)」. "산인지 구름인지 멀어서 잘 알 수 없더니, 안개와 구름 걷히자 의연히 산이로다.(山耶雲耶遠莫知, 煙空雲散山依然.)"

421 춘수선여천상좌(春水船如天上坐): 『보주두시』「소한식주중작(小寒食舟中作)」. "봄 강물에 배 띄우니 하늘 위에 앉은 것 같고, 노년의 꽃구경은 안개 속을 보는 것 같구나.(春水船如天上坐, 老年花似霧中看.)"

맞아 떨어지니 문장하는 집안의 부녀자가 과연 다르신 줄 알겠습니다. 소저가 하는 말마다 글귀를 인용하는 것이 모두 마땅하니 여러 남매가 다 이러합니까?"

"이 아이가 남자로 태어났어도 제 형들에게 재주가 못하지 않을 것입니다. 여자로 태어난 것을 애달파 합니다."

섭 부인의 축수

섭 부인과 유한당이 서로 거느려 서서히 걸어 돌아오니 상서공이 들어와 섭 부인에게 말하였다.

"만수원과 수월정을 다 보았는가? 어떠하던가?"

"수월정은 바닷물 색이 아득해 호호탕탕한 것이 노야(老爺)의 흉금 같고, 전당호의 뭇 산들이 울창하여 후중(厚重)하게 서 있는 것은 노야의 웅장(雄壯)한 기상 같고, 만수원 수목이 웅장한 가운데 송죽이 사이에 푸릇푸릇한 것은 노야의 높은 절개 같고, 앙관대에 올라 일월성신을 보게 되면 빛이 찬란하여 노야의 문장 같더이다."

상서가 웃으며 말하였다.

"누이의 재담은 백발이 되어도 쇠하지 아니하였도다. 너무 지나친 말은 하지 말고 본 것을 사실대로 말하라."

"호수 물이 맑아 티끌이 없어 하늘과 구름이 비치어 빛나는 거동은 노야의 청아(淸雅)한 거동 같고, 뭇 산이 높이 서서 무수한 봉우리를 전후 좌우의 총총히 벌여 놓은 모양은 노야의 자손이 무궁히 벌여 있는 것 같고, 수목화초의 꽃 피고 잎 피는 것은 노야가 백 년 번화하는 것 같고, 진귀한 짐승과 기이한 새가 낱낱이 화답해 우는 것은 노야 가문이 화목한 것 같고, 앙관대에 일월 출입하는 것은 노야의 기거와 식사하는 때를 맞추는 것 같더이다."

"누이의 말은 나올수록 신비롭다."

"제가 전당호와 만수원을 보고 유월정 풍경에 대한 말씀을 하였으니 『시경』을 인하여 세 가지 풍경을 겸해 말씀드리리다. 『시경』에 말하기를, '여천지방지(如川之方至)하고 여일지승(如日之升)하고 여월지긍(如月之恒)하고 여송무의(如松茂矣)하고 여죽포의(如竹苞矣)하고 여남산지수(如南山之壽)하여 불건불붕(不騫不崩)이라'[422] 하였으니 노야의 복록이 물 흘러오는 듯하고 해 돋는 듯하고 달이 가는 듯하고 소나무가 성한 듯하고 대나무가 터지 듯하고 남산의 수가 무너지지 아니한 것 같으소서. 이 말씀으로 헌축합니다."

그리고 상서와 부인께 술을 부어 나오니 상서가 받아 마시고 크게 기뻐 부인을 돌아보며 말하였다.

"이 누이가 재주와 언변이 있을 뿐 아니라 본디 복이 많은 사람이기

422 『시경』에 … 불건불붕(不騫不崩)이라: 『시경』「천보(天保)」에서는 '냇물이 막 이르는 것과 같다(如川之方至)', '달의 초승달과 같다(如月之恒)', '해의 떠오름과 같다(如日之升)', '남산의 장수함과 같아 이지러지지 않고 무너지지도 않는다(如南山之壽, 不騫不崩)'를 인용하였고, 「사간(斯干)」에서는 '대나무가 울창하게 나는 듯하다(如竹苞矣), '소나무가 무성하게 나는 듯하다(如松茂矣)'를 인용하였다.

에 헌축하는 말도 귀한 기운이 극히 많으니 세속 부녀자들이 무릇 말을 이렇게 풍부하게 하는 것을 배울 법하도다."

"섭 부인의 세 번 말씀을 글로 써 놓으며 좋은 문자가 되겠습니다."

그리고 술을 다시 부어 섭 부인께 드렸다.

"이 술 한 잔으로 부인께 헌수합니다."

섭 부인이 받아 마신 후 유한당이 섭 부인에게 말하였다.

"육예루 말씀은 왜 안 하십니까?"

"육예루는 풍경도 좋거니와 이는 풍경을 의논할 것이 아니라, 천하에 없는 경륜입니다. 대장부가 그 가운데에서 공부하여 조정에 나와 우리 황제 예악의 다스림을 돕고 문치로 나라를 위하여 주나라 팔백 년의 문물이 밝은 운을 다시 볼 것입니다. 이 육예루 하나가 제일로 장관입니다."

상서가 밖으로 나가니 섭 부인이 유한당에게 물었다.

"노야께서 평생 글을 많이 지으시던 것이니 요즘도 지으십니까? 응당 들음직한 글이 있을 것이니 더러 이르실까 합니다."

"요새는 때때로 지으시되 자세히 알지 못하나 그 중 한 글귀가 좋기에 외웁니다."

섭 부인이 들려달라고 청하니 유한당이 외워 말하였다.

누대천화수(樓對千花樹)요	누대에서 일천 꽃나무를 대하였고
정추오세손(庭趨五世孫)이라	뜰에는 오세손이 성큼성큼 걷는다

섭 부인이 재삼 읽으며 감탄하였다.

"글도 좋거니와 복록이 인간 세상에 없는 글입니다."

맏아들 일봉의 환갑잔치

상서 나이 구십사 세에 장손 일봉의 환갑 생일이 되었다. 두효자가 상서에게 아뢰었다.

"일봉의 환갑 생일이 멀지 않았으니 약간의 술과 음식을 장만하고 자손들을 모으고자 합니다."

"내 자손의 생일을 전부 따지면 일 년 중에 비는 날이 있겠느냐?"

"환갑 생일은 보통의 생일과 다르고, 삼대의 환갑은 참으로 보기 드문 성사(盛事)이오니 설연(設宴)하지 않기가 섭섭합니다."

상서공이 허락하지 않고 내사(內舍)에 들어와 유한당에게 일러 말하였다.

"오늘 일봉의 환갑 생일이 머지않았다 하고 잔치 마련하기를 청하였는데 내가 허락하지 않았다."

"한 집안에서 삼대가 환갑을 맞는 것은 실로 천하의 드문 경사입니다. 드문 경사를 만나 적막히 지내는 것은 도리어 인가의 평범한 일이 아닙니다. 술과 음식, 여러 가지를 간략히 하여 성만(盛滿)한 경계를 지키려니와, 잔치 아니 하기는 도리어 이상할 듯합니다."

"과연 그러하다. 작은 경사를 만나면 작게 기뻐하고, 큰 경사를 만나면 크게 기뻐하는 것이 떳떳한 도리다. 자손의 환갑이 희한하니 잔치를 차리게 하되, 자손만 모으고 손님들을 널리 청하지 말거라."

두효자가 오천 금을 내어 주식을 장만하고 만수원 뜰을 널리 닦았다. 당일 모인 수천 명 중에서 상서공의 자손이 천여 명이었다. 상서공의 사위 태학사 위천경이 수연서(壽宴序)를 지었으니 다음과 같다.

옛 사람이 말하기를, '하늘이 선인(善人)을 내리시매 반드시 많은 복을 주신다'[423]라고 하였으니 이 말을 오늘날 상서공의 집안에서 가히 증험할 것이다. 천하의 사람이 향년(享年) 많이 하는 것을 복으로 일컫고, 자손 많은 것을 복으로 일컫고, 과거 하여 벼슬을 높이 하는 것을 복으로 일컫기 때문에 이 세 가지 중에 한 가지를 능히 얻는 이라도 다른 사람이 부러워하지 않을 이 없거늘, 하물며 상서공께서는 한 몸에 이 세 가지 복을 모두 가지셨으니 이것이 어찌 하늘이 주신 바가 아니겠는가.

대개 향년하신 것을 의논하면 상서공의 춘추 94세요, 아들 세 명이 다 팔십이 가깝고 장손이 오늘 환갑을 맞았으니 천하의 희한한 복이라 이를 것이다. 자손이 많은 것을 의논하자면 아들이 세 명이고, 손자가 17명이고, 증손자가 50명이고, 현손이 180명이고, 오대손 20여인이 앞에 벌려 있다. 증손과 현손, 오대손의 항렬은 의논하자면 앞에 몇이 나올 줄 알지 못하니, 이것 또한 천하의 희한한 복이라 말할 것이다. 과거하여 벼

---

423 하늘이 선인(善人)을 … 복을 주신다: 『공자가어(孔子家語)』「재액(在厄)」. "착한 일을 하는 사람은 하늘이 복으로써 보답하고, 나쁜 일을 하는 사람은 하늘이 화로서 보답한다.(爲善者, 天報之以福, 爲不善者, 天報之以禍.)"

슬한 것을 의논하자면 상서공이 예부 상서를 지내고 칠십에 치사(致仕: 나이가 많아 벼슬을 사양하고 물러남)하고, 장자는 과거를 그쳤으되 벼슬 품계는 시랑(侍郎)에 이르렀고, 둘째와 셋째 아들은 상서와 태학사를 지내고 칠십에 벼슬에서 물러났고, 손자 10명이 등과하여 장손은 상서요, 그 다음은 시랑 이하로 모든 벼슬이 다 청현직(淸顯職)이다. 증손자 항렬에는 등과 30명과 현손자 항렬에는 등과 40여 명이 벼슬길이 크게 열렸고 문학의 재주가 유명하여 훗날 몇이 될지 헤아릴 수 없다. 외손들로 말하자면 상서공으로부터 삼대 외손의 수는 수백 명에, 등과한 사람이 50여 인이다. 상서공 내외의 자손의 번성하기가 이렇듯하니 천하의 희한한 복이라 이를 것이다.

이 세 가지 복이 어찌 근본 없이 일어났겠는가. 상서공의 선대로부터 적덕누인하여 수백 년 오던 끝에 일어난 것이다. 상서공께서 천지간 지극히 인후한 자품으로 어릴 때부터 집안의 가르침을 몸소 실천하시고 자라오신 후에 스승에게서 학문을 배워 평생 한 마디 말, 한 가지 행동이라도 인후(仁厚)와 유선(有善) 서너 자의 밖에 벗어나지 아니하였다. 그리하여 눈 사이에 춘풍화기(春風和氣) 안연하여 상인해물(傷人害物)할 뜻이 하나도 없으시어, 사람들이 상 아래 절하여 뵙는 이들이 상린서봉(祥麟瑞鳳)을 본 듯이 하여 모르기를 매번 어려워하니 이는 사람이 스스로 노력하여 할 수 있는 일이 아니다. 그러한 즉 하늘이 이러한 군자에게 여러 가지 복록을 주심이 떳떳하지 않겠는가.

회혼례(回婚禮: 부부가 혼인하여 함께 맞이하는 예순 돌을 기념하는 잔치)는 세상의 속례(俗禮)라 이르되 상서공이 회혼례를 지내고, 또 아들 삼인이 또 지내고, 내가 소년 시절에 공의 집에서 기러기를 안아 사위가 된 지 올해 육십년이다. 또 회혼례를 올해 봄에 지내니 이 일도 또 공의 슬하의 한 가지 길사라고 말할 수 있을 것이다. 오늘 장손의 회갑에 모인 사람 중 천여 인은 다 공의 자손들이다. 천고 이래로 자손 번화한 사람을 헤아려도 공이 으뜸이 되시게 하였다.

상서공이 나를 명하여 수연을 축하하는 글을 지으라 하시었다. 내 평생의 공경하고 우러르던 정성과 마음이 극진하니, 어찌 감히 상서공 앞에서 늙고 병들어 글짓기 어렵다는 말씀을 하겠는가. 억지로 붓을 잡아 세 가지 복록을 대강 기록하여 세상 사람이 보니 공의 복록을 구하고자 하거든 공의 심덕을 배우라 한다. 강산의 웅장한 풍경과 잔칫상의 화려함은 다 기록하지 않는다.

◯년 ◯월 ◯일, 태학사 위천경이 기록하다.

『유한당샤시언힝녹』 원문

【1a】

유한당샤시언힝녹 권지일

유한당 샤 시ᄂᆞᆫ 쳐ᄉᆞ 광환의 ᄯᆞᆯ이오 모ᄂᆞᆫ 노 시니 외조ᄂᆞᆫ 한님ᄒᆞᆨᄉᆞ 노원경이라. 샤 시ᄂᆞᆫ 조션으로브터 ᄒᆞᆨ문을 슝샹ᄒᆞ야 셰샹의 일ᄏᆞᆺ고 노 시 가셰 ᄯᅩᄒᆞᆫ 힝실과 문쟝이 표져ᄒᆞ야 ᄃᆡ〃로 벼ᄉᆞᆯ이 듕현ᄒᆞ고 가법이 아ᄅᆞᆷ다온디라.

노 시 유한당을 뎡튝 ᄉᆞ월 십구일의 ᄉᆡᆼᄒᆞ니 신종황뎨 만녁 오년이러라. ᄂᆡ외 가셰 쳥현ᄒᆞ고 가법이 엄졍ᄒᆞ니 유한당이 어린 ᄣᆡ로브터 춍명이 숙셩ᄒᆞ고 ᄒᆞᆨ문의 유의하니 친쳑들이 다 일ᄏᆞᄅᆞᄃᆡ, 셰샹 인【1b】물이 춍명 ᄌᆡ화 잇기 죵ᄌᆞ 잇다 ᄒᆞ더라.

유한당의 댱형 만츈 원의랑이 그 누의 ᄌᆞ품이 쳥슈ᄒᆞ고 ᄌᆡ홰 영발ᄒᆞ믈 ᄉᆞ랑ᄒᆞ야 『쇼ᄒᆞᆨ』과 모든 경셔ᄅᆞᆯ ᄀᆞᄅᆞ티니 샤 시 뉵칠셰에 공뷔 일취월댱ᄒᆞ야 댱부의 숙셩ᄒᆞᆫ ᄌᆡ조라도 비ᄒᆞ리 젹더라.

샤 시 ᄆᆡ양 일즉 니러 소셰ᄒᆞ고 부모긔 문안ᄒᆞ고 규듕의 단졍히 안자 ᄎᆡᆨ을 ᄃᆡᄒᆞ여 부모 형뎨 뭇ᄂᆞᆫ 말 밧 말ᄒᆞ디 아니ᄒᆞ고 죵일토록 ᄒᆞᆨ문의 ᄐᆡᆷᄌᆞᆷᄒᆞ야 죵시히 여일ᄒᆞ니 원의랑이[이] 긔이히 녀겨 당호를 지어 주어 ᄀᆞᆯ오ᄃᆡ 유한당이라 ᄒᆞ니 쇼졔 ᄃᆡ【2a】ᄒᆞᄃᆡ,

"당호ᄂᆞᆫ 댱부라도 ○[도]셩덕넙ᄒᆞᆫ 후의 잇거든 ᄒᆞ물며 녀ᄌᆞ 칠팔셰에 어이 당회 잇ᄉᆞ오리잇가."

ᄉᆞ양ᄒᆞᄃᆡ, 그 후 일실 졔인과 친쳑들이 ᄆᆡ양 유한당이라 일ᄏᆞᄅᆞ니 인ᄒᆞ야 별회되니라.

샤 쳐시 쇼시로브터 텬문 공뷔 닉은디라. ᄆᆡ양 밤이면 원의랑을 ᄃᆞ리고 셩신을 ᄉᆞᆯ펴 부ᄌᆡ 서로 의논ᄒᆞ더니 계미 츈의 쳐ᄉᆡ 별을 보고 닐러 닐오ᄃᆡ,

"하ᄂᆞᆯ 동방의 젹긔 잇ᄂᆞᆫ 별이 동ᄒᆞ여시니 도수를 의논ᄒᆞ면 십년이나 십일년이나 당ᄒᆞᆯ ᄃᆞᆺᄒᆞ니 네 ᄌᆞ시 보라."

원의랑이 ᄃᆡ예 올라 ᄌᆞ시 ᄉᆞᆯ핀 후【2b】고ᄒᆞ여 ᄀᆞᆯ오ᄃᆡ,

"적셩 긔운이 듕국 분야의 향ᄒᆞ여시나 도쉬 ᄆᆞ이 먼니 이시니 외국의셔 병난이 날 ᄃᆞᆺᄒᆞ고 듕국의ᄂᆞᆫ 근심이 업ᄉᆞᆸᄂᆞ이다."

쇼졔 겻ᄒᆡ 뫼셧더니 고ᄒᆞ여 왈,

"병난이 잇게 되면 쇼인의 나라히셔 군ᄌᆞ국을 침노ᄒᆞᆯ ᄃᆞᆺᄒᆞ이다."

원의랑이 ᄀᆞᆯ오ᄃᆡ,

"칠셰 쇼ᄋᆡ 텬문셔를 보들 아냣거든 군ᄌᆞ 쇼인을 분변ᄒᆞᄂᆞᆫ다?"

쇼졔 ᄀᆞᆯ오ᄃᆡ,

"녯 글의 '셰ᄌᆡ농샤ᄒᆞ니 군ᄌᆞ차탄'이라 ᄒᆞ여시니 즉금으로 십년 십일년을 혜아리면 임진, 계ᄉᆞ년이니 뇽샤셰 아니 되옵ᄂᆞ니잇가. 군ᄌᆞ 차탄ᄒᆞ【3a】게 되면 동병ᄒᆞᄂᆞ니ᄂᆞᆫ 쇼인이 되옵ᄂᆞ니이다."

쳐ᄉᆡ 대쇼 왈,

"칠셰 쇼ᄋᆞ의 글 보기와 ᄉᆞ리 혜아리ᄂᆞᆫ 거시 ᄀᆞ장 졍묘ᄒᆞ다."

ᄒᆞ엿더니 그 후 십년 임진의 일본 왜적이 됴션국을 침노ᄒᆞ니 됴션 ᄉᆞ신이 드러와 텬병을 비니 황뎨계샤 특은을 ᄂᆞ리오샤 쟝슈를 보내시니 쳐ᄉᆞ공이 듯고 칭찬 왈,

"그때 녀ᄋᆞ의 말을 영민이 드럿더니 금년이 농샤셰오, 됴션은 ᄌᆞ고로 군ᄌᆞ국이라 일캇ᄂᆞᆫ 나라히오, 일본은 ᄒᆡ의 왜적이니 그 말이 ᄀᆞ장 마잣다."

일캇더라.

유한당이 『쇼혹』을 닑다가 무러 골오ᄃᆡ,

"왕쵹【3b】의 말의 '튱신불ᄉᆞ이군'이란 말은 군신지의 됴건의 둘시 올커니와 '녈녀불경이부'란 말은 부〃지늬 됴건의 드럼즉 ᄒᆞᄃᆡ 군신지의 ᄒᆞᆫᄃᆡ 드러시니 그 어인 일이오니잇가?"

원의랑 왈,

"과연 그러ᄒᆞ다. ᄒᆞᆫ 사ᄅᆞᆷ의 말이니 그러ᄒᆞ거니와 ᄎᆡᆨ을 편ᄎᆞᄒᆞᄂᆞᆫ 법이 샹하편이 각〃 다룰디라도 웃편 ᄯᅳᆺ히 아래편 ᄯᅳᆺ을 괘득ᄒᆞ야 ᄒᆞᄂᆞᆫ 거시 문의 년쇽ᄒᆞ야 끈허디디 아니ᄒᆞ기 그리ᄒᆞ엿ᄂᆞ니라. 네 녀ᄌᆞ로셔 ᄎᆡᆨ 보ᄂᆞᆫ 거시 심샹티 아니ᄒᆞ니 긔특ᄒᆞ도다."

유한당이 「쇼혹뎨ᄉᆞ」를 닑을 때 원의랑이 무러 왈,【4a】

"원형니뎡은 츈하츄동 ᄎᆞ례로 ᄒᆞ엿거니와 인의녜지ᄂᆞᆫ ᄎᆞ례가 다룬디라. 인은 봄의 쇽ᄒᆞ고, 의ᄂᆞᆫ ᄀᆞ올의 쇽ᄒᆞ고, 녜ᄂᆞᆫ 녀룸의 쇽ᄒᆞ고, 지ᄂᆞᆫ 겨올의 쇽ᄒᆞ니,

'인녜의지'라 닐럼즉 ᄒᆞ되 '인의녜지'라 ᄒᆞ여시니 그 어인 일이니 네 뜻을 아ᄂᆞᆫ다?"

유한당이 ᄃᆡ왈,

"그ᄂᆞᆫ 깁흔 뜻이 아니올소이다. 원형니뎡은 ᄉᆞ시 ᄎᆞ례로 닐럿거니와 인의녜지ᄂᆞᆫ 인이 동의 쇽ᄒᆞ고, 의ᄂᆞᆫ 셔의 쇽ᄒᆞ고, 녜ᄂᆞᆫ 남의 쇽ᄒᆞ고, 지ᄂᆞᆫ 북의 쇽ᄒᆞᆫ 거시니 동셔남북 일ᄏᆞᆺᄂᆞᆫ 법을 닐러숩ᄂᆞ이다."

원의랑이 짐즛 무러 ᄀᆞᆯ오ᄃᆡ,【4b】

"동셔남북은 '동남셔북'이라 못 니ᄅᆞᄂᆞ냐?"

유한당이 ᄃᆡ왈,

"원형니뎡은 텬시오니 ᄎᆞ례로 니ᄅᆞ옵고, 동셔남북은 디리옵기 마조 션 거ᄉᆞᆯ 의거ᄒᆞ야 일ᄏᆞ라ᄉᆞ오니 어이 유힝ᄃᆡ〃지니를 모로시ᄂᆞ니잇가."

원의랑이 격졀탄샹ᄒᆞ여 ᄀᆞᆯ오ᄃᆡ,

"유힝ᄃᆡ〃지니를 독셔 남ᄌᆞ도 아ᄂᆞ니 드물거든 네 어린 녀ᄌᆞ로셔 볼셔 아라시니 어이 긔특디 아니ᄒᆞ리오."

ᄒᆞ더라.

유한당이 일〃의 『쇼흑』 쳣 대문을 닑다가 원의랑긔 무러 ᄀᆞᆯ오ᄃᆡ,

"'침불측, 좌불변, 목불시샤식, 이불텽음셩'이라. 남ᄌᆞ의 흑문【5a】공부도 이러ᄒᆞ거든 엇디 부인의게만 일ᄀᆞᄅᆞ며, 부인의 평시라도 이러ᄒᆞ려든 엇디 임ᄌᆞ 때의만 일ᄏᆞ라숩ᄂᆞ니잇가?"

원의랑 왈,

"네의 문목이 ᄆᆞ이 정심ᄒᆞ다. 남ᄌᆞ나 부인이나 어ᄂᆞ 때 흑문 ᄒᆞᄂᆞ니 그러티 아니 ᄒᆞ리오. 『녈녀뎐』에 부인이 임ᄌᆞᄒᆞᆫ ᄯᅢ 틔교ᄒᆞᄂᆞᆫ 공부ᄅᆞᆯ 니ᄅᆞᆫ고로 그리ᄒᆞ엿ᄂᆞ니라."

유한당이 텽샤 문 ᄀᆞ의 셧더니 원의랑이 길노 드러오며 문왈,

"어이 문 녑희 셧ᄂᆞ니?"

무ᄅᆞ니 유한당이 ᄃᆡ왈,

"형이 평싱의 길 가온대ᄅᆞᆯ 피ᄒᆞ야 ᄆᆡ양 ᄀᆞᄒᆞ로 ᄃᆞᆫ니셔 교훈의 '부뫼 존이시어든 힝【5b】불듕도'라 말ᄉᆞᆷ을 톄힝ᄒᆞ오시거든 쇼ᄆᆡ 엇디 닙불듕문이라 ᄒᆞ온 교훈을 톄힝티 아니 ᄒᆞ오리잇가. 구셰 이후로ᄂᆞᆫ 문 가온대ᄅᆞᆯ 당ᄒᆞ야 셔디 아냐 ᄉᆞᆸᄂᆞ이다."

"네 임의 문으로 말을 시작ᄒᆞ여시니 고훈의 문을 일ᄏᆞᄅᆞᆫ 문ᄌᆞ 이시믈 다힐가 시브냐?"

유한당 왈,

"'힝불니역'이라 ᄒᆞᆫ 말ᄉᆞᆷ도 잇ᄉᆞᆸ고 '츌입문호의 필후댱쟈'라 ᄒᆞᆫ 말ᄉᆞᆷ도 잇ᄉᆞ오ᄃᆡ '호긔역긔ᄒᆞ고 호합역합'이라 고훈이 ᄯᅳᆺ이 과연 됴ᄉᆞ오니이다."

원의랑이 ᄯᅩ 무러 왈,

"『ᄉᆞ긔』예 문 일ᄀᆞᄅᆞᆫ 말을 더러 니ᄅᆞᆯ가 시브냐?"

유한【6a】당 왈,

"『ᄉᆞ긔』예ᄂᆞᆫ 쳔언만에 잇ᄉᆞ오니 엇디 다 일ᄏᆞᆺᄉᆞ오리잇가. 왕손가 노모의 의문ᄒᆞ던 것과 도연명 치ᄌᆞ의 후문ᄒᆞ던 거시 위인모이지어ᄌᆞᄒᆞ고 위인자이지어효ᄒᆞ니 그 두 문이 분명이 쇼됴ᄒᆞᆫ 식문이오리이다마ᄂᆞᆫ 모ᄌᆞ와 ᄌᆞ효로 인연ᄒᆞ여 후셰예 일홈을 뎐하니 그 아니 됴ᄉᆞ오니잇가."

원의랑이 대희대찬 왈,

"너는 심샹훈 말이라도 인뉸의 힝실을 일ᄏᆞᄅᆞ니 평일 힝검을 가히 보리로다."

ᄒᆞ더라.

원의랑 뎨삼뎨 십여 셰예 글을 닑다가 샤형 원의랑이 '쇽뎨'라 ᄒᆞᄂᆞᆫ 문ᄌᆞ롤 무ᄅᆞ니 삼뎨【6b】 ᄃᆡ답을 못ᄒᆞ니 원의랑이 셩을 급히 내여 과히 ᄾᆞ지ᄌᆞ니 유한당이 겻ᄒᆡ 안잣다가 고왈,

"형이 어린 아올 극진히 ᄀᆞᄅᆞ티랴 ᄒᆞ오시니 우ᄋᆡ도 지극ᄒᆞ시거니와 ᄉᆞ긔롤 급거히 ᄒᆞ시ᄂᆞᆫ 거시 혹쟈 공부의 브죡훈 일이오, 아ᄒᆡ롤 글도 ᄀᆞᄅᆞ티려니와 아ᄒᆡ 보ᄂᆞᆫ ᄃᆡ ᄉᆞ긔 급히 ᄒᆞ야 뵈ᄂᆞᆫ 거시 아ᄒᆡ ᄀᆞᄅᆞ티ᄂᆞᆫ 도리 아니올소이다."

원의랑이 샤례ᄒᆞ여 골오ᄃᆡ,

"쇽뎨란 문ᄌᆡ 어려온 거시 아니어놀 아ᄒᆡ 니저시니 회칙ᄒᆞ노라 ᄌᆞ연 ᄉᆞ긔롤 삼가디 못ᄒᆞ여시니 쇼미의 말이 과연 졀당ᄒᆞ니 내 참괴ᄒᆞ여라."

유한당【7a】이 무러 골오ᄃᆡ,

"쇽뎨란 문ᄌᆡ 엇더훈 문ᄌᆡ오니잇가?"

원의랑 왈,

"송 나라흘 쇽뎨라 ᄒᆞᄂᆞ니라."

유한당 왈,

"그 ᄯᅳᆺ이 어이훈 일이니잇가?"

원의랑 왈,

"그 ᄯᅳᆺ을 아디 못ᄒᆞ여라."

유한당이 졀도ᄒᆞ야 우ᄉᆞ니 원의랑 왈,

"쇽뎨 뜻을 너ᄂᆞᆫ 아ᄂᆞᆫ가 시브니 니ᄅᆞ라."

유한당 왈,

"송 태조 됴광윤이 뎡ᄒᆡ싱이니 ᄒᆡᄂᆞᆫ 돗ᄐᆡ 쇽ᄒᆞ온 고로 쇽뎨라 일ᄀᆞ라ᄉᆞᆸᄂᆞ니이다."

원의랑이 대희 왈,

"아이 쇽뎨 문ᄌᆞᄅᆞᆯ 니저시니 내게 회칙을 드럼ᄌᆞᆨ ᄒᆞ고 나ᄂᆞᆫ 쇽뎨 뜻을 몰라시니 쇼ᄆᆡ의게 회칙을 듯기ᄅᆞᆯ 어이【7b】 면ᄒᆞ리오."

ᄒᆞ더라.

십월 긔망에 송뎜의 ᄃᆞᆯ이 들고 국화쥬 방농ᄒᆞ니 쳐ᄉᆞ공이 원의랑 형데들 ᄃᆞ리고 술을 부이며 부ᄌᆡ 글을 담논ᄒᆞᆯᄉᆡ 원의랑이 유한당ᄃᆞ려 무러 왈,

"오ᄂᆞᆯ이 소동파의 후젹벽의 노던 날인 줄 아ᄂᆞᆫ다?"

유한당이 ᄃᆡ왈,

"형이 문쟝을 슝샹ᄒᆞ시기 「후젹벽부」 짓던 풍경을 ᄉᆡᆼ각ᄒᆞ시거니와 쇼ᄆᆡᄂᆞᆫ 다ᄅᆞᆫ 거ᄉᆞᆯ ᄉᆡᆼ각ᄒᆞᄋᆞᆸᄂᆞ이다."

원의랑 왈,

"므ᄉᆞᆫ 거시니?"

유한당 왈,

"쥬회암 션ᄉᆡᆼ이 청계 월야의 허진지 ᄃᆞ리시고 거문고 드ᄅᆞ시고 「초은됴」 지으시던 날이 십월 긔【8a】망이 아니오니잇가. 쇼ᄆᆡᄂᆞᆫ 회암 일을 ᄉᆡᆼ각ᄒᆞᄂᆞᆫᄃᆡ 형은 ᄉᆡᆼ각ᄒᆞᄂᆞᆫ 거시 불과 문쟝ᄉᆞ의 일이 아니올소이다. 형이 임의 젹벽 노ᄅᆞᆷ을 ᄉᆡᆼ

각ᄒᆞ시니 쇼미 셰잔깅쟉ᄒᆞ오리이다."

ᄒᆞ고 잔을 경히 삐서 국화쥬를 ᄀᆞ득 부어 나오오니 원의랑이 바다 마시고 대희ᄒᆞ야 난간의 지혀 ᄀᆞᆯ오ᄃᆡ,

"십월 긔망의 노더니를 내 쏘 ᄒᆞ나흘 ᄉᆡᆼ각ᄒᆞ니 오동[룡]한의 황산 노던 거시 오늘이 아니냐?"

유한당이 웃고 답왈,

"형의 ᄉᆡᆼ각ᄒᆞᄂᆞᆫ 거슨 쏘 문쟝ᄉᆞ의 일이올소이다. 쇼미 쏘 ᄉᆡᆼ각ᄒᆞᄂᆞᆫ 거시 잇숩ᄂᆞ이다."

원의랑 왈,

"므【8b】어시뇨?"

유한당 왈,

"안약우ᄒᆡ 『심경』 ᄎᆡᆨ을 사겨 군둥 혹쟈들 ᄃᆞ리고 강논ᄒᆞ던 날이 십월 긔망이 아니오니잇가."

원의랑이 대쇼 칭찬 왈,

"너ᄂᆞᆫ 다 현인 군ᄌᆞ의 일을 ᄉᆡᆼ각ᄒᆞ니 과연 긔특ᄒᆞ도다. 소동파 「젹벽부」를 칠월 긔망의 지어시니 녯적 혹쟈의 칠월 긔망의 지은 글을 어더낼가 시브냐?"

유한당 왈,

"그도 잇숩ᄂᆞ니이다. 형이 젹벽부 일로 십월 칠월 두 긔망 말숨을 ᄒᆞ시니 쇼미ᄂᆞᆫ 앗가 『심경』 말숨으로 ᄒᆞ여ᄉᆞ오니 『심경』으로 ᄃᆡ답ᄒᆞ오리이다. 『심경』 셔를 뎡민【9a】경이 짓던 날이 칠월 긔망이니이다."

원의랑이 졀도 왈,

"네의 총명은 실로 극히 과인ᄒᆞ니 금야를 달아하야도 당키 어려워라."

ᄒᆞ더라.

원의랑이 희음쥬ᄒᆞ야 혹 가산미슈의 유람홀 ᄯᅢ어나 화됴월셕의 붕우를 만난 ᄯᅢ예 과음ᄒᆞ야 취ᄒᆞ기 ᄌᆞᄌᆞ니 대인 쳐ᄉᆞ공이 ᄆᆡ양 경계ᄒᆞ야 금ᄒᆞᄂᆞᆫ디라. 유한당이 ᄯᅩ 간ᄒᆞ야 골오ᄃᆡ,

"형당이 평ᄉᆡᆼ의 『쥬역』을 됴화ᄒᆞ시며 어이 『쥬역』의 졀음식 삼ᄌᆞ를 힝티 못ᄒᆞ시ᄂᆞ니잇가. 공ᄌᆞ 말ᄉᆞᆷ은 '부모ᄂᆞᆫ 유기질지우'라 ᄒᆞ여 겨시니 술을 졀【9b】음티 못ᄒᆞ시다가 시ᄉᆞ이 병들면 대인의게 이우되시미 엇더ᄒᆞ리잇가."

지셩으로 간ᄒᆞ니 원의랑이 답왈,

"쇼ᄆᆡ의 말이 인경거의ᄒᆞ야 지졍으로 올흐니 내 어이 신텽티 아니ᄒᆞ리오."

그시브터 술 마시기 긋티고 「계쥬좀」을 지어 벽샹의 븟티고 쇼ᄆᆡᄃᆞ려 닐러 왈,

"이후 내 다시 술 마시거든 네 간ᄒᆞ라."

ᄒᆞ니 유한당이 ᄆᆡ양 신ᄉᆞ 일캇더니 오랜 후 유한당이 무러 왈,

"형이 술 ᄉᆡᆼ각이 업ᄂᆞ냐?"

원의랑 왈,

"내 쇼ᄆᆡ와 언약ᄒᆞ엿거든 다시 술 ᄉᆡᆼ각이 어이 이시리오."

유한당 왈,

"ᄆᆞ음을 뎡한 후 다시 아니 먹으려【10a】니와 오랜 후면 ᄉᆡᆼ각나기 쉬오리라."

ᄒᆞ엿더니 단음ᄒᆞ연디 십여년 만의 원의랑이 제우 모힌 곳의 갓다가 도라와

ᄀᆞᆯ오ᄃᆡ,

"금일 연셕의 미쥬향도 만흔 준의 ᄀᆞ득ᄒᆞ고 향긔로온 긔운이 누ᄃᆡ에 낭쟈ᄒᆞ니 마시븐 ᄉᆡᆼ각이 과연 오ᄂᆞᆯ이야 잇더라."

ᄒᆞ니 유한당이 쇼왈,

"그러ᄒᆞ기 쉽ᄉᆞ오니이다. 녯적의 뎡명도 션ᄉᆡᆼ이 십뉵셰 ᄯᅢ에 뎐녑을 됴화ᄒᆞ시다가 즉시 긋치신 후 다시 그 ᄆᆞ음이 업노라 ᄒᆞ시니 쥬념계 션ᄉᆡᆼ이 ᄀᆞᆯ오ᄃᆡ, '어이 말을 수이 ᄒᆞᄂᆞ니. 이 ᄆᆞ음이 ᄀᆞ마니 이셔 발티 아니ᄒᆞ다가 일〃에 ᄆᆡᆼ동ᄒᆞ면 다시 처엄 ᄀᆞᆺ【10b】기 쉬오니라' ᄒᆞ엿더니 그 후 십이년의 들을 져물게야 디나다가 뎐녑ᄒᆞᄂᆞᆫ 양을 보고 깃븐 ᄆᆞ음 나기ᄅᆞᆯ ᄭᆡᄃᆞᆺ디 못ᄒᆞ니 과연 못ᄒᆞᄂᆞᆫ 줄을 ᄇᆞ야흐로 아랏노라 ᄒᆞ여 겨시니 형이 젼의 술 ᄉᆡᆼ각 업노라 말ᄉᆞᆷ이 말을 과연 수이 ᄒᆞ야 겨오시니 이제 술을 보고 ᄆᆞ음이 ᄆᆡᆼ동ᄒᆞᆫ 거ᄉᆞᆫ 뎡ᄌᆞ의 뎐녑 보시고 희심 잇던 것과 ᄀᆞᆺᄉᆞ오이다. 뎡ᄌᆞ겨오셔 집심이 굿으셔 뎐녑을 깃거ᄒᆞ신 ᄆᆞ음을 다시 아니 나 겨실 거시니 우리 형도 단음ᄒᆞᆯ 공부ᄅᆞᆯ 오래 딕희여 미쥬향도ᄅᆞᆯ 만나도 먹을 ᄉᆡᆼ각이 다시 아니【11a】 나면 혹쟈 공부 음식지졀이라도 가히 보올 거시 잇ᄉᆞ오리다."

원의랑이 긔특ᄒᆞ야 사례 왈,

"네의 인거ᄒᆞ야 ᄒᆞᄂᆞᆫ 말이 과연 챡톄ᄒᆞ니 내 어이 명심티 아니ᄒᆞ리."

ᄒᆞ니라.

쳐ᄉᆡ 공부ᄒᆞᆯ ᄯᅢ 젼고 셩현의 '어딜 인' ᄌᆞ 일ᄏᆞ란 말을 다 모화 칙 두 권을 ᄆᆡᆫᄃᆞ라 일홈ᄒᆞ여 『구인녹』이라 ᄒᆞ고 모든 아ᄃᆞᆯ을 불러 셔ᄅᆞᆯ 지어오라 ᄒᆞ니 제ᄌᆡ 지어 오니 쳐ᄉᆡ ᄒᆞᆫ 번 보고 유한당을 뵈니 유한당이 ᄂᆞ리 ᄉᆞᆯ핀 후 쳐ᄉᆡ 고하

ᄅᆞᆯ 니ᄅᆞ라 ○○[ᄒᆞ니] 유한당이 고왈,

"극히 잘 지어 문장톄단이 눅됴 고슈라도 이에셔 더ᄒᆞᆯ 배【11b】 업ᄉᆞ오니 과연 됴ᄉᆞᆸ거니와 반 이하ᄂᆞᆫ 문격이 우만 못ᄒᆞ야 브죡ᄒᆞᆯ 분 아니라 웃편 ᄯᅳᆺ은 슈쇄하기ᄅᆞᆯ 실히 못ᄒᆞ여시니 이거시 흠이올소이다."

쳐ᄉᆡ 대쇼 왈,

"시험ᄒᆞ야 뵈엿더니 네 말이 과연 내 소견과 ᄀᆞᆺ도다. 네 녀ᄌᆞ로셔 어이 글 짓ᄂᆞᆫ ᄃᆡ 샹하관쇄ᄒᆞᄂᆞᆫ 법을 아ᄂᆞᆫ다?"

유한당이 ᄃᆡ왈,

"이젼 냑간 글들 볼 ᄯᅢ 아라ᄉᆞᆸᄂᆞ이다."

"어ᄂᆞ 글의 보왓ᄂᆞᆫ다?"

유한당이 ᄃᆡ왈,

"글들이 다 샹하관쇄 아닌 글이 업ᄉᆞᆸ더이다. 위션 「쇼혹뎨ᄉᆞ」로 닐러도 '범ᄎᆞ궐초 무유불션'이라 우ᄒᆡ 일ᄏᆞᆺᄉᆞᆸ고 아래 '내복기【12a】초'라 ᄒᆞ여ᄉᆞ오니 '초' ᄌᆞ ᄒᆞ나흘 샹하관쇄ᄒᆞ여ᄉᆞ오니 '시왈병이'라 우ᄒᆡ 일ᄏᆞᆺ고 아래ᄂᆞᆫ '힝ᄌᆞ병이'라 일ᄏᆞ라 '병이' 두 ᄌᆞ로 샹하관쇄ᄒᆞ여ᄉᆞ오니 그 ᄒᆞᆫ 글을 보와도 문법 대톄ᄅᆞᆯ 아올러이다."

쳐ᄉᆡ 원의랑을 불러 닐러 왈,

"네 누의 이 글을 보고 '하단이 상단만 못ᄒᆞ고 상하관쇄ᄅᆞᆯ 못ᄒᆞ엿다' ᄒᆞ니 글 소견이 무던ᄒᆞ엿다."

원의랑 왈,

"쇼ᄆᆡ 말이 올ᄉᆞ오이다. 글을 지을 적 반을 짓ᄉᆞ온 후 아이 보고 '반 이하ᄂᆞᆫ 지으련노라' ᄒᆞ옵기 지이엿ᄉᆞᆸ더니 셔 짓기ᄂᆞᆫ 처엄이라 서러 이러ᄒᆞ오니 아래편을 곳텨 짓【12b】ᄉᆞ오리이다."

일〃은 원의랑 형뎨 글도 지으며 화류경티도 보더니 유한당이 ᄉᆡᆼ어ᄅᆞᆯ 어더 회ᄅᆞᆯ 텨 나오고,

"형이 이 고기 일홈을 아ᄅᆞ시ᄂᆞ니잇가?"

원의랑 왈,

"반면어라도 ᄒᆞ고 비목어라도 ᄒᆞᄂᆞ니라."

유한당이 ᄃᆡ왈,

"일홈이 ᄯᅩ 잇ᄉᆞᆸᄂᆞ니잇가?"

원의랑 왈,

"듯디 못ᄒᆞ여시니 네 알거든 니ᄅᆞ라."

유한당 왈,

"일명은 왕여어라 ᄒᆞ옵ᄂᆞ니이다. 녯적의 월왕이 젼당의셔 ᄉᆡᆼ어ᄅᆞᆯ 잡아 회ᄅᆞᆯ 텨 먹고 반ᄧᅩᆨ을 물의 도로 녀흐니 그 고기 되사라 고기 되여 일홈을 반면어라 ᄒᆞ고, 왕이 먹고 남은 거시기【13a】 왕여어라 ᄒᆞ옵ᄂᆞ니이다."

졔형뎨 대쇼 왈,

"우리 형뎨들을 셰샹이 박남ᄒᆞᆫ다 일ᄏᆞᆺ거ᄂᆞᆯ 오ᄂᆞᆯ날 쇼ᄆᆡᄂᆞᆫ 당ᄒᆞᆯ 길히 업ᄉᆞ니 네의 총명ᄌᆡ화ᄅᆞᆯ 볼 적마다 녀ᄌᆞ의 몸으로 되여 난 줄 개탄ᄒᆞ노라."

유한당 왈,

"댱부라도 ᄒᆡᆼ실을 ᄉᆞᆼ샹할 거시니 젼혀 박남으로만 일홈이 이셔든 귀ᄒᆞᆯ 거시 어이 잇ᄉᆞ오리잇가. ᄒᆞ물며 녀ᄌᆞ의 규뫼 ᄒᆞᆨ문을 삼갈 거시니 박남 잇ᄂᆞᆫ 톄ᄒᆞ기도 ᄌᆞᆨ히 고이ᄒᆞ리잇가. 내 약간 셔적을 보아시나 형뎨들 ᄌᆡ조ᄅᆞᆯ 어이 당ᄒᆞ오

며 ᄆᆞ춤 싱어를【13b】 회 티기의 싱각ᄒᆞ니 형뎨 남ᄆᆡ 모힌 좌듕이오 외인의 업기의 위연이 ᄒᆞᆫ 말이러니 일ᄏᆞᄅᆞ시믈 드ᄅᆞ니 도로혀 참안ᄒᆞ이다."

수월 후의 황뎨겨샤 태익디의 꼿출 귀경ᄒᆞ시고 고기를 낙그시며 션ᄇᆡ를 모화 과거를 뵈이시니 뎨삼뎨 뜰히 드럿더니 어졔를 내여 결매 '왕여어' 삼ᄌᆞ로 글졔를 ᄒᆞ엿ᄂᆞᆫ디라. 만쟝다ᄉᆞ가 왕여어 ᄒᆡ졔를 아디 못ᄒᆞ여 글을 다 ᄌᆞ셔히 짓디 못ᄒᆞᄂᆞᆫ디라. 뎨삼뎨 ᄒᆡ졔를 쇼ᄆᆡ의게 드럿던 거시라. 그대로 글을 지어 밧티니 황뎨 누 우ᄒᆡ 올라 친히【14a】 글을 ᄭᅩ노시다가 그 글을 보시고 극히 칭찬ᄒᆞ샤 장원을 ᄒᆞ이시고 불러드려 ᄉᆞ쥬ᄒᆞ시고 텬포 늉듕ᄒᆞ시며,

"왕여어 ᄒᆡ졔를 어ᄂᆞ 칙의셔 보니?"

무ᄅᆞ시니 장원이 칙 일홈은 듯디 못ᄒᆞᆫ 고로 쇼ᄆᆡ의게 드른 실상을 알외니 황뎨겨샤 하교 왈,

"너ᄒᆡ 형뎨 다 지명ᄒᆞᄂᆞᆫ 션ᄇᆡ러니 네 누의 ᄯᅩ 그러ᄒᆞ다 ᄒᆞ니 가위 유시남 유시ᄆᆡ로다."

장원이 집의 도라와 연듕 말ᄉᆞᆷ을 다 뎐ᄒᆞ니 가인들이 칭하ᄒᆞ고 영광을 일ᄏᆞᆺ디 아니리 업ᄉᆞᄃᆡ 유한당이 홀로 닐오ᄃᆡ,

"『녜긔』예 '공명의 불언부녜'라 ᄒᆞ여【14b】시니 공명의셔 엇디 누의 말을 ᄒᆞ리오. 쇼ᄆᆡ 평싱의 기리ᄂᆞᆫ 말이 문 밧긔 나ᄂᆞᆫ 것도 아쳐ᄒᆞ거든 ᄒᆞ물며 됴뎡의셔 기리ᄂᆞᆫ 거시 반가오며, 장원의 닙신지초의 말ᄉᆞᆷ이 『녜긔』예 어긋나니 이ᄃᆞᆯ와라."

일ᄏᆞᄅᆞ니 장원이 최샤ᄒᆞ더라.

일〃은 원의랑 형뎨 부모긔 문안ᄒᆞ고 쇼ᄆᆡ를 ᄎᆞᄌᆞ니 부인 왈,

"문안ᄒᆞ고 가니라."

졔형뎨 유한당의 니ᄅᆞ러 보니 셔안을 ᄃᆡᄒᆞ여 글을 닑디 아니ᄒᆞ고 단졍히 안자 츄연ᄒᆞ야 ᄒᆞ거ᄂᆞᆯ 형뎨 무러 ᄀᆞᆯ오ᄃᆡ,

"쇼ᄆᆡ 금일이 하일이완ᄃᆡ 젹연이 안자 므슨 일으로 근심ᄒᆞᄂᆞ뇨?"【15a】

유한당이 탄식 ᄃᆡ왈,

"쇼ᄆᆡ 평ᄉᆡᆼ을 ᄉᆡᆼ각ᄒᆞ니 남ᄌᆞ 되디 못ᄒᆞ고 녀ᄌᆞ의 몸이 되여 텬하 허다 명산대쳔을 널니 보ᄂᆞᆫ 거시 댱부의 쾌ᄒᆞᆫ 일이로ᄃᆡ 쇼ᄆᆡᄂᆞᆫ 그리 못ᄒᆞ고, 녁ᄃᆡ ᄉᆞ긔를 널니 보아 고금 티란 ᄉᆞ젹을 두루 보ᄂᆞᆫ 거시 댱부의 지혜 느ᄂᆞᆫ 것이로ᄃᆡ 쇼ᄆᆡᄂᆞᆫ 그리 못ᄒᆞ고, 인간 긔문벽셔를 만히 모화 누 우ᄒᆡ 빠하두고 긔화이초를 동산의 만히 심거두고 그 가온대 안자 문쟝을 삼ᄂᆞᆫ 거시 댱부의 승ᄉᆞ로ᄃᆡ 쇼ᄆᆡᄂᆞᆫ 그리 못ᄒᆞ고, 소년등과ᄒᆞ야 평ᄉᆡᆼ 경뉸을 베퍼 우흐로 나라흘 도아 태평지【15b】티를 일우고 아래로 가셩을 ᄃᆡᆨ히여 문호의 영광케 ᄒᆞᄂᆞᆫ 거시 댱부의 ᄉᆞ업이로ᄃᆡ 쇼ᄆᆡᄂᆞᆫ 그리 못ᄒᆞ고, 힝보ᄂᆞᆫ 당의 ᄂᆞ릴가 저허ᄒᆞ고 언어ᄂᆞᆫ 발 밧긔 날가 념녀ᄒᆞ고 경뉸은 불과 방젹침션이오 ᄉᆞ업은 불과 쥬쟝변두분이니 흉듕의 지각이 잇ᄉᆞ온들 일호 내여쓰디 못ᄒᆞ오니 댱부의 허다 ᄉᆞ업의 비겨ᄂᆞᆫ 엇디 지한이 아니 되리잇가."

원의랑이 답왈,

"텬디 ᄇᆡ판ᄒᆞᆫ 후의 건도ᄂᆞᆫ 동용ᄒᆞ기를 슝샹ᄒᆞ니 이 니ᄂᆞᆫ『쥬역』건곤괘예 ᄇᆰ이 닐럿ᄂᆞ니라. 혹식 잇ᄂᆞᆫ 부녜 ᄌᆞ고로 ᄉᆞ업을 쥬댱ᄒᆞ야 일운 일【16a】이 업거든 이제 너분 ᄒᆞᆫ탄ᄒᆞ랴. 셰샹 남ᄌᆞ들인들 공명ᄉᆞ업을 사ᄅᆞᆷ마다 일우ᄂᆞ냐. 남ᄌᆞ 듕의 용〃녹〃ᄒᆞ야 취ᄉᆡᆼ몽ᄉᆞ ᄒᆞᄂᆞ니 무수ᄒᆞ니 그러ᄒᆞ니로 니ᄅᆞ면 ᄎᆞᆯ하리 녀ᄌᆞ되여 식궁조신ᄒᆞ야 평ᄉᆡᆼ의 허물이 업서 텬부지셩을 온젼히 ᄒᆞ야 셰샹의 텰부

현완으로 득명ᄒᆞ면 엇디 용〃녹〃ᄒᆞᆫ 댱부ᄅᆞᆯ 블워ᄒᆞ리오. 너 일ᄏᆞᆺᄂᆞᆫ 문쟝ᄉᆞ업 밧긔 뎨일은 ᄒᆞᆨ문이니 ᄒᆞᆨ문 공부ᄂᆞᆫ 남ᄌᆞ나 녀ᄌᆞ나 다ᄅᆞᆯ 거시 어이 이시리. 쇼ᄆᆡ ᄌᆞ품이 츌인ᄒᆞ야 문댱도 ᄒᆞᆯ 거시오 ᄉᆞ업도 ᄒᆞᆯ 거시니 그러ᄒᆞ건마ᄂᆞᆫ【16b】 녀ᄌᆡ 되여시니 우리 부모형뎨 네 지혜 특달ᄒᆞᆫ 거ᄉᆞᆯ 보거나 문ᄌᆡ 총혜ᄒᆞᆫ 거ᄉᆞᆯ 보면 ᄆᆡ양 애ᄃᆞᆯ와ᄒᆞ더니 금일 네 말을 드ᄅᆞ니 내 ᄆᆞ음의 더옥 ᄒᆞᆫ탄ᄒᆞ노라. 네 ᄌᆞ품이 임의 근도ᄒᆞ고 가뎡의 훈회ᄒᆞ시미 다 ᄒᆞᆨ문으로 ᄒᆞ시니 네 ᄒᆞᆨ문 공부ᄅᆞᆯ 힘ᄡᅥ ᄒᆞ야 녀듕군ᄌᆡ 되면 부모형뎨 ᄆᆞ음이 어이 긔특디 아니ᄒᆞ리오.”

유한당이 구셰 ᄯᅢ예 쳐ᄉᆞ의 집 ᄒᆞᆫ 편의 불이 나니 일실 샹해 경황ᄒᆞ야 불을 끈 후 보니 유한당이 방과 텽샤의 업ᄉᆞ니 가인들이 급히 두로 ᄎᆞᄌᆞ니 유한당이 ᄉᆞ【17a】당 듕문을 열고 문 열쇠ᄅᆞᆯ 손의 들고 듕문 안ᄒᆡ 셧ᄂᆞᆫ디라. 사ᄅᆞᆷ이 연고ᄅᆞᆯ 무ᄅᆞ니 ᄃᆡ왈,

“일가인이 불을 끄려 ᄒᆞ고 경황분주ᄒᆞ니 나ᄂᆞᆫ 쇼ᄋᆡ라. 불을 끄디 못ᄒᆞ나 만일 불이 ᄉᆞ당 갓가이 오게 되면 어룬들이 듕문 열기 창졸의 급ᄒᆞᆯ가 념녀ᄒᆞ야 듕문을 열고, 임의 연 후ᄂᆞᆫ 븨오디 못ᄒᆞ여 딕희여 셧ᄂᆞ니이다.”

가인이 다 긔특이 너기고 쳐ᄉᆞ공이 듯고

“네 ᄉᆡᆼ각은 츌인ᄒᆞ기 ᄆᆡ양 여ᄎᆞᄒᆞ니 남ᄌᆞ 못 되여 난 줄 앗갑다.”

ᄒᆞ더라.

유한당이 년긔 댱셩ᄒᆞ니 일ᄃᆡ 부귀ᄒᆞᆫ 집의셔 구혼ᄒᆞᄂᆞ【17b】니 만흐ᄃᆡ 쳐ᄉᆡ 다 ᄉᆞ양ᄒᆞ고 원의랑 만츈ᄃᆞ려 왈,

“시임샹서 두원농이 효우ᄒᆡᆼ실이 원근의 표져ᄒᆞ고 가계와 인물이 내 ᄯᅳᆺ의

합ᄒᆞ니 뎨일ᄌᆞ 텬복이 그 부모의 훈계로 쵸츌타 ᄒᆞ니 통혼ᄒᆞ미 엇더ᄒᆞ뇨?"

만츈 왈,

"과연 합당ᄒᆞ이다. 쇼ᄆᆡ 날 적의 긔이ᄒᆞᆫ 몽되 잇고, ᄌᆞ라매 팀좀후듕ᄒᆞ야 언힝이 법도의 어긋나디 아니ᄒᆞ고 긔샹이 온화쟈약ᄒᆞ니 ᄌᆞ손이 심히 번챵홀 거시오, 두 샹셔의 가풍이 극히 인후ᄒᆞ야 후딘이 선〃홀 집이니 피ᄎᆞ의 구ᄒᆞᄂᆞᆫ 바의 맛당ᄒᆞ이다."

하고 드ᄃᆡ여 두 샹【18a】셔 집의 통혼ᄒᆞ니 두 샹셰 대희ᄒᆞ야 ᄀᆞᆯ오ᄃᆡ,

"ᄉᆞ군ᄌᆞ의 결친ᄒᆞᄂᆞᆫ 도리 논지ᄒᆞ기ᄂᆞᆫ 이노지풍이오 탐셰ᄒᆞ기ᄂᆞᆫ 혹쟈의 경계ᄒᆞᆫ 배라. 샤 쳐ᄉᆞ와 샹시 교계 깁흘 분 아니라 그 위인과 힝검을 극히 아름다이 너기더니 이제 두 집이 결친ᄒᆞ미 엇디 위연ᄒᆞ리오."

피ᄎᆞ 약혼ᄒᆞ고 쳐ᄉᆞ 집의셔 튁일ᄒᆞ려 ᄒᆞ더니 이때 시어ᄉᆞ 뉴황이 셩의빅 뉴긔 후손이라. 년길ᄒᆞᄂᆞᆫ 방셰 집의 뎐ᄒᆞ야 슐업이 졍묘ᄒᆞ더니 ᄆᆞ촘 쳐ᄉᆞ롤 보라 오니 쳐ᄉᆞ와 샹시 금난지괴라. 비쥬달난ᄒᆞ다가 쳐ᄉᆡ 말ᄒᆞ여 왈,

"내 집의 소교ᄋᆞ【18b】의 눅녜 길일을 뎡ᄒᆞ여 주미 엇더ᄒᆞ뇨?"

어ᄉᆡ 허락 왈,

"년길ᄒᆞᄂᆞᆫ 법이 샹듕하 삼층이니 샹등인의게 듕하등 튁일을 못 쓰고, 듕하등인의게 샹등 튁일을 못 쓰ᄂᆞ니 셰샹이 그런 법을 모ᄅᆞ고 튁일만 됴케 ᄀᆞᆯ히ᄂᆞᆫ 거시 조화디니롤 모ᄅᆞᄂᆞᆫ디라. 쳐ᄉᆞ의 결혼ᄒᆞᄂᆞᆫ 집이 누고뇨?"

쳐ᄉᆡ 왈,

"샹셔 두원농의 당ᄌᆡ라."

뉴 어ᄉᆡ 대희 왈,

"뉴 샹서ᄂᆞᆫ 내 평ᄉᆡᆼ 지긔지우라. 졍의 깁흘 분 아니라 가법이 ᄀᆞ장 인후ᄒᆞ

야 후예 필챵홀 거시니 가히 샹등 튁일로 쁠 거시라. 내 두 벗의 집 혼인대례 뎡ᄒᆞ【19a】기룰 ᄉᆞ양ᄒᆞ리오."

드ᄃᆡ여 튁일ᄒᆞ여 주어 골오ᄃᆡ,

"명년 신묘 이월 이십ᄉᆞ일노 뎡ᄒᆞ여시니 길일은 튁일가의 빵비호뎝격이니 후셰예 부귀홀 분 아니라 ᄌᆞ손이 현인 텰뷔 만히 나리라."

ᄒᆞ니 쳐싀 샤례 왈,

"벗의 혼인 뎡ᄒᆞ고 친ᄒᆞᆫ 벗이 튁일ᄒᆞ니 실로 긔이ᄒᆞ도다."

ᄒᆞ더라.

쳐ᄉᆞ 부인이 길녜 ᄌᆞ장을 화치하게 출히고져 ᄒᆞ니 쳐싀 닐러 왈,

"ᄌᆞ식을 길러 셩취ᄒᆞ매 부모의 ᄆᆞ음이 엇디 ᄌᆞ장을 풍치코져 아니리오마ᄂᆞᆫ 과히 풍치ᄒᆞᆫ 거ᄉᆞᆫ 조물이 싀긔ᄒᆞ여 ᄌᆡ홰 나기 쉽고 검박ᄒᆞᆫ 거ᄉᆞᆫ 복을 밧ᄂᆞᆫ다 ᄒᆞ【19b】여시니 녯말이 그럴 분 아니라 내 수십 년 셰샹의 친쳑 직우의 집들의 여력ᄒᆞ여 보니 집집이 결워가며 샤치 슝샹ᄒᆞ던 집이 일향 호화ᄒᆞ고 ᄌᆡ화 아니 만나니 극히 드므니 이런 일을 경계 아니리오. 또 두 샹셔의 집이 쳥검ᄒᆞ기로 셰샹의 일홈나고 누ᄃᆡ 벼슬을 슝현ᄒᆞ기의 시졀 사ᄅᆞᆷ들이 흠앙ᄒᆞᄂᆞᆫ 집이오, 내 집도 조션브터 쳥덕 잇기로 일캇더니 이제 우리 두 집이 ᄌᆞ녀룰 결혼ᄒᆞ매 사ᄅᆞᆷ들이 눈 써 볼 거시니 이제 엇디 어린 녀ᄋᆞ의 혼인을 위ᄒᆞ여 가법을 튜락ᄒᆞ리오. 쥬옥금슈룰 일【20a】졀 구ᄒᆞ디 말고 형차포군으로 녜룰 일우미 가ᄒᆞ니라."

원의랑이 골오ᄃᆡ,

"요ᄉᆞ이 셰샹이 샤치ᄒᆞ기로 고례 되여시니 독셔군ᄌᆞ들이 개탄ᄒᆞᄂᆞ니 만코 두 샹셔 집과 우리 집이 다 셰샹의 일홈이 이시니 슝검ᄒᆞ기로 힘쎠 ᄒᆞ야 셰샹이

궁식ᄒᆞ게 ᄒᆞ미 가ᄒᆞ오니이다.”

노부인이 골오ᄃᆡ,

“ᄌᆞ식의게 셕복ᄒᆞᄂᆞᆫ 거시 의리의 올커니와 우리 두 집의 혼슈ᄅᆞᆯ 검박히 디낸 본으로 셰샹의 샤치ᄒᆞᄂᆞᆫ 고례 나을 줄 어이 알리오.”

원의랑 왈,

“셰샹이 효측ᄒᆞ고 아니키ᄅᆞᆯ 의논ᄒᆞᆯ 거시 아니라 내 집의셔만 가법을 닥히ᄂᆞᆫ 거시 당연ᄒᆞ고, 녯【20b】적의 곽님종이 일홈잇ᄂᆞᆫ 션ᄇᆡ라 머리의 ᄡᅳᄂᆞᆫ 관이 ᄲᅳᆯ이 브러딘 거ᄉᆞᆯ ᄡᅧᆺ더니 셰샹이 흠모ᄒᆞ야 관의 ᄲᅮᆯ을 브ᄅᆞ딜러 ᄡᅳ고 졀각건이라 일홈ᄒᆞ여시니 곽님종은 불과 쳥담ᄒᆞᆫ 션ᄇᆡ라도 사ᄅᆞᆷ들이 흠모ᄒᆞ야 이러ᄒᆞ거든 만일 독셔군ᄌᆞ의 집이 녜법을 ᄇᆞᆰ히고 쳥검을 슝샹ᄒᆞ면 셰도의 유익이 어이 업ᄉᆞ오리잇가. 또 두 샹셔의 당ᄌᆞ 텬복이 십셰 젼으로브터 효셩이 탁이ᄒᆞ고 원근이 다 두효ᄌᆞ라 일ᄏᆞᆺᄂᆞᆫ디라. 년긔 십뉵셰 쇼년으로 문쟝과 ᄒᆞᆨ식이 유명ᄒᆞᆯ 분 아니라 녜법 소아ᄒᆞ기 부훈을 품슈ᄒᆞ야 사ᄅᆞᆷ【21a】들이 유시부 유시ᄌᆞ라 니ᄅᆞ니 혼슈ᄅᆞᆯ 화려히 출히면 두효ᄌᆞ의 ᄆᆞ옴은 깃거 아니 ᄒᆞ오리이다.”

부인 왈,

“쇼년 아ᄒᆡ 유식ᄒᆞᆯ디라도 빗난 거ᄉᆞᆯ 됴화ᄒᆞᄂᆞ니라.”

원의랑 왈,

“쇼년이 호샤ᄅᆞᆯ 됴화ᄒᆞᆯ디라도 어룬이 금지ᄒᆞ오려든, 이 효ᄌᆞᄂᆞᆫ ᄒᆞᆨ식이 이시니 엇디 화려히 ᄒᆞ야 그ᄅᆞᆫ 도로 인도ᄒᆞ리잇가.”

부인 왈,

“네의 대인 말솜이 여ᄎᆞᄒᆞ고 네 말이 또 이러ᄒᆞ니 내 엇디 힝티 아니ᄒᆞ리오. ᄆᆞ옴의 깃거ᄒᆞᄂᆞᆫ 배로다.”

증젼의 쳐ᄉᆞ의 친우 진 샤인이 친상을 만나 형셰 간난ᄒᆞ기로 영폄을 못 디내여 ᄒᆞ니 쳐시 듯고 은ᄌᆞ 이ᄇᆡᆨ 금을 보내여 장녜롤 디내【21b】엿더니 그 후 진 샤인이 쵹군 태슈롤 ᄒᆞ여 간 후 샤 쳐시 녀혼디낸다 말을 듯고 쵹금 오십 필을 보내니 샤공이 밧디 아니ᄒᆞ고 도로 보내고 ᄂᆡ당의 드러와 부인ᄃᆞ려 닐오ᄃᆡ,

"진 태싊 문금을 보내여 녀ᄋᆞ의 혼슈롤 도으니 이 문금은 텬하의 드믄 거시니 혼슈의 됴히 ᄡᅳ게 ᄒᆞ엿다."

ᄒᆞ니 부인 왈,

"혼슈의 문금 아니 ᄡᅳ기로 뎡ᄒᆞ여시니 놈이 보내엿다 ᄒᆞ고 어이 ᄡᅳ며, 임의 아니 ᄡᅳ며 밧기ᄂᆞᆫ 더옥 군ᄌᆞ의 ᄉᆞ슈ᄒᆞᄂᆞᆫ 도리 명ᄇᆡᆨ디 못ᄒᆞ오니 도로 보내미 됴흘 듯ᄒᆞ이다."

쳐시 쇼왈,

"임의 도로 보내엿거니와 부인 말솜을 듯고져 니룬 배러【22a】니 ᄃᆡ답이 여ᄎᆞᄒᆞ시니 나의 ᄆᆞ옴과 ᄀᆞᆺ도다."

ᄒᆞ더라.

진 태싀 쳐ᄉᆞ의 답찰을 보고 ᄌᆞ긔 보낸 문금이 도로 와시니 무안ᄒᆞᆫ 듕 쳐ᄉᆞ의 검쇼ᄒᆞᆫ ᄆᆞ옴을 칭찬ᄒᆞ야 골오ᄃᆡ,

"ᄎᆞ인의 샹시 인품은 아ᄂᆞᆫ 배나 너모 고결ᄒᆞ기 병되다."

니ᄅᆞ더라.

수월이 디난 후 길일이 되여 친영ᄒᆞ여 도라갈ᄉᆡ 유한당 모부인 노 시 경계ᄒᆞ여 골오ᄃᆡ,

"네 구가의 드러가 동〃쵹〃ᄒᆞᆫ 경셩을 ᄒᆞᆫ ᄣᅢ도 ᄆᆞ옴을 놋티 말라. 셰샹 부녀들이 구고 셤기오믈 이편 부모와 ᄀᆞ티 못 ᄒᆞᄂᆞ니 만흐니 극히 개연ᄒᆞᆫ디라. 부모ᄂᆞᆫ 녀식을 기ᄅᆞᆯ 적 ᄆᆡ양 놈의 집의 보내려 ᄒᆞ【22b】기 문호의탁ᄒᆞᄂᆞᆫ 계교ᄂᆞᆫ 아니 두거니와, 구고ᄂᆞᆫ 며ᄂᆞ리ᄅᆞᆯ 새로 마자 드리매 문호ᄌᆞ손지탁이 젼혀 며ᄂᆞ리게 이시니 구고의 며ᄂᆞ리 ᄉᆞ랑ᄒᆞ고 긔망ᄒᆞᄂᆞᆫ 배 엇디 부모의 ᄯᆞᆯ자식 구〃히 ᄉᆞ랑ᄒᆞᄂᆞᆫ 것 ᄀᆞᆺ홀가 시브뇨. 구고의 ᄉᆞ랑ᄒᆞ시미 깁고 긔망ᄒᆞᄂᆞᆫ 배 듕ᄒᆞ니 며ᄂᆞ리 되여 엇디 그 ᄯᅳᆺ을 호발이나 어그ᄅᆞᆺᄎᆞ며 구고 셤기ᄂᆞᆫ 도리 정셩과 공경 밧긔 업ᄉᆞ니 네 모롬죽이 구가의 간 후 슉흥야ᄆᆡᄒᆞ고 동〃쵹〃ᄒᆞ야 일언일ᄉᆡ라도 다 어룬의게 품ᄒᆞ여 ᄒᆡᆼᄒᆞ고 구고의 ᄉᆞ랑만 밋고 ᄆᆞ음을 일분도 방심 말고 극진이 셤기면 현뷔라 일ᄏᆞᆺ고 군ᄌᆞ【23a】의게 현쳐라 일ᄏᆞᆺ고 유ᄌᆞ유녀ᄒᆞ야 의리로 교도ᄒᆞ면 현모라 니ᄅᆞᆯ 거시니 이 세 ᄀᆞ지 네 직칙이라. ᄌᆞ손이 번챵ᄒᆞ고 영화복녹을 누리기ᄂᆞᆫ 이편 일심의 인후ᄒᆞ기ᄅᆞᆯ 힘ᄡᅳ고 ᄒᆡᆼ실 의리ᄅᆞᆯ 준ᄒᆡᆼᄒᆞ면 하ᄂᆞᆯ이 복을 ᄂᆞ리오실 거시니 인간 길흉이 다 제 몸으로 나ᄂᆞᆫ 거시라. 구고 셤기믈 정셩으로 ᄒᆞᆯ 줄 뉘 모ᄅᆞ리오마ᄂᆞᆫ 셰샹 부녜 성경 공부ᄂᆞᆫ 젹고 의리지혹은 노무ᄒᆞ야 그러ᄒᆞ나, 너ᄂᆞᆫ 가뎡의셔 듯고 본 거시 놈의 집 무〃ᄒᆞ니와 다ᄅᆞ고 네 인효한 ᄌᆞ품과 총명ᄒᆞᆫ ᄌᆡ죄 츌인ᄒᆞ니 부모의 ᄆᆞ음이 ᄌᆞᄋᆡ로 ᄉᆞ랑ᄒᆞᆯ 분 아니라 실로 밋ᄂᆞᆫ 배라.【23b】 구고ᄅᆞᆯ 내 부모로 알고 군ᄌᆞ의 동긔ᄅᆞᆯ 내 동긔 친쳑으로 아라 인화ᄒᆞᆫ 덕ᄒᆡᆼ이 궐ᄒᆞᄂᆞᆫ 고디 업ᄉᆞᆫ 연후의야 부모의 ᄀᆞᄅᆞ틴 효험을 보리로다."

유모낭[한당]이 머리ᄅᆞᆯ 수겨 텽명ᄒᆞ고 구가의 니ᄅᆞ러 구고긔 신알녜ᄅᆞᆯ ᄒᆡᆼᄒᆞ니 두 샹셰 대희ᄒᆞ야 원 부인을 ᄃᆡᄒᆞ야 ᄀᆞᆯ오ᄃᆡ,

"신부의 ᄌᆞ품이 극히 인효ᄒᆞᆫ 소문은 드럿던 거시어니와 미목이 극히 명낭ᄒᆞ고 ᄒᆡᆼ동이 극히 후듕ᄒᆞ니 진짓 복녹을 만히 바들 그ᄅᆞ시니 오가의 경ᄉᆡ 이에셔 더ᄒᆞᆫ 일이 이시리오."

부인이 ᄃᆡ왈,

"부모의 교훈도 극진ᄒᆞ려니와 녀쇼 부녜 처엄으로 드러와 동용쥬션ᄒᆞ미 【24a】 이럿틋 아름다오니 텬품이 탁월ᄒᆞ미 아니면 어이 그러ᄒᆞ리오. 진실로 힝ᄒᆞ이다."

샹셔의 외죵미 쥬 시는 니부시랑 하문듕의 부인이러니, ᄋᆞ시로브터 샹법이 고명ᄒᆞ더니 부녀의 이런 브티 브졀업다 ᄒᆞ여 평싱의 입 밧긔 내디 아니ᄒᆞ고 샹셔도 잡술이라 ᄒᆞ여 의논ᄒᆞᄂᆞᆫ 배 업더니 금일 신부ᄅᆞᆯ 보고 샹셰 흔연ᄒᆞ여 쥬 부인긔 무러 ᄀᆞᆯ오ᄃᆡ,

"금일 연셕의 남ᄆᆡ 모혀 잇고 새로 보ᄂᆞᆫ 며ᄂᆞ리 범안으로 보와도 용모 풍치 긔이ᄒᆞ니 뎡ᄆᆡ 금일은 파계ᄒᆞ고 신부의 샹법을 의논ᄒᆞ미 엇더ᄒᆞ니잇고?"

쥬 시 우서 ᄀᆞᆯ오ᄃᆡ,

"공이 평싱 날ᄃᆞ려 샹법을【24b】 의논 말라 경계ᄒᆞ더니 금일 처엄으로 의논ᄒᆞ라 ᄒᆞ시니 ᄌᆞ부ᄅᆞᆯ 처엄으로 보고 대희ᄒᆞ야 이리ᄒᆞ시ᄂᆞᆫ 말솜이오? 공의 ᄌᆞ뷔 내 ᄌᆞ뷔나 다ᄅᆞ디 아니ᄒᆞ니 어이 ᄉᆞ양ᄒᆞ리잇가. 신뷔 가뎡의셔 혹힝을 ᄇᆡ혼 사ᄅᆞᆷ이니 이런 잡술의 말ᄒᆞᄂᆞᆫ 거ᄉᆞᆯ 듕심의 웃ᄉᆞ오리이다."

샹셰 ᄃᆡ왈,

"녯적의 공ᄌᆞ 외죄 슉냥흘 샹을 보고 사회ᄅᆞᆯ 삼앗고, 녀공이 한 고조와 번쾌 샹을 보고 사회 삼아시니 녜로브터 논샹ᄒᆞᄂᆞᆫ 법이 업디 아냣ᄂᆞ니이다."

쥬 시 논ᄒᆞ여 ᄀᆞᆯ오ᄃᆡ,

"관샹법이 얼굴만 보고 의논ᄒᆞ난 거시 아니라 일신젼톄와 힝보동작을 【25a】보ᄂᆞᆫ 거시 웃듬인ᄃᆡ 이 신부ᄂᆞᆫ 젼톄 모양이 거복의 샹격이오, 힝보와 손

풀 운용이 극히 단듕안샹ᄒᆞ야 경솔ᄒᆞᆫ 긔운이 죠곰도 업ᄉᆞ니 과연 지귀ᄒᆞᆫ 격이라, 슈흔이 무궁ᄒᆞᆯ 거시오 ᄌᆞ손이 번셩ᄒᆞ기 측냥 업술 거시니 녯적 화봉인이 뎨요 도당시 '슈·뷰·다남ᄌᆞ'로 헌츅ᄒᆞ여시니 이 세 가지의셔 더 ᄇᆞ라올 거시 이시리잇가. 얼골을 의논ᄒᆞ면 오악이 풍영ᄒᆞ여 길긔롤 씌엿고 냥목이 인후ᄒᆞᆫ 듕 경광이 샤인ᄒᆞ니 텬셩이 냥션ᄒᆞ고 지혜 츌인ᄒᆞᆯ 거시오, 듕악은 ᄌᆡ빅을 보고 ᄯᅩ 심ᄉᆞ롤 겸ᄒᆞ여 보ᄂᆞᆫᄃᆡ 듕【25b】악이 극히 단졍풍후ᄒᆞ야 심시 인션ᄒᆞ고 ᄌᆡ빅이 유죡ᄒᆞᆯ 거시오, 입은 더옥 드믄 격이라 샹법의 식녹만죵ᄒᆞᄂᆞᆫ 격이오, 귀ᄂᆞᆫ 마조 안자 보디 못ᄒᆞ니 귀격일 분 아니라, 빗치 얼굴이여서 더 희니 명만텬하ᄒᆞᆯ 격이로소이다. 내 젼후의 ᄂᆡ외 친쳑들의 부녀의 샹을 보니 만흐ᄃᆡ 이 신부의 샹ᄀᆞ티 여러 가지 귀격 가디 니ᄂᆞᆫ 처엄 보와ᄉᆞ오니 공의 집 ᄌᆞ손이 더옥 챵대ᄒᆞᆯ 거시오니 하례ᄒᆞᄂᆞ이다."

샹셰 대희 왈,

"내 소견도 이러ᄒᆞ더니 당ᄆᆡ ᄒᆞ시ᄂᆞᆫ 의논이 과연 명투ᄒᆞ시니 내 집의 막대ᄒᆞᆫ 경ᄉᆞ로소이다. 내 술을 아니 먹더니 금일은【26a】{은} 먹으리라."

ᄒᆞ고 신부롤 명ᄒᆞ여 잔을 드리라 ᄒᆞ여 세 잔을 마시니라.

유한당이 드ᄃᆡ여 구가의 머므러 일월이 오래매 효봉구고ᄒᆞ고 승슌군ᄌᆞᄒᆞ며 형뎨와 ᄌᆞᄆᆡ롤 지극 우ᄋᆡ하며 친쳑과 비복을 인의로 후ᄃᆡᄒᆞ니 예셩이 닌니의 쟈〃ᄒᆞ고 샹셔와 부인이 툥부의 이럿틋 현텰ᄒᆞ믈 긔이히 너기ᄂᆞᆫ디라.

일〃은 부인이 감휘 이셔 날포 자리의 니디 못ᄒᆞ니 유한당이 듀야탄갈ᄒᆞ야 약을 친히 맛보고 병측을 ᄯᅥ나디 아니ᄒᆞ여 효부의 도리 극진ᄒᆞ니, 보ᄂᆞ니 탄복ᄒᆞ고 샹셰 긔특이 너겨 부인ᄃᆞ려 닐러 ᄀᆞᆯ오ᄃᆡ,

"신부의 일동일졍【26b】이 년쇼 부녀의 미츌 배 아니〃 ᄉᆡᆼ지ᄒᆞᆫ 슉녜 아니면 엇디 이러ᄒᆞ리오."

부인이 ᄃᆡ왈,

"이번 쳡의 병의 구완을 보오니 차와 쥭을 손조 ᄡᅳᆯ혀 병구의 맛게 ᄒᆞ니 누으며 안티기라도 ᄋᆞᄌᆞ들도 힘이 밋디 못ᄒᆞᄃᆡ ᄋᆞ부의 약질이 능히 슈고로오믈 편토록 하야 수이 하리오니 엇디 긔특디 아니리잇가."

일일은 부인이 샹셔의 됴복을 몰라 지으려 ᄒᆞ니,

"관복은 여ᄂᆞ 의복과 다ᄅᆞ니 압ᄒᆡ셔 지으라."

유한당이 응명ᄒᆞ야 자와 가ᄋᆡᄅᆞᆯ 드러 ᄆᆞᄅᆞ기ᄅᆞᆯ 다ᄒᆞ매 쳑수ᄅᆞᆯ 쇼고와 의논ᄒᆞ야 지으ᄃᆡ 손 놀니기ᄅᆞᆯ 신속히 ᄒᆞ니 져므디 아냐 다 지으니 부인이 신긔【27a】히 너기고, 샹셰 명됴 됴참의 닙으니 몸의 심히 ᄆᆞᄌᆞᆫ디라. 이후로브터 샹셔의 의복은 유한당이 ᄀᆞ음아라 지어 ᄃᆡ령ᄒᆞᄃᆡ ᄉᆞ시 졀복을 미리 지으니 군속ᄒᆞ미 업더라.

일〃의 유한당이 새배 니러 글을 닑으니 두효ᄌᆡ 또 좀을 ᄢᅵ여 니러 안자,

"므ᄉᆞᆫ 글을 닑ᄂᆞ뇨?"

무ᄅᆞ니 유한당 왈,

"『시뎐』이로소이다."

ᄒᆞ고 두어 말ᄒᆞ더니 ᄃᆞᆰ이 우ᄂᆞᆫ디라. 유한당이 무러 ᄀᆞᆯ오ᄃᆡ,

"이 『시뎐』 「뎡풍」의 '녀왈계명ᄒᆞ니 ᄉᆞ왈미됴로다' ᄒᆞᆫ 글 짓던 부인은 극히 현텰ᄒᆞ고, '풍우쳐〃ᄒᆞ니 계명ᄀᆡ〃라' ᄒᆞᆫ 글 지은 계집은 극히 음난ᄒᆞ니, 다ᄀᆞ

티 뎡나라 사ᄅᆞᆷ의 글이오 뎡나라 ᄃᆞᆰ의 우ᄂᆞᆫ 소ᄅᆡ【27b】 다ᄅᆞ디 아니ᄒᆞᆯ 거시로ᄃᆡ 사ᄅᆞᆷ 션악이 판연ᄒᆞ니 고이ᄒᆞ이다."

두효ᄌᆡ 답왈,

"그러ᄒᆞ이다. 이러므로 ᄆᆡᆼᄌᆞ 말ᄉᆞᆷ의 '계명의 ᄀᆡᄒᆞ야 ᄌᆞ〃위션쟈ᄂᆞᆫ 슌지되야오, ᄌᆞ위리쟈ᄂᆞᆫ 쳑지되야라, 계명의 ᄀᆡᄒᆞ야 ᄉᆞ녀졍티라' 경계ᄒᆞ야ᄉᆞᆸᄂᆞ니이다."

일〃은 샹셰 이젼 사괴엿던 당 도ᄉᆡ 와 샹셔ᄭᅴ 뵈고 ᄀᆞᆯ오ᄃᆡ,

"증젼 노야 조부 장녜 디내올 ᄶᅢ 내 손으로 뎜산ᄒᆞ고 텬하의 드믄 길디니 ᄌᆞ손이 번셩ᄒᆞᆯ 분 아니라 ᄌᆞ손이 다 현인 군ᄌᆡ 무수히 날 거시오, 안산이 칠봉산인ᄃᆡ 뎨일봉이 더옥 슈려ᄒᆞ니 댱ᄌᆞ의 칠ᄌᆡ 날 거시오, 칠ᄌᆡ 다 문쟝이 영귀ᄒᆞ려니와 뎨일봉이 더옥 슈려[424] ᄒᆞ여 ᄯᅩ 댱손의 군ᄌᆞ인이 나리라 ᄒᆞ엿더니 삼십년이 금년이니 산운을 의논ᄒᆞ면 헛되디 아니리니 공의 손ᄌᆡ 금년의 낫ᄂᆞ냐?"

샹셔 왈,

"금년이 봄이 진ᄒᆞ고 녀ᄅᆞᆷ이 되여시되 집 안희 난 아희 업노라."

도ᄉᆞ 왈,

"그 뫼흔 텬하 명산이오, 내 졍신 드려 의논ᄒᆞᆫ ᄇᆡ니 금년 ᄂᆡ 귀손이 나리라."

샹셔 ᄃᆡ희ᄒᆞ야 ᄂᆡ당의 드러가 부인ᄃᆞ려 무러 왈,

"ᄌᆞ부 듕 잉ᄐᆡᄒᆞ니 잇ᄂᆞ냐?"

부인이 ᄃᆡ왈,

---

424 계명대본은 여기서부터 낙장이어서 나손본의 내용으로 보충하였다.

"튱부 샤시 잉ᄐᆡ 오삭이니이다."

샹셰 ᄃᆡ희ᄒᆞ여 나와 도ᄉᆞᄃᆞ려 니ᄅᆞ니 도ᄉᆞ 왈,

"그러ᄒᆞ리이다. 녯적 쵀구봉 션ᄉᆡᆼ이 고조부 뫼희 안산이 구봉이오 듕봉이 별노 놉고 청슈ᄒᆞ더니, 쵀구봉 형뎨 아홉이 나고 쵀구봉은 혹문이 유명ᄒᆞᄆᆡ 사ᄅᆞᆷ들이 니ᄅᆞ기ᄅᆞᆯ '듕봉 놉흔 졍긔라' 닐너시니 쵀구봉 별호ᄅᆞᆯ 인ᄒᆞ여 '구봉'이라 일ᄏᆞᆺᄂᆞᆫ디라. 공의 집 뫼도 닐곱 봉 듕의 뎨일봉이 읏듬 슈려ᄒᆞ고 그 지ᄎᆞ 봉만이 다 슈려긔이ᄒᆞ니 칠곤계 다 ᄎᆞ례로 문명 현인이 날 거시오, 금년의 당ᄌᆞ을 보시고 후년의 디손이 나고 년ᄉᆡᆼᄒᆞ여 칠ᄌᆞᄅᆞᆯ 나흐리라."

ᄒᆞ더니 그 후 과연 ᄒᆡ수 뎡ᄒᆞ여 준 ᄃᆡ로 칠ᄌᆞ 출ᄉᆡᆼᄒᆞ니, 샹셔 ᄌᆞᄋᆞ들의 명을 칠봉산을 응ᄒᆞ여 일봉, 이봉, 삼봉, ᄉᆞ봉, 오봉, 뉵봉, 칠봉이라 ᄒᆞ다.

유한당이 잉ᄐᆡᄒᆞᆫ 후 원 부인이 음식지긔[425]【28a】 삼가기ᄅᆞᆯ 경계ᄒᆞ야 ᄀᆞᆯ오ᄃᆡ,

"부인이 임ᄌᆞᄒᆞᆫ 때 '닙불필 좌불변 목불시샤식 이불텽음셩' ᄒᆞᄂᆞᆫ 등졀을 『녈녀뎐』의 임의 닐럿거니와, 의셔의 음식 금긔ᄒᆞᄂᆞᆫ 거ᄉᆞᆯ 만히 일ᄏᆞ라 여러 가지니 구육, 뎨육, 무린어, 게, 뉼모, 의이, ᄆᆡᆨ아, 목ᄆᆡᆨ, 비름ᄂᆞ물, 잡버섯, ᄉᆡᆼ강, 개ᄌᆞ초, 마ᄂᆞᆯ, 여러 가지 등졀을 금계ᄒᆞ고, 또 과히 덥게 닙디 말고 과히 ᄎᆞ게 말고 음식 과히 먹디 말고 취케 마시디 말고 놉흔 ᄃᆡ 오ᄅᆞ디 말고 무거온 것 드디 말고 노력 과히 말며 님삭ᄒᆞ야 머리 곱디 말며 소ᄅᆡ 과히 크게 말라 경계한 말이 다 녯적 명의들이 텬디조화지긔와 인도【28b】비ᄐᆡᄒᆞᄂᆞ 니ᄅᆞᆯ ᄇᆞᆰ히 아라 니ᄅᆞᆫ 말이니 일분이나 어이 범간ᄒᆞᆯ가 시브니. 혹 범연이 금긔ᄅᆞᆯ 범ᄒᆞ게 되면 그 해ᄂᆞᆫ

---

425 계명대본은 여기까지가 낙장이다.

ᄐᆡ로 드러가니 ᄐᆡᄂᆞᆫ 비록 복듕의 이실 디라도 이편 몸의 ᄌᆞ식이니 어미로셔 어이 ᄌᆞ식의게 해로오리라 말을 일분이나 범홀가 시브뇨. 사ᄅᆞᆷ이 어려셔 병든 거ᄉᆞᆫ ᄌᆞ란 후 병든 거시여셔 고티기 어렵고, ᄐᆡ듕의 병든 거ᄉᆞᆫ 어려셔 병든 거시여셔 고티기 어렵다 ᄒᆞ니 십분 삼가야 올흐니라. 아ᄒᆡ들이 저ᄒᆡ 노다가 닷치거나 샹ᄒᆞ거나 ᄒᆞ여도 부모의 ᄆᆞᄋᆞᆷ의 아쳐로와 ᄒᆞ거든 이편 몸의 긔거음식을 삼가디 아냐 ᄌᆞ식의게 해 도라가게 ᄒᆞ리오. 셰쇽 부녀들【29a】이 ᄌᆞ식을 나흔 후ᄂᆞᆫ ᄌᆞᄋᆡ지졍만 승ᄒᆞ야 업고 안고 과히 샹업ᄉᆞᆫ 희롱도 이시ᄃᆡ 나키 ᄇᆞ롯 젼의 복듕의 두고 ᄌᆞ식으로 아디 아니ᄒᆞ고 음식긔거ᄅᆞᆯ 조심티 아니 ᄒᆞᄂᆞ니 만흐니 극히 개연ᄒᆞ니라.”

유한당이 답ᄒᆞ여 ᄀᆞᆯ오ᄃᆡ,

“즉금 계ᄐᆡᆨᄒᆞ시ᄂᆞᆫ 하교ᄅᆞᆯ 듯ᄌᆞ오니 『녈녀뎐』 말ᄉᆞᆷ을 『쇼ᄒᆞᆨ』의 보와ᄉᆞ오니 닙불필, 좌불변은 ᄀᆞᆺᄒᆞ여 임ᄌᆞᄒᆞᆫ 부녀분 아니오라 당부의 ᄒᆞᆨ문 공부도 그러ᄒᆞᆫ 거시옵고, 불시샤식과 불텽음셩은 『녈녀뎐』의만 일ᄏᆞᄅᆞᆯ 분 아니라 간셩난식을 불뉴총명이라 말ᄉᆞᆷ이 경뎐의 두루 실녀ᄉᆞᆸ고, 놉흔 ᄃᆡ 오ᄅᆞ디 말라, 깁흔 ᄃᆡ 님티 말라 말【29b】ᄉᆞᆷ은 녯 셩훈의 부모 존이어시어든 불등고ᄒᆞ고 불님심이라 ᄒᆞ여ᄉᆞᆸ고, 음식 과히 말라 말ᄉᆞᆷ은 『논어』의 식묵[무]구포라 ᄒᆞ여ᄉᆞ오니 밥 먹기ᄅᆞᆯ ᄇᆡ 브ᄅᆞ기 구티 말라 말ᄉᆞᆷ이오니, 모든 셩현의 훈계와 의셔의 경계ᄅᆞᆯ 삼가 ᄒᆡᆼᄒᆞ오면 다 테ᄒᆡᆼᄒᆞ오미 되올가 ᄒᆞ옵ᄂᆞ이다. 아ᄒᆡ ᄐᆡ듕의 병을 바드면 곳티기 어려온 고로 쥬ᄌᆞ겨셔 ᄋᆞ지 ᄐᆡ듕슈병ᄒᆞᆫ 거ᄉᆞᆫ 비유ᄒᆞᆫ 말ᄉᆞᆷ이 잇ᄉᆞ오니 하괴 다 졀당ᄒᆞ시니 엇디 명심티 아니 ᄒᆞ오리잇가마ᄂᆞᆫ 평ᄉᆡᆼ ᄒᆞᆨ문 공뷔 업ᄉᆞ오니 셩훈을 져ᄇᆞ리옵고 하교ᄅᆞᆯ 어그ᄅᆞᆺᄎᆞᆯ가 저허ᄒᆞᄂᆞ이다.”

두효ᄌᆞ 유한당 ᄃᆡ졉ᄒᆞ기ᄅᆞᆯ 서로 극【30a】진히 공경ᄒᆞ야 손ᄀᆞ티 ᄒᆞ고 비록 규합 간 화긔늉늉ᄒᆞ여도 샹 업시 희쇼ᄒᆞᄂᆞᆫ ᄇᆡ 업고 ᄆᆡ양 부뷔 의논ᄒᆞᄂᆞᆫ 바ᄂᆞᆫ 구고의 의복과 음식 한난지졀을 삼가더니 일〃은 부인이 군ᄌᆞᄭᅴ 고ᄒᆞ여 왈,

"효양ᄒᆞ옵ᄂᆞᆫ 도리 의복, 음식 밧들기의도 잇거니와 ᄯᅳᆺ 밧좁기의 잇ᄉᆞᆸᄂᆞᆫ 고로 공ᄌᆞ겨셔 증ᄌᆞ게 니ᄅᆞ오신 말ᄉᆞᆷ의 '슈신졀용' 네 ᄌᆞ의 나디 아니ᄒᆞ오니 즉금 집 안히셔 효양ᄒᆞ옵ᄂᆞᆫ 도리 슈신졀용지훈을 별로 톄렴ᄒᆞ염즉 ᄒᆞ오니 구고ᄭᅴ셔 텬셩이 인후ᄒᆞ셔 친쳑지우ᄅᆞᆯ 빈궁ᄒᆞ니ᄅᆞᆯ 보시면 두로 시어ᄒᆞ시기ᄅᆞᆯ 힘ᄡᅳ시니 시방 가듕 ᄌᆡ산이 봉양ᄒᆞ기ᄂᆞᆫ 근심 아니【30b】ᄒᆞ거니와 시어ᄒᆞ시기ᄂᆞᆫ ᄆᆡ양 브죡지훈이 잇ᄉᆞ오니 가산을 엇디 별반 변통ᄒᆞ여 시어ᄒᆞ시ᄂᆞᆫ ᄃᆡ 보틔게 ᄒᆞ면 양지〃되 아니 되옵ᄂᆞ니잇가."

두효ᄌᆡ 왈,

"내 ᄆᆞ음의 이 도리ᄅᆞᆯ ᄉᆡᆼ각ᄒᆞ엿더니 부인 말ᄉᆞᆷ을 드ᄅᆞ니 과연 맛당ᄒᆞᆫ디라. 엇디 변통ᄒᆞᆯ 도리ᄅᆞᆯ 잘 ᄉᆡᆼ각ᄒᆞ라."

부인 왈,

"남곽 황운평 별업이 일년 츄슈ᄒᆞᄂᆞᆫ 거시 삼쳔금이 남으ᄃᆡ 다ᄅᆞᆫ ᄃᆡ 별업 거ᄉᆞᆫ 일년 냥식을 ᄒᆞ며 황운평 거ᄉᆞᆫ 일년 일용 미비의 다 업서디니, ᄌᆞ금으로 가쇽 년쇼ᄒᆞᆫ 사ᄅᆞᆷ들과 비복ᄀᆞ디 의복 음식을 준졀하면 황운평 거ᄉᆞᆫ 죡히 남을 거시니, 삼년을 모흐면 만금【31a】이 ᄎᆞᆯ 거시니 두 곳 합ᄒᆞ야 뉵천 금은 될 거시니, 이거ᄉᆞᆫ 의식의 녀티 말고 다ᄅᆞᆫ 의고ᄅᆞᆯ 짓고 탁실ᄒᆞᆫ 사ᄅᆞᆷ을 맛뎌두고 구고의 시어ᄒᆞ시ᄂᆞᆫ 대 ᄡᅳ게 ᄒᆞ시면 됴흘 듯ᄒᆞ오이다."

두효ᄌᆡ 칭찬 왈,

"경뉸이 과연 쥬밀ᄒᆞ고 의고 짓기ᄂᆞᆫ 션유의 의창 짓던 규례 이시니 그리ᄒᆞ

쟈."

ᄒᆞ거ᄂᆞᆯ 부인 왈,

"뉵쳔 금을 시어ᄒᆞ시기 브죡ᄒᆞ니 ᄎᆞ례로 보ᄐᆡᆯ 계교ᄅᆞᆯ ᄉᆡᆼ각ᄒᆞ려니와, 대범 ᄌᆡ물 ᄡᅳᄂᆞᆫ 도리 규식을 당초의 뎡ᄒᆞ여야 법이 잇ᄂᆞᆫ 거시니 졀목을 ᄌᆞ셰히 뎡ᄒᆞ여 내라."

효ᄌᆡ ᄃᆡ왈,

"이 경뉸은 내 ᄆᆞ음의 먹언 디 오래거니와 오ᄂᆞᆯ날 일우기ᄂᆞᆫ 부인 힘이니 졀목도 부인이 뎡ᄒᆞ라."

부인이 ᄃᆡ【31b】왈,

"별로 졀목할 거시 업서 의고 ᄌᆡ물 흣터 주기ᄂᆞᆫ 오등을 마련ᄒᆞ고 친쳑 듕 빈궁ᄒᆞ니 심ᄒᆞ니 길흉대ᄉᆞᄅᆞᆯ 당ᄒᆞ거든 일등네로 주고, 그 지ᄎᆞᄂᆞᆫ 이등네로 주고, 그 지ᄎᆞᄂᆞᆫ 삼등, ᄉᆞ등, 오등네로 ᄎᆞ〃 감ᄒᆞ여 주면 일년의 뉵쳔냥을 아직 당ᄒᆞᆯ 거시오, ᄎᆞ〃 젼두의 보ᄐᆡ여 더 쟝만ᄒᆞ여 만금이나 될 거시니 그 후ᄂᆞᆫ 거의 아니 당ᄒᆞ오리잇가. 집 안ᄒᆡ 당부 여러 형뎨 겨시니 ᄂᆡ관 외직의 나ᄂᆞᆫ 거ᄉᆞᆫ ᄌᆞ손 산업 셰뎐ᄒᆞᄂᆞᆫ 거ᄉᆞ로도 ᄒᆞᆯ 거시오, ᄂᆡ외 관직의 월봉 남은 거ᄉᆞ로 ᄌᆞ손 산업을 더 경영 말고 의고의 녀허 ᄎᆞ〃 모흐면 젼두의 의고 ᄌᆡ물이 수삼만 금이라도 되고 칠, 팔만【32a】 금이라도 될 거시니 그런 후의ᄂᆞᆫ 주ᄂᆞᆫ 졀목을 ᄎᆞᄎᆞ 도〃아 마련ᄒᆞ야 주고, 친쳑분 아니라 힝노인이라도 등수ᄅᆞᆯ 짐쟉ᄒᆞ야 주게 되면 오ᄂᆞᆯ날 구고의 시어ᄒᆞ시고 ᄆᆞ음을 봉승ᄒᆞ올 분 아니라 자〃손〃이 의긔 브리올 거리 아니 되옵ᄂᆞ니잇가."

효ᄌᆡ 대희ᄒᆞ야 왈,

"부인 경뉸이 실로 셰쇽 부녀의 밋ᄎᆞᆯ 배 아니〃 이젼의 쳐ᄉᆞ공이 ᄆᆡ양 의창

법이 됴타 일ᄏᆞᆺᄂᆞᆫ 말을 드럿더니 금일 소견이 가뎡의 드ᄅᆞᆫ 배로다.”

인ᄒᆞ야 그 획칙을 드럿더니 삼년 만의 홍운평 더 장만ᄒᆞ야 냥평 츄슈ᄒᆞ면 일년의 칠쳔금이 되고 그 ᄉᆞ이 더 쟝만ᄒᆞ야 일년의 의고의 드ᄂᆞᆫ 거시 만금이 남【32b】은디라. 구괴 빈궁ᄒᆞ니ᄅᆞᆯ 만나 시어코져 ᄒᆞ시면 효ᄌᆡ 고하여 일등 뉴로 주거나 이등 뉴로 주거나 품ᄒᆞ여 내여 주니 일로브터 친쳑, 직우들이 의고 ᄌᆡ물은 이편 집 고듕ᄌᆡ물로 아더라.

일〃은 효ᄌᆡ 몽듕의 옥황샹뎨 홍의동ᄌᆞ ᄒᆞᆫ 빵을 보내여 효ᄌᆞᄅᆞᆯ 마자 가니 효ᄌᆡ 당황ᄒᆞ야 동ᄌᆞᄅᆞᆯ ᄯᆞ라가니 오운 총농ᄒᆞᆫ 속의 긔화요쵀 ᄉᆞ면의 됴밀ᄒᆞ고 옥으로 문을 ᄒᆞ고 문 녑ᄒᆡ 홍의션관이 셧다가 닐러 왈,

“샹뎨긔셔 기ᄃᆞ리션디 오래거든 어이 그리 더ᄃᆡ뇨!”

ᄒᆞ고 ᄭᅮ지ᄌᆞ니 효ᄌᆡ 더옥 황겁ᄒᆞ야 동ᄌᆞᄅᆞᆯ ᄯᆞ라 문을 드러가니 쳥옥으로 층계ᄅᆞᆯ【33a】 ᄒᆞ고 젹옥으로 누ᄅᆞᆯ 짓고 옥으로 난간을 ᄒᆞ고 샹뎨 놉히 안ᄌᆞ시고 좌우의 션관이 느러셔고 쳥의동ᄌᆞ 십이 빵이 좌우의 ᄂᆞᆫ화 셔고 ᄎᆡ봉션을 밧드럿고 ᄯᅳᆯ히ᄂᆞᆫ 오ᄉᆡᆨ 옥을 ᄭᆞ라시니 은영 황홀ᄒᆞᆫ디라.

효ᄌᆡ 더옥 황겁ᄒᆞ야 감히 우러〃 보디 못ᄒᆞ니 상뎨 동ᄌᆞᄅᆞᆯ 명ᄒᆞ야 얼굴을 들라 하교ᄒᆞ니 효ᄌᆡ 얼굴을 잠간 드니 샹뎨 우ᄉᆞ시고 닐오ᄃᆡ,

“너 효ᄌᆡ 하토의 이셔 능히 부모 ᄉᆞ랑ᄒᆞᄂᆞᆫ 도리ᄅᆞᆯ 극진이 아라 텬샹의 식ᄌᆞᄒᆞᄂᆞᆫ 션인의셔 다ᄅᆞ디 아니ᄒᆞ고 네 현쳐의 의고 셜닙ᄒᆞᆫ 경뉸이 과연 나의 ᄉᆡᆼ녕을 궤휼ᄒᆞ려 ᄯᅳᆺ의 마ᄌᆞᆫ디라. 그런고로 너ᄅᆞᆯ 불【33b】러 술을 먹이려 ᄒᆞ더니라.”

ᄒᆞ고 션동을 명ᄒᆞ여 술을 먹이라 ᄒᆞ니 션동이 옥준의 나아가 년화쟉의 계

화쥬ᄅᆞᆯ 부어 동ᄌᆞ ᄒᆞ나히 들고 동ᄌᆞ ᄒᆞ나흔 년엽반의 대조ᄅᆞᆯ 담아다가 효ᄌᆞᄅᆞᆯ 주니 효ᄌᆡ 황겁ᄒᆞ여 잔을 밧드러 다 마시고 대조ᄅᆞᆯ 바다 먹으니 대죄 반의 만히 남앗ᄂᆞᆫ디라. 효ᄌᆡ 니러 ᄉᆞᄇᆡᄒᆞ고 ᄒᆞ여 왈,

"이 대죄 하 긔이ᄒᆞ니 집의 도라가 부모ᄅᆞᆯ 먹여지이다."

상뎨 하교 왈,

"효ᄌᆞ의 지셩의 나ᄂᆞᆫ 말을 어이 아니 드ᄅᆞ리."

동ᄌᆞᄅᆞᆯ 명ᄒᆞ야 주라 ᄒᆞ신대 동ᄌᆡ 쳥능보의 빠 ᄉᆞ매의 녀흐니 ᄉᆞ매 무거온디라.

샹뎨 또 하교 왈,

"네 칠ᄌᆞᄂᆞᆫ 북두【34a】칠셩을 응ᄒᆞ엿거니와 네 손ᄌᆞᄂᆞᆫ 이십팔슈ᄅᆞᆯ 응ᄒᆞ게 ᄒᆞ노라."

ᄒᆞ시고 션동을 명ᄒᆞ야 단계화ᄅᆞᆯ 썻거오라 ᄒᆞ여 ᄉᆞ오 뭇금을 갓다가 안기시고,

"네 ᄌᆞ손을 ᄂᆞᆫ화주라."

ᄒᆞ시고 효ᄌᆡ 나오려 ᄒᆞ니 샹뎨 왈,

"계화도 만히 주엇거니와 계홰 오히려 브죡ᄒᆞ니 계화 죵ᄌᆞᄅᆞᆯ 주니 갓다가 네 집의 심거 ᄃᆡ〃로 픠워 네 아븨 ᄌᆞ손이 다 ᄂᆞᆫ화 가지게 ᄒᆞ라."

동ᄌᆡ 오화문단보흐로 계화 씨ᄅᆞᆯ 누 우흐로셔 밧드러 뎐ᄒᆞ니, 두효ᄌᆡ 니러 ᄭᅮ러 안자 밧ᄌᆞ와 모도 안고 니러셔니, 샹뎨 동ᄌᆞᄅᆞᆯ 명ᄒᆞ야 길흘 인도ᄒᆞ라 ᄒᆞ시니 동ᄌᆡ 문 밧그로 나셔니, 문 드러갈 적 셧던 션관이 동ᄌᆞᄃᆞ려 무러 ᄀᆞᆯ오ᄃᆡ,

"이 엇던 사ᄅᆞᆷ이【34b】완ᄃᆡ 동명화초ᄂᆞᆫ –신션의 대조 먹고 댱슈ᄒᆞᄂᆞ니– 텬샹의 귀ᄒᆞᆫ 거ᄉᆞᆯ 만히 어더갈 분 아니라 계화 죵ᄌᆞᄂᆞᆫ 심샹ᄒᆞᆫ 사ᄅᆞᆷ의게ᄂᆞᆫ ᄒᆞᆫ 가지

주시기도 앗겨 ᄒᆞ시거든 이 사ᄅᆞᆷ은 어이 만히 가져 가ᄂᆞ니?"

동ᄌᆡ 답왈,

"이 사ᄅᆞᆷ이 힝실이 긔이ᄒᆞ여 샹뎨 ᄯᅳᆺ의 맛게 ᄒᆞᆫ다 ᄒᆞ샤 이리 주시니 우리 뫼셔 이션디 누쳔년이로ᄃᆡ 텬포늉듕ᄒᆞ시믄 금일 처엄 보노라."

ᄒᆞ고 동ᄌᆞ를 ᄃᆞ리고 집의 도라와 부모형뎨 ᄂᆡ외남네 다 텽샤의 모혀 안고 쟈랑ᄒᆞ다가 ᄭᆡᄃᆞᄅᆞ니 ᄭᅮᆷ이라. 두효ᄌᆡ ᄭᅮᆷ을 ᄭᆡ고 입의 계화쥬 향ᄂᆡ 오히려 나고 좌우 ᄉᆞ매 무거온 듯ᄒᆞ고 계화 ᄶᅩᆼᄌᆞ를 가ᄉᆞᆷ의 안은 듯ᄒᆞ야 니러 안자 팀ᄉᆞᄒᆞ더니 ᄃᆞᆰ이 우더라.

두효【35a】ᄌᆡ 아ᄋᆞ 이인이 문과 급뎨ᄒᆞ니 ᄒᆞ나흔 장원을 ᄒᆞ야 영광이 측냥 업ᄉᆞ니 유한당이 두효ᄌᆡ긔 고하여 왈,

"존귀 벼ᄉᆞᆯ이 녜부샹셔의 니ᄅᆞ시고 슬하의 급뎨 둘이 나시니 ᄇᆡᆨ호 샤인으로 잇고 ᄒᆞ나흔 한님원 편슈관으로 이시니 문호의 흰혁ᄒᆞ기 극진ᄒᆞᆫ더라. 인간의 부귀만 탐ᄒᆞ고 셩만지계를 두디 아니ᄒᆞᄂᆞ니ᄂᆞᆫ ᄂᆡᄶᅩᆼ의 패티 아니ᄒᆞᄂᆞ니 드므니 우리 집이 ᄌᆞ젼으로 혹식 잇ᄂᆞᆫ 집으로 일ᄏᆞᆺ다가 어이 오ᄂᆞᆯ날 셩만지계를 두디 아니ᄒᆞ리잇가. 과거를 긋티시고 경셔나 일삼으셔 여러 ᄌᆞ질을 글과 힝실을 챡실이 ᄀᆞᄅᆞ텨 일홈잇ᄂᆞᆫ 션ᄇᆡ를 민ᄃᆞ시면 인간지락이 이의【35b】ᄒᆞ리잇가."

두효ᄌᆡ 답왈,

"과거를 긋치려 ᄒᆞ기ᄂᆞᆫ 셩만지계도 잇거니와 두 아이 닙신ᄒᆞ야 ᄉᆞ환으로 ᄃᆞᆫ니게 되여시니 우리 부모 좌우의 뫼시리 나 ᄒᆞᆫ 몸분이라. 내 엇디 잠신들 과환으로 인연ᄒᆞ여 가뎡을 ᄯᅥ나 이시리오. 고인이 닐오ᄃᆡ '일〃지양친 ᄒᆞ기를 엇디 삼공환'이라 ᄒᆞ여시니 일〃양친ᄒᆞ기를 엇디 삼공으로 밧고리오. 금일 이후로ᄂᆞᆫ

ᄉᆞ환 념녀ᄅᆞᆯ 긋티고 듀야의 친측을 ᄃᆡᆨ히여 긔거한난지졀을 ᄉᆞᆯ피기ᄅᆞᆯ ᄆᆞ음의 뎡ᄒᆞ여시니 이제 부인 말숨이 의리의 합당ᄒᆞ니 평ᄉᆡᆼ의 『쥬역』 공부ᄒᆞ던 사ᄅᆞᆷ으로 겸괘 뜻을 괘득ᄒᆞ야 겨시이다.”

유한당이 ᄃᆡ왈,

“내 몸이 부녀로셔 『쥬역』을【36a】 ᄆᆞ춤 보아신들 므ᄉᆞᆷ 공뷔 잇다 니ᄅᆞ며, 젼혀 무식지인인들 그만 ᄉᆡᆼ각이야 업ᄉᆞ오리잇가.”

두효ᄌᆡ 이날브터 드ᄃᆡ여 폐과ᄒᆞ니라.

유한당의 쇼괴 글 지은 거ᄉᆞᆯ 보와디라 청ᄒᆞ니 ᄃᆡ왈,

“우리 당형이 여러 아ᄋᆞᆯ ᄃᆞ리고 독셔ᄒᆞᆯ ᄃᆡ 내 겻ᄐᆡ셔 드러 혹 ᄇᆡ혼 거시 이신들 문쟝의 ᄌᆡ죄 노무ᄒᆞ니 엇디 글 지으며 글 지을 ᄌᆡ죄 능히 이신들 녀ᄌᆞ의 소임이 아니기 과연 글 지은 일이 업노라.”

쇼괴 ᄆᆡ양 긔인다 ᄒᆞ고 애ᄃᆞᆯ나ᄒᆞ더니 일〃은 유한당이 칠셕일의 의복을 내여 볏촐 뾔혀 닙을 때예 쇼괴 와 보다가 옷 쟝[샹]ᄌᆞ ᄉᆞ이의 글 쁜 됴ᄒᆡ 이시니 쇼졔 펴 보니 뉼시 ᄒᆞᆫ 슈라.

시에 왈,【36b】

아시뉴가녀로	내 이 션ᄇᆡ집 ᄯᆞᆯ노
년방소혹시라	나히 ᄇᆞ야흐로 『쇼혹』 ᄇᆡ호ᄂᆞᆫ 때로다.
시셰원셰업이오	시셔ᄂᆞᆫ 본ᄃᆡ 셰업이오
임ᄉᆞ즉오ᄉᆞ라	태임과 태ᄉᆞᄂᆞᆫ 내 스ᄉᆡᆼ이라
슈긔의삼셩이라	몸 닥기ᄂᆞᆫ 세 가지로 ᄉᆞᆯ피미 맛당ᄒᆞ고

치심ᄌᆡ구ᄉᆞ라　　ᄆᆞᄋᆞᆷ 다ᄉᆞ리기ᄂᆞᆫ 아홉 가지 ᄉᆡᆼ각의 잇도다

동몽슈양졍이니　　동몽의 오ᄅᆞᆷ즉이 바ᄅᆞᆫ 긔ᄉᆞᆯ 기ᄅᆞᆯ 거시니

일숑회암시라　　날로 회암시ᄅᆞᆯ 외오ᄂᆞᆫ도다

쇼졔 이 글을 가지고 긔특ᄒᆞ여 ᄀᆞᆯ오ᄃᆡ,

"이제야 유한당 글을 어덧노라."

일ᄏᆞᆺ고 글을 가지고 가 원부인긔 뵈여 ᄀᆞᆯ오ᄃᆡ,

"유한당이 글을 아니 짓노라 ᄒᆞ더니 이제야【37a】 글 지은 거ᄉᆞᆯ 어더 왓ᄂᆞ이다."

부인이 보고 ᄀᆞᆯ오ᄃᆡ,

"과연 ᄒᆞᆨ문 공부ᄅᆞᆯ 일즉이 시작ᄒᆞ엿던가 보다."

쇼졔 왈,

"엇디 아ᄅᆞ시ᄂᆞ니잇가?"

부인 왈,

"'동몽슈양졍'이라 ᄒᆞ여시니 아ᄒᆡ 쌘 줄 알 거시오, '년방쇼ᄒᆞᆨ시'라 ᄒᆞ여시니 팔구셰예 지은 거시라."

ᄒᆞ니 쇼졔 ᄀᆞᆯ오ᄃᆡ,

"남ᄒᆡ녀ᄌᆞᄂᆞᆫ 칠셰예 형 보내ᄂᆞᆫ 글 ᄒᆞ나분 뎐ᄒᆞ엿고, ᄇᆡᆨ니ᄒᆡ 쳐ᄂᆞᆫ「셤이가」 ᄒᆞ나만 뎐ᄒᆞ여시니 유한당의 이 글 ᄒᆞᆫ 슈만 보와도 ᄒᆞᆨ문 공부 팔구셰예 시작ᄒᆞᆫ 줄 알 거시니 굿ᄐᆞ여 여러 슈 ᄒᆞ여 므엇ᄒᆞ리잇가."

ᄒᆞ고 ᄆᆡ양 외오더라.

유한당이 부모 슬하롤 ᄯᅥ난 디 쟝ᄎᆞᆺ ᄒᆡ 세 번 밧고이니 ᄉᆞ친지회 ᄀᆞᆫ절ᄒᆞᄃᆡ 상게 수일뎡【37b】이오, 구가의 오므로브터 구고 감지와 조셕 봉ᄉᆞ며 허다 졉빈의 일시롤 ᄯᅥ나디 못ᄒᆞ더니 본부의셔 필뎨 셩취ᄒᆞ믈 인연ᄒᆞ여 구고긔 귀령ᄒᆞ기롤 고ᄒᆞ니 샹셔 부뷔 허ᄒᆞ고 수이 오기롤 당부ᄒᆞ니 유한당이 하딕ᄒᆞ고 친당의 니ᄅᆞ매 부모형뎨 반기고 분슈 삼년의 별회롤 니ᄅᆞ매 모부인이 ᄋᆞ손을 안아 두굿기고 어ᄅᆞ문져 닐오ᄃᆡ,

"'녀ᄌᆞ 유ᄒᆡᆼ이 원부모형뎨'라 ᄒᆞ나 엇디 ᄒᆞᆫ 번 ᄯᅥ나매 도라오기 어려오뇨?"

유한당이 고왈,

"쇼녜 비록 무상ᄒᆞ나 부모형뎨롤 ᄯᅥ나 텬원 긔슈지회가 업ᄉᆞ오리잇가마ᄂᆞᆫ, 구가의 여러 부녜 이시나 소임이 다ᄅᆞ고 구고긔셔 쇼녀의 손으로 ᄆᆡᆫᄃᆞᆫ【38a】 음식 의복을 ᄯᅳᆺ의 ᄆᆞ자 ᄒᆞ시니 연고 업시 ᄯᅥ나디 못ᄒᆞᆯ러이다."

유한당이 졔사롤 밧들매 졔ᄉᆞ날 젼 긔ᄒᆞ여 집안을 쇄소ᄒᆞ고, 의복을 졍히 ᄒᆞ고, 비복들도 신틱ᄒᆞ야 의복을 졍히 ᄒᆞ고, 고요 ᄂᆞ즉ᄒᆞ야 변두와 긔용을 각별이 ᄢᅵ서 졍결이 ᄒᆞ고 니ᄅᆞᄃᆡ,

"연셕의 음식은 졍히도 ᄒᆞ려니와 마술 슝샹ᄒᆞ고 가지 수롤 만히 ᄒᆞ야 풍치ᄒᆞᄃᆡ 졔물은 그러티 아니ᄒᆞ야 졍결이 ᄒᆞᄂᆞᆫ 거시 웃듬이라."

ᄒᆞ야 졍셩을 극진이 ᄒᆞ여 졔ᄉᆞ롤 파ᄒᆞᆫ 후 ᄆᆞ음을 노흐니 모든 종족이 다 항복ᄒᆞ더라.

원부인 친딜이 니ᄅᆞ렷더니 유한당긔 무러 왈,

"부인의 여러 가지 어디신 일은 ᄉᆡᆼ지ᄒᆞ신 슉【38b】녜시니 쇼뎨 ᄀᆞᆺ흐니 혹식이 노무ᄒᆞ니 ᄇᆡ홀 길히 업거니와 비복 어거ᄒᆞ시기 엇디 ᄒᆞ시관ᄃᆡ 산금야슈 ᄀᆞᆺ튼 거시라도 형이 ᄇᆞ리시면 튱노튱비 되ᄂᆞ니잇가?"

유한당이 답왈,

"죵을 하ᄒᆞᄂᆞᆫ 도리 별이 아니라. 저희 비록 쳔인이라도 저희 부모동싱 효뎨할 도리를 처엄으로 ᄀᆞᄅᆞ티고 신〃이 교틱ᄒᆞ면 비록 무식ᄒᆞ여도 의리의 당연ᄒᆞᆫ 말은 더러 신텽ᄒᆞᄂᆞᆫ 거시니, 그런 후야 가쥬 셤길 도리를 ᄯᅳᆺ의 먹고 저희 부모를 위ᄒᆞᆫ 일이어든 드러 주고 부모 업ᄂᆞᆫ 거시어든 가의ᄒᆞ여 고휼ᄒᆞ면 샹하 졍의 ᄌᆞ연 어긋나디 아니ᄒᆞ고, 한난긔포를 십분 념녀ᄒᆞ니 저희도 목셕【39a】이 아니어든 엇디 감동티 아니리오. 은혜를 몬져 ᄒᆞ고 위엄을 나죵ᄒᆞ며, 칙망을 경히 ᄒᆞ고 ᄃᆡ졉을 후히 ᄒᆞᄂᆞᆫ 거시 졔왕의 신하 ᄇᆞ리기나 쟝슈의 군ᄉᆞ ᄇᆞ리ᄂᆞᆫ 거시 다 이러ᄒᆞ려든, ᄒᆞ믈며 ᄉᆞ〃집의셔 사쇼ᄒᆞᆫ 노복 ᄇᆞ리ᄂᆞᆫ 도리 어이 그러티 아니ᄒᆞ리오.

이러므로 사ᄅᆞᆷ의게 긔한 막ᄂᆞᆫ 거시 웃듬이 되ᄂᆞᆫ 고로 고인이 닐군긔 고ᄒᆞᄃᆡ, '셩쥬ᄂᆞᆫ ᄇᆡ 불러도 놈의 ᄇᆡ 골파ᄒᆞᄂᆞᆫ 줄 알고 몸이 더워도 놈이 치워ᄒᆞᄂᆞᆫ 줄 알고, 기ᄎᆞ 듕쥬ᄂᆞᆫ ᄇᆡ 곱흔 후의 놈의 ᄇᆡ 골파ᄒᆞᄂᆞᆫ 줄을 알고 몸이 치온 후 놈의 치온 줄 알고, ᄯᅩ 기ᄎᆞ 용쥬ᄂᆞᆫ 내 ᄇᆡ 골프고 치워도 남의 긔한은 모론다' ᄒᆞ니【39b】 이 말이 과연 절당ᄒᆞᆫ디라. 이 말을 가간비복 긔한의 념녀ᄒᆞ야 ᄡᅳᆯ 분이 아니라 군ᄌᆞ의 ᄃᆡ인 졉물ᄒᆞᄂᆞᆫ 도리 ᄯᅩ 이러ᄒᆞ고, 진적 도연명이 형의 아ᄃᆞᆯ의게 죵을 보내여 경계ᄒᆞᆫ 편지의 '피역인ᄌᆞ니 가견션우디라' ᄒᆞ여시니 아모리 비복지쳔이라도 사ᄅᆞᆷ의 도리로 ᄃᆡ졉ᄒᆞᄂᆞᆫ 거시 인〃군ᄌᆞ의 용심ᄒᆞᄂᆞᆫ 도리오, 도연명은 져조잇ᄂᆞᆫ 션싱으로 혹식이 ᄆᆞ이 잇건마ᄂᆞᆫ 사ᄅᆞᆷ ᄃᆡ졉ᄒᆞᄂᆞᆫ 도리 '션우' 이ᄌᆞ로 힝ᄒᆞ여시니 부녜 가듕의셔 죵 ᄇᆞ리ᄂᆞᆫ 도리 션우 이ᄌᆞ의셔 더ᄒᆞᆯ 거시 이시리잇가."

원쇼졔 칭션ᄒᆞ더라.

유한당이 여러 아【40a】ᄃᆞᆯ을 어려실 ᄯᅢ브터 ᄒᆞᆨ문의 힘 ᄡᅳ기로 ᄀᆞᄅᆞ텨 왈,

“ᄒᆞᆨ이라 ᄒᆞᄂᆞᆫ 글ᄌᆞᄂᆞᆫ 『셔뎐』 「열명편」의 비로소 일ᄏᆞᄅᆞ시니 별로 긔이ᄒᆞᆫ 일이 아니라. 불과 인뉸간의 효뎨튱신 당연이 ᄒᆡᆼᄒᆞᆯ 도리ᄅᆞᆯ ᄒᆡᆼᄒᆞᆯ ᄯᆞᄅᆞᆷ이니 사ᄅᆞᆷ의 ᄒᆡᆼ실이 효뎨튱신의 어긋나게 되면 므ᄉᆞᆫ ᄂᆞᆺᄎᆞ로 텬디간의 셜가 시브뇨. ᄒᆞᆨ이라 ᄒᆞᄂᆞᆫ 쟈ᄂᆞᆫ ᄇᆡ홀 ᄒᆞᆨ이니 사ᄅᆞᆷ이 모ᄅᆞᄂᆞᆫ 일을 ᄇᆡ화 아ᄂᆞᆫ 거시 ᄒᆞᆨ문 공뷔니 ᄀᆞᆺᄒᆞ여 군ᄌᆞ의게만 ᄒᆞᆨ이 잇ᄂᆞᆫ 거시 아니라. 텬하 ᄇᆡᆨ기텬공이 처엄의 몰라신 적 ᄇᆡ화 아ᄂᆞᆫ 거시 ᄇᆡᆨ기쳔공의 ᄒᆞᆨ이라. 활 ᄆᆡᆫᄃᆞᆯ고 살 ᄆᆡᆫᄃᆞᄂᆞᆫ ᄌᆡ조라도 스ᄉᆡᆼ의게 ᄇᆡ호ᄂᆞᆫ 거시 ᄒᆞᆨ이오, 모난 그ᄅᆞᆺ ᄆᆡᆫᄃᆞᆯ고 둥【40b】근 그ᄅᆞᆺ ᄆᆡᆫᄃᆞᄂᆞᆫ 공쟝이라도 스ᄉᆡᆼ의게 ᄇᆡ호ᄂᆞᆫ 거시 ᄒᆞᆨ이니 공쟝 ᄌᆡ조의 ᄒᆞᆨ문도 오히려 듀야 ᄌᆞ〃ᄒᆞ여야 ᄒᆞᆨ문을 일워 내거든 ᄒᆞ물며 군ᄌᆞ의 효뎨튱신 ᄇᆡ호ᄂᆞᆫ 되 브즈런티 아니ᄒᆞ고 일울가 시브냐. 셰쇽 사ᄅᆞᆷ들이 ᄌᆞ식을 길러 ᄉᆞ랑의 ᄐᆡᆷ닉ᄒᆞ야 ᄀᆞᄅᆞ티디 아니ᄒᆞᄂᆞ니ᄂᆞᆫ 죡히 니ᄅᆞᆯ 거시 업거니와, ᄀᆞᄅᆞ티노라 ᄒᆞᄂᆞᆫ 집들도 글ᄌᆞ나 ᄀᆞᄅᆞ텨 문댱의 ᄌᆡ죄 이시면 그만 긔특ᄒᆞ야 쟈랑ᄒᆞ고 의리의 ᄒᆞᆨ문지되 듕ᄒᆞᆫ 줄을 모ᄅᆞ고 ᄒᆞᆨ문이란 거ᄉᆞᆫ 별로 이샹ᄒᆞᆫ 사ᄅᆞᆷ이 ᄒᆞᄂᆞᆫ 거ᄉᆞ로 아라 제 몸을 담당티 아니ᄒᆞ고 부허ᄒᆞᆫ 문댱이나 픠워 셰샹의 유명ᄒᆞ여 공명부귀만 탐【41a】ᄒᆞ기의 셰샹이 ᄒᆞᆨ문 슝샹ᄒᆞᄂᆞᆫ 집이 업고 집〃이 그러ᄒᆞ기의 셰되 졈〃 ᄂᆞ자 삼ᄃᆡ에 녜의지티ᄅᆞᆯ 회복ᄒᆞᆯ 길히 업ᄉᆞ니, 셰도 근심은 부녀의 알 배 아니어니와 녯적의도 칠실지어미 오히려 나라 근심을 ᄒᆞ여시니, 즉금 셰샹의도 유식ᄒᆞᆫ 부녀 {의 알 배 아니어니와 녯적의도 칠실지어미 오히려 나라 근심을 ᄒᆞ여시니 즉금 셰샹의도 유식한 부녜} 만일 잇게 되면 셰도 근심ᄒᆞ여든 ᄀᆞᆺᄒᆞ여 ᄎᆞᆷ남ᄒᆞᆫ 일이 되랴. 내 이 말은 너ᄒᆡ 여러 아ᄃᆞᆯ을 길러 집안 ᄎᆡᆨ망도 잇고 셰도 ᄎᆡᆨ망도 이시매 이리 니ᄅᆞ노라. 군ᄌᆞ의 ᄒᆞᆨ문이 효뎨튱신지되 당연이 ᄒᆡᆼᄒᆞᆯ 도리ᄂᆞᆫ 알려 ᄒᆞ면 몬【41b】져 의리ᄅᆞᆯ 알 거시오, 의리ᄅᆞᆯ 알려

ᄒᆞ면 몬져 셩경현뎐을 만히 닑어 귀〃히 니회ᄒᆞ고 자〃히 톄힝ᄒᆞᆫ 후야 ᄇᆞ야흐로 ᄒᆞᆨ문 공뷔 되ᄂᆞ니라."

뎨 오ᄌᆞ 오봉이 궤좌이고왈,

"ᄌᆞ당이 듀야 경틱ᄒᆞ시미 인뉸힝실 밧 말솜이 업ᄉᆞᆸ고 불쵸ᄒᆞᆫ 쇼ᄌᆞ들을 다 극진이 샹등 군ᄌᆞ인을 ᄆᆡᆫ들려 ᄒᆞ시니, 모든 쇼ᄌᆞ 등이 비록 불쵸ᄒᆞ온들 엇디 명심티 아니리잇가. 젼후의 쇼ᄌᆞ들이 이런 하교ᄅᆞᆯ 무수히 드러ᄉᆞ오나 금일 말솜은 더옥 ᄀᆞᆫ졀ᄒᆞ오니 긔록ᄒᆞ여 두고 보와지이다."

ᄒᆞ고 부솔 드러 긔록ᄒᆞ니라.

오봉이 ᄯᅩ 고왈,

"ᄒᆞᆨ문을 ᄒᆞ려 ᄒᆞ오면『듕용』,『대ᄒᆞᆨ』을 착실이 니회ᄒᆞ올 거시【42a】니 용ᄒᆞᆨ 대지ᄅᆞᆯ 뭇ᄌᆞᆸᄂᆞ이다.『듕용』의 언셩ᄒᆞ여 '텬셩 셩' ᄒᆞᆫ 글ᄌᆞᄅᆞᆯ 쥬ᄒᆞ여ᄉᆞᆸ고『대ᄒᆞᆨ』의 언심ᄒᆞ여 'ᄆᆞ음 심' ᄒᆞᆫ 글ᄌᆞᄅᆞᆯ 쥬ᄒᆞ여ᄉᆞ오니, 증ᄌᆡ 작『대ᄒᆞᆨ』ᄒᆞ시고 ᄌᆞᄉᆡ 작『듕용』ᄒᆞ시매 다 두 셩인이 다 후셰 ᄒᆞᆨ쟈ᄅᆞᆯ 위ᄒᆞ야 지으신 글이오ᄃᆡ, ᄒᆞᆨ언셩불언심ᄒᆞ와 텬셩을 의논ᄒᆞ매 심을 아니 의논ᄒᆞ고, ᄒᆞᆨ언심불언셩ᄒᆞ와 심을 의논ᄒᆞ매 셩을 아니 닐러ᄉᆞ오니 셩인의 말솜이 엇디 편벽디 아니ᄒᆞ리잇가?"

유한당 왈,

"내 니ᄅᆞ고져 ᄒᆞ되 오히려 조박으로 니ᄅᆞᆯ 거시니 네 알려 ᄒᆞ거든 네 댱형긔가 뭇거나 네 대인긔 가 뭇ᄌᆞ와 알라."

오봉이 급히 댱형긔 뭇ᄌᆞ오니 일봉 왈,

"무러【42b】아ᄂᆞᆫ 거시 스ᄉᆞ로 니회ᄒᆞ야 아ᄂᆞᆫ 것만 못ᄒᆞ니 네 스ᄉᆞ로 ᄌᆞ셔히 ᄉᆡᆼ각ᄒᆞ여 보라."

오봉이 ᄯᅩ 대인긔 나아가 뭇ᄌᆞ오니 대인 왈,

"네 ᄆᆡ양 ᄌᆞ당의나 형의게나 뭇더니 오ᄂᆞᆯ은 어이 내게 와 뭇ᄂᆞ니?"

오봉이 ᄌᆞ당의 말ᄉᆞᆷ과 형의 말ᄉᆞᆷ을 고ᄒᆞ니 대인 함쇼왈,

"이ᄂᆞᆫ ᄌᆞ당이 알련마ᄂᆞᆫ 니ᄅᆞ디 아냣다. 존심양셩이 다 공뷔 되거든 어ᄂᆡ 거ᄉᆞᆯ 궐하리오? 고텨 가 무러 보라."

오봉이 다시 와 유한당긔 부형 말ᄉᆞᆷ을 고하고 뭇ᄌᆞ오니 유한당이 웃고 닐러 왈,

"네 대인 말ᄉᆞᆷ이 과연 올흐시다. 심이나 셩이나 어ᄂᆞ 거ᄉᆞᆯ 궐ᄒᆞ리오? 그런 고로 쥬ᄌᆞ긔셔 『대혹』 셔ᄅᆞᆯ 지으시매 심[셩] ᄌᆞᄅᆞᆯ 일ᄏᆞ라 겨시니 용혹의 각〃 심과 셩이 합ᄒᆞ야 드러ᄂᆞ니라."

오봉이 대희 왈,

"과연 그러ᄒᆞ이다."

ᄒᆞ고 말ᄉᆞᆷ할 ᄶᅢ예 당ᄌᆞ 일봉이 드러와 듯고 ᄌᆞ당긔 고ᄒᆞ여 ᄀᆞᆯ오ᄃᆡ,

"아ᄒᆡ들이 문의ᄅᆞᆯ 몰라 제 답〃하여 ᄒᆞᆯ ᄶᅢ예 스ᄉᆞ로 니회ᄒᆞ여 ᄭᆡᄃᆞᆺᄂᆞᆫ 거시 유익ᄒᆞ오매 앗가 뭇ᄂᆞᆫ 거ᄉᆞᆫ 니ᄅᆞ디 아냐ᄉᆞᆸ더니 ᄌᆞ당이 즈레 닐러 겨시다."

ᄒᆞ니 유한당 왈,

"ᄉᆞ쟈득지라 ᄒᆞ여시니 ᄒᆞ여금 ᄌᆞ득ᄒᆞᄂᆞᆫ 거시 됴커니와 아ᄒᆡ 밧비 알고져 ᄒᆞ야 분주히 ᄃᆞᆫ니기 니ᄅᆞ럿다."

하더라.

유한당이 방적을 브즈런이 ᄒᆞ며 겻히 『쥬역』을 상 밧텨 노코 보니 당ᄌᆞ 일봉이 뭇ᄌᆞ오ᄃᆡ,

"ᄌᆞ당긔셔도 됴화ᄒᆞ시ᄃᆡ 『쥬역』을 별로 손의 노티【43b】 아니ᄒᆞ시니 어인 일이니잇가?"

부인 왈,

"너ᄂᆞᆫ 어ᄂᆞ 경셔ᄅᆞᆯ 됴화ᄒᆞᄂᆞᆫ다?"

일봉 왈,

"쇼ᄌᆞᄂᆞᆫ 혹문 공부로 의논ᄒᆞ면 『듕용』의 '뎡셩 셩' ᄒᆞᆫ ᄌᆞᄅᆞᆯ 닐러습고, 『대혹』의 '공경 경' ᄒᆞᆫ ᄌᆞᄅᆞᆯ 더 일ᄏᆞ라ᄉᆞ오니 셩경공부ᄅᆞᆯ 하려 ᄒᆞ오면 『듕용』, 『대혹』이 아니 긴ᄒᆞ오니잇가. 『쥬역』은 쳔디조화지니ᄅᆞᆯ 의논ᄒᆞ여ᄉᆞᄋᆞ니 크기ᄂᆞᆫ 크거니와 『듕용』, 『대혹』만티 진졀티 못ᄒᆞ오니이다."

부인 왈,

"네 말이 올키ᄂᆞᆫ 올커니와 내 『쥬역』 됴화하기ᄂᆞᆫ 텬디조화지법과 음양쇼댱지니ᄅᆞᆯ 내 부녀로셔 굿ᄒᆞ여 알려 ᄒᆞᄂᆞᆫ 거슨 아니어니와 모든 경셔 훈계ᄒᆞᆫ 말숨이 『쥬역』 일부로 가히 취이【44a】ᄒᆞ야 보ᄂᆞᆫ 거신 고로 나ᄂᆞᆫ 『쥬역』을 됴히 너기노라. 『듕용』의 '셩' ᄡᆞᄅᆞᆯ 일ᄏᆞ라셔도 『쥬역』 건괘예 '셩' ᄡᆞ ᄯᅳᆺ이 드럿고 『대혹』의 '경' ᄌᆞᄅᆞᆯ 일ᄏᆞ라셔도 『쥬역』 곤괘의 '경' ᄌᆞ ᄯᅳᆺ이 드러시니 『대혹』, 『듕용』이 내 『쥬역』 두 괘예 드럿ᄂᆞ니라. 이 분이 아니라 하우씨 오쥬와 공부ᄌᆞ 불다식이 『쥬역』 '졀음식' 삼ᄌᆞ의 드럿고, 『녜긔』예 구용지와 ᄇᆞ다어ᄂᆞᆫ 『쥬역』 '신언어' 삼ᄌᆞ의 드럿고, 고인의 말의 '병듕구업ᄒᆞ고 화듕구츌'이라 ᄒᆞ니 이 말도 『쥬역』 신언어, 졀음식 말의 포함ᄒᆞ여시니, 셩인의 천언만어와 션유의 훈계ᄒᆞᆫ 말숨이 다 『쥬역』의 아니 든 거시 업ᄉᆞ니 내 이러므로 『쥬【44b】역』을 젼호ᄒᆞ노라. 『듕용』의 독공텬하평과 『대혹』의 티국평텬하ᄂᆞᆫ 셩경 공부의 극진 효험이로ᄃᆡ 『쥬역』 텬하문명 네 ᄌᆞ의 외아 나디 아니ᄒᆞ니라."

유한당 뎨삼ᄌᆞ 뎨ᄉᆞᄌᆞ 『시뎐』 「칠월편」을 닑다가 부인긔 무러 ᄀᆞᆯ오ᄃᆡ,

"'칠월뉴화'라 ᄒᆞ여ᄉᆞ오니 화셩은 엇던 별이오며 흐ᄅᆞ단 말은 어인 말이니잇가?"

부인 왈,

"아ᄒᆡ들이 글을 닑어 셩신 도수도 알려 ᄒᆞ기 올커니와 그런 글을 닑어도 이편 몸의 톄ᄒᆡᆼᄒᆞ기를 ᄉᆡᆼ각ᄂᆞᆫ 거시 올흐니라."

삼봉 왈,

"칠월뉴화 ᄒᆞᆫ 귀예 톄ᄒᆡᆼᄒᆞ올 거시 므어시오니잇가?"

부인 왈,

"그 ᄒᆞᆫ 귀로 니론들 몸의【45a】 톄ᄒᆡᆼᄒᆞᆯ 거시 어이 업ᄉᆞ리. 칠월의 화셩이 흐ᄅᆞᄂᆞᆫ 양을 빈 짜 ᄇᆡᆨ셩이 보고 졀셰 수이 간다 ᄒᆞ여 구월의 옷 닙기ᄅᆞᆯ 념녀ᄒᆞ여시니 이거ᄉᆞᆫ 두 달 젼 긔ᄒᆞ야 미리 념녜 잇고, '극기승옥이라야 기시파ᄇᆡᆨ곡'이라 ᄒᆞ여시니 이ᄂᆞᆫ 십월의 안자 명년 이월의 밧갈기ᄅᆞᆯ 념녀ᄒᆞ여시니 언〃ᄉᆞ〃히 미리 념녀ᄒᆞᄂᆞᆫ 거시 군ᄌᆞ ᄒᆞᆨ문 공부의 엇디 당티 아니ᄒᆞ리오. 고인이 닐오ᄃᆡ, '인불흥이면 폐일일지디무ᄒᆞ고, 츈불경이면 폐일년지식ᄒᆞ고, 유불ᄒᆞᆨ이면 폐평ᄉᆡᆼ지업이라' ᄒᆞ여시니, '인시의 니러 나디 아니면 ᄒᆞᄅᆞ 일을 폐ᄒᆞ고, 봄의 밧촐【45b】 ᄀᆞ디 아니ᄒᆞ면 일년 먹을 거ᄉᆞᆯ 폐ᄒᆞ고, 어려신 적 ᄒᆞᆨ을 아니ᄒᆞ면 평ᄉᆡᆼ ᄉᆞ업을 폐ᄒᆞᆫ다' 하여시니 이 말이 졀당티 아니ᄒᆞ랴. 이러므로 쥬부ᄌᆞ긔셔 '공부ᄂᆞᆫ 이간단ᄒᆞ고 의리ᄂᆞᆫ 난츄심이라. 셰월은 여류ᄒᆞ니 심긔구야라' 근심ᄒᆞ야 벗의게 편지ᄒᆞ야 일ᄏᆞ라 겨시니, 너희 후ᄉᆡᆼ들이 ᄒᆞᆨ문의 ᄠᅳᆺ이 잠신들 ○○○○○[게어르리오]. 빈 짜 ᄇᆡᆨ셩은 불과 농ᄉᆞᄒᆞᄂᆞᆫ 일이로ᄃᆡ 화셩 흐ᄅᆞᄂᆞᆫ 거ᄉᆞᆯ 보고 미리 념녀ᄒᆞ여시니, 너희ᄂᆞᆫ 댱부로셔 텬하 ᄉᆞ업이 너희 몸의 소임이어ᄂᆞᆯ 어려셔 댱원ᄒᆞᆫ 념녀를 두고 ᄌᆞ〃히 공부ᄅᆞᆯ 아니ᄒᆞ랴. 경셔의 범연ᄒᆞᆫ 귀예라도 몸의 다혀 텽념ᄒᆞ미 가ᄒᆞ니【46a】라."

일〃은 유한당이 난간의 섯더니 뎨 늑봉이 초당의 혼자 안자 글 닑ᄂᆞᆫ 소ᄅᆡ 들니ᄂᆞᆫ디라. 유한당이 ᄆᆞᄋᆞᆷ의 흔연ᄒᆞ여 초당의 님ᄒᆞ야 안ᄌᆞ며 닐오ᄃᆡ

"만물 소ᄅᆡ 듕의 아ᄃᆞᆯ의 독셔셩이 더옥 됴타 닐러시니 ᄋᆞᄂᆞᆯ 네 글 소ᄅᆡᄅᆞᆯ 드ᄅᆞ니 과연 그 말이 올토다. 네 소ᄅᆡᄅᆞᆯ 드ᄅᆞ매 흔연ᄒᆞ야 와시니 듯게 닑으라."

늑봉이 「경ᄌᆡᄌᆞᆷ」과 「슉흥야ᄆᆡᄌᆞᆷ」을 소ᄅᆡᄒᆞ여 닑으니 유한당 왈,

"네 두 글 뜻을 알고 닑ᄂᆞ냐?"

늑봉이 ᄃᆡ왈,

"예ᄉᆞ 경틱ᄒᆞᆫ 말노 닑ᄉᆞᄋᆞ매 깁흔 뜻은 모ᄅᆞᄂᆞ이다."

유한당 왈,

"「슉흥야ᄆᆡᄌᆞᆷ」은 십운 공부의 쵹ᄒᆞ고 「경ᄌᆡᄌᆞᆷ」 지【46b】두 공부의 쇽ᄒᆞ니라."

늑봉이 ᄃᆡ왈,

"십운과 지두ᄂᆞᆫ 엇던 뜻이니잇가?"

유한당 왈,

"십운이란 말은 ᄒᆞᆨ쟈 공부ᄒᆞᆯ ᄯᅢ로ᄂᆞᆫ 일〃을 ᄂᆞᆫ화 새배ᄂᆞᆫ 여ᄎᆞᄒᆞ고 아젹은 여ᄎᆞᄒᆞ고 나조ᄒᆡ 여ᄎᆞᄒᆞ고 져녁의 여ᄎᆞᄒᆞ고 밤의 여ᄎᆞᄒᆞᄂᆞᆫ 거시 십운공ᄉᆞ라 ᄒᆞᄂᆞᆫ 거시오, 지두란 말은 터흘 보아 동의ᄂᆞᆫ 여ᄎᆞᄒᆞ고 남의ᄂᆞᆫ 여ᄎᆞ히 ᄒᆞ고 셔희ᄂᆞᆫ 여ᄎᆞ히 ᄒᆞ고 북의ᄂᆞᆫ 여ᄎᆞ히 ᄒᆞ야 터흘 ᄉᆞᆯ펴가며 ᄒᆞᄂᆞᆫ 거시 지두 공부니, 안고 셔기라도 안ᄌᆞᆷ ᄌᆞᆨᄒᆞᆫ 터ᄒᆡ 안고 셤 ᄌᆞᆨᄒᆞᆫ 터ᄒᆡ ᄉᆞᆯ펴 셔ᄂᆞᆫ 거시 지두 공부의 쇽ᄒᆞ고, 즉금

너 닑ᄂᆞᆫ 「슉흥야미죰」과 「경ᄌᆡ죰」을 의논ᄒᆞ면 계명시로【47a】브터 아ᄎᆞᆷ과 낫과 저녁을 디나 밤ᄀᆞ디 공부롤 분비ᄒᆞ야 닐러시니 「슉흥야미죰」은 십운 공부되고, 틱디이도ᄂᆞᆫ 싸흘 ᄀᆞᆯ희여 드듸란 말이오 츌문여빈이란 말은 문을 나면 손을 보ᄂᆞᆫ ᄃᆞ시 ᄒᆞ야 터흘 ᄯᆞ라가며 경계하야시니 「경{ᄌᆡ}ᄌᆡ죰」은 지두 공부니라. 글 ᄯᅳᆺ을 니회 아니ᄒᆞ고 닑어셔ᄂᆞᆫ 션유의 말ᄉᆞᆷ의 '셔ᄌᆞ셔ᄒᆞ고 아ᄌᆞ아라' 하여시니 글이 내 몸의 유익ᄒᆞ미 어이 이시리."

늑봉이 답왈,

"문의 말ᄉᆞᆷ을 듯ᄌᆞ오니 이제야 ᄭᆡ돗ᄉᆞᆸᄂᆞ이다. 십운, 지두 말ᄉᆞᆷ은 이 두 글 분 아니라 ᄉᆞ시ᄉᆞ방이라ᄂᆞᆫ 말ᄉᆞᆷ도 ᄉᆞ시ᄂᆞᆫ 십운의 쇽ᄒᆞ고 ᄉᆞ방은 지두의 쇽ᄒᆞᆫ 거시오, 슌【47b】식지경이란 말은 십운의 쇽ᄒᆞ고, 지쳑지간이란 말은 지두의 쇽ᄒᆞ오이다."

유한당 왈,

"네 취이ᄒᆞ야 니회ᄒᆞ기롤 과연 잘ᄒᆞ엿다. 네 ᄌᆡ조 형들이여셔 못ᄒᆞ디 아니ᄒᆞ다."

ᄒᆞ고 도라오니라.

【1a】

일〃은 우셜이 섯거 ᄂᆞ리고 풍한이 늠뉼ᄒᆞᆫ더라. ᄀᆡᆨ 일인이 ᄒᆡ어진 가ᄉᆞᆯ 쓰고 페의포군으로 문뎡의 니ᄅᆞ러 샤셔공긔 졀ᄒᆞ야 뵈옵고 고ᄒᆞ야 왈,

"초면으로 뵈옵거니와 됴식을 궐ᄒᆞ오니 셜한의 길 가기 어려워 드러와시니 뇨긔ᄒᆞ기를 쳥ᄒᆞᄂᆞ이다."

샤셰 술을 급히 더여오라 ᄒᆞ여 먹이고 셕반을 밧비 출혀 먹이라 ᄒᆞ얏더니 익일의 댱ᄌᆞ 효ᄌᆡ 샤셔공긔 고ᄒᆞ여 ᄀᆞᆯ오ᄃᆡ,

"온 손이 초면이오나 형셰 심히 가궁ᄒᆞ니 의고 돈을 주어 보내여디이다."

샤셰 답왈,

"듕등녜로 주라."

효ᄌᆡ 왈,

"듕등녜로 주오미 가ᄒᆞ[426]오ᄃᆡ 기인의 모발을 보오니 스ᄉᆞ로 ᄌᆞ역ᄒᆞ여 먹디 못ᄒᆞ게 되와 빅발옹이옵고, ᄣᆡ 졍히 극한ᄒᆞ엿ᄉᆞ오니 졔 집의 도라간 후 ᄒᆞᆫ ᄣᆡ 긔한을 막아두랴 ᄒᆞ오면 샹등녜로 주어디어다."

샤셔 왈,

"그러ᄒᆞ다. 졔 말의 노모가 잇노라 ᄒᆞ든 거시니 샹등녜로 주미 더욱 가ᄒᆞ도다."

효ᄌᆡ 승명ᄒᆞ여 샹등녜로 주니 손이 샤례ᄒᆞ여 왈,

---

426 계명대본은 여기서부터 다음 주석까지 낙장이어서 나손본의 내용으로 보충하였다.

“길 가온딕 눈을 만나 드러왓더니 쳔만 의외예 이리 만히 주오시니 실노 과망감샤ᄒᆞᆫ디라.”

복〃 샤례ᄒᆞ거ᄂᆞᆯ 샹셔 왈,

“지물이 비록 내 집 고듕의 이시나 텬하 지물이오 긱도 텬하 사ᄅᆞᆷ이니 텬하 지물노 뉘 갓다가 의식을 못 ᄒᆞ리오.”

ᄒᆞ더라. 뎨ᄉᆞᄌᆞ ᄉᆞ봉이 유한당긔 고왈,

“밧긔 왓던 손이 의복이 남누극박ᄒᆞ여 힝키 어려워 뵈니 닉 오ᄉᆞᆯ 버서 닙혀 보닉려 ᄒᆞᄂᆞ이다.”

“그 긱의 댱단이 엇더ᄒᆞ더뇨?”

이봉이 고왈,

“ᄉᆞ봉의 ᄯᅳᆺ은 인후ᄒᆞ거니와 년쇼ᄒᆞ긔 일을 아디 못ᄒᆞᄂᆞ이다. ᄉᆞ봉은 킈가 뎍고 그 긱은 킈 심히 크오니 오ᄉᆞᆯ 주어도 셩실치 아닌 졍시 될가 ᄒᆞᄂᆞ이다. 쇼ᄌᆞ의긔 {빈} 버순 오시 이시니 주어 보닉미 엇더ᄒᆞ리잇가.”

유한당이 왈,

“너히 말이 과연 죠흐니 그리ᄒᆞ라.”

이봉이 그 쳐ᄃᆞ려 ᄂᆞ리운 오ᄉᆞᆯ 가져오라 ᄒᆞ니 부인이 답왈,

“버순 오순 엷고 ᄒᆞ연디 오라니 수이 ᄒᆡ여질 거시니 새 옷 ᄒᆞᆫ 벌이 둣거우니 그 오ᄉᆞᆯ 주어[427] 【1b】 보내면 즉금 어한ᄲᅮᆫ 아냐 명년 어한ᄀᆞ디라도 ᄒᆞᆯ 거시니 됴흘 둧ᄒᆞ이다.”

유한당이 비ᄌᆞ를 시겨 오ᄉᆞᆯ 봉ᄒᆞ여 내니 노ᄌᆞ 드러와 고왈,

---

427 계명대본은 여기까지가 낙장이다.

"그 ᄀᆡᆨ이 볼셔 떠나간 디 이시ᄒᆞ이다."

이봉 왈,

"ᄀᆡᆨ이 가실디라도 ᄆᆞ음의 임의 ᄀᆡᆨ을 주려던 거시니 엇디 듕디ᄒᆞ리오. ᄲᆞᆯ니 갓다가 주라."

ᄒᆞ니 노ᄌᆞ가 지고 밧비 가더니 십여니ᄂᆞᆫ 가 만난디라. 이봉의 말을 뎐ᄒᆞ니 그 ᄀᆡᆨ이 당황 감격ᄒᆞ여 노ᄌᆞ의게 향ᄒᆞ여 샤례ᄒᆞ고 의고 돈 바다 가던 딤을 풀고 ᄉᆞ오 관을 내여 노ᄌᆡ 치위예 급히 슈고하엿다 하고 주니 노ᄌᆡ ᄉᆞ양ᄒᆞ여 왈,

"우리가 가쥬의 의고 창셜ᄒᆞ오시기ᄂᆞᆫ 이런 ᄃᆡ 쓰려 ᄒᆞ오신 ᄆᆞ음【2a】이니, 내 노ᄌᆞ로셔 그 뜻을 봉힝ᄒᆞ올 ᄯᆞ름이니 내 엇디 이 돈을 바다 우리 가쥬의 어디신 ᄆᆞ음을 샹ᄒᆡ오리오?"

구디 ᄉᆞ양ᄒᆞ니 그 ᄀᆡᆨ이 더옥 감격ᄒᆞ여 도로 드러와 샹셔의게 샤례ᄒᆞ여 ᄀᆞᆯ오ᄃᆡ,

"일실노쇠 다 인〃군ᄌᆞ시니 다시 일ᄏᆞᆯ 말이 업거니와 비복지쳔이라도 인〃군ᄌᆡ올소이다."

ᄒᆞ고 가니라.

닌읍의 잇던 ᄀᆡᆨ이 일〃은 문 밧긔 와 창두ᄅᆞᆯ 불러 샹셔긔 고왈,

"닌읍의 잇더니 집이 가난ᄒᆞ여 ᄉᆡᆼ계 어려오니 의고 돈을 만히 주시기ᄅᆞᆯ ᄇᆞ라ᄂᆞ이다."

하니 샹셰 효ᄌᆞᄅᆞᆯ 불러 의논ᄒᆞᆫ ᄌᆞᆨ 효ᄌᆡ ᄃᆡ왈,

"이 사ᄅᆞᆷ은 이젼 드론 사ᄅᆞᆷ이옵고 나히 즉금 쟝정이【2b】니, 밧ᄎᆞᆯ 가라도 ᄌᆞᆨ히 먹을 거시오 글을 닑어도 ᄌᆞᆨ히 일울 거시오 공쟝이나 샹고ᄅᆞᆯ ᄒᆞ여도 ᄌᆞᆨ

히 먹을 거시ᄃᆡ, ᄉᆞ농공샹 네 가지ᄅᆞᆯ 폐ᄒᆞ고 유의유식ᄒᆞ려 ᄒᆞ니 엇디 빈한티 아니ᄒᆞ리잇가. 즉금흔 상당ᄒᆞᆫ 일이 업ᄉᆞ니 제 집 가난ᄒᆞ다 의고 돈을 엇디 주리잇가."

샹셔 왈,

"내 ᄆᆞ음의도 아니 주기ᄅᆞᆯ 뎡ᄒᆞ였더니라."

ᄒᆞ고 창두ᄅᆞᆯ 시켜 뎐ᄒᆞ여 니르ᄃᆡ,

"의고 졀목은 혼상을 당을 당ᄒᆞ거나 친환을 당ᄒᆞ거나 힝노의 낭패ᄒᆞ니나 그런 급ᄒᆞᆫ ᄃᆡ 구휼ᄒᆞ니 가난ᄒᆞ기로 주들 못ᄒᆞ노라."

니른 후 두효ᄌᆡ 드러와 그 말을 일ᄏᆞ로니 유한당 왈,

"의고 돈은 그런【3a】 ᄃᆡ 못 주려니와 그 ᄀᆡᆨ이 ᄉᆞ농공샹의 일 삼디 아니ᄒᆞ고 유개되여 ᄃᆞᆫ니ᄂᆞᆫ 일이 제의 죄언마ᄂᆞᆫ ᄃᆞ르매 측은ᄒᆞ이다. 녯적 니운니ᄂᆞᆫ '필부불획ᄒᆞ오면 기심치디ᄒᆞ야 약달우시라', '필부ᄂᆞᆫ 불획ᄒᆞ면 이 편이 스ᄉᆞ로 붓그러워ᄒᆞ더라' ᄒᆞ오니 금셰의 만일 니운 ᄀᆞᆺᄒᆞ니 잇게 되면 이런 사ᄅᆞᆷ을 보고 도로혀 붓그러워ᄒᆞ오리이다. 뎡횡거 지으신 「셔명」의 왈, '텬하 피륭잔질 경독환과ᄂᆞᆫ ᄀᆡ오형뎨지권년이 무고ᄌᆡ야라' ᄒᆞ야 겨시니, '텬하의 질병 잇ᄂᆞᆫ 거시나 환과녀나 그런 것들이 형뎨의 뉴리ᄒᆞ여 고ᄒᆞᆯ ᄃᆡ 업ᄂᆞᆫ 것쳐로 알나' ᄒᆞ야 겨시니, 금셰【3b】의 횡거션싱 ᄀᆞ티 크게 ᄯᅳᆺ의 잇게 되면 뎌 ᄆᆞ음이 업ᄉᆞ오리잇가. 문 밧긔 왓ᄂᆞᆫ ᄀᆡᆨ이 대단이 별로 패려ᄒᆞ야 대단ᄒᆞᆫ 거시 아니면 분명이 저ᄒᆡ 조상부모ᄒᆞ고 어린 ᄣᅢ의 글 ᄇᆡ호디 못ᄒᆞ고 셰 업서 뉴리ᄒᆞ여 ᄃᆞᆫ니ᄂᆞᆫ 거시니, 아모나 니ᄅᆞ고 ᄀᆞᄅᆞ쳐 금일브터 ᄉᆞ농공샹 듕의 제 ᄌᆡ조와 힘의 당ᄒᆞᆫ 거ᄉᆞᆯ 소업을 삼아 날마다 ᄌᆞ〃ᄒᆞ고 ᄒᆡ마다 근〃이 ᄒᆞ야 ᄒᆞᆫ 가지 소업이라도 일우게 ᄒᆞ면 인〃군ᄌᆞ의 ᄇᆡᆨ셩 ᄀᆞᄅᆞ티ᄂᆞᆫ 졍ᄉᆡ 되게 하엿ᄂᆞ이다."

두효지 칭찬 왈,

"횡거션싱「셔명」훈회 ᄀᆞᆺ티 ᄆᆞ옴을 먹게 되면 텬하의 일물인들 당부의 소임 아【4a】닌 거시 어이 이시며, ᄀᆞᄅᆞ티미 탁실ᄒᆞ면 감동티 아니리 업ᄉᆞ니 내 불너 ᄀᆞᄅᆞ쳐 니ᄅᆞ고져 ᄒᆞ노라."

댱숀녀 겻히 뫼셧더니 고ᄒᆞ여 왈,

"그 사ᄅᆞᆷ을 드ᄅᆞ매 불샹ᄒᆞᆫ가 시브니 가ᄅᆞ쳐 가업을 일워 뉴개되여 ᄃᆞᆫ니기를 면케 ᄒᆞ면 됴흐려니와, 인심이 고금이 다ᄅᆞ니 감화ᄒᆞ올 줄 어이 아오리잇가마ᄂᆞᆫ 군ᄌᆞ의 도리ᄂᆞᆫ ᄀᆞᄅᆞ티ᄂᆞᆫ 거시 올ᄉᆞ오이다."

유한당 왈,

"인심이 고금의 다를 거시 어이 이시리. 의셔의 본초를 보와도 초목의 마시 녯적의 ᄃᆞ던 거ᄉᆞᆫ 즉금도 {룰}돌고 녯적의 쓰던 거ᄉᆞᆫ 즉금도 쓰니, 초목의 무지ᄒᆞᆫ 것도 고금의 마시 다ᄅᆞ디 아니ᄒᆞ거든 사【4b】ᄅᆞᆷ은 만물 듕의 최령ᄒᆞ니 텬셩이 엇디 고금이 다ᄅᆞ리오. ᄀᆞᄅᆞ쳐 일우면 초목 마시 ᄃᆞᆫ 거시 변티 아니 것 ᄀᆞᆺ고, ᄀᆞᄅᆞ치디 못ᄒᆞ며 근본 텬셩을 보존티 못ᄒᆞ여시면 초목 마시 ᄃᆞᆫ 거시라도 음식 ᄆᆡᆫ돌 제 그릇ᄒᆞ여 됴흔 마시 변홈 ᄀᆞᆺᄐᆞ니 ᄀᆞᄅᆞ쳐 일우디 못홀 일이 어이 이시리."

쇼졔 왈,

"하교 셩연ᄒᆞ이다. 이러므로 ᄆᆡᆼᄌᆞ 왈 '인기가히요슌'이라, '사ᄅᆞᆷ이 다 가히 요슌이 되리라' ᄒᆞ여 겨오시이다."

두효지 외샤로 나가 안자 창두를 명ᄒᆞ여 그 긱을 불너 텽사의 안티고 경계ᄒᆞ여 왈,

"사ᄅᆞᆷ이 유의유식ᄒᆞ려 ᄒᆞ면 긔한이 핍골홀 분 아니라 사ᄅᆞᆷ【5a】의 텬셩을 일키 쉬온 거시니 ᄉᆞ농공샹의 ᄒᆞᆫ 가지 일을 잡아 소업을 삼고 듀야 ᄌᆞ〃ᄒᆞ여 금

일 여ᄎᆞᄒᆞ고 명일 여ᄎᆞᄒᆞ여 가도롤 일워 뉴개되여 ᄃᆞ니기롤 면ᄒᆞᄂᆞᆫ 거시 ᄀᆡᆨ의 딕칙이니 금일노브터 닙심을 굳 ᄒᆞ여 ᄒᆞᆫ 가지나 일우기롤 ᄇᆞ라노라."

신신이 회칙ᄒᆞ니 ᄀᆡᆨ이 샤례 왈,

"어려셔 조고ᄒᆞ여 글 ᄇᆡ호디 못ᄒᆞ고 가빈ᄒᆞ여 농ᄉᆞ 못ᄒᆞ고 긔한을 견ᄃᆡ디 못ᄒᆞ여 이리 ᄃᆞ니오나 본심은 그러티 아니ᄒᆞ옵더니 오놀 이 말ᄉᆞᆷ을 듯ᄉᆞ오니 편시 게어르던 줄이 애돌나라."

ᄒᆞ고 회과 ᄌᆞ칙ᄒᆞ고 도라갓더니 그 후 삼년 만의 ᄀᆡᆨ ᄒᆞ나히 의복을 션명이 ᄒᆞ고 쥰마롤 ᄐᆞ고 문【5b】 밧긔 와 창두롤 불러 두효ᄌᆞ긔 '이젼 뵈왓더니 뵈와디라' ᄒᆞ고 청ᄒᆞ니 두효ᄌᆡ 드러오라 ᄒᆞ야 보니 얼굴을 긔역디 못ᄒᆞᄂᆞᆫ디라. 그 ᄀᆡᆨ 왈,

"삼년 젼의 뉴리ᄒᆞ여 ᄃᆞᆫ닐 째 여긔 와 두효ᄌᆡ긔 회칙을 듯고 도라가 그날브터 농ᄉᆞ롤 시작ᄒᆞ여 좀자기라도 왼 밤을 다 자ᄂᆞᆫ 일 업시 브즈런ᄒᆞ니, 과연 가셰 나아 시방은 가도 일워 긔한을 면ᄒᆞ오니 이거시 다 두효ᄌᆡ ᄀᆞᄅᆞ티신 공이오니, 집안ᄒᆡ셔 밥 ᄒᆞᆫ 술 쩌먹을 적이라도 두효ᄌᆞ 은혜롤 일ᄏᆞᆺᄂᆞ이다."

두효ᄌᆡ 왈,

"텬하 뉴개로 ᄒᆞ여금 다 ᄀᆡᆨ ᄀᆞ티 회과쳔션ᄒᆞ량이면 요슌 셰계롤 다시 보게 ᄒᆞ엿【6a】다."

ᄒᆞ고 술을 먹이고 일ᄏᆞ라 보내고 ᄂᆡ샤의 드러와 일ᄏᆞ라 왈,

"수년 젼 뉴개로 왓던 ᄀᆡᆨ이 의복 안마롤 화려히 ᄒᆞ야 이젼 모양이 아니오 녕농ᄒᆞ여 가셰 나앗노라 ᄒᆞ니 과연 긔특ᄒᆞ더라."

ᄒᆞ니 유한당 왈,

"인셩이 분션ᄒᆞ니 텬하의 ᄀᆞᄅᆞ쳐 낫디 아니ᄒᆞ리 이시리잇가."

ᄒᆞ더라.

일〃은 효ᄌᆡ 신됴의 의관을 졍졔히 ᄒᆞ고 거울을 드러 보고왈,

“어제 이웃 ᄀᆡᆨ이 와 내 얼굴을 보고 이젼이예셔 더 낫다 ᄒᆞ더니 오늘 보니 더 나은 줄 모롤다.”

유한당 왈,

“졔나라 츄긔의 손이 츄긔 얼굴 기리듯ᄒᆞ던가 시브오이다.”

두효ᄌᆡ 왈,

“부인이 ᄉᆞ졍을 기리ᄂᆞᆫ 일이 업ᄉᆞ면 츄【6b】긔 일과ᄂᆞᆫ ᄃᆞᄅᆞ이다.”

ᄒᆞ고 우ᄉᆞ니 딜녀 두 쇼졔 뫼셧더니 뭇ᄌᆞ오ᄃᆡ,

“두 분 말솜을 듯ᄌᆞ오니 졔나라 츄긔 말솜이 가히 우술 일이 잇ᄂᆞᆫ가 시브니 드러지이다.”

두효ᄌᆡ 답왈,

“『뎐국칙』의 이시니 네 『뎐국칙』을 보아라.”

쇼졔 급히 알기롤 유한당긔 쳥ᄒᆞ니 유한당이 닐러 왈,

“녯적 츄긔ᄂᆞᆫ 졔나라 사롬이니 신당이 팔쳑이오 얼굴이 고온디라. 아촘의 의관을 졍졔히 ᄒᆞ고 거울을 보고 그 안해ᄃᆞ려 무러 왈, ‘내 셩북 셔공이여서 뉘 고으뇨?’ 기쳬 답왈, ‘군이 곱기 더ᄒᆞ다. 셔공이 엇디 능히 군의게 밋ᄎᆞ리오.’ ᄒᆞ니 셩북 셔공은 졔나라히 츄긔 스ᄉᆞ로 밋디 아【7a】니ᄒᆞ고 다시 쳡ᄃᆞ려 무러 왈, ‘내 셩북 셔공이여셔 뉘 고으니?’ 기쳡이 답왈, ‘셔공이 엇디 군의게 밋ᄎᆞ리오.’ ᄒᆞ더니 ᄀᆡᆨ이 밧그로셔 드러오니 ᄯᅩ 무ᄅᆞ니 ᄀᆡᆨ 왈, ‘군이 고으니라. 셔공이 밋ᄎᆞ리오.’ 명일의 셔공이 오거놀 슉시ᄒᆞ고 스ᄉᆞ로 ᄀᆞᆺ디 못ᄒᆞ기 심ᄒᆞᆫ디라.

져녁의 자다가 씨드라 골오디, '내 쳐의 날을 곱다 훈 말은 내게 소졍 두미오, 쳡이 날을 곱단 말은 날을 저허호미오, 직이 날을 곱단 말은 내게 구홀 거시 잇기 그리훈 말이로다.' 호고 됴뎡의 드러가 졔위왕긔 고호여 왈, '신이 진실로 셔공의 곱기만 못훈 줄 알건마는 신의 쳐는【7b】 신을 소졍을 두옵고 신의 쳡은 신을 저허호옵고 신의 직은 신의게 구호는 거시 이셔 신을 곱다 호오니, 이제 졔나라 디방이 쳔니옵고 셩이 일빅이십이니, 궁녀 좌우는 왕긔 소졍이 잇숩고 됴뎡 신하는 다 왕긔 저허호옵고 소경 디내니는 다 왕긔 구호는 거시 잇소오니, 일로 보옵게 되오면 왕긔 フ리이는 거시 심호이다.' 왕이 골오되, '션호다.' 호시고 '눗추로 과인의 허물을 간호느니는 샹등샹을 주고, 샹셔호여 간호느니는 듕등샹을 주고, 길히셔 의논호여 과인의 귀에 들니느니는 하등샹을 주리라.' 호니 녕이 처엄으로 누리매 군신이 곤호느니 문의 몌이는디라. 거년 만의 비록 말호고져 호여도 가【8a】히 일큘 말이 업는디라. 연나라, 됴나라, 위나라들이 듯고 다 제나라의 와 됴회호니 『뎐국칙』의 일을 '젼승어됴뎡'이라. '빠홈을 됴뎡의셔 이긔엿다' 일큿랏느니라. 츄는 졔왕긔 언병을 간호엿거니와 대범 인군만 허물 듯기 슬히여호면 집안 쳐쳡이라도 바른 말로 간호기 어려운 거시오, 당부만 그럴 분 아니라 부녀들인들 허물 니루는 거술 듯기 슬히여호면 비복들인들 간호기 쉽디 아니호니, 너히 후싱 아히들이 이런 글이나 말을 드러도 내 몸의 당챡호여 놈의 니루는 말을 깃거 듯는 거시 올흐니라."

유한당이 뵈틀에 올라 뵈룰 쯧니 쇼고 와 보다가 말호여 왈,

"이제 유【8b】한당이 츈취 만흐시니 뵈 쯧시기 슈고로오실 듯호이다."

유한당 왈,

“녯적 공부 문ᄇᆡᆨ의 모ᄂᆞᆫ 샹국의 모로셔 뵈ᄅᆞᆯ ᄧᆞ시니, 내 어이 부녀의 소임을 ᄀᆞᆺ티오리잇가.”

쇼괴 왈,

“유한당이 ᄆᆡ양 말ᄉᆞᆷ의 ᄆᆡᄉᆞᄅᆞᆯ 몸을 다혀 니회ᄒᆞ여 톄힝ᄒᆞ라 ᄒᆞ시던 거시니, 오ᄂᆞᆯ 이 뵈틀노ᄂᆞᆫ 엇디ᄒᆞ야 톄힝ᄒᆞ리잇가?”

유한당이 우서 ᄀᆞᆯ오ᄃᆡ,

“내 ᄆᆡ양 아ᄒᆡ들 글 닑을 제 범연이 닑디 말고 몸의 톄힝ᄒᆞ게 ᄀᆞᄅᆞ티노라 그리ᄒᆞ엿거니와 이 뵈틀노 니ᄅᆞ온들 톄힝ᄒᆞ올 거시 어이 업ᄉᆞ오리잇가. 거[길]ᄒᆡ로 ᄂᆞᆯ을 노ᄒᆞ시니 이ᄂᆞᆫ 텬경이라 니ᄅᆞᆯ 거시오 ᄀᆞ로 삐ᄅᆞᆯ 노하시니 이ᄂᆞᆫ 디위라 니ᄅᆞᆯ 거시니 텬경디위예 큰 거시【9a】 쟈근 뵈틀의 가히 보올 거시오, 북 ᄂᆞᆯ니ᄂᆞᆫ 거시 ᄒᆞᆫ 번 가고 ᄒᆞᆫ 번 오미 년쇽부졀ᄒᆞᆫ 거ᄉᆞᆯ 의논ᄒᆞ면 텬문의 일월 왕ᄂᆡᄒᆞᄂᆞᆫ 것 ᄀᆞᆺ고 디니의 됴셕슈 진퇴ᄒᆞᄂᆞᆫ 것 ᄀᆞᆺ흐니, 당부의 텬디조화지니ᄅᆞᆯ 알녀 ᄒᆞ면 이런 거시라도 무심이 볼 거시 아니오, 녯적의 뵈ᄅᆞᆯ ᄧᆞ다가 ᄂᆞᆯ흘 버히니 이시니 ᄆᆡᆼᄌᆞ 어마님은 아ᄃᆞᆯ을 ᄀᆞᄅᆞ티려 단긔ᄒᆞ시미오 악양의 쳐ᄂᆞᆫ 군ᄌᆞᄅᆞᆯ 격동ᄒᆞ노라 단긔ᄒᆞ미니, ᄆᆡᆼᄌᆞᄂᆞᆫ 그 후의 아셩인이 되여 ᄇᆡᆨ셩의 스ᄉᆡᆼ이 되여 겨시고 악양은 그 후의 명당계예 즁산을 티ᄂᆞᆫ 공을 일워시니, 사ᄅᆞᆷ의 어미 되엿ᄂᆞ니와 사ᄅᆞᆷ의 안해되니 둘이 뵈틀을 보와도 톄렴ᄒᆞ오미 올흔【9b】 거시오, 증ᄉᆞᆷ 모ᄂᆞᆫ 증ᄉᆞᆷ 살인ᄒᆞ엿다 말을 세 번 뎐ᄒᆞ니 북을 더져시니, 이 일은 녯적 사ᄅᆞᆷ이 인군긔 고ᄒᆞ야 ᄎᆞᆷ소 듯ᄂᆞᆫ 거ᄉᆞᆯ 비유ᄒᆞ야시니 군신지간의 이 북 ᄒᆞ나흘 보아도 경계ᄒᆞᄂᆞᆫ 거시오, 부녀들이라도 혹 ᄂᆞᆷ의 말 너모 신텽ᄒᆞ기 쉬온 거시니 이런 거ᄉᆞᆯ 톄렴ᄒᆞᄂᆞᆫ 거시 아니오니잇가.”

일〃의 쥬 부인이 와셔 유한당과 죵일 담화ᄒᆞ다가 일ᄏᆞ라 ᄀᆞᆯ오ᄃᆡ,

“쇼년 아히들이 ᄆᆡ양 유한당긔 말ᄉᆞᆷᄒᆞ고 도라가면 말ᄉᆞᆷ마다 풍후유복ᄒᆞᆫ 긔상이 드러난다 일캇더니 금일 말ᄉᆞᆷ을 ᄒᆞ여 보오니 일언반ᄉᆞ의 샹인해물지심이 젼혀 업ᄉᆞ오니 다남다복ᄒᆞ온 긔샹이 샹법【10a】의도 이실 분 아니라 샹법의 심샹을 몬져 의논ᄒᆞᆫ다 ᄒᆞ여 ‘면샹이 ᄆᆡ여심샹회’라 ᄒᆞ여시니 과연 오ᄂᆞᆯ 딩험ᄒᆞᄂᆞ이다.”

유한당 왈,

“평ᄉᆡᆼ의 다ᄅᆞᆫ 공부ᄂᆞᆫ 업ᄉᆞᆸ거니와 아히들 듯ᄂᆞᆫ ᄃᆡ 경박망쳔ᄒᆞᆫ 말ᄉᆞᆷ은 아니ᄒᆞ야 들니옵ᄂᆞ이다.”

쥬 부인 왈,

“범간 언어ᄅᆞᆯ 풍후히 ᄒᆞᆯ 거시오, 디나가ᄂᆞᆫ 말이라도 경박ᄒᆞᆯ 거시 과연 아니오이다.”

유한당 왈,

“셩연ᄒᆞ이다. 녯적의 한무뎨 동방삭이 ᄭᅮᆷ ᄒᆡ득 잘ᄒᆞᆫ다 말 듯고 불러드려 닐오ᄃᆡ, ‘밤의 ᄭᅮᆷ의 뎐각의 지와쟝 둘히 ᄂᆞ려뎌 새가 되여 ᄂᆞ라가니 그 ᄭᅮᆷ을 ᄒᆡ득ᄒᆞ라.’ 동방삭이 ᄃᆡ왈, ‘궁녀 이 인이 금일 죽【10b】ᄉᆞ오리다.’ 한무뎨 대쇼 왈, ‘내 ᄭᅮᆷ ᄭᅮᆫ 일이 업ᄉᆞᄃᆡ 너ᄅᆞᆯ 시험ᄒᆞ노라 거즛 무릿더니 네 그ᄅᆞᆯ 모ᄅᆞ고 ᄒᆡ득ᄒᆞᄂᆞᆫ 고나.’ ᄒᆞ고 우ᄉᆞ시니 동방삭이 졍식ᄒᆞ고 고ᄒᆞ여 왈, ‘ᄭᅮᆷ이란 거ᄉᆞᆫ 허ᄉᆡ라도 오히려 맛ᄉᆞᆸ거든 사ᄅᆞᆷ의 입으로 말ᄒᆞᆫ 거ᄉᆞᆫ 허ᄉᆞ의 ᄭᅮᆷ과 다ᄅᆞ오니 더 맛ᄉᆞ오리이다.’ ᄒᆞ얏더니 이윽고 후원의셔 곡셩이 나니 무뎨 급히 무ᄅᆞ니 궁녀 이인이 서로 ᄲᅡ화 난간의 ᄂᆞ려져 즉살ᄒᆞ엿ᄂᆞᆫ디라. 한무뎨 동방삭의 말을 긔이히 너기더라 ᄒᆞ여ᄉᆞ오니 야ᄉᆞ의 긔록ᄒᆞ야 사ᄅᆞᆷ이 말을 ᄀᆞᆯ히여 ᄒᆞ기ᄅᆞᆯ 경계ᄒᆞ야ᄉᆞ오니 후셰

혹ᄉᆞ들이 톄렴ᄒᆞ올 거시오 부녀들이 더옥 삼갈 디니이다.”

쥬【11a】 부인 왈,

“인거ᄒᆞ야 일ᄏᆞᆺᄂᆞᆫ 말솜이 언어 조심ᄒᆞ기의ᄂᆞᆫ 과연 ᄀᆞᆫ졀ᄒᆞ이다.”

ᄒᆞ더라.

쥬 부인이 유한당긔 무러 왈,

“아ᄒᆡ들을 놈의 집으로셔 처엄 드러 ᄋᆞᄂᆞ니들을 다 글을 ᄀᆞᄅᆞ쳐 일〃이 능히 힝ᄒᆞᆫ다 ᄒᆞ니 글은 ᄇᆡ호려니와 힝ᄒᆞ오시ᄂᆞᆫ 일이 긔특ᄒᆞ더이다.”

유한당 왈,

“댱부나 부녀나 글 ᄀᆞᄅᆞ티기야 무어시 어렵ᄉᆞ오리잇가마ᄂᆞᆫ 힝ᄒᆞ게 ᄒᆞ기 어렵더이다.”

쥬 부인 왈,

“그런고로 『셔뎐』의 왈, ‘비지지난이라, 횡지유난이라’ ᄒᆞ야, ‘알기 어려온 거시 아니라 힝ᄒᆞ기 어렵다’ ᄒᆞ엿ᄂᆞ니이다.”

유한당 왈,

“입으로 능히 말만 ᄒᆞ고 힝티 아니ᄒᆞ면 ᄎᆞ소위 ‘잉모능언에 불니비됴’라, ‘잉모 능히 말을【11b】 ᄒᆞ여도 {도ᄂᆞᆫ} 새예 써나디 못ᄒᆞᆫ다’ 말이 올흐이다. ᄀᆞᄅᆞ티ᄂᆞᆫ 도리 글과 말노 ᄀᆞᄅᆞ티려니와 이편 몸으로ᄡᅥ 가ᄅᆞ티ᄂᆞᆫ 거시 효험이 ᄉᆡᆼᄅᆞ더이다. 아ᄒᆡ들 보ᄂᆞᆫ ᄃᆡ 문디방을 넘어 드ᄃᆡ여 뵈ᄂᆞᆫ 거시 ‘힝불니역’ 대문을 ᄇᆡᆨ 번 닑히ᄂᆞ니여셔 낫고, 밥 먹을 제 ᄇᆡ 과히 부ᄅᆞ지 아니게 먹어 뵈ᄂᆞᆫ 거시 ‘식무구포’ 대문을 쳔 번 닑히니여셔 낫ᄉᆞ오니, 일언일힝과 일동일졍을 그ᄅᆞ게 아니ᄒᆞ야 뵈오면 ᄌᆞ연이 어룬의 ᄀᆞᄅᆞ티ᄂᆞᆫ 말을 미더 드러 힝ᄒᆞ기 유익ᄒᆞ더이다.”

쥬 부인 왈,

"아희들 ᄀᆞᄅᆞ치ᄂᆞᆫ 도리 뎌러ᄒᆞ오시거든 어이 일실졔인이 ᄇᆡ호디 아니ᄒᆞ리잇가. 이런 거순 아희들 ᄀᆞᄅᆞ치ᄂᆞᆫ 도리 묘방이오나 유【12a】한당 밧긔 능히 힝ᄒᆞ리 젹을 ᄃᆞᆺᄒᆞ이다."

만녁 ᄉᆞ십ᄉᆞ년 병오의 한님원 쥬지번이 샹셔공긔 편지ᄒᆞ여 왈,

"황뎨 명을 밧ᄃᆞ러 됴션국의 ᄉᆞ신을 가더니 친구들이 별쟝 지어 보내ᄂᆞ니 만커니와, 샹셔공 다복ᄒᆞ오신 어루신ᄂᆡ 긔문ᄌᆞ롤 바다 가오면 만니 힝역ᄒᆞ올 때 시〃로 보고 도로의 근심을 져기 위로ᄒᆞ올가 ᄒᆞ옵ᄂᆞ이다."

샹셔공이 보고 댱ᄌᆞ 텬복ᄃᆞ려 닐러 왈,

"내 노래예 이런 문ᄌᆞ 슈응이 불긴홀 ᄃᆞᆺᄒᆞ다."

텬복이 ᄃᆡ왈,

"먼 길 가옵ᄂᆞᆫ ᄃᆡ 별쟝 지어 주옵ᄂᆞᆫ 거시 예ᄉᆞ옵고 쥬한님은 봉명으로 가오니 ᄉᆞ〃힝역과 다ᄅᆞ옵고, 됴션국은 풍산이 텬하의 유명ᄒᆞ【12b】옵고 녜악 문명ᄒᆞ와 쇼듕화라 일ᄏᆞᆺᄂᆞᆫ 나라히옵고, 쥬 한님이 문댱필법이 긔이ᄒᆞ오니 됴션국 나가오면 젼대지엄을 잘 ᄒᆞ올 거시오 빗나게 ᄃᆞᆫ녀올 거시니, 이 사ᄅᆞᆷ의게도 글을 지어 주오미 됴흘 ᄃᆞᆺᄒᆞ이다."

샹셰 ᄃᆡ왈,

"과연 그러ᄒᆞ다. 먼니 편지 ᄒᆞ여 구ᄒᆞ니 내 지어 보내리라."

드ᄃᆡ여 지필을 명ᄒᆞ여 노흐라 ᄒᆞ니, 댱손 일봉이 벼로롤 밧ᄃᆞ러 나오고 중손 원셩이 필묵을 밧ᄃᆞ러 나오며 유한당이 연뎍을 밧ᄃᆞ러 연슈롤 티니, 샹셰 취지ᄒᆞ여 글을 ᄡᅧ 왈,

히동방운ᄉᆞ황됴ᄒᆞ니	히동의 나라 운수가 황됴와 ᄀᆞᆺᄐᆞ니
이셕단군역병요라	녯적 단군이 ᄯᅩᄒᆞᆫ 당요와 ᄒᆞᆫ가지로 셧도다【13a】
이십오년금고ᄉᆞᄂᆞᆫ	이십오년식 예와 이제 일은
군힝응부쳥구요라	그ᄃᆡ 응당 다시 장구의 노래를 드ᄅᆞ리로라

샹셔공이 글을 다 쁜 후 아ᄃᆞᆯ과 손ᄌᆞ들을 보라 ᄒᆞ니 모든 ᄌᆞ손이 고ᄒᆞ야 ᄀᆞᆯ오ᄃᆡ,

“편시의 지으신 글이 과연 됴ᄉᆞ이다.”

샹셰 유한당ᄃᆞ려 무러 왈,

“쳣 귀 ᄯᅳᆺ을 아ᄂᆞᆫ다?”

유한당이 ᄃᆡ왈,

“아올소이다. 우리 듕원과 됴션국이 텬문의 긔미셩 분야 ᄀᆞ티 잇ᄉᆞᆸ기예 듕원의 문명ᄒᆞᆫ 운을 만나면 됴션국도 문명ᄒᆞᆫ 운을 ᄀᆞ티 만나기의 뎨요 도당시 갑진년 즉위ᄒᆞ션디 이십오년 만의 됴션국의 단군이 겨시니, 당요도 셩인이시오 단군도 셩인이니 다ᄀᆞ티 문명지되를 일워【13b】ᄉᆞᆸ고, 대명 태조고황뎨 무신년 창업ᄒᆞ오신 후 이십오년 만의 됴션국의 강헌대왕이 기국ᄒᆞ여 태조 황뎨도 셩인이오시고 강헌대왕도 셩인이오시기의 듕원과 됴션이 ᄀᆞ티 문명지되를 일워ᄉᆞ오니, 고금 텬디의 이십오년 식 운수 당ᄒᆞᄂᆞᆫ 일이 긔이ᄒᆞ오니잇가. 지으신 글 두 귀예 이 ᄯᅳᆺ디 다 포함하여ᄉᆞ오니, 문격이 됴흘 분 아니오라 됴션의 가ᄂᆞᆫ ᄉᆞ신의게 글 ᄯᅳᆺ이 득테ᄒᆞ여ᄉᆞ오니 극히 됴ᄉᆞ오이다.”

샹셰 우서 왈,

“녁ᄃᆡ 뎨왕 운수와 듕국 외국의 ᄉᆞ젹을 댱부들도 아ᄂᆞ니 드물거든 너

ᄂᆞᆫ 녀ᄌᆞ로셔 ᄇᆞᆰ히 아라시니, 내 ᄆᆡ양 손ᄌᆞ들 총명이 츌인ᄒᆞᆫ 거ᄉᆞᆯ 보면 네의 품【14a】슈ᄒᆞ얏다 일컷노라."

유한당 왈,

"녀ᄌᆞ로셔 박남을 못ᄒᆞ얏ᄉᆞ오니 무어ᄉᆞᆯ 아오리잇가. 하문ᄒᆞ오시믈 인ᄒᆞ야 마ᄎᆞᆷ 드러ᄉᆞᆸ던 말ᄉᆞᆷ이라 알외여ᄉᆞᆸ더니 하교ᄅᆞᆯ 듯ᄌᆞ오니 븟그럽ᄉᆞ오믈 ᄭᆡ닷디 못ᄒᆞ올소이다. 아ᄒᆡ들 총명ᄒᆞ온 거ᄉᆞᆫ 가뎡지훈 ᄒᆞ옵거니와 혹 어미 용녈ᄒᆞ온 거ᄉᆞᆯ ᄇᆡ울가 숑구ᄒᆞ야 ᄒᆞᄂᆞ이다."

두 샹셔 글을 쥬 한님긔 보내엿더니 쥬 한님이 ᄉᆞ신 ᄃᆞᆫ녀 도라와 편지ᄒᆞ여 왈,

"이번 됴션의 나가 두루 상관ᄒᆞ니 녜악풍속이 졔〃히 문명ᄒᆞ야 우리 황됴 여셔 됴곰도 다ᄅᆞᆫ 일이 업고, 강호 누ᄃᆡ 곳〃이 긔이ᄒᆞ니 우리 듕원과 샹날홀 ᄃᆞᆺᄒᆞ오니 쇼듕화라 일컷기 실【14b】로 올ᄉᆞᆸ더이다. 별쟝 시츅 수쳔 댱을 길ᄒᆡ 가지고 가ᄉᆞᆸ더니, 됴션 문댱 여러히 보고 샹셔공 글을 극히 진한 이젼 문댱이라 ᄒᆞ고 기리오니 깃브더라."

일컷고 평양 년광뎡 그린 것 금쳔 희난셔 글 뼈 삭여 박은 거ᄉᆞᆯ 보내여시니, 샹셔공이 ᄌᆞ손들을 ᄃᆞ리고 펴 보니 유한당이 겻ᄒᆡ 안잣더니 말ᄉᆞᆷᄒᆞ여 왈,

"평양은 쥬무왕 ᄯᅢ예 긔ᄌᆞ ᄇᆡᆨ마로 나가 도읍ᄒᆞ얏던 ᄃᆡ니 뎡젼ᄒᆞ던 터히 이실 거시니 년광뎡 강산을 그리디 말고 뎡뎐 터흘 그려 오더면 됴흘 번 ᄒᆞ여ᄉᆞᆸᄂᆞ이다. 그 ᄯᅢ예도 듕원의ᄂᆞᆫ 무왕이 셩인으로 셔시고 됴션은 긔ᄌᆞ 셩인으로 셔시니 그도 텬디 운수의 서로 ᄀᆞᆺᄉᆞ온 거ᄉᆞᆯ 보【15a】올거시 잇ᄂᆞ이다. 됴션국이 긔ᄌᆞ 교화ᄅᆞᆯ 닙어 오륜지교 극히 ᄇᆞᆰ아 부녀들이 졍졀 잇기 텬하 만국의 읏듬 되오니 강산이 만니ᄅᆞᆯ 막혀 잇ᄉᆞ오나 ᄆᆡ양 보ᄂᆞᆫ ᄃᆞᆺᄒᆞ더이다."

일〃은 원시랑 부인 양시 -원부인 딜부- 유한당긔 무러 왈,

"아히들 ᄀᆞᄅᆞ치기ᄂᆞᆫ 유한당 말숨 ᄀᆞᄐᆞ여 어룬들이 그룬 힝실과 그룬 일을 아니ᄒᆞ여 뵈여 녯 셩인의 '이신교지'라 말숨을 톄힝ᄒᆞ오면 ᄌᆞ연이 구률의 어긋나게 아니ᄒᆞ려니와, 어린 아히 시싱지초브터 잘 기ᄅᆞ기 어렵ᄉᆞ오ᄃᆡ 유한당 가듕 아히들은 나ᄂᆞᆫ 대로 낫〃티 잘 기ᄅᆞ오니 그ᄂᆞᆫ 므ᄉᆞᆫ 묘방이 잇ᄂᆞ니잇가?"

유한당 왈,

"녯적 명의들 말숨의 '녕의십댱부연뎡 난【15b】의일부인이오, 녕의십부인이연졍 난의일쇼ᄋᆞ라' ᄒᆞ여ᄉᆞ오니 그 말숨은 '출하리 열 댱부의 병은 고틸디언뎡 ᄒᆞᆫ 부인의 병 고티기ᄂᆞᆫ 어렵고, 출하리 열 부인의 병은 고틸디언뎡 ᄒᆞᆫ 쇼ᄋᆞ의 병은 고티기 어렵다' ᄒᆞ여ᄉᆞ오니, 그 말숨이 과연 올ᄉᆞ와 어린 아히 어른과 달나 골졀이 굿디 아니ᄒᆞ고 긔혈이 과디 아니ᄒᆞ야 강보의 ᄲᅡ혀 이셔 말하디 못ᄒᆞ기의 병즁을 아디 못ᄒᆞ오니, 의약ᄒᆞ기 인간의 어려온 일이 ᄋᆞ니이나 어룬들은 한셔의 샹ᄒᆞ거나 음식의 샹ᄒᆞ거나 병 드ᄂᆞᆫ 거시나 제 몸을 삼가디 못ᄒᆞᄂᆞᆫ 타시어니와, 쇼ᄋᆞ의 병드ᄂᆞᆫ 거ᄉᆞᆫ 제 타시 아니라 어룬이 삼가디【16a】 못ᄒᆞ기로 병이 나ᄂᆞᆫ 거시니 부모의 ᄆᆞ음이 어이 조심티 아니ᄒᆞ리잇가. 쇼ᄋᆞ 보양홀 도리롤 의논ᄒᆞ오려 ᄒᆞ오면 텬디 조화디니와 사룸의 침식디도롤 붉히 아온 후의야 비로소 쇼ᄋᆞ 기ᄅᆞᄂᆞᆫ 도리롤 알 거시오니, 우리ᄀᆞ티 혹식 노무ᄒᆞ니들이 엇디 묘방이 잇사오리잇가."

양부인 왈,

"텬디조화디니롤 크게 의논은 못 ᄒᆞ올디라도 유한당 가듕의셔 힝ᄒᆞᄂᆞᆫ 범졀을 드러디이다."

유한당이 쇼왈,

“내 집의ᄂᆞᆫ 별로 묘방이 업ᄉᆞ와 다만 ‘과’ ᄧᅡ ᄒᆞᆫ 글자로 쇼년 ᄋᆞᄒᆡ들을 경계ᄒᆞᄂᆞ이다. 아ᄒᆡ 졋 먹일 ᄣᅢ예도 과히 ᄇᆡ 브ᄅᆞ게 말고 간슈ᄒᆞ기도 과히 말고 우ᄅᆞᆷ도 과히 울니【16b】니디 말고 ᄯᅩ ᄇᆡ 과히 고프게 말고 ᄇᆞ람도 과히 ᄡᅩ히디 말고 과히 덥게 말고 과히 ᄎᆞ게 말고 아ᄒᆡ를 ᄉᆞ랑ᄒᆞ야 과히 웃게 말고 안고 업고 ᄒᆞ여 사ᄅᆞᆷ의 손의 잇게 말고 제 풀노 두어 스ᄉᆞ로 니러나게 ᄒᆞ야 사ᄅᆞᆷ이 우격으로 즈레 안티디 말고 셔기도 제 스ᄉᆞ로 셔디 어룬이 우격으로 즈레 셰우디 마라. 일동일졍을 텬디 ᄌᆞ연지니로 제 스ᄉᆞ로 되야 나게 ᄒᆞᄂᆞᆫ 거시 됴흔 도리옵디 어룬이 우격으로 안티고 셰우ᄂᆞᆫ 거시 아ᄒᆡ ᄉᆞ랑ᄒᆞᄂᆞᆫ ᄃᆞᆺᄒᆞ여도 도로혀 해 되옵ᄂᆞ니이다. 그러므로 ᄆᆡᆼᄌᆞ 말ᄉᆞᆷ의 ‘송ᄯᆞ 사ᄅᆞᆷ이 알묘ᄒᆞᄂᆞ니 잇다’ ᄒᆞ오셔 ‘농부 곡식이 쉬 ᄌᆞ라고져 ᄒᆞ여 이삭을 ᄲᅢ혀 놋ᄂᆞ니 잇다’ ᄒᆞ【17a】여 겨오시니, ᄆᆡᆼᄌᆞ 말ᄉᆞᆷ은 다ᄅᆞᆫ ᄃᆡ 니ᄅᆞᆫ 말ᄉᆞᆷ이옵거니와 대범 아ᄒᆡ 기ᄅᆞᄂᆞᆫ 것도 어린 곡식 기ᄅᆞ기 ᄀᆞᄐᆞ여 즈레 안티고 셰우ᄂᆞᆫ 거시 알묘ᄒᆞᄂᆞᆫ 해 ᄀᆞᆺᄉᆞ오니이다.”

양부인 왈,

“유한당이 실로 텬디지니ᄅᆞᆯ ᄭᆡᄃᆞᆺᄂᆞᆫ 말ᄉᆞᆷ이올소이다. 아ᄒᆡ 시싱지초의 닙히기ᄅᆞᆯ 무어ᄉᆞ로 닙히시ᄂᆞ니잇가?”

유한당 왈,

“시싱지초의 강보로 ᄡᅡ 두옵디, 별로 ᄎᆞᆯ혀 닙히올 거시 잇ᄉᆞ오리잇가. 녯적 명의 말ᄉᆞᆷ의 ‘칠팔십 먹은 어룬의 ᄯᆞᆷ ᄇᆡᆫ 오ᄉᆞ로 ᄡᅡ면 아ᄒᆡ가 댱슈 부귀ᄒᆞ다’ ᄒᆞ여ᄉᆞ오니 그런 거ᄉᆞ로 오시나 강보나 ᄒᆞᄂᆞᆫ 거시 됴습더이다.”

양부인 왈,

“명의 말ᄉᆞᆷ이 그 어인 일이오니잇가?”

유한당【17b】 왈,

"어린 아ᄒᆡ 제게 긔혈이 브죡ᄒᆞ기의 노인의 진ᄋᆡᆨ과 긔운이 무든 거ᄉᆞ로 제 몸을 빠ᄂᆞᆫ 거시 유익ᄒᆞᆯ 듯ᄒᆞᆫ 니ᄂᆞᆫ 분명ᄒᆞ니이다."

양부인 왈,

"이런 말ᄉᆞᆷ을 범연이 드러ᄉᆞᆸ더니 과연 오늘날 ᄊᆡ돗ᄂᆞ이다. '아ᄒᆡ 삼일의 ᄆᆡ이 씻겨야 됴타' ᄒᆞ오니 이 말ᄉᆞᆷ이 올ᄉᆞ오니잇가?"

유한당 왈,

"물ᄀᆞ의셔 사ᄂᆞ니들이 아ᄒᆡᄅᆞᆯ ᄎᆞᆫ 물의 씻겨야 됴타 ᄒᆞ야 물의 ᄌᆞᆷ가 내ᄂᆞᆫ 니도 잇고, 혹 물을 ᄯᅧ 아ᄒᆡ게 ᄂᆞ리 부어 가며 씻기ᄂᆞ니도 이시ᄃᆡ 그ᄂᆞᆫ 씻기ᄂᆞᆫ 도리 '과ᄒᆞᆯ 과' ᄌᆞᄅᆞᆯ 삼가디 못ᄒᆞ여 패 보ᄂᆞ니 만ᄉᆞᆸ더이다. 내 집의ᄂᆞᆫ 아ᄒᆡ 씻기랴 ᄒᆞ면 ᄇᆡ곱의 ᄇᆞ람들가 념녀ᄒᆞ야 아니 씻기로 위쥬ᄒᆞᄂᆞ이다."

양부인 왈,

"아ᄒᆡᄅᆞᆯ【18a】 씻기디 아니ᄒᆞ면 ᄌᆞ란 후 얼굴이 검다 ᄒᆞ오니 그러ᄒᆞ오니잇가?"

유한당 왈,

"셜ᄉᆞ 얼굴이 검을디라도 과히 씻겨 탈 나ᄂᆞ니여셔 낫ᄉᆞ오니이다. ᄒᆞ물며 아ᄒᆡ 시ᄉᆡᆼ지초의 얼굴이 검으나 희나 허물을 여러 번 벗ᄉᆞ오니 처엄 검던 거시 관겨ᄒᆞ오리잇가. 그도 급히 희게 ᄒᆞ야 사ᄅᆞᆷ의게 자랑코져 ᄒᆞ시ᄂᆞᆫ 쓰디 알묘ᄒᆞ던 농부와 ᄀᆞᆺᄉᆞ오니이다."

양부인 왈,

"유한당 가듕 사ᄅᆞᆷ들이 역질을 다 아니ᄒᆞ엿다 ᄒᆞ오니 므ᄉᆞᆫ 묘방이 이셔 그러ᄒᆞ오니잇가?"

유한당 왈,

"역질은 듀말지[진]초브터 나 과연 텬디간 뎨일 어렵ᄉᆞ온 병이오니 내 무식ᄒᆞᆫ 부녀로셔 므슨 방셔 잇ᄉᆞ오리잇가. 존구겨오셔 고방을 엇【18b】ᄌᆞ와 아ᄒᆡ들 어린 때 흑임ᄌᆞ 싱유 먹이기를 힘뻐 ᄒᆞ오니 그 효험으로 존구긔 허다 ᄌᆞ손이 반은 역질 아니ᄒᆞ고 반은 역질ᄒᆞ여도 경히 ᄒᆞ더이다."

양부인 왈,

"이 말솜은 듯던 듕 크게 ᄇᆡ화 가ᄂᆞ이다. 아ᄒᆡ 시싱지초의 길흉을 알 도리 잇솝더니잇가?"

유한당 왈,

"의셔의 '아ᄒᆡ 우는 소ᄅᆡ로 안다' ᄒᆞ고, '아ᄒᆡ 손굼치의 뼈 업ᄉᆞ면 길 때 길티 아니ᄒᆞ고 발굼치 뼈 내미디 아니ᄒᆞ면 거를 때 길티 아니ᄒᆞ다' ᄒᆞ야ᄉᆞ오나, 소ᄅᆡ는 드러 분간키 어렵거니와 슈족의 뼈 내민 거시 길ᄒᆞ더이다."

양부인 왈,

"아ᄒᆡ 기ᄅᆞ는 법이 고금이 다 다ᄅᆞ오니 샹고 적쳐로 길러셔는 병들 리 만솝더이다."

유한당 왈,

"그러【19a】ᄒᆞ이다. 샹고 때 인〃은 소긔혈쳐ᄒᆞ고 초의목식ᄒᆞ여 디내오니 어린 아ᄒᆡ 틔듕의 이실 적브터 풍한셔습을 져리디 아니ᄒᆞ고 비ᄅᆡ[틔]ᄒᆞ여 아기 난 후의 풍한셔습을 도심ᄒᆞ여도 해 되디 아니ᄒᆞ고, 금셰 사ᄅᆞᆷ은 어룬이 포식난의ᄒᆞ고 심방 북벽의 병풍과 유댱을 ᄀᆞ초아 디내기의 슈틔ᄒᆞᆫ 후라도 십삭을 그리 ᄇᆡ힝ᄒᆞ얏기 녯 사ᄅᆞᆷ의 초의 목식ᄒᆞ던 때 비틔ᄒᆞᆫ 아ᄒᆡ과 ᄀᆞ티 길러셔는 해 되는 거시니 셰 당연ᄒᆞ오니이다."

양부인 왈,

"이 말ᄉᆞᆷ이 과연 올ᄉᆞ오이다. 샹고 적 초의 목식ᄒᆞᆯ 때 아ᄒᆡ 져로ᄂᆞᆫ 기ᄅᆞ디 못ᄒᆞ려니와 심방 북벽의 일향 너허 두어셔ᄂᆞᆫ 해 될 ᄃᆞᆺᄒᆞ【19b】이다."

유한당 왈,

"심방북벽의 두어도 과히 두디 말고 ᄇᆡᆨ일 후의 ᄎᆞ〃 졈〃 내여 볏과 ᄇᆞ람을 죠곰식 쟉쟉 뵈ᄂᆞᆫ 거시 기ᄅᆞᄂᆞᆫ 도리오니이다."

양부인 왈,

"그 말ᄉᆞᆷ도 과연 그러ᄒᆞ이다. ᄆᆡᆼᄌᆞ 알묘경계ᄒᆞ오신 말ᄉᆞᆷ은 앗가 드러ᄉᆞᆸ거니와 ᄆᆡᆼᄌᆞ의 '물망물조쟝'이라 ᄒᆞ신 말ᄉᆞᆷ –니저 ᄇᆞ리도 말고 자리기ᄅᆞᆯ 돕도 말란 말이니– 이 과연 아ᄒᆡ 기ᄅᆞᄂᆞᆫ 도리의 챡톄ᄒᆞ온 말ᄉᆞᆷ이올소이다."

유한당 왈,

"셩현의 말ᄉᆞᆷ이 일언반ᄉᆞ도 니의 통ᄒᆞᆫ 말ᄉᆞᆷ이오니 어ᄃᆡ 다혀 못 보오리잇가. 어린 아ᄒᆡ 보호 극난ᄒᆞ기 고인이 '노친ᄂᆡ 공양ᄒᆞ기ᄅᆞᆯ 약보영ᄋᆞ라' ᄒᆞ고, '좀모양좀의 빈〃회고ᄒᆞ야 녜양티아라' 말ᄉᆞᆷ이 '누에 티ᄂᆞᆫ 계집 누에 기ᄅᆞᆯ 제 빈〃이 도라보아 어린 아ᄒᆡ 기ᄅᆞᄃᆞᆺᄒᆞ라' ᄒᆞ오니, 이거ᄉᆞᆫ ᄆᆡᆼᄌᆞ의 '물망' 셩훈과 ᄒᆞᆫ 뜻이오니이다. 즈레 안티고 즈레 셰우ᄂᆞᆫ 거ᄉᆞᆫ ᄆᆡᆼᄌᆞ의 '알묘' 경계와 '물초쟝' 경계ᄅᆞᆯ 범ᄒᆞᆫ 거시오니이다. 아ᄒᆡ 우는ᄃᆡ 급히 ᄃᆞᆯ내랴 ᄒᆞ고 져ᄉᆞᆯ 급히 먹이디 말고 우룸 긋친 후 젓ᄉᆞᆯ 쟉〃 먹이고, 어룬이 번만ᄒᆞᆫ 즉 젓ᄉᆞᆯ 먹이디 말고 젓ᄉᆞᆯ 갓금 삣겨 먹이고, 사ᄅᆞᆷ이 악취예 긔ᄅᆞᆯ 뽀히고 급히 안디 말고, 아ᄒᆡ 겻ᄒᆡ셔 과히 셩내디 말고 과히 큰 소ᄅᆡ 말고, 이런 등졀은 부녀들도 모ᄅᆞ디 아니ᄒᆞ와 아오ᄃᆡ 일〃 삼가 힝ᄒᆞ기 어렵ᄉᆞᆸ더이다."

양부인 왈,

"아ᄒᆡ 타디 이후 기ᄅᆞᄂᆞᆫ 도리ᄂᆞᆫ 대톄 아라ᄉᆞᆸ거니와 아ᄒᆡ ᄐᆡ예 이실 적 남녀

분【20b】간홀 도리 잇습더니잇가?"

유한당 왈,

"이런 말솜은 의셔의 잇ᄉᆞ오나 분간키 어렵습고 고인지언의 왈, '진신셰면 불여무셔'라, 글을 다 밋으량이면 글 업ᄂᆞ니만 못ᄒᆞ단 말솜이 올ᄉᆞ오이다. 슈틔 후 십삭 만 기ᄃᆞ리면 알 거시니 미리 아라 무엇ᄒᆞ리잇가."

양부인 왈,

"듯ᄌᆞ오니 존구긔셔 므슨 방문이 이셔 아ᄅᆞ시ᄂᆞᆫ 거시 계시기의 존귀 ᄌᆞ손들이 ᄇᆡ화 다들 싱남ᄒᆞᆫ다 ᄒᆞ오니 그 말솜이 올ᄉᆞ오니잇가?"

유한당 왈,

"존구 텬문지리와 인ᄉᆞ무리 통달ᄒᆞ시니 그런 ᄇᆞ티 말솜인들 업ᄉᆞ오리잇가. 존구 ᄌᆞ손의 슈틔ᄒᆞ니 십인이면 남ᄌᆞ 싱ᄒᆞᄂᆞ니 칠팔인이나 되오니 놈들이 그리 니ᄅᆞ기 고이티【21a】 아니ᄒᆞ리이다."

양부인 왈,

"존구긔 ᄇᆡ화 가고져 ᄒᆞᄂᆞ이다."

유한당 왈,

"존구겨셔 ᄆᆡ양 그런 말솜의 슈틔 십인의 십인이 다 싱남ᄒᆞ량이면 그 법이 잇다 니ᄅᆞ려니와 십인의 싱녀ᄒᆞᄂᆞ니 이삼인이시니 그 법이 잇다 못ᄒᆞ시랴 ᄒᆞᄂᆞ니이다. 대범 싱남ᄒᆞ고 아ᄒᆡ 잘 기ᄅᆞᄂᆞᆫ 법이 잇습ᄂᆞᆫ 거술 셰쇽 부녀 힝ᄒᆞ기 어렵습더이다."

양부인 왈,

"므슨 법이오니잇가?"

유한당 왈,

"사ᄅᆞᆷ이 ᄌᆞ식 만히 두기ᄂᆞᆫ 오복지슈 되ᄂᆞ니 화봉인이 '다남ᄌᆞ' 뎨요긔 헌축ᄒᆞ여ᄉᆞᆸ고, 쥬적 시인이 문왕긔 '죽식ᄉᆞ남'을 헌송ᄒᆞ여ᄉᆞᆸ고, 공ᄌᆞ 어마님이 니구산의 비러 공ᄌᆞ 형뎨ᄅᆞᆯ 나하 계시니 녜로브터 ᄉᆡᆼ남ᄒᆞ기 인도의 극히 관듕【21b】ᄒᆞ온 복이 아니오니잇가. 다남ᄒᆞᄂᆞᆫ 복녹을 구ᄒᆞ랴 ᄒᆞ면 부모 되얏ᄂᆞ니 인심과 인덕을 힘ᄡᅳ디 아니ᄒᆞ고 그런 복녹을 밧ᄉᆞᆸᄂᆞ니잇가. 흉듕의 일분이나 살긔 잇ᄂᆞᆫ 마ᄋᆞᆷ을 먹음거나 구두의 일분이나 살긔 잇ᄂᆞᆫ 말을 ᄒᆞ게 되면 제 몸의 ᄌᆡ홰 나ᄂᆞᆫ 거시오니, 이러므로 '작션의 강지ᄇᆡᆨ샹ᄒᆞ고 작불션의 강지ᄇᆡᆨ앙이라', '어진 니ᄅᆞᆯ 지으면 일ᄇᆡᆨ 샹셔ᄅᆞᆯ ᄂᆞ리오고 불션을 지으면 일ᄇᆡᆨ 앙화ᄅᆞᆯ ᄂᆞ리온다' ᄒᆞ야시니 일노 보오면 ᄂᆞᆷ의 아ᄒᆡᄅᆞᆯ 샹ᄒᆡ오면 ᄂᆞᆷ이 제 아ᄒᆡᄅᆞᆯ 아니 샹ᄒᆡ옵ᄂᆞ니잇가. ᄆᆡᆼᄌᆞ 말ᄉᆞᆷ의 '유어유ᄒᆞ야 이급인지유'라 ᄒᆞ야 '내의 어린 거ᄉᆞᆯ ᄉᆞ랑ᄒᆞ야 ᄂᆞᆷ의 어린 거ᄉᆡ 밋ᄎᆞ라' ᄒᆞ야 겨시니【22a】잇가. 아모 일이나 '부녀로셔 아라 무엇ᄒᆞ리' 말ᄉᆞᆷ을 듯ᄌᆞ오면 녀ᄌᆞ의 몸을 난 줄 지ᄒᆞᆫ이 되옵더이다."

유한당 왈,

"형긔지ᄉᆞ로 난 거ᄉᆞᆯ 인심이라 니ᄅᆞ고 셩명지졍으로 난 거ᄉᆞᆯ 도심이라 니ᄅᆞᄂᆞ니라."

손녀 ᄃᆡ왈,

"형긔지ᄉᆞ로 난 거시오면 인욕이 되옵ᄂᆞ니잇가?"

유한당 왈,

"쥬ᄌᆞ 말ᄉᆞᆷ의 '인심이 굿ᄐᆞ여 인욕이 아니라' ᄒᆞ야 겨시니라. 너ᄂᆞᆫ 어이 심이 둘히니 ᄒᆞ거니와 인심 도심 둘 본이 아니라. 본심이라 니ᄅᆞ고 냥심이라 니ᄅᆞ고 적ᄌᆞ심이라 니ᄅᆞ고 대인심이라 닐러 여러 가지로 일ᄏᆞ라 겨시니 네 『심경』을

ᄌᆞ시 보와라.”

손녀 ᄃᆡ왈,

“인심은 형긔지ᄉᆞ로 나고 도심은 셩명지뎡으로 나게 되면 『셔뎐』의 요슌이 심법【22b】 샹뎐ᄒᆞ시던 때 셩명지졍으로난 도심을 몬져 일콧디 아니ᄒᆞ고 형긔지ᄉᆞ로난 인심을 몬져 일ᄏᆞ라습ᄂᆞ니잇가?”

유한당 왈,

“범간 언어 경ᄒᆞᆫ 거ᄉᆞᆯ 몬져 ᄒᆞ고 듕ᄒᆞᆫ 거ᄉᆞᆯ 후에 ᄒᆞᄂᆞᆫ 것도 잇고 듕ᄒᆞᆫ 거ᄉᆞᆯ 몬져 ᄒᆞ고 경ᄒᆞᆫ 거ᄉᆞᆯ 후에 ᄒᆞᄂᆞᆫ 것도 잇거니와, 인심 도심 션후 ᄎᆞ례ᄂᆞᆫ 굿ᄐᆞ여 경듕을 의논ᄒᆞᆯ 거ᄉᆞᆫ 아니여니와 경계ᄒᆞᆯ 거시 인심의 더 잇기 그리ᄒᆞ엿ᄂᆞᆫ가 시브더라. 션유 의논의 인심·도심 ᄎᆞ례 의논ᄒᆞ신 거ᄉᆞᆫ 보들 못ᄒᆞ엿다. 사ᄅᆞᆷ이 글을 닑을 때의 셩현의 졍심지훈과 존심지훈을 챡실이 톄힝ᄒᆞᆯ 거시니 도심이니 인심이니 경셔 귀어만 구두의 외올니기만 ᄒᆞ여셔야 제 몸의 유【23a】익ᄒᆞᆯ 거시 어이 이시리오.”

손녀 ᄃᆡ왈,

“하교 셩연ᄒᆞ오이다.”

유한당 당손녜 무러 왈,

“사ᄅᆞᆷ의 비ᄐᆡᄒᆞᄂᆞᆫ 니ᄂᆞᆫ 고인이 금인이 다ᄅᆞᆯ 니 업고 셩인과 범인이 다ᄅᆞᆯ 니 업ᄉᆞ오ᄃᆡ ᄃᆞᆯ 수ᄅᆞᆯ 근유십삭 후 낫ᄂᆞ니도 잇고 혹 십삭 후 여러 ᄃᆞᆯ 만의도 나ᄂᆞ니도 이시니 그도 고이ᄒᆞᆫ 니 아니오니잇가?”

유한당 왈,

“십삭 만의 나ᄂᆞ니ᄂᆞᆫ 평샹ᄒᆞᆫ 일이여니와 텬디조화지니 무궁무진ᄒᆞ니 여러 돌 만의 나ᄂᆞ니도 잇고 여러 ᄒᆡ 만의 나ᄂᆞ니도 이시니 굿ᄐᆞ여 고이ᄒᆞᆫ 니 아니라. 뎨요 도당시 십ᄉᆞ삭 만의 나시다 말은『한셔』의 잇고, 하우시 십ᄉᆞ삭 만의 나시다 말은『개산도히』라 ᄒᆞᄂᆞᆫ 칙의 잇고, 셜이 십ᄉᆞ속만의 나시다 말은【23b】『습유긔』예 잇고, 한쇼졔 십ᄉᆞ삭 만의 나시다 말은『십뉵구[국]츈츄』의 잇고, 왕슈인이 십ᄉᆞ삭 만의 나시다 말은「연보」의 잇고, 쥬규리 십오삭 만의 나단 말은『ᄉᆞ찬좌편』의 잇고, 곽원이 십이삭 만의 나단 말은『진쥬션』이란 칙의 잇고, 황뎨 헌원시 이십ᄉᆞ삭 만의 나단 말은『슈신긔』예 잇고, 왕쳘이 이십ᄉᆞ삭 만의 나단 말은『ᄉᆞ찬좌편』의 잇고, 니필이 삼년 만의 나단 말은『어□외뎐』의 잇고, 핑조 삼년 만의 나단 말은『ᄃᆡᄃᆡ례』의 잇고, 은반셕이 삼년 만의 나단 말은 뉴경슉의『니원』의 잇고, 원탁이 삼년 만의 나단 말은『동파집』의 잇고, 혜릉이 뉵년 만의 나단 말은『반경셔』의 잇【24a】고, 협존ᄌᆞ 뉵십년 만의 나다 말은『뎐등녹』이란 칙의 잇고, 노담이 칠십이년 만의 나다 말은『딘션뎐』의 잇고,『형쳔좌편』의ᄂᆞᆫ 노담이 팔십년 만의 나다 ᄒᆞ엿ᄂᆞ니라. 이 사ᄅᆞᆷ들이 돌포 ᄒᆡ포 만의 나도 해로온 일이 업서 그 듕 셩인도 잇고 현인도 잇고 어딘 졔왕도 잇고 어딘 졍승도 잇고, 나흘 팔빅 사니도 잇고 오빅셰 사니도 잇고, 혹 이단이라도 ᄯᅩᄒᆞᆫ 착ᄒᆞᆫ 사ᄅᆞᆷ들이니 오래건만의 나ᄂᆞᆫ 거시 품슈ᄅᆞᆯ 오래 ᄒᆞ엿기 길ᄒᆞ다 ᄒᆞᄂᆞ니라."

유한당 증손녀 십일셰예『녜긔』ᄅᆞᆯ 닑다가 유한당긔 무러 왈,

"『녜긔』예 '도로의 남ᄌᆞ 유우ᄒᆞ고 녀ᄌᆞ 유좌라' ᄒᆞ야 겨시니 이ᄂᆞᆫ 남네 이노ᄒᆞ게 ᄒᆞᄂᆞᆫ ᄯᅳᆺ이【24b】오ᄃᆡ, 오ᄂᆞᆫ 사ᄅᆞᆷ의 좌편이 가ᄂᆞᆫ 사ᄅᆞᆷ의 우편이 되고 가ᄂᆞᆫ 사ᄅᆞᆷ의 우편이 오ᄂᆞᆫ 사ᄅᆞᆷ의 좌편이 되오니, 그러ᄒᆞ게 되오면 오ᄂᆞᆫ 남ᄌᆞ와 가ᄂᆞᆫ

녀ᄌᆞ의 길 ᄒᆞᆫ편의 잇ᄉᆞᆸ고 가ᄂᆞᆫ 남ᄌᆞ와 오ᄂᆞᆫ 녀ᄌᆞ와 길 ᄒᆞᆫ편으로 잇ᄉᆞᆸ게 되오니 남녀 이노ᄒᆞᄂᆞᆫ ᄠᅳᆺ이 되옵ᄂᆞ니잇가?"

유한당 왈,

"사ᄅᆞᆷ의 좌우로 의논ᄒᆞᆯ 거시 아니라 길 좌우로 의논ᄒᆞᆫ 거시라."

손녜 ᄃᆡ왈,

"션유의 의논이 잇ᄉᆞᆸᄂᆞ니잇가?"

유한당 왈,

"한유의 푸신 거시 분명티 아니ᄒᆞ고, 『쇼ᄒᆞᆨ』에 이 대문을 여시ᄃᆡ 주의 프러 일캇디 아녓더라."

손녜 ᄯᅩ 문왈,

"'남녀슈〃 불친'이라 ᄒᆞ기ᄂᆞᆫ 녜옵거니와, 어린 아ᄒᆡᄅᆞᆯ 강보의 ᄲᅡ 안아다가 서로 주고 바들 ᄣᅢ예 슈〃 불친지례ᄅᆞᆯ 힝키 어려워 뵈옵더이다."

유한당 왈,

"어렵디 아니ᄒᆞ니라. 『쇼ᄒᆞᆨ』의 '그ᄅᆞᆺ ᄉᆞᆯ 주고 바들 ᄣᅢ에 안자셔 노흔 후의 취ᄒᆞ여 가라' ᄒᆞ여시니 아ᄒᆡ 주고 밧기도 그대로 ᄒᆞ여 아ᄒᆡᄅᆞᆯ ᄃᆞᆺ긔 ᄂᆞ리와 노흔 후에 안아 가ᄂᆞᆫ 거시 올흐니라. 아ᄒᆡᄅᆞᆯ 어룬이 셔〃 주고 밧ᄂᆞᆫ 거시 극히 위ᄐᆡᄒᆞ니 혹 실슈ᄒᆞ여 ᄂᆞ리티면 ᄉᆞ싱도 가례오 병인 되기 쉬오니 극히 조심ᄒᆞᄂᆞᆫ 거시 올흐니라."

말ᄒᆞᄂᆞᆫ ᄣᅢ의 쇼졔의 당형이 드러오다가 듯고 우서 왈,

"녯 글의 '○[미]유ᄒᆞᆨ양ᄌᆞ니가쟈애'라, 'ᄌᆞ식 기ᄅᆞ기ᄅᆞᆯ ᄇᆡ호고 싀집 가ᄂᆞ니 업다' ᄒᆞ엿ᄂᆞᆫᄃᆡ 너ᄂᆞᆫ ᄌᆞ식 기ᄅᆞ기ᄅᆞᆯ 몬져 ᄇᆡ호ᄂᆞᆫ다?"

쇼졔 ᄃᆡ왈,

"녯적 부녀들이 어린 때브터 「닉측」과 『녈녀뎐』을 닑어시니, '부【25b】수구고' 대문과 '부인임ᄌᆞ' 대문을 폐ᄒᆞ고 닑엇다 말솜 듯디 못ᄒᆞᆯ너이다. 범슌부녀ᄂᆞᆫ 어려셔 『밍ᄌᆞ』를 닑어시니 그 대인 혹문ᄒᆞ시ᄂᆞᆫ 션싱으로 그 뜰을 '유오유ᄒᆞ여 이급인지유라' 대문을 빠히고 닑혀ᄉᆞ오리잇가."

댱형이 대쇼 왈,

"네 뭇ᄂᆞᆫ 문의 말마다 졍심ᄒᆞ매 긔특ᄒᆞ여 웃노라 말을 ᄒᆞ엿더니 네 말이 쏘 개〃히 졀당ᄒᆞ니 긔특ᄒᆞ다."

유한당 왈,

"녯 글의 '유ᄌᆞ롤 샹시무광'이라 ᄒᆞ여시니 어린 아ᄒᆡ 보ᄂᆞᆫ ᄃᆡ 샹시 긔롱인들 ᄒᆞ여 뵈리."

ᄒᆞ고 대쇼ᄒᆞ더라.

유한당 뎨삼손녀 『쇼혹』「계고」편을 닑다가 조모긔 문왈,

"이편의 첫 대문의 태임 말솜을 내고 그 다홈의 공ᄌᆞ 말솜을【26a】ᄒᆞ여ᄉᆞ오니, 셰ᄃᆡ ᄎᆞ례가 밧고여ᄉᆞ오니 그 어인 일이니잇가?"

유한당 왈,

"이편은 「닙교」편을 붉히온 편이기 태임이 문왕을 비샤 ᄐᆡ교ᄒᆞ시던 일을 긔록ᄒᆞ고, 그다음의 밍모 밍ᄌᆞ 어려 겨신 때 ᄀᆞᄅᆞ치신 말솜을 긔록ᄒᆞ고, 공ᄌᆞ 빅어 ᄀᆞᄅᆞ치시던 말솜은 공ᄌᆞᄂᆞᆫ 밍ᄌᆞ 젼 셩인이라, ᄀᆞᄅᆞ치ᄂᆞᆫ ᄎᆞ례로 빅어 ᄌᆞ라{ᄒᆞ}신 후 혹문 ᄀᆞᄅᆞ치시던 말솜이기 그리ᄒᆞ엿ᄂᆞ니라."

손녜 ᄃᆡ왈,

"다시 보오니 과연 그러ᄒᆞ이다."

일〃은 뉵봉의 댱ᄌᆞ 규셩이 조모긔 뭇ᄌᆞ오ᄃᆡ,

“밧긔 댱 도ᄉᆞ의 아ᄃᆞᆯ이 와셔 졔부 ᄉᆞ쥬ᄅᆞᆯ 보고 의논ᄒᆞ여 왈, ‘여러분 ᄉᆞ쥬들이 다 긔이ᄒᆞᆫ 격의 듯다’ ᄒᆞ고 기리옵더이다.”

유한당 왈,

“네 ᄇᆡᆨ부의 ᄉᆞ쥬ᄂᆞᆫ【26b】 텬간일긔격이라 ᄒᆞ고, 네 듕부 ᄉᆞ쥬ᄂᆞᆫ 디디샹등격이라 ᄒᆞ더냐?”

규셩이 대희 왈,

“과연 그러ᄒᆞ더이다. 조뫼 그리 아오시면 이젼 이런 말숨을 아니 ᄒᆞ시더니잇가?”

유한당 왈,

“그런 방셔들을 이젼 약간 보와시나 잡슐이기 내 평ᄉᆡᆼ 입 밧긔 내디 아니터니라.”

규셩 왈,

“엇던 격은 텬간일긔격이라 ᄒᆞ옵ᄂᆞ니잇가?”

유한당 왈,

“네 ᄇᆡᆨ뷔 임슐년 임ᄌᆞ월 임오일 임인시의 나시니 텬간의 임 네히기 텬간일긔라 ᄒᆞᄂᆞ니라. 네 듕부ᄂᆞᆫ 갑ᄌᆞ년 병ᄌᆞ월 경ᄌᆞ일 병ᄌᆞ시의 나시니 디〃이 네 ᄌᆞ히기 디〃샹등격이라 ᄒᆞᄂᆞ니라.”

규셩 왈,

“다ᄅᆞᆫ 사ᄅᆞᆷ들도 ᄉᆞ쥬의 우ᄒᆡ 네 ᄌᆞ히 ᄒᆞᆫ 글ᄌᆞ면 텬간일긔【27a】격이 되ᄂᆞ니잇가?”

유한당 왈,

“다 그러ᄒᆞ거니와 격 되ᄂᆞᆫ 법이 무수ᄒᆞ니라.”

규셩 왈,

“뎨삼슉부와 뎨ᄉᆞ슉부ᄂᆞᆫ 므ᄉᆞᆫ 격이니잇가?”

유한당 왈,

“병인년 경인월 병진일 병신시의 나시니 텬간의 병 세히 들고 ᄉᆞ이의 다른 간지 격지로 드러시니 격간삼봉이라 ᄒᆞ고, ᄉᆞ봉은 무진년 갑ᄌᆞ월 무진일 갑ᄌᆞ시의 나시니 무진 둘히오 갑ᄌᆞ 둘히 텬간과 디〃의 다 빵으로 드러시니 빵비호뎝격이라.”

규셩 왈,

“어이 호뎝격이라 ᄒᆞᄂᆞ니잇가?”

유한당 왈,

“호뎝이 ᄂᆞᆯ디 빵으로 ᄃᆞᆫ니기 그 긔샹을 취ᄒᆞ여 니른 말이라.”

규셩 왈,

“오슉부와 부친과 칠슉부ᄂᆞᆫ 므ᄉᆞᆫ 격이 되ᄂᆞ니잇가?”

유한당【27b】{당} 왈,

“경오년 갑신월 갑신일 경오시의 나시니 이도 빵비격이라 ᄒᆞ디 이ᄂᆞᆫ 년시가 ᄀᆞᆺ고 월일이 ᄀᆞᆺ기 쇼빵비격이라 ᄒᆞᄂᆞ니라. 네 부친은 을히년 뎡히월 뎡ᄉᆞ일 을ᄉᆞ시의 나시니 텬긔비화격이라. 칠봉은 뎡툭년 긔유월 뎡툭일 뎡미시의 나시니 이ᄂᆞᆫ 격간삼봉격이라.”

규셩이 ‘이제ᄂᆞᆫ 아옵거니다’ ᄒᆞ고 됴화ᄒᆞ니 유한당 왈,

“너의들 공부의ᄂᆞᆫ 방해로오니 아ᄂᆞᆫ 거시 불긴ᄒᆞ니라.”

유한당이 일〃은 만슈원의 가 ᄂᆞ물과 약ᄌᆡ롤 ᄏᆡ더니 뎨이십오손 ᄌᆞ셩이 창츌을 ᄏᆡ여 들고 조모긔 무러 왈,

"창츌 일홈을 어이 '츌'이라 ᄒᆞ엿ᄂᆞ니잇가?"

유한당 왈,

"그런 초목【28a】 일홈 알기 긴ᄒᆞᆫ 공부랴마ᄂᆞᆫ 공ᄌᆞ 말ᄉᆞᆷ의 '다식이초목죠슈디명'이라 ᄒᆞ여 겨시니 네 육예누의 가 ᄌᆞ혹 의논ᄒᆞᆫ ᄎᆡᆨ을 보아라. 창츌이란 '츌' ᄌᆞ 젼ᄌᆞ로 쁜 모양이 창츌 쳐엄 날 적 모양 ᄀᆞᆺ기 '츌' ᄌᆞ로 ᄒᆞ엿ᄂᆞ니라."

ᄌᆞ셩 왈,

"과연 그러ᄒᆞ이다. 다른 약초 일홈도 다 그러ᄒᆞ니잇가?"

유한당 왈,

"약ᄎᆡ 일홈들이 혹 빗ᄎᆞᆯ 일홈ᄒᆞᆫ 것도 이시니 황ᄇᆡᆨ, 현삼은 누ᄅᆞ고 거믄 빗ᄎᆞᆯ 일홈ᄒᆞᆫ 거시오, 쏘 ᄆᆞ술 일홈ᄒᆞᆫ 거ᄉᆞᆫ ᄀᆞᆷ초, 고ᄉᆞᆷ ᄃᆞᆯ고 쁜 거ᄉᆞ로 니ᄅᆞ고, 형상으로 일홈ᄒᆞᆫ 거ᄉᆞᆫ 인ᄉᆞᆷ이 인형ᄀᆞᆺ기 인ᄌᆞ로 일홈ᄒᆞ고, 표구{등}은 낙시쳐로 고브라기 표구로 일홈ᄒᆞᆫ 거시오, 혹 졀로 일홈ᄒᆞᆫ【28b】 거시 이시니 반하ᄂᆞᆫ 오월의 녀ᄅᆞᆷ 반이 되면 비로소 나기 일홈을 반하로 ᄒᆞᆫ 거시오, 셩미로 일홈ᄒᆞᆫ 거시 이시니 당귀ᄂᆞᆫ 혈분으로 도라가기 귀ᄌᆞ로 일홈ᄒᆞᆫ 거시오, 혹 지명으로 일홈ᄒᆞᆫ 거시 이시니 텬궁은 텬궁 싸ᄒᆡ셔 난 궁〃이 품이 됴키 텬궁으로 일홈ᄒᆞᆫ 거시라."

"민강은 민강 싸ᄒᆡ셔 난 ᄉᆡᆼ강이니잇가?"

"민듕의셔 나ᄂᆞᆫ ᄉᆡᆼ강 품이 됴키 민강이라 니ᄅᆞᄂᆞ니라. 쥬ᄌᆡ 민듕의셔 나 계시니 나ᄂᆞᆫ 민강 볼 적마다 쥬ᄌᆞ 겨시던 ᄃᆡ ᄉᆡᆼ강이라 귀히 넉이노라."

ᄌᆞ셩 왈,

"황년은 빗ᄎᆞᆯ 일홈ᄒᆞᆫ 거시니잇가?"

유한당 왈,

“황년은 빗과 형상을 겸ᄒᆞ여 일홈ᄒᆞᆫ 거시라. 황년이 빗치 누ᄅᆞ고 모양이 연ᄒᆞ여【29a】 구술 ᄭᅦᆫ ᄃᆞᆺᄒᆞ기 황년이라 ᄒᆞ고, 형상과 말슴 겸ᄒᆞ여 일홈ᄒᆞᆫ 거시니 셰신은 ᄲᅮᆯ히 ᄀᆞ놀기 실 ᄀᆞᆺ고 마시 밉기 셰신이라 일홈ᄒᆞ엿ᄂᆞ니라.”

ᄌᆞ셩이 문왈,

“초목만 약ᄌᆡ가 될 분 아니라 곤튱됴슈도 약ᄌᆡ가 되ᄂᆞᆫ가 시브더이다.”

“그러ᄒᆞ니라.”

ᄌᆞ셩 왈,

“챵경이란 새 므ᄉᆞᆫ 샌디 부인들 투긔ᄒᆞᄂᆞᆫ ᄃᆡ 약의 너허 먹으면 투긔 긋틴다 ᄒᆞ더이다.”

“그 말이 『산히경』의 잇ᄂᆞ니라.”

“녯적의 투긔로 우ᄉᆞ온 말이 셔칙의 잇ᄉᆞᆸ더이다.”

유한당 왈,

“녯적의 샤안 태부의 쳐 유 시 투긔 심ᄒᆞ니 태뷔 기쳡을 두디 못ᄒᆞ여 근심ᄒᆞ니 그 족하들이 부인긔 품간 왈, ‘「관져쟝」과 「죵ᄉᆞ쟝」의 투긔 아니ᄒᆞ온 덕이 잇기 후셰의 유【29b】명ᄒᆞ오니이다.’ 유 부인이 그 돌ᄂᆡᄂᆞᆫ 줄 알고, ‘「관져쟝」과 「죵ᄉᆞ쟝」을 뉘 지엇ᄂᆞ니?’ ‘쥬뇌 지엇ᄉᆞᆸᄂᆞ이다.’ 부인 왈, ‘쥬노[공]ᄂᆞᆫ 남ᄌᆞ기의 그리 지엇거니와 만일 태ᄉᆞ시로 ᄒᆞ여 지으시더면 맛당이 그 말이 업ᄉᆞ리라.’ ᄒᆞ더라 ᄒᆞ여시니 부인의 편셩은 ᄒᆡ유ᄒᆞ기 어려오리라.

이ᄲᅮᆫ 아니라 녯적의 님괴 벼ᄉᆞᆯ이 병부샤셔의 니ᄅᆞ매 태종이 미쳡 둘을 ᄉᆞ송ᄒᆞ니 기쳐 유 시 투긔ᄒᆞ여 머리털흘 버힌디라. 태종이 금병의 술을 너허 ᄉᆞ송ᄒᆞ여 왈, ‘이 술을 마시면 즉ᄉᆞᄒᆞᄂᆞᆫ 술이니 먹고 죽으라. 이후 투긔를 아니ᄒᆞ랴거든 먹디 말라.' 뉴 시 됴셔롤 졀ᄒᆞ고 밧ᄌᆞ와 고ᄒᆞ여 골오ᄃᆡ, '쳡이 괴로 더브러 미쳔ᄒᆞ다가 이제 영【30a】화로이 누리매 쳡을 만히 두오니 진실로 싱불여ᄉᆡ라. 금병의 술을 마셔디이다.' 태종이 듯고 샹셔ᄃᆞ려 닐오ᄃᆡ, '인불외ᄉᆞ라 ᄒᆞ니 불가 이공이라. 딤이 오히려 금티 못ᄒᆞ니 경이 엇디ᄒᆞ리오. 별실의 두라.' ᄒᆞ여시니 님 샤두 부인은 챵경육을 만히 먹여도 난의지질이로다."

유한당 뎨이손녀 ᄃᆡ왈,

"님·샤 이공이 가인의 투긔롤 금티 못ᄒᆞᄃᆡ 벼슬은 샹셔와 태부의 니ᄅᆞ러ᄉᆞ오니 그 나라 사롬 ᄡᅳᄂᆞᆫ 도리 가지옵고, 부녀로셔 군ᄌᆞ의 녀식 침혹ᄒᆞᄂᆞᆫ 환이 잇ᄉᆞ오면 간키ᄂᆞᆫ 고이티 아니ᄒᆞ옵거니와 샹셔와 태부 벼술ᄒᆞᄂᆞᆫ 군ᄌᆞ롤 투긔롤 별노ᄒᆞ여 됴뎡의 이쇼ᄒᆞ게 ᄒᆞ오니 그ᄂᆞᆫ 더 니【30b】롤 거시 업ᄉᆞᆸᄂᆞ이다."

유한당 왈,

"부녀들이 규듕의 안자시나 션악간의 이런 일시 ᄌᆞ연이 드러나 셰샹의 뎐파ᄒᆞ기 ᄌᆞ연 쉬온 거시오 일ᄃᆡ 셰샹의 뎐파홀 ᄲᅮᆫ 아니라 후셰 쳔만 ᄃᆡ의 뎐ᄒᆞ기 이럿틋 ᄒᆞ니 엇디 조심티 아니ᄒᆞ리오."

ᄒᆞ니라.

유한당이 샹시 구고 뫼옵기롤 공경과 경셩이 듀야 동〃ᄒᆞ야 잠시도 게어ᄅᆞ디 아니ᄒᆞᆫ더라. 존귀 ᄂᆡ샹[샤]의 드러오시면 상의 방셕과 벼개 안셕이라도 유한당이 손조 경제히 ᄒᆞ고 셔칙을 낫〃치 뎜검ᄒᆞ야 압ᄒᆡ 빠하 ᄎᆞ례 밧고이디 아니ᄒᆞ고 긔용 ᄒᆞ나히라도 기우로 노히디 아니ᄒᆞ고 존구 드러오시면 졔녀 졔부와 손녀 손부들이 ᄎᆞ례로 뵈옵고 뫼셔 디내ᄃᆡ【31a】 유한당이 ᄆᆡ양 겻ᄐᆡ 뫼셔 이런 일ᄉᆞ도 명ᄒᆞ시ᄂᆞᆫ 대로 봉승ᄒᆞ니 모든 부녀들이 ᄆᆡ양 ᄯᆞᆯ오디 못ᄒᆞ더라. 샹셰 왈,

"부인이 미양 셔칙 긔용을 경계히 ᄒᆞ여 두기 내 슈고롤 논화 미양 '지긔부인'이라 일컷더니, 근닋ᄂᆞᆫ 통뷔 ᄯᅩ 이러ᄒᆞ니 내 '지긔예 현부'라 일컷노라."

원부인이 디왈,

"나ᄂᆞᆫ 근닋 노병ᄒᆞ고 통뷔 디힝ᄒᆞ기 영민ᄒᆞ니 다힝ᄒᆞ거니와, 통뷔 ᄯᅩ 노병ᄒᆞ여 가오나 손부 증손부 다 현쳘ᄒᆞ오니 ᄎᆞ〃 디령ᄒᆞ올 거시니 '지긔롤[의] 손증부'라 일컷ᄅᆞ시믈 듯게 ᄒᆞ엿ᄂᆞ이다."

샹셰 셕양의 닋샤로 드러오시니 졔녜, 졔뷔 유한당을 ᄯᆞ라 하당ᄒᆞ엿ᄂᆞᆫ디라. 샹셔공이 드러오며 무러 왈,

"모란화【31b】롤 녹함홰라 일컷기롤 언제 ᄒᆞ엿ᄂᆞ니?"

유한당 왈,

"당적의 모란화 핀 때 사슴이 곳송이롤 ᄲᅧ혀 먹음고 가습기 녹함화라 일ᄏᆞ라습ᄂᆞ니이다."

샹셰 왈,

"그 칙을 샹고ᄒᆞ여 오라."

유한당 왈,

"앗가 그 권을 셔안 우희 노핫ᄂᆞ이다."

샹세 놀라 와 보고 대희 왈,

"내 모란화 보고져 ᄒᆞᄂᆞᆫ 줄 네 엇디 아랏ᄂᆞᆫ다?"

유한당 왈,

"작일의 아희들이 말솜ᄒᆞ오디 '슈월뎡 뒤히 모란화 만히 픠엿더라' ᄒᆞ옵고, 오늘 오젼의 존구겨셔 슈월뎡의 가시니 모란화 말솜도 낫ᄉᆞ올 거시오 글도 지

으실 ᄃᆞᆺᄒᆞ옵기 모란화 든 권을 ᄎᆞᄌᆞ실 ᄃᆞᆺᄒᆞ와 ᄃᆡ령ᄒᆞ와ᄉᆞᆸᄂᆞ이다.”

공이 졔녀, 손녀를 도라보와 ᄀᆞᆯ오ᄃᆡ,

“너희도 구가의 가셔 범ᄉᆞ를 뎌러틋 영민이 ᄒᆞ면 구괴 엇디 ᄉᆞ랑티 아니리오.”

샹셔공이 ᄯᅩ 무러 왈,

“녹함화 말은 네 아랏거니와 녹함화ᄀᆞ티 함ᄌᆞ로 일홈ᄒᆞᆫ 실괘 이시니 네 그도 아ᄂᆞᆫ다?”

유한당 왈,

“잉함되니이다.”

샹셰 왈,

“과연 그러ᄒᆞ다. 셰샹의 댱부들인들 네 박남ᄀᆞᄐᆞ니 어이 이시리.”

쇼고와 모든 쇼녀들이 잉함도 ᄒᆡ졔를 듯기를 쳥ᄒᆞ니 유한당 왈,

“녯적 ᄭᅬᄭᅩ리 잉도를 ᄶᅡ 먹음고 갓기 인ᄒᆞ여 잉함되라 ᄒᆞ엿ᄂᆞ니라.”

유한당 증손들이 무러 왈,

“당적 니징의 시의 ‘비관어원됴함잔’이라 ᄒᆞ여시ᄃᆡ ᄭᅬᄭᅩ리라 ᄒᆞ디 아녀ᄉᆞᆸ더이다.”

유한당 왈,

“ᄭᅬᄭᅩ리ᄂᆞᆫ 새가 아냐 잉함잔이라 ᄒᆞᆯ【32b】 거시로ᄃᆡ, 놉흔 ᄌᆞ ᄡᅳᆯ 터히오 ‘잉’ ᄲᅮᆫ 낫기의 됴함잔이라 ᄒᆞ엿ᄂᆞ니라. 너희도 글 지을 제 ᄌᆞ 고져 노흘 터흘 보아 ᄒᆞᄂᆞᆫ 거시 올흐니라.”

“과연 그러ᄒᆞ이다.”

유한당 존고 뫼실 제 협실의 갓가이 이셔 존고의 자고 찌시는 긔거를 솔피고 존고 뭇ᄌᆞ오시는 말솜을 ᄃᆡ답홀 제 비록 격창ᄒᆞ여 누어실디라도 반ᄃᆞ시 니러 안자 ᄃᆡ답ᄒᆞ니 존괴 민망ᄒᆞ여 말 뭇기를 어려워ᄒᆞ더니 일〃은 말을 무ᄅᆞᄃᆡ,

"날이 ᄎᆞ고 불이 새져시니 누은 재 ᄃᆡ답ᄒᆞ라."

유한당 왈,

"녯 말솜의 '불이쇼〃위녜[신절]ᄒᆞ고 ○○[불위]명〃타힝이라' ᄒᆞ여ᄉᆞ오니 감히 누어 ᄃᆡ답ᄒᆞ리잇가."

ᄒᆞ더라.

일〃은 쥬 부인이 오니 유한당이 잔상을 ᄒᆞ여 나오【33a】니 쥬 부인이 찬상을 먹은 후 유한당긔 무러 왈,

"친척들이 ᄆᆡ양 유한당긔 와 음식을 먹고 도라가면 일ᄏᆞ라ᄃᆡ '슉셜도 잘 ᄒᆞ엿거니와 그릇과 ᄇᆡ반들도 샤치티 아냐 극히 검박ᄒᆞᆫ 둥 상을 바다 져므도록 ᄃᆡᄒᆞ엿고 시브ᄃᆡ 물닐 ᄆᆞ음이 업더라' ᄒᆞ니 므ᄉᆞᆫ 도리로 그러ᄒᆞ니잇가?"

ᄃᆡ왈,

"별거시 어이 잇시리잇가마는 친척이라도 집의 온 후는 손 ᄃᆡ졉이나 다ᄅᆞᄃᆡ 아니ᄒᆞ니 공경ᄒᆞ여 출힐 거시오, 사름 ᄃᆡ졉ᄒᆞ는 도리 무론귀쳔ᄒᆞ고 음식을 먹일 ᄃᆡ 엇디 감히 졍티 아닌 그ᄅᆞ싀 먹이리잇가. 이런 ᄯᅳᆺ을 샹하 ᄆᆡ양 경계홀 ᄯᆞ롬이로소이다."

쥬 부인 왈,

"음식 ᄆᆞᆫ돌 ᄯᅢ 싱강, 계【33b】나[피] 녓는 거시 마솔 돕는 거시여니와 음식 둥의 서로 금긔ᄒᆞ는 거시 만흐니, 인가 일용의 모ᄅᆞ고 범ᄒᆞ기 쉽ᄉᆞ오매 내 ᄆᆡ양

부인긔 무러 ᄇᆡ화다가 부녀들을 ᄀᆞᄅᆞ치고져 ᄒᆞ더니 이번의 만히 듯고 가디이다.”

유한당 왈,

“이런 일은 의슐 닉은 사ᄅᆞᆷ이 알 거시니 내 부녀로셔 엇디 아오리잇가.”

쥬 부인 왈,

“부인 아ᄅᆞ시ᄂᆞᆫ 거시나 듯고져 ᄒᆞᄂᆞ이다.”

유한당 왈,

“인가의 부녀들이 음식 ᄆᆞᆫ들 제 금긔ᄅᆞᆯ 모ᄅᆞ고 범ᄒᆞ면 먹ᄂᆞ니 병들기 쉽ᄉᆞ오니 그런 일은 아라두ᄂᆞᆫ 거시 올ᄉᆞ오니 녯적의 ᄒᆞᆫ 사ᄅᆞᆷ이 졍ᄌᆞ ᄃᆡᆨ의 ‘약을 ᄏᆡ게 죵을 빌니쇼셔’ ᄒᆞ여 왈, ‘상ᄇᆡᆨ피ᄅᆞᆯ ᄏᆡ려 ᄒᆞᄃᆡ 상ᄇᆡᆨ피ᄅᆞᆯ 볏ᄎᆞᆯ ᄧᅬ면 독이 이셔 못【34a】쓰오매 ᄂᆞᆷ의 집 죵은 속기 쉽ᄉᆞ오나 션ᄉᆡᆼ ᄃᆡᆨ 죵은 속이디 아니ᄒᆞ올 거시니 빌리쇼셔’ ᄒᆞ더라 ᄒᆞ오니 인가 비복지쳔이라도 사ᄅᆞᆷ이 샹ᄒᆞ리라 ᄒᆞ면 극히 경계ᄒᆞ오려든 ᄒᆞ물며 유식ᄒᆞᆫ 부녀들이 어이 조심을 아니ᄒᆞ오며, 음식 닉이ᄂᆞᆫ 도리 별법이 업서 신롱시 교민화식ᄒᆞᆫ 후로 화긔 아니드리ᄂᆞᆫ 음식이 업ᄉᆞ오니 불 ᄯᅡ히기의 완급을 맛초아야 마시 됴화ᄒᆞᄂᆞ니이다. 완급 맛초ᄂᆞᆫ 도리ᄂᆞᆫ 문무화법이 잇ᄉᆞ오니 문화ᄂᆞᆫ 느즉이 ᄯᅡ히고 무화ᄂᆞᆫ 불을 셩히 ᄯᅡ히ᄂᆞᆫ 거시오 문화로 ᄯᅡ히다가 무화로 ᄯᅡ혀 음식을 닉여야 마시 됴화디옵ᄂᆞ니이다.

듁슌은 상ᄇᆡᆨ피 ᄀᆞᆺᄐᆞ여 볏 ᄧᅬ여 ᄉᆡᆨ그면 먹【34b】디 못ᄒᆞ고, 능금은 만히 먹으면 안질 나고, 은ᄒᆡᆼ은 쇼ᄋᆞ 먹이면 경풍 나고, 가지ᄂᆞᆫ 만히 먹으면 니질 나고, 슌은 만히 먹으면 병나고, 마ᄂᆞᆯ, ᄑᆞ, 부초ᄂᆞᆫ ᄭᅮᆯ과 ᄒᆞᆫ가지로 먹디 못ᄒᆞᆯ 거시오, ᄎᆞᆷ외ᄅᆞᆯ 물의 ᄎᆡ와 못 먹을 거시오, ᄎᆞᆷ외 ᄭᅩᆨ디 둘 열닌 거시나 ᄭᅩᆺ부리 둘 잇ᄂᆞᆫ 거ᄉᆞᆫ 먹디 못ᄒᆞᆯ 거시오, 버ᄉᆞᄉᆞᆫ 술과 ᄒᆞᆫ가지로 못 먹고, ᄃᆞᆰ은 두 발 흰 것 못 먹고 소엽과 ᄒᆞᆫ가지로 못 먹고, 계란은 고쵸 너허 못 먹고, 자라ᄂᆞᆫ 머리와 ᄉᆡ리ᄂᆞᆫ 독이 만하 못 먹고 비름과도 ᄒᆞᆫ가지로 못 먹ᄂᆞᆫ 거시오, 쥐고기ᄂᆞᆫ 힝인과 ᄒᆞᆫ가지로 못 먹을 거시오, 코 븕은 개ᄂᆞᆫ 못 먹고, 우유ᄂᆞᆫ 초와 싱션 ᄒᆞᆫ가지로 못 먹고, 쇼쥬ᄂᆞᆫ 복셩화 ᄒᆞᆫ가【35a】지로 못 먹고, 복싱션과 밤잔숙닝은 결단코 못 먹을 거시오니 인가의셔 빈ᄀᆡᆨᄃᆡ졉ᄒᆞᆯ ᄣᆡ 삼가ᄒᆞ올 거시오, 음식 마ᄉᆞᆫ 그ᄅᆞ게 아니ᄒᆞ오려니와 별노 샤치ᄒᆞᆫ 거ᄉᆞᆫ 경계ᄒᆞ염즉 ᄒᆞ니이다.

당 적 됴ᄉᆞ ᄒᆞ나히 금의옥식으로 구복을 ᄎᆡ오며 문하의 ᄃᆞᆫ니ᄂᆞᆫ 즁ᄃᆞ려 니ᄅᆞᄃᆡ, '탄화로 쵀반ᄒᆞ여야 먹디 그리 아니면 내 긔운 드러 못 먹노라' ᄒᆞ더니 그 후 ᄌᆡ산이 탕진ᄒᆞᆫ 후 거러 길흘 가다가 ᄒᆡ교 됴듕의셔 좁ᄡᆞᆯ을 어더 질솟ᄒᆡ 밥을 지어 양육도곤 ᄃᆞᆯ게 먹으니 그 즁이 웃고 무러 왈, '이도 탄화 소쵀냐?' ᄒᆞ니 그 됴ᄉᆡ 븟그려 ᄃᆡ답을 못ᄒᆞ더라 ᄒᆞ니 인가의 일시 부귀ᄒᆞ나 너모 샤치ᄒᆞᆯ【35b】거시 아니오 음식이 ᄂᆞ존 품이면 먹으리 못 먹으리 ᄒᆞᄂᆞᆫ 거시 극히 엇디[됴치] 아니ᄒᆞ니이다."

동지일의 유한당 뎨이십칠손 익셩이 십일셰예 신력을 들고 졀긔 조만을 샹고ᄒᆞ니 조뫼 무러 왈,

"네 ᄎᆡᆨ녁을 알고 보ᄂᆞᆫ다, 모로고 보ᄂᆞᆫ다?"

익셩이 ᄃᆡ왈,

"졀긔 조만을 샹고ᄒᆞᆯ ᄯᆞ름이오니 별로 볼 거시 어이 잇ᄉᆞ오리잇가."

부인 왈,

"아모 글이나 ᄒᆞᆫ 줄 반 줄을 보와도 니회ᄒᆞ여 뵈면 텬디 만물디니와 가국 경뉸지도ᄅᆞᆯ 츄이ᄒᆞ여 알 거시오, 니회 아니ᄒᆞ고 보면 셩경현뎐을 여숑긔연ᄒᆞ여

도 -내 말 외오ᄃᆞᆺᄒᆞ다 말- 일분 유익ᄒᆞᆯ 거시 어이 이시리. 여ᄂᆞ 셔ᄎᆡᆨ도 그러ᄒᆞ거니와 ᄎᆡᆨ녁은 텬디 유ᄒᆡᆼᄒᆞᄂᆞᆫ 것과【36a】 일월 디쇽ᄒᆞᄂᆞᆫ 것과 초목곤튱의 셩쇠 변화ᄒᆞᄂᆞᆫ 거시 다 실녀시니 어이 범연이 볼가 시브니."

익셩 왈,

"텬디유ᄒᆡᆼ과 한셔진퇴ᄂᆞᆫ ᄎᆡᆨ녁의 잇ᄉᆞᆸ거니와 초목곤튱 말ᄉᆞᆷ도 ᄎᆡᆨ녁의 잇ᄂᆞ니잇가?"

부인 왈,

"졍월의 '칩튱이 시진'이라 ᄒᆞ고 '달졔어'라 ᄒᆞ고, 이월의 '응화위구'라 ᄒᆞ고 '연됴지'라 ᄒᆞ고 '도셰화'라 ᄒᆞ고, 삼월의 '대승이 강우상'이라 ᄒᆞ고, ᄉᆞ월의 'ᄆᆡᆼ츄시[지]'라 ᄒᆞ고, 뉵월의 '부됴위형'이라 ᄒᆞ고, 칠월의 '응ᄂᆡ뎨됴'라 ᄒᆞ고, 팔월의 '현됴귀'라 ᄒᆞ고, 구월의 '홍안ᄂᆡ'라 ᄒᆞ고 '싀ᄂᆡ졔슈'라 ᄒᆞ고 '국유황화'라 ᄒᆞ여 여러 가지를 긔록ᄒᆞᆫ 거시 무수ᄒᆞ니, ᄎᆡᆨ녁 볼 ᄢᅢ 그런【36b】 거ᄉᆞᆯ 니회 아니ᄒᆞ면 군ᄌᆞ 격물ᄒᆞᄂᆞᆫ 공부의 유익ᄒᆞᆯ 거시 어이 이시리오."

익셩 왈,

"긔록ᄒᆞᆫ 거시 다 『녜긔』 「월녕」으로셔 나ᄉᆞᆸᄂᆞ니잇가?"

부인 왈,

"후셰 ᄎᆡᆨ녁 긔록ᄒᆞᆫ 거시 「월녕」으로셔 난 것도 잇고 「월녕」 밧 겻도 혹 잇더라."

익셩이 제 형 예셩과 아ᄋᆞ 진셩을 급히 쳥ᄒᆞ여 ᄃᆞ리고 부인긔 고왈,

"금일 쇼손 등이 ᄎᆡᆨ녁의 초목됴슈 말ᄉᆞᆷ을 다 ᄇᆡ화디이다."

부인 왈,

"『녜긔』 「월녕」을 ᄌᆞ시 보아라."

진셩 왈,

“눈을 보ᄂᆞᆫ 거시 나은 일도 잇ᄉᆞᆸ고 귀로 듯ᄂᆞᆫ 거시 나은 일도 잇ᄉᆞ오니 ᄌᆞ셔히 드러디이다.”

부인 왈,

“너ᄒᆡ 이리 ᄀᆞᆫ청ᄒᆞ니 내 약간 니ᄅᆞ리라. 경월의 ‘칩튱이 시진’이란 말은【37a】 온 겨울의 버러지들이 집 짓고 칩복ᄒᆞ엿다가 봄이면 허여져 나기의 『셔뎐』의 ‘궐민이셕’이라 ᄒᆞ엿ᄂᆞ니라. ‘달졔어’ᄂᆞᆫ 슈달이 고기ᄅᆞᆯ 졔ᄒᆞ고, 칠월 ‘응ᄂᆡ졔됴’라 ᄒᆞ기ᄂᆞᆫ 매가 새ᄅᆞᆯ 잡아 졔ᄒᆞ고, 구월에 ‘ᄉᆡ미졔슈’라, ᄉᆡ랑이 즘ᄉᆡᆼ을 잡아 졔ᄒᆞᆫ다 ᄒᆞ야시니 그런 즘ᄉᆡᆼ들도 능히 때ᄅᆞᆯ ᄯᆞ라 마초아 졔ᄒᆞᆯ 줄을 아니 사ᄅᆞᆷ이 엇디 텬시ᄅᆞᆯ ᄯᆞ라가며 물산이 나ᄂᆞᆫ 대로 졔ᄒᆞ기의 범연ᄒᆞ리오.

이월의 ‘응호위구’ᄂᆞᆫ 매가 화ᄒᆞ여 비둘기 된다 말이오, 구월의 ‘쟉입대슈위합’이라, ‘새가 큰 물의 드러가 죠개 된다’ ᄒᆞ여시니 새ᄂᆞᆫ 죠개 되고 죠개ᄂᆞᆫ 새가 되디 못ᄒᆞ기의 『녜기』의 ᄉᆡᄂᆞᆫ ‘화’ ᄌᆞᄅᆞᆯ 쓰디 아니ᄒᆞ고 ᄆᆡᄂᆞᆫ 화ᄒᆞ여【37b】 비둘기 되엿다가 도로 ᄆᆡ 되기예 ᄆᆡᄂᆞᆫ ‘화’ ᄌᆞᄅᆞᆯ ᄡᅧ 위화라 ᄒᆞ고 ‘귀화위응’이라 ᄒᆞ니 이런 거ᄉᆞᆯ 보와도 됴슈의 변ᄒᆞᄂᆞᆫ 것과 화ᄒᆞᄂᆞᆫ 거시 경셔의 ᄒᆞᆫ 글ᄌᆞ도 범연이 아니 노흔 거ᄉᆞᆯ ᄉᆞᆯ필디니라.

삼월의 ‘대승이 강우상’이라 말은 ‘대승이라 ᄒᆞᄂᆞᆫ 새 ᄲᅩᆼ나모의 ᄂᆞ린다’ ᄒᆞ여시니 봄의 ᄲᅩᆼ을 누에 먹이ᄂᆞᆫ 때 오ᄂᆞᆫ 새라.”

진셩이 무러 왈,

“앗가 경셔의 한 ᄌᆞ도 범연티 아니타 ᄒᆞ시더니 ‘ᄂᆞ릴 강’ ᄌᆞ 뜻을 별노 노하 ᄉᆞᆸᄂᆞ니잇가?”

부인 왈,

"네 ᄆᆞᆺᄂᆞᆫ 거시 무던ᄒᆞ다. 'ᄂᆞ릴 강' ᄌᆞᄂᆞᆫ『녜긔』예 특별이 쓰기ᄂᆞᆫ 대승이 오ᄂᆞᆫ 째예 사ᄅᆞᆷ이 누에 틸 째 되엿다 ᄒᆞ고 ᄉᆡᄃᆞᆺ기의 하ᄂᆞᆯ이 시겨 ᄂᆞ려보내ᄃᆞᆺᄒᆞ기 '강' ᄌᆞᄅᆞᆯ 뻐시니 셩인【38a】{셩인}의 뉴렴ᄒᆞ신 뜻이 깁흐니라. ᄉᆞ월의 'ᄆᆡᆨ츄디'라, '보리 ᄀᆞ을이 니ᄅᆞ럿다' ᄒᆞ여시니 ᄇᆡᆨ곡이 다 ᄀᆞ을의 닉으ᄃᆡ 보리ᄂᆞᆫ ᄉᆞ월의 닉기의 'ᄆᆡᆨ츄'라 일ᄏᆞᄅᆞ니, 인가의 구곡이 긔진ᄒᆞ고 신곡이 미츌ᄒᆞᆫ 째 보리ᄅᆞᆯ 거두면 변시 츄슈ᄒᆞ는 ᄃᆞᆺᄒᆞ기 녯 셩인이 보리ᄅᆞᆯ 듕히 너기시고『시뎐』의 '이아내모'라, '날을 ᄇᆞ리와 모ᄅᆞᆯ 하ᄂᆞᆯ이 주신다' 일ᄏᆞᆺᄂᆞ니라.

구월의 '국유황화'라 ᄒᆞ니 '구[국]화 누른 쏫치 잇다' ᄒᆞ여시니 이월 복셩화 쏫과 삼월 오동 쏫촌 다 빗출 일캇디 아니ᄒᆞ고 구[국]화ᄂᆞᆫ 누른 빗출 일ᄏᆞᄅᆞ시니, 국홰 서리 오ᄂᆞᆫ 째 누ᄅᆞ고 정ᄉᆡᆨ을 씌엿기 셩인이 귀히 너겨 긔록ᄒᆞ여 겨시니 칙녁【38b】 ᄒᆞ나 가지고도 텬긔일월셩신과 곤튱초목됴슈지니ᄅᆞᆯ 궁니ᄒᆞᆯ 거시니라. 그리 아니ᄒᆞ고 칙녁 ᄃᆡ쇼월만 일ᄏᆞᄅᆞ면 아니 범연ᄒᆞᆯ가 시브냐."

예셩이 문왈,

"쇼손 등이 범연이 보앗ᄉᆞᆸ더니 금일 만히 아옵거이다.『녜긔』「월녕」의 봄의 '홍안ᄂᆡ'라 ᄒᆞ고 ᄀᆞ올의도 '홍안ᄂᆡ'라 ᄒᆞ여시니 봄의{의} ᄂᆡᄒᆞ면 ᄀᆞ올의 귀라 ᄒᆞᆯ 거시오, ᄀᆞ올○[의] ᄂᆡᄒᆞ면 봄의 귀라 ᄒᆞᆯ 거시로ᄃᆡ 츈츄의 ᄂᆡ라 ᄒᆞ여ᄉᆞ오니 어인 뜻이니잇가?"

부인 왈,

"네 의심ᄒᆞ여 ᄆᆞᆺ기 고이티 아니ᄒᆞ다. 홍안이 봄의 남으로셔 북으로 갈 째 듕국으로 와 북으로 가고 ᄀᆞ올의 북방 치위ᄅᆞᆯ 위ᄒᆞ야 남으로 갈 째 듕국으로 와 남으로 가기 그 오ᄂᆞᆫ 것만 긔록ᄒᆞ기 츈【39a】츄의 다 ᄂᆡᄒᆞᆫ다 ᄒᆞ여시니 텬하 만물이 다 듕국을 위ᄒᆞ여 오ᄂᆞᆫ ᄃᆞᆺᄒᆞ게 뻣ᄂᆞ니라."

예셩 왈,

“그리ᄒᆞ거니와 ᄎᆡᆨ녁의 가국경뉸지도ᄂᆞᆫ 무어ᄉᆞᆯ 엇디 ᄒᆞ여 니회ᄒᆞ오리잇가?”

부인 왈,

“ᄎᆡᆨ녁 ᄒᆞ나흘 노코 의논ᄒᆞ면 텬하 허다 경뉸지 다 드럿ᄂᆞ니라. 츈풍화긔 예연이 발양ᄒᆞᄂᆞᆫ ᄯᆡ예ᄂᆞᆫ 안ᄌᆞ의 긔샹 ᄀᆞᆺ고, 츄상이 쳥고ᄒᆞ야 슉연슈쟝ᄒᆞᄂᆞᆫ ᄯᆡᄂᆞᆫ ᄆᆡᆼᄌᆞ의 긔샹 ᄀᆞᆺ고, 공ᄌᆞᄂᆞᆫ 대셩인이시기 ᄉᆞ시긔샹을 다 띄여 겨시니 혹ᄌᆞ들이 ᄎᆡᆨ녁 십이월 졀호ᄅᆞᆯ 보게 되면 여려 셩인 긔샹을 ᄇᆡ호기ᄅᆞᆯ ᄉᆡᆼ각ᄒᆞᆯ 거시오, 봄의 초목 곤튱의 ᄆᆡᆼ동ᄒᆞᄂᆞᆫ 양을 보면 셩왕이 어진 졍ᄉᆞᄅᆞᆯ ᄒᆡᆼᄒᆞᆯ 거시오, ᄀᆞ올의 초목곤【39b】{곤}튱이 셩슉ᄒᆞᄂᆞᆫ 거ᄉᆞᆯ 보면 셩왕의 졍ᄉᆞᄅᆞᆯ 슈렴ᄒᆞ기ᄅᆞᆯ 슝샹ᄒᆞᆯ 거시오, 봄의 양긔 시ᄉᆡᆼᄒᆞᄂᆞᆫ 거ᄉᆞᆯ 톄ᄒᆡᆼᄒᆞ여 ‘어리고 약ᄒᆞᆫ 아ᄒᆡᄅᆞᆯ ᄉᆞ랑ᄒᆞ라’ 말이 「월녕」의 실녀 잇고, ᄀᆞ올의 양긔 셔ᄒᆞᄂᆞᆫ ᄯᆡ ‘늙고 쇠ᄒᆞ 니ᄅᆞᆯ 보양ᄒᆞ라’ 말이 「월녕」의 실녀 잇고, 츈분, 츄분의 균형셕, 평도량이란 말은 저울과 셤을 고ᄅᆞ게 ᄒᆞ고 자의 치수ᄅᆞᆯ 균평이 ᄒᆞ란 말이니, 츈츄분의 텬디간 한셔 극진이 균평ᄒᆞᄂᆞᆫ ᄯᆡ니 만국의 저울이나 자히나 그런 그ᄅᆞᆺ들을 참치티 아니케 다 고ᄅᆞ게 ᄒᆞ라 ᄒᆞᆫ 말이니, 일노 의논ᄒᆞ면 사ᄅᆞᆷ이나 초목곤튱 ᄃᆡ졉ᄒᆞᄂᆞᆫ 것과 긔용 ᄀᆞᄐᆞᆫ 거ᄉᆞᆫ 다 경졔히 ᄒᆞᄂᆞᆫ 거시니 큰 일이나 져근 일【40a】이나 어ᄂᆡ 거시 텬디 졀셰ᄅᆞᆯ 맛초아 ᄒᆞᄂᆞᆫ 거시 아니리.”

익셩 왈,

“조모 말ᄉᆞᆷ은 ᄆᆡ양 져근 거시라도 큰 거ᄉᆡ 다혀 니ᄅᆞ시ᄃᆡ 의리의 통달ᄒᆞ시니 쇼손 등이 듯ᄌᆞᆸ기도 됴ᄉᆞᆸ고 ᄭᆡᄃᆞᆺ기도 만히 ᄒᆞᄂᆞ이다.”

졔손들이 여러히 모혀 ᄆᆞᆺᄌᆞ오ᄃᆡ,

"십이월의 초목됴슈변화ᄒᆞᄂᆞᆫ 말ᄉᆞᆷ을 듯ᄌᆞ와ᄉᆞᆸ거니와 졍월 원일과 삼월 삼일, 오월 오일, 칠월 칠일, 구월 구일은 다 명졀노 일킷ᄉᆞ오ᄃᆡ 이월 이일, ᄉᆞ월 ᄉᆞ일, 뉵월 뉵일, 팔월 팔일 들은 어이 명졀노 일킷디 아니ᄒᆞᄂᆞ니잇가?"

부인 왈,

"고셕 셩인이 양을 귀히 넉이고 음을 쳔히 넉이기 졍월 졍일과 삼〃, 오〃, 칠〃, 구〃ᄂᆞᆫ 월도 양이오 일도【40b】 양이기 명졀노 일킷고, 이〃, ᄉᆞ〃,{ᄂᆞᆫ} 뉵〃, 팔〃은 월일이 다 음이기 쳔히 넉여 일킷디 아냣ᄂᆞ니라. 양을 귀히 너겨 군ᄌᆞ의게 비기기에 십월의 음이 극셩ᄒᆞ고 양이 업서졋다가 동지날 일양이 초싱ᄒᆞ기 동지도 귀ᄒᆞᆫ 명일노 일ᄏᆞ라 쇼강졀 「동지시」에 왈,

동지ᄌᆞ지반의　　동자ᄌᆞ지반의
텬심무개이라　　텬심이 고티임이 업더라
일양초동쳐오　　ᄒᆞᆫ 양긔 처엄으로 동ᄒᆞᄂᆞᆫ 곳이오
만물미싱시라　　만물이 나디 못ᄒᆞᆫ ᄣᆡ로다
현쥬미방담이오　　현쥬ᄂᆞᆫ 마시 담ᄒᆞ여 잇고
대음셩졍희라　　대음은 소ᄅᆡ가 졍히 드므도다【41a】
ᄎᆞ언여불신인대　　이 말은 만일 밋디 아니홀딘대
깅쳥문초희라　　다시 쳥ᄒᆞᄂᆞ니 포희시긔 무러보라

유한당 왈,

"녯적 풍쇽이 동지날 부녀들이 보션을 지어 구고의게 헌슈ᄒᆞ니 그 ᄯᅳᆺ은 일양이 ᄶᅡ흘 시싱ᄒᆞ여 오ᄅᆞ기 새 보션을 응ᄒᆞ여 ᄇᆞᆲ으라 ᄯᅳᆺ이라. 최인이라 ᄒᆞᄂᆞᆫ 사

롬이「말명」—보션 두고 지은 글—을 지으니 명에 왈,

양승어하ᄒᆞ고　　　양긔ᄂᆞᆫ 아래로셔 올라오고
일영어텬이라　　　ᄒᆡᄂᆞᆫ 하놀의 기럿더라
댱니경복ᄒᆞ니　　　기리 큰 복을 볼 아시니
디우억년이라　　　억만년의 일우리로다

졔손이 ᄯᅩ 무러 왈,

“삼〃, 오〃, 칠〃이 다 양이 거듧 드오ᄃᆡ【41b】 구일은 별노 듕양이라 일ᄏᆞᆺᄌᆞ오니 어인 ᄯᅳᆺ이니잇가?”

부인 왈,

“낙셔 수의 이·ᄉᆞ·뉵·팔이 음이 되고 일·삼·오·칠·구ᄂᆞᆫ 양이 되ᄃᆡ, 구〃ᄂᆞᆫ 양수 듕의 읏듬만키 구〃롤 듕양이라 일ᄏᆞᆺᄂᆞ니라.”

졔손이 ᄃᆡ왈,

“여러 명일의 ᄆᆞᆫ드러 먹ᄂᆞᆫ 음식이 다 각〃 다ᄅᆞ고 노롬이 ᄯᅩ 각〃 다ᄅᆞ오니 그ᄂᆞᆫ 어인 일이니잇가?”

부인 왈,

“닙츈날 비단으로 긔롤 ᄆᆞᆫ드라 츈번이라 일홈ᄒᆞ기ᄂᆞᆫ 한적 풍쇽이오, 비단으로 ᄭᅩᆺ출 ᄆᆞᆫᄃᆞ라 ᄎᆡ화라 일홈ᄒᆞ고 ᄎᆡ승이라 일홈ᄒᆞ니 당적 풍쇽이오, ᄎᆡ식으로 져비롤 ᄆᆞᆫ드러 ᄎᆡ연이라 일홈ᄒᆞ기ᄂᆞᆫ 형초 풍쇽이오, 다ᄉᆞᆺ가지 ᄲᅳᆫ ᄂᆞ물을 ᄆᆞᆫ드러 반의 담아 오신반이라 일홈ᄒᆞ기ᄂᆞᆫ 송 나【42a】라ᄒᆡ셔 더 셩히 ᄒᆞ고, 감ᄌᆞ로 술을 비저 먹기의 동파시의 ‘신반의 쳥부요 닙쥬의 진황’이라, ‘신반의ᄂᆞᆫ 프

ᄅᆞᆫ ᄂᆞ물이오 납월 슌의ᄂᆞᆫ 다 누ᄅᆞᆫ 감ᄌᆞ로다' ᄒᆞ여 글귀 지금 뎐파ᄒᆞᄂᆞ니라.

졔야의ᄂᆞᆫ 대ᄅᆞᆯ 불의 ᄐᆡ와 소ᄅᆡ 내여 잡귀신을 놀내고 복셩화 가지ᄅᆞᆯ 문의 거러 명왈 도뷔라 ᄒᆞ니, 귀신을 ᄶᅩᆺ고 도쇼쥬ᄅᆞᆯ 비져 먹으니 이도 형초 풍쇽이라. 『형초셰시긔』라 ᄒᆞᆫ ᄎᆡᆨ의 이시니 너ᄒᆡ ᄌᆞ시 보와라. ᄆᆡ년 졍월 초칠일을 인일이라 ᄒᆞ니, 초ᄒᆞᄅᆞ 날은 ᄃᆞᆰ의게 쇽다 ᄒᆞ여 계일이라 ᄒᆞ고, 초이일은 구일이라 ᄒᆞ고, 초삼일은 뎨일이라 ᄒᆞ고, 초ᄉᆞ일은 양일이라 ᄒᆞ고, 초오일은 우일이라 ᄒᆞ고, 뉵일은 마일【42b】이라 ᄒᆞ고, 칠일은 인일이라 ᄒᆞ니 그날 일긔 음쳥을 보와 ᄆᆞᆰ으면 그날 쇽ᄒᆞᆫ 거시 셩ᄒᆞ다 ᄒᆞ고, 닐곱 가지 ᄂᆞ물 ᄒᆞ여 먹고 일홈을 칠죵ᄎᆡ라 ᄒᆞ니 이ᄂᆞᆫ 『형초긔』예 잇ᄂᆞ니라.

샹원의 새ᄒᆡ 보름이 처엄 오기ᄅᆞᆯ ᄃᆞᆯ구경도 ᄃᆞᆫ니고 등불도 혀고 감ᄌᆞ도 ᄉᆞ송ᄒᆞᄂᆞᆫ 일이 잇기 당젹의 삼일을 야금 아니ᄒᆞ고 허ᄒᆞ엿ᄂᆞ니라. ᄒᆞᆨ '누에 맛든 귀신의게 졔도ᄒᆞᆫ다' 말이 녜브터 잇ᄂᆞ니라. 이월 초[이]일을 듕화졀이라 일홈ᄒᆞ고 ᄇᆡᆨ국을 ᄎᆡ식비단 줌치의 녀허 가지고 노름ᄒᆞᄂᆞᆫ 풍쇽이 잇더니라. 삼월 삼일의ᄂᆞᆫ 증졈긔셔 욕호긔ᄒᆞ고 풍호무우ᄒᆞ시려 ᄒᆞ던 ᄣᅢ니 일긔 쳥영ᄒᆞ고 만물【43a】이 번화ᄒᆞ니 녯 사ᄅᆞᆷ의 답쳥 노름ᄒᆞ던 ᄣᅢ라도 증졈의 ᄒᆞᆫ 말ᄉᆞᆷ의 어이 비길가 시브니. 션유의 말ᄉᆞᆷ이 '증시 이 말ᄉᆞᆷ이 요슌긔샹이 잇다' 일ᄏᆞ라시니 그런 곳의 더옥 톄렴ᄒᆞᆯ 거시니라. 십이월 명졀 말을 다 ᄒᆞ려 ᄒᆞ면 지리ᄒᆞ여 못 ᄒᆞ노라."

졔손 등이 고왈,

"공ᄌᆞ긔셔 증ᄌᆞ긔 니ᄅᆞ신 말ᄉᆞᆷ을 안ᄌᆡ 듯디 못ᄒᆞᆫ 말ᄉᆞᆷ이 잇고 ᄌᆞ로ᄃᆞ려 니ᄅᆞ신 말ᄉᆞᆷ이 잇ᄉᆞ오ᄃᆡ 금일 소손 등은 여러히 모혀 이런 말ᄉᆞᆷ을 ᄒᆞᆫ가지로 듯ᄉᆞ오니 아니 됴흐니잇가. 명졀 말ᄉᆞᆷ을 더 니ᄅᆞ쇼셔."

부인 왈,

"한식은 동지 후 일빅 오일이나 뉵일이나 되ᄂᆞ니라."

예셩이 뭇ᄌᆞ오ᄃᆡ,

"진적 개ᄌᆞ츄 불의 타 죽은 날이【43b】기 그날 불 아니 혀고 밥을 묵여 먹기 한식이라 ᄒᆞ니 그 말이 올ᄉᆞ오니잇가?"

부인 왈,

"그리 니ᄅᆞ거니와 개ᄌᆞ츄 죽은 졔날이면 어이 이월 삼월 나아들고 물너들가 시브니. 녯적의 쳥명졀 갓가와 오면 악풍이 ᄆᆞ이 부러 화환을 무셔이 너겨 불을 금ᄒᆞ기 밥을 묵여 먹기 한식이라 ᄒᆞ고 혹 닝졀이라 ᄒᆞᄂᆞ니라."

예셩이 ᄃᆡ왈,

"당적 뉴종원이 뉴쥐 귀향간 때 '한식의 친산의 못 가노라' 말이 이시니 한식 졔긔 내기ᄂᆞᆫ 당적브터 ᄒᆞ던가 시브오니 졔ᄂᆞᆫ 어이 디내ᄂᆞ니잇가?"

부인 왈,

"한 광무 뎨쟝들이 향니의 도라가ᄂᆞᆫ 일이 이시면 광뮈 소릐를 주어 션묘의 졔ᄒᆞ게 ᄒᆞ니 향니 영광을【44a】 일ᄏᆞᆮᄂᆞᆫ디라. ᄆᆡ양 한식 ᄣᅢ예 ᄌᆞ손 잇기 인ᄒᆞ여 졔ᄒᆞᄂᆞᆫ 풍쇽이 되엿ᄂᆞ니라."

예셩 왈,

"츄쳔 노름은 어인 일이니잇가?"

유한당 왈,

"그도 한 적 노름이라. 혹 반션이라 일홈ᄒᆞ니 대져 호풍인가 시브더라."

ᄌᆞ셩이 뭇ᄌᆞ오ᄃᆡ,

"단오 날 ᄆᆡᆼ샹군 젼문이 낫다 말숨이 올ᄉᆞ오니잇가?"

유한당 왈,

“밍샹군이 단오날 나니 쇽셜의 단오의 난 아ᄒᆡ 킈 ᄌᆞ라 문의 다흐면 부모의게 쌔려내여 ᄇᆞ리라 ᄒᆞ니 밍샹군이 무ᄅᆞ니 부뫼 그 연고ᄅᆞᆯ 무ᄅᆞ니 밍샹군 왈, ‘문 킈ᄅᆞᆯ 놉히쇼셔’ ᄒᆞ니 밍샹군 뎐의 잇ᄂᆞ니라. 그 후 왕진낙이 단오의 나고 왕봉이 단오의 나고 호광이 단오의 나니, 호광의 부뫼 아쳐로이 너【44b】겨 호로박의 녀허 물의 ᄯᅴ이니 사ᄅᆞᆷ이 갓다가 기ᄅᆞ니 ᄌᆞ라매 큰 일홈이 잇ᄂᆞᆫ디라. 부뫼 도로 ᄃᆞ려오고져 ᄒᆞ니 광이 ᄡᅧ 니ᄅᆞᄃᆡ, ‘소ᄉᆡᆼ을 ᄇᆞ리면 의예 해롭고 소양을 ᄇᆞ리면 은혜ᄅᆞᆯ 닛ᄂᆞᆫ 거시 된다’ ᄒᆞ고 스ᄉᆞ로 호로박의셔 낫노라 ᄒᆞ고 셩을 호라 ᄒᆞ고 일홈을 광이라 ᄒᆞ엿더니 후에 벼ᄉᆞᆯ이 삼ᄉᆞ의 오ᄅᆞ니라. 단오날 나 니들은 이 사ᄅᆞᆷ들이여니와 단오의 죽으니ᄂᆞᆫ 삼녀태우 굴원이 명나의 ᄡᅡ뎌 죽으니 초인이 불샹이 너겨 ᄇᆡᄅᆞᆯ ᄃᆞ토와 ᄐᆞ고 건디니 지금ᄀᆞ디 「경도국[곡]」 노래 잇ᄂᆞ니라.

송적 풍쇽이 구ᄌᆞ죵이란 ᄯᅥᆨ을 ᄆᆞᆫ들고 챵포쥬ᄅᆞᆯ 비저 먹고 난초물의 메욕 감고 ᄡᅮᆨ으로 사ᄅᆞᆷ을 ᄆᆡᆫᄃᆞ라 문의【45a】{의} 걸고 잉인이라 ᄒᆞ고 벽샤ᄒᆞᆫ다고 놀기의 후세에도 오히려 뎐ᄒᆞ엿ᄂᆞ니라. 단오ᄅᆞᆯ 그러케 명졀노 일큿기 당적의 오ᄉᆞᆯ 지어 초신의게 ᄉᆞ송ᄒᆞ니 두ᄌᆞ미 궁의ᄅᆞᆯ 밧고 지은 글이 이시니 「단오ᄉᆞ」의 시예 왈,

궁의역유명ᄒᆞ니 궁듕의 오시 ᄯᅩᄒᆞᆫ 일홈이 이시니
단오피은영이라 단오의 은혜와 영화ᄅᆞᆯ 닙엇도다
셰갈함풍연이오 ᄀᆞᄂᆞᆫ 츔 뵈ᄂᆞᆫ ᄇᆞ람을 먹음어 연ᄒᆞ고
향나쳡셜경이라 향긔로온 깁은 눈이 쳡쳡이 가뵈얍도다
ᄌᆞ텬제쳐습이오 하ᄂᆞᆯ노브터 ᄡᅳᄂᆞᆫ 고ᄃᆡ 저젓고
당셔착내쳥이라 더위ᄅᆞᆯ 당ᄒᆞ여 닙으매 ᄆᆞᆰ앗도다

의ᄅᆡ칭당단ᄒᆞ니　　뜻 안희 당단이 마ᄌᆞ시니【45b】

죵신하셩졍이라　　몸이 ᄆᆞᆺ도록 셩인의 졍을 넙엇도다

이 글을 보와도 두ᄌᆞ미 졍튝을 볼 거시오 송적의 넙춘쳐로 단오텹을 지어 대궐 문의 브티니 이시니 구양슈의 단오텹 시 두 슈의 왈,[428]

가신공희목난탕ᄒᆞ니

동ᄂᆡ하슈ᄎᆡ야양고

포국인참튝굴원ᄒᆞ니

죵신무부입군문이라

단독고요됴졍나ᄒᆞ면

ᄌᆞ연ᄌᆡ진변휴샹이라

원인각셔뉴슈쇽ᄒᆞ니【46a】

가감젼왕혹교언이라

---

428 구양수의 단오첩 시는 아래와 같다. 계명대본은 시구의 순서가 다르게 필사되었다.

佳辰共喜沐蘭湯 좋은 명절 함께 난초물에 목욕해 즐거운데
毒冷何須採艾禳 독한 냉기를 쑥을 캐서 없앨 필요 있을까
但得皐陶調鼎鼐 고요 같은 신하 얻어 나랏일을 조율하면
自然灾沴變休祥 자연스레 재앙이 변해 상서롭게 되리라

楚國因讒逐屈原 초나라는 참소로 인해 굴원을 내쫓고
終身無復入君門 종신토록 다시는 궁궐에 들이지 않았네
願因角黍詢遺俗 종자(粽子)로 인하여 남은 풍속을 물어보아
可鑒前王惑巧言 전대의 왕이 교묘한 말에 미혹된 것을 거울삼기를 바라네

한편 나손본은 이 부분을 원 시와 같게 필사하였으나, 앞에 나온 소강절의 「동지시」는 순서가 뒤바뀌어 있어서 어느 한 쪽이 선본이라고 단정하기 어렵다.

구양쉬 튱셩이 잇기예 이런 심샹훈 글의도 님군긔 극간ᄒᆞᄂᆞᆫ 말을 ᄒᆞ여시니 후인이 니ᄅᆞᄃᆡ, '긔필의 불망극간'이라 ᄒᆞ여시니 너희도 이런 명졀을 만나거든 고인의 착훈 일을 ᄆᆡ양 ᄉᆡᆼ각ᄒᆞ라. 칠셕은 츄졀이 새로 드ᄂᆞᆫ ᄯᆡ기 '만목 듕의 오동닙 ᄒᆞ나히 ᄯᅥ러딘다' ᄒᆞ엿ᄂᆞ니라."

ᄆᆡᆼ셩 왈,

"칠셕 일의 견우 직녀 오쟉교로 은하슈를 건너 만나본다 말ᄉᆞᆷ이 올ᄉᆞ오니잇가?"

유한당 왈,

"그 말이 『졔ᄒᆡ긔』란 ᄎᆡᆨ의 잇거니와 극히 허황훈 말이라. 녯적의 칠셕날 셔칙과 의복을 볏출 ᄶᅬ면 녀흐면 좀이 아니 난다 ᄒᆞ여 집〃이 겯워【46b】가며 셔칙 의복 만흔 거술 쟈랑ᄒᆞ고 뎜화ᄒᆞ더니, 형늉이란 사ᄅᆞᆷ이 집이 간난ᄒᆞ야 셔칙도 의복도 업ᄉᆞᄃᆡ 글은 잘 ᄒᆞᄂᆞᆫ디라. ᄯᅳᆯ히 나 앙텬ᄒᆞ고 누어 ᄇᆡ를 볏출 ᄶᅬ니 사ᄅᆞᆷ이 무ᄅᆞᄃᆡ 혁늉이 ᄃᆡ왈, '나ᄂᆞᆫ 의복은 업ᄉᆞ나 복듕의 셔칙이 만히 드럿기 볏출 ᄶᅬ노라' ᄒᆞ니 일시 사ᄅᆞᆷ이 웃더라 ᄒᆞ니 너희ᄂᆞᆫ 복듕의 셔칙이 언머나 드럿ᄂᆞ니.

팔월 십오일은 츄셕이라 ᄒᆞ니 광능 ᄯᅡ히 됴셕슈 물결이 심히 장ᄒᆞ야 사ᄅᆞᆷ들이 ᄃᆞ토아 귀경ᄒᆞ기 광능 관도라 일홈ᄒᆞ니라. 당적의 옥당혹ᄉᆞ들의게 술과 등촉을 ᄉᆞ송ᄒᆞ여 돌 귀경ᄒᆞ게 ᄒᆞ고 노름ᄒᆞ게 ᄒᆞ니 당텬의 무운ᄒᆞ고 월【47a】식이 여듀ᄒᆞ니 혹ᄉᆞ 소뎡이 왈, '쳥광이 가ᄋᆡᄒᆞ니 ᄒᆡ용등쵹이리오' ᄒᆞ다 ᄒᆞ니라.

구월 구일은 녜브터 듕양가졀이라 일ᄏᆞᄅᆞ니 당적의도 ᄇᆡᆨ관들을 술 ᄉᆞ송ᄒᆞ여 샹님원의셔 놀게 ᄒᆞ니 옥당 혹ᄉᆞ들이 시 지은 거시 만흐니라. 여남 ᄯᅡ히 환경이라 ᄒᆞᄂᆞᆫ 사ᄅᆞᆷ이 이시니 비쟝방이라 ᄒᆞᄂᆞᆫ 도ᄉᆞ를 ᄃᆞ리고 노더니 도ᄉᆡ 환경ᄃᆞ려 닐러 왈, '구일의 네 집의 ᄌᆡ앙이 이실 거시니 급히 ᄂᆞ려가 가인들을 시겨 븕은 주머니롤 만히 민드라 슈유롤 녀허 줄의 걸고 뫼히 올라 국화쥬롤 먹으라. 그리ᄒᆞ면 화롤 가히 면ᄒᆞ리라.' 환경이 그 말과 ᄀᆞ티 거개 뫼히 올랏다가 져녁의 도라가니 집 안 우양【47b】계견이 다 폭ᄉᆞᄒᆞ엿눈디라. 도시 듣고 ᄃᆡᄉᆞᄒᆞ엿다 ᄒᆞ더라 ᄒᆞ니 후셰 사롬들이 ᄆᆡ양 구일날 뇌히 올라 국화쥬롤 마시고 부인들이 뉴옥낭을 ᄆᆡ고 ᄃᆞᆫ니ᄂᆞ니라. 도연명이 구일의 술이 업시 안잣더니 강쥐 ᄌᆞᄉᆡ 빅의 ᄉᆞ쟈로 술을 보내니 연명이 바다 마시고 대희ᄒᆞ야 지은 글이 잇ᄂᆞ니라."

진셩 왈,

"왕불이 「등왕각셔」롤 구일의 지엇ᄂᆞ니잇가?"

부인 왈,

"「등왕각셔」 주의 구일이라 ᄒᆞ엿고, '시유구월이오 셔속삼쥬로다' ᄒᆞ여시니 너희 글을 범연이 닑기의 ᄭᆡᄃᆞᆺ디 못ᄒᆞᄂᆞ니라."

유한당샤시언힝녹 권지삼

【1a】

진셩 왈,

"과연 그러ᄒᆞ이다."

"동지날은 일양이 초싱ᄒᆞ야 ᄒᆡ 조금식 기러가기 진나라 궁녀들이 붉은 실노 일영을 자혀 동지 후 ᄒᆞᆫ 오리 더ᄒᆞ기 쳠궁션이라 ᄒᆞ니라."

예셩 왈,

"동지날 ᄑᆞᆺ쥭 ᄲᅮ기ᄂᆞᆫ 므ᄉᆞᆫ 일이니잇가?"

부인 왈,

"녯적 공〃시 아ᄃᆞᆯ이 동지날 쥭어 녀역 귀신이 되어 불근 ᄑᆞᆺ쵸 무셔워ᄒᆞᄂᆞᆫ 고로 젹두로 쥭을 ᄲᅮ어 먹고 예방ᄒᆞᄂᆞ니라."

예셩 왈,

"콩을 두부 ᄆᆡᆫᄃᆞᄂᆞᆫ 거ᄉᆞᆫ 어ᄂᆞ ᄣᆡ브터 나니잇고?"

부인 왈,

"한 적 회람왕이 사ᄅᆞᆷ들 용녁잇ᄂᆞᆫ 거ᄉᆞᆯ ᄶᆡ려 두부를 ᄆᆡᆫ드라 먹여 비둔ᄒᆞ게 ᄆᆡᆫᄃᆞ다 ᄒᆞᄂᆞ니라. 십이월 납평은 녜브터 일【1b】홈 잇ᄂᆞᆫ 날이니 한[하] 적의 가{눈}평이라 ᄒᆞ고, 은 적의ᄂᆞᆫ 쳥ᄉᆞ라 ᄒᆞ고, 쥬 적의ᄂᆞᆫ 대ᄌᆞ라 ᄒᆞ고, 한적의ᄂᆞᆫ 납이라 ᄒᆞ니, 납이란 말이 뎐녑ᄒᆞ다ᄂᆞᆫ 녑 ᄌᆞ와 글ᄌᆞ 모양이 ᄀᆞᆺ튼디라. 당 적의 호부시랑 소경이 엄쥰이를 ᄃᆞ리고 복날과 납평을 일ᄏᆞᆺ다가 복납이라 ᄒᆞᆯ 거ᄉᆞᆯ 복녑이라 ᄒᆞ니 일시의 복녑시랑이라 긔쇼ᄒᆞ니라."

만슈원 셔흐로 십니허의 포의한ᄉᆞ의 집의 이시니 녀혼을 디내려 ᄒᆞ고 의복 ᄌᆞ장을 게유 쟝만ᄒᆞ엿더니 일야의 도적이 드러 의복ᄌᆞ장 견실ᄒᆞ고 혼일이 수일이 격ᄒᆞ얏ᄂᆞᆫ디라. 한ᄉᆞ의 쳬 낭패ᄒᆞ고 듀야 침식을 폐ᄒᆞ고 근심ᄒᆞ야 유한당긔 의복을 비러가고져 ᄒᆞᆫ대 노인긔【2a】 감히 번쳥티 못ᄒᆞᄂᆞᆫ디라. 이웃 사ᄅᆞᆷ이 유한당긔 와 말ᄉᆞᆷᄒᆞ다가 그 ᄉᆞ연을 뎐ᄒᆞ니 부인이 듯고 측은이 너겨 의샹을 보내고져 ᄒᆞ니 손녜 고왈,

"노친ᄂᆡ 의복을 엇디 보내오리잇가. 쇼년들의 오ᄉᆞᆯ 보내여디이다."

부인 왈,

"그 집의셔 내게 의샹 빌고져 ᄒᆞ기ᄂᆞᆫ 향년 만히 ᄒᆞ고 ᄌᆞ손 만타 ᄒᆞ야 빌고져 ᄒᆞᄂᆞᆫ ᄯᅳᆺ이니 그 사ᄅᆞᆷ의 ᄯᅳᆺ의 쾌히 맛게 ᄒᆞᄂᆞᆫ 거시 올흐니 내 오ᄉᆞᆯ 빌니고져 ᄒᆞ노라."

드ᄃᆡ여 비ᄌᆞ로 누샹의 가 의복 녀흔 샹ᄌᆞ롤 내여오라 ᄒᆞ야 여러 가지 오ᄉᆞᆯ 손조 봉ᄒᆞ여 한ᄉᆞ의 쳬 쳥ᄒᆞ기 젼 몬져 보내여시니 감격ᄒᆞ야 ᄒᆞᄂᆞᆫ 듕 여러 가지 의복이 ᄲᅡ딘 거시 업ᄉᆞ니 다시금 감샤ᄒᆞ여 혼녜롤 디내고 현구고 날 ᄡᅳ고 환【2b】송ᄒᆞ려 ᄒᆞ엿더니 익일야의 폭위 급히 와 집이 새여 의샹 녀흔 샹ᄌᆞ 다 더러워 다시 못 닙게 되엿ᄂᆞᆫ디라. 한ᄉᆞ의 쳬 ᄯᆞᆯ의 현구고 날이 갓가와시ᄃᆡ 의샹 격졍은 새로이 유한당 빌닌 여러 가지 오ᄉᆞᆯ 다 더러이고 듀야 쵸젼ᄒᆞ야 병이 드러 누엇ᄂᆞᆫ디라. 유한당이 그 소문을 듯고 측연ᄒᆞ여 손녀ᄃᆞ려 닐오ᄃᆡ,

"그 집이 측연ᄒᆞ다. 녯적 한신이 남창 졍쟝의 집의 아ᄎᆞᆷ마다 밥을 비러 먹으니 졍쟝이 날마다 먹이더니 나죵의 지리ᄒᆞ야 새벽의 밥을 지어 먹고 한신이 아젹의 오니 졍쟝이 '아젹밥을 못 지어먹노라' ᄒᆞ니 한신이 못 먹고 간디라. 그 후 한신이 졔왕이 되어 남창을 디나다가 졍쟝을 불【3a】러 위덕보졸ᄒᆞ엿다 ᄒᆞ

지ᄌᆞ니 사ᄅᆞᆷ의게 덕을 기티다가 ᄭᅳᆺ치 업게 ᄒᆞ엿다 말이라. 즉금 한ᄉᆞ의 집의 처엄의 의샹을 빌니다가 낭패ᄒᆞ다 말을 듯고 내 다시 아니 빌니면 그도 위덕보졸이 되ᄂᆞ니라.”

소졔 ᄃᆡ왈,

“젹은 일도 측은ᄒᆞ오시니 이 일은 과연 측은ᄒᆞ오니 다시 보내오실 줄 짐쟉ᄒᆞ엿ᄂᆞ이다.”

부인이 비ᄌᆞ로 옷 샹ᄌᆞ롤 내여다가 여러 가지 의샹과 ᄌᆞ장을 봉ᄒᆞ고 글월ᄒᆞ여 ‘몬져 의복은 더러여 낭패ᄒᆞ오시다 ᄒᆞ오니 드ᄅᆞ매 측연ᄒᆞ여 고쳐 의샹을 보내오니 현구고 대례롤 평안이 디내오쇼셔’ ᄒᆞ니 한ᄉᆞ의 쳬 ᄇᆡᆨ번 감샤ᄒᆞ야 바다 현구고롤 디내온 후 의샹을 다 샹ᄌᆞ의 담아 보【3b】내니 유한당이 밧디 아니ᄒᆞ고 도로 보내며 편지ᄒᆞ여 왈, ‘비록 현구고지녜롤 디내여신들 이 압 닙으실 의샹이 업ᄉᆞᆫ 줄 내 아ᄂᆞ니 두고 닙으쇼셔’ ᄒᆞ고 도로 보내니 한ᄉᆞ의 쳬 날마다 동향ᄒᆞ야 츅슈칭찬ᄒᆞ더라.

한식일의 두효ᄌᆡ 유한당으로 더브러 만슈원의 구경ᄒᆞ고 앙관ᄃᆡ예 올라 두로 보더니 부인ᄃᆞ려 왈,

“부인이 평싱의 문장이 유여ᄒᆞᄃᆡ 시 짓기 불길타 ᄒᆞ여 ᄒᆞᆫ 슈 지은 일이 업ᄉᆞ니 근 칠십년 ᄂᆡ의 나 ᄯᅩᄒᆞᆫ 전ᄒᆞᄂᆞᆫ 일이 업더니 금일 화됴 풍경이 아름다올 분 아니라 부인 나히 임의 늙어시니 시 짓기 무방ᄒᆞ니 오ᄂᆞᆯ은 ᄒᆞᆫ 슈 지어 됴흘 듯ᄒᆞ이다.”

유한당 왈,

“녯적 양ᄌᆞ운의 쳐와【4a】 두고의 쳐 뉴 시 다 그 군ᄌᆞ의게 글을 지어 주어

시니 그 부인들이 혹문을 ᄒᆞ던디 모로거니와 쳡도 이제 시 짓다 대ᄒᆡ의리 ᄒᆞ리 잇가마ᄂᆞᆫ 뉵칠십년 폐ᄒᆞ엿던 글이 ᄆᆞ음과 ᄀᆞ티 짓기 쉽디 아니ᄒᆞ니이다."

질녀 겻ᄐᆡ 뫼셧더니 고왈,

"양ᄌᆞ운의 쳐 송횡시 지은 말솜은 젼의 드럿ᄉᆞᆸ거니와 두고의 쳐 글 지은 거ᄉᆞᆫ 듯디 못ᄒᆞ여ᄉᆞ오니 죠뫼 그 글을 외오시거든 드러디이다."

부인 왈,

"두괴 과거ᄅᆞᆯ 여러 번 디고 도라오니 뉴 시 몬져 글을 지어 마조 보내여 왈,

냥인쟉쟉유긔ᄌᆡᄒᆞ니　냥인이 쟉쟉히 긔특ᄒᆞᆫ ᄌᆡ조 이시니
하ᄉᆞ년년피방희오　므ᄉᆞ 일노 년년의 내치믈 닙어 도라오ᄂᆞ뇨
여금첩면슈군면ᄒᆞ니　이의 첩의 ᄂᆞᆺ치 군의 얼굴 보기 붓그러오니【4b】
군도ᄂᆡ시근야ᄂᆡᄒᆞ라　군이 오ᄂᆞᆫ 때의 밤을 갓가이 오라

두괴 그 글을 보고 즉시 가 과거 보와 놉히 참방ᄒᆞ니 뉴 시 또 시ᄅᆞᆯ 지어 보내니 그 글의 ᄀᆞᆯ오ᄃᆡ,

당안차거무다디ᄒᆞ니　당안이 예셔 가기 만흔 짜히 업서시니
울울총총가긔부라　울울총총이 가긔 쩌더라
냥인득의졍연쇼ᄒᆞ니　냥인이 득의ᄒᆞ매 졍히 나히 져머시니
금야취면하쳐위오　오ᄂᆞᆯ 밤의 취ᄒᆞ야 어ᄂᆡ 곳 누 우ᄒᆡ 자ᄂᆞᆫ고

글을 이리 지어시니 훗 사ᄅᆞᆷ이 닐오ᄃᆡ, 능히 그 군ᄌᆞᄅᆞᆯ 졍도로 권면ᄒᆞ엿다

기렷ᄂᆞ니라."

질녜 ᄃᆡ왈,

"녜도 부인들이 시 지으니 잇던가 시브오이다."

부인 왈,

"그ᄲᅮᆫ 아니라."

두효ᄌᆡ 왈,

"녯적 부녀 글 지은 줄 아라시니 이제 ᄉᆞ양 말【5a】고 ᄒᆞᆫ 슈 지으면 내 ᄎᆞ운ᄒᆞ리라."

유한당 왈,

"이리 권ᄒᆞ시니 엇디 ᄉᆞ양ᄒᆞ리잇가. 한 귀ᄅᆞᆯ 몬져 지으시면 쳡이 ᄒᆞᆫ 귀ᄅᆞᆯ 지어 눞시ᄅᆞᆯ 일우면 가ᄒᆞᆯ ᄃᆞᆺᄒᆞ이다."

두효ᄌᆡ 드ᄃᆡ여 부ᄉᆞᆯ 잡아 ᄒᆞᆫ 귀ᄅᆞᆯ ᄡᅳ니 유한당이 ᄒᆞᆫ 귀ᄅᆞᆯ ᄡᅳ고 두효ᄌᆡ 한 귀ᄅᆞᆯ ᄯᅩ ᄡᅳ니 유한당이 ᄯᅩ ᄒᆞᆫ 귀ᄅᆞᆯ ᄡᅥ 눞시ᄅᆞᆯ 일우니 두효ᄌᆡ 시ᄅᆞᆯ 을퍼 보고 골오ᄃᆡ,

"부인 폐ᄒᆞ얏던 시라도 내 시귀에셔 낫도소이다."

유한당이 쇼왈,

"시의 호부ᄂᆞᆫ 의논 말고 평싱 아니 짓기로 ᄌᆞ부ᄒᆞ던 거ᄉᆞᆯ 오ᄂᆞᆯ날 권ᄒᆞ시믈 닙어 파게ᄒᆞ고 도로혀 웃ᄂᆞ이다."

이리 말ᄉᆞᆷᄒᆞᆯ ᄣᅢ 원 부인이 손증을 거ᄂᆞ리고 올라오니 두효ᄌᆡ와 유한당이 하당ᄒᆞ야 붓드러 올니온 후【5b】 쇼졔 시 ᄡᅳᆫ 됴희ᄅᆞᆯ 원 부인 안젼의 펴 노코 글 짓던 ᄉᆞ연을 고ᄒᆞ니 원 부인이 대쇼 왈,

"금일 ᄇᆡᆨ우가졀의 됴흔 승ᄉᆡ로다."

이리 말솜홀 제 젼야 도로의 몰 트고 오는 손이 잇는디라. 쇼졔 ᄀᆞᄅᆞ쳐 왈,

"창망ᄒᆞ야 누곤디 모로○[거]니와 이야 '마샹봉한식'이로소이다."

원 부인 왈,

"네 말이 지담이로다."

긱이 갓가이 오거놀 보니 유한당 외손이라. 문 밧 노숑 블히예 몰을 믹고 딕예 밧비 올라 ᄎᆞ례로 녜필 문안ᄒᆞ고 안ᄌᆞ니 원 부인 왈,

"네 외조부모의 시니 보라."

ᄒᆞ고 글 지은 거솔 주니 외손이 견필의 대희 고왈,

"큰 조모는 어이 아니 지으시니잇가?"

원 부인 왈,

"나는 츄후로 왓노라."

외손 왈,

"큰 조뫼 시롤 지으시면 냥딕【6a】 조모 ᄀᆞ티 지으신 글을 어더 도라가 ᄌᆞ당긔 뵈오면 깃거ᄒᆞ실디니 지으시기롤 ᄇᆞ라ᄂᆞ이다."

원 부인 왈,

"네 뎌리 ᄀᆞᆫ쳥ᄒᆞ니 네 몬져 그 시 ᄒᆞᆫ 짝을 쓰면 내 그 시 ᄒᆞᆫ 짝을 뻐 뎨일귀롤 일우고, 내 쏘ᄒᆞᆫ 짝을 뻐든 유한당이 ᄒᆞᆫ 짝을 뻐 뎨이귀롤 일우고, 유한당이 그 시 ᄒᆞᆫ 짝을 뻐든 손뷔 ᄒᆞᆫ 짝을 뻐 뎨삼귀롤 일우고, 손뷔 ᄒᆞᆫ 짝을 뻐든 네 ᄒᆞᆫ 짝을 뻐 늁시롤 일우면 됴케 ᄒᆞ엿다."

유한당 왈,

"각〃 고시롤 귀〃 외와 네 귀롤 일우면 새로 짓는 혐의 업ᄉᆞ와 됴ᄉᆞ와이다."

외손이 첫 짝을 외와 쓰니 원 부인 왈,

"앗가 아돌과 며ᄂᆞ리 지은 글을 내 ᄎᆞ운ᄒᆞ야 브롤 거시니 너희도 각〃 그 운을 브ᄅᆞ게 ᄒᆞ라."

ᄒᆞ고 ᄎᆞ〃【6b】 고시롤 외와 차례로 뻐 노흐니 원 부인이 손부롤 시겨 ᄒᆞᆫ 번 닑히고 ᄀᆞᆯ오ᄃᆡ,

"내 집 부녀들이 시 못 짓ᄂᆞ니 젹고, 만슈원과 슈월뎡, 앙관ᄃᆡ 풍경이 일홈 잇기 문쟝직들이 아니 짓ᄂᆞ니 업ᄉᆞᄃᆡ 내 집 부녀들은 시 짓ᄂᆞᆫ 거시 녀ᄌᆞ의 소임이 아니라 ᄒᆞ야 서로 경계ᄒᆞ기 시 ᄒᆞᆫ 슈 지은 일이 업더니 금일 시 짓기 처음이로다."

외손 왈,

"부녀들인들 글 지어든 굿ᄐᆞ여 죄 되리잇가. 금일 이 글은 과연 여러 가지로 귀ᄒᆞᆫ 일이로소이다. 텬시로 의논ᄒᆞ면 츈삼월 만화방챵ᄒᆞᆫ 때오, 디리로 의논ᄒᆞ면 뎐당호슈 텬하승경이오, 지으신 글노 의논ᄒᆞ면 처엄 시로 ᄎᆞ운ᄒᆞ엿ᄉᆞ오니 ᄎᆞ운ᄒᆞᆫ 거시【7a】 ᄒᆞᆫ 격이오, 년귀ᄒᆞ엿ᄉᆞ오나 또 ᄒᆞᆫ 격이오, 시롤 모화 삼ᄃᆡ 고뷔다 모다 ᄎᆞ례로 일워ᄉᆞ오니 인간낙ᄉᆡ 쳔고의 드므온 일이로소이다. 소손의 ᄌᆞ당이 불참ᄒᆞ여 계시나 쇼손이 오와 시죵슈미의 참예ᄒᆞ여ᄉᆞ오니 시롤 벗겨다가 ᄌᆞ당긔 뵈오려 ᄒᆞᄂᆞ이다."

벗겨 ᄉᆞ매예 녀코 도라가 모친긔 ᄉᆞ연을 고ᄒᆞ고 뵈니 ᄌᆞ당이 보고,

"내 노친을 떠나 미양 텬원긔슈지회 심ᄒᆞ고 노친ᄂᆡ 만슈원 노롬은 날마다 잇ᄂᆞᆫ 일이여니와 모혀 글 짓기ᄂᆞᆫ 처엄이로다. 내 그 좌상의 참예 못ᄒᆞᆫ 줄 애ᄃᆞ로니 내 글을 ᄎᆞ운ᄒᆞ리라."

부술 잡아 글을 쓰니 외손이 ᄒᆞᆫ 번 닑고 고왈,

"모친이 또 이리 지으샤 시튝을 일워ᄉᆞ오니 이 시튝 ᄒᆞ나히 셰【7b】샹의 드

믄 일이로소이다. 우리 외조부모 만년 복녹이 무궁ᄒᆞ샤 집 뒤동산의 심샹ᄒᆞᆫ 노름이라도 ᄌᆞ손 남네 번셩ᄒᆞ고 번화 부귀 셰샹의 드믄 일이오, 혹ᄉᆞ로 문쟝이 가뎡의셔 힘 쓰ᄂᆞᆫ 일이어니와 일실로쇼 삼ᄉᆞᄃᆡ 남녀 문쟝 ᄌᆡ홰 이 시튝 ᄒᆞ나ᄒᆡ 다 드러나오니 귀ᄒᆞᆫ 일이오, 여러분 글들이 다 효뎨인후ᄒᆞ고 유화졍뎡ᄒᆞᆫ 긔샹이 드러나오니 범연ᄒᆞᆫ 시튝으로 못 보리로소이다."

유한당이 ᄌᆞ부와 손녀ᄅᆞᆯ 거ᄂᆞ려 숑하의 안잣더니 칠봉이 ᄭᅩᆺ출 ᄭᅥᆨ거 오니 부인 왈,

"츈일이 ᄌᆞ양ᄒᆞ야 만물이 득시ᄒᆞ여시니 네 그 가지 ᄒᆞ나히라도 ᄭᅥᆨᄂᆞᆫ 거시 텬디간 ᄉᆡᆼ긔ᄅᆞᆯ 손샹ᄒᆞᄂᆞᆫ 거시니 이후ᄂᆞᆫ ᄭᅥᆨ디【8a】 말라."

칠봉 왈,

"ᄭᅩᆺ치 하 됴화 뵈기 ᄭᅥᆨ솝더니 하교ᄅᆞᆯ 듯ᄌᆞ오니 과연 그러ᄒᆞ이다. 이러므로 녯적 송인종이 버들을 ᄭᅥᆨ그니 뎡ᄌᆡ 간ᄒᆞ여 계시니 ᄌᆞ당 말ᄉᆞᆷ이 뎡ᄌᆞ 말ᄉᆞᆷ ᄀᆞᆺᄉᆞ오이다."

유한당 왈,

"뎡ᄌᆞ 말ᄉᆞᆷ분 아니라 『녜긔』에 닐오ᄃᆡ '단일슈, 살일슈, 불이기시ᄒᆞ면 비효애라' ᄒᆞ야시니 '나모 ᄒᆞ나흘 버히거나 즘ᄉᆡᆼ ᄒᆞ나흘 살ᄒᆞ거나 제 ᄯᅢ로 아니ᄒᆞ면 회 아니라' ᄒᆞ야시니 그런 초목됴슈도 버히거나 죽이거나 ᄒᆞ여도 ᄯᅢ 잇ᄂᆞ니라. 그런 고로 고셕 영왕이 이월의 즘ᄉᆡᆼ의 알흘 샹ᄒᆡ오ᄂᆞᆫ 거ᄉᆞᆯ 금ᄒᆞ시고 물고기나 들즘ᄉᆡᆼ이나 산영ᄒᆞᄂᆞᆫ 거ᄉᆞᆯ 금ᄒᆞ시기ᄂᆞᆫ ᄇᆞ야흐로 ᄌᆞ쟝ᄒᆞᄂᆞᆫ 거ᄉᆞᆯ 앗기시미라."

쇼네 듯고 고왈,

"셩왕【8b】의 법제 졍ᄒᆞ시미 어디신 심덕이 애연이 드러나오니 치되 엇디 휴

명티 아니리잇가. 졔왕의 졍ᄉᆞ도 이러ᄒᆞ시거든 ᄒᆞ물며 필부의 ᄆᆞᄋᆞᆷ 가지기ᄅᆞᆯ 일초 일목이나 미셰ᄒᆞᆫ 곤툥인들 그롯 샹ᄒᆡ오리잇가."

ᄒᆞ고 듁님을 ᄀᆞᄅᆞ쳐 왈,

"뎌 듁슌을 ᄊᆡᆨ거 ᄂᆞ물ᄒᆞ게 되면 그도 '불이기시' 되게 ᄒᆞ엿ᄂᆞ이다."

부인 왈,

"듁슌이나 나모 슌이나 쯧ᄂᆞᆫ 거시 다 그러ᄒᆞ니라."

칠봉이 묻ᄌᆞ오ᄃᆡ,

"동산의 은ᄒᆡᆼ나모 둘히 잇ᄉᆞ오ᄃᆡ ᄒᆞ나흔 ᄒᆡ마다 열고 ᄒᆞ나흔 열니디 아니ᄒᆞ오니 사ᄅᆞᆷ이 니ᄅᆞᄃᆡ '나모도 ᄌᆞ웅이 잇다' ᄒᆞ더이다."

부인 왈,

"그러ᄒᆞ니라. 은ᄒᆡᆼ나모뿐 아니라 밧ᄒᆡ 삼과 동산의 대도 ᄌᆞ웅이 잇다 ᄒᆞᄂᆞ니라."

칠봉【9a】 왈,

"그 말솜은 처엄 듯ᄉᆞ오니 어ᄂᆞ 글의 잇ᄂᆞ니잇가?"

부인 왈,

"『쥬역』 쇼주의 잇ᄂᆞ니라."

ᄒᆞ더라.

일〃은 일봉이 졔형뎨 졔우ᄅᆞᆯ 모화 젼당호슈의 ᄇᆡᄅᆞᆯ ᄐᆞ고 노니 유한당이 통부로 쥬식을 쟝만ᄒᆞ여 비복을 시겨 쇼션을 ᄐᆡ와 보내니 일봉 형뎨 졔우ᄅᆞᆯ ᄃᆞ리고 죵일토록 놀고 ᄃᆞᆯ 뜬 후 도라오니 유한당이 무러 왈,

"오놀 모혓던 벗들이 누고며 문쟝들이 엇더ᄒᆞ더니?"

일봉이 고왈,

"모힌 벗이 이십인의 혹문ᄒᆞᄂᆞ니 이인이오 문쟝ᄒᆞᄂᆞ니 십오인이오 둘흔 글시 명필이오 ᄒᆞ나흔 그림을 잘 그리니 노던 경을 그려 왓ᄂᆞ이다."

부인이 그림을 보고 다 시[지]겸ᄒᆞ야 골호ᄃᆡ,

"옥년당 셔희 잇ᄂᆞᆫ ᄃᆞ리ᄂᆞᆫ 뉴슈교요,【9b】 보셕산 동의 잇ᄂᆞᆫ 거ᄉᆞᆫ 지과ᄉᆞ요, 심 일홈은 삼뇨쳔인가 시브고나. 지과ᄉᆞᄂᆞᆫ 송됴 흥년간의 지은 거시오, 삼뇨쳔은 소동파 항쥐 와실 때 삼뇨ᄌᆞ ᄃᆞ리고 노다가 일홈ᄒᆞᆫ 우물이라."

일봉 왈,

"이 말숨은 쇼ᄌᆞ 등도 모ᄅᆞ던 말숨이니 어ᄃᆡ 잇ᄂᆞ니잇가?"

부인 왈,

"『명산긔』예 잇ᄂᆞ니라."

일봉 왈,

"이 심 ᄀᆞ의 비를 다히고 심을 써 먹다가 물이 ᄆᆞ이 ᄎᆞ니 모든 의논의 '닝쳔도 잇고 온쳔도 {이시니 그 니ᄂᆞᆫ 고이ᄒᆞ고 물의 온쳔이} 이시ᄃᆡ 불의ᄂᆞᆫ 닝홰 업ᄉᆞ니 고이타' ᄒᆞ니 좌듕 일인이 니ᄅᆞᄃᆡ 닝홰 잇다 ᄒᆞ니 업다 ᄒᆞᄂᆞ니도 이셔 결단 못ᄒᆞ엿ᄂᆞ이다."

"잇다 말도 올코 업다 말도 올타."

일봉이 대쇼 왈,

"두 말이 다 올타【10a】 ᄒᆞ시니 어인 일이니잇가?"

유한당 왈,

"강졀 말숨의 '슈유온쳔ᄒᆞ고 화무한염이라' ᄒᆞ야 계시니 업다 말도 고이티 아니ᄒᆞ고 유공 소신논의 '한염이 쇼고 싸히 잇다' ᄒᆞ여시니 잇다 말도 고이티 아니ᄒᆞ다."

일봉 왈,

"여러히 모다 닐오ᄃᆡ 벗을 만히 사괴여야 됴타 ᄒᆞᄂᆞ니도 잇고 젹게 사괴여야 됴타 ᄒᆞᄂᆞ니도 잇ᄉᆞ오니 어ᄂᆡ 말이 올흐니잇가?"

유한당이 쇼왈,

"이 둘ᄒᆡ 말이 올타."

일봉이 쇼왈,

"그ᄂᆞᆫ 어인 말ᄉᆞᆷ이니잇가?"

부인 왈,

"『논어』의 왈, '범ᄋᆡ듕ᄒᆞᄃᆡ 이친인이라' ᄒᆞ여시니 여러흘 ᄉᆞ랑ᄒᆞ기ᄂᆞᆫ 벗을 만히 사괴ᄂᆞᆫ 거시오, 어디니ᄅᆞᆯ ᄀᆞᆯᄒᆡ여 친ᄒᆞ려 ᄒᆞ면 벗을 젹게 사괴ᄂᆞᆫ 거시니라."

일봉 왈,

"이 두 말ᄉᆞᆷ을 겸【10b】ᄒᆞ야 ᄒᆡᆼᄒᆞ면 됴흘 ᄃᆞᆺᄒᆞ이다."

"그러ᄒᆞ니라. 사ᄅᆞᆷ 사괴기ᄂᆞᆫ 대범 ᄀᆞᆯᄒᆡ여 ᄒᆞᆯ 거시기 녯적 뉴원셩 말ᄉᆞᆷ의 '일년이 진토록 글을 아니 닑을디언뎡 ᄒᆞ로 쇼인은 갓가이 못ᄒᆞ리라' ᄒᆞ니 쥬부ᄌᆡ 기려 계시니 후ᄉᆡᆼ이 톄렴ᄒᆞᆯ 곳이니라."

칠봉 왈,

"ᄌᆞ당이 ᄆᆡ양 두 말이 다 올타 ᄒᆞ시니 금일 여러이 ᄃᆞ토아 결티 못ᄒᆞᆫ 일이 잇ᄉᆞ오니 그ᄂᆞᆫ 결단 못ᄒᆞ시리이다."

유한당 왈,

"ᄒᆞ나히 올코 ᄒᆞ나히 그ᄅᆞ면 어이 시비ᄅᆞᆯ 분변티 못ᄒᆞ리오."

"금일 모힌 사ᄅᆞᆷ이 도홍경의 쇼년치샤ᄒᆞᆫ 말을 ᄒᆞ다가 일인이 도홍경의 일홈이 '너블 홍' ᄌᆞ라 ᄒᆞ고 일인은 '큰 홍' ᄌᆞ라 ᄒᆞ여 ᄃᆞ토아 결단 못ᄒᆞ엿ᄂᆞ이 【11a】{엿ᄂᆞ}이다."

유한당 왈,

"그도 둘ᄒᆡ 말이 다 올타."

칠봉이 대쇼 왈,

"ᄌᆞ당긔 뭇ᄌᆞᆸ기ᄂᆞᆫ 결송ᄒᆞᄃᆞᆺᄒᆞ려 ᄒᆞ엿습더니 '클 홍' ᄌᆞ 그ᄅᆞ면 '너블 홍' ᄌᆞ 올코, '너블 홍' ᄌᆞ 그ᄅᆞ면 '클 홍' ᄌᆞ 올ᄉᆞ오니 어이 두 말이 다 올흐니잇가?"

부인이 쇼왈,

"범ᄉᆞ의 시비ᄅᆞᆯ ᄇᆞᆰ히 아ᄂᆞᆫ 톄 ᄒᆞᄂᆞᆫ 거시 아니라. 이 말은 둘ᄒᆡ 말이 다 의긔 이시니 강잉ᄒᆞ여 ᄒᆞ나흘 그ᄅᆞ다 못ᄒᆞ리로다. 도홍경의 일홈이 '클 홍' ᄌᆞ로ᄃᆡ 송나라ᄒᆡ셔 '클 홍' ᄌᆞᄅᆞᆯ 휘ᄒᆞ기의 그 후ᄂᆞᆫ ᄎᆡᆨ 글의 '너블 홍' ᄌᆞ로 곳쳐 뻣기 '클 홍' ᄌᆞ라 ᄒᆞᄂᆞ니ᄂᆞᆫ 본 일홈을 니ᄅᆞᄂᆞᆫ 말이오 ᄒᆞ나흔 곳친 후 일홈을 니ᄅᆞᄂᆞᆫ 말이니 두 말이 다 그ᄅᆞ미 업ᄂᆞ니라."【11b】

유한당 뎨이손 쳔셩이 팔셰예 『강목』을 닑다가 조모긔 뭇ᄌᆞ오ᄃᆡ,

"뎨요 도당시 원년 갑진으로셔 금년 신유의 니ᄅᆞ기 ᄃᆡ되 몃 ᄒᆡ나 되ᄂᆞ니잇가?"

유한당 왈,

"너 닑ᄂᆞᆫ ᄃᆡ 이시니 혜아려 보라."

쳔셩 왈,

"『강목』이 권수 만하 혜기 어려올 분 아니라 당·우·하·은·쥬ᄂᆞᆫ 『강목』의 드디 아녀시니 조모 말ᄉᆞᆷ으로 니ᄅᆞ쇼셔."

유한당 왈,

“여ᄂᆞ 경셔 귀어와 다ᄅᆞ니 이런 말은 네 조부긔 ᄇᆡ화 알나.”

쳔셩이 즉시 나가 조부긔 뭇ᄌᆞ오니 조뷔 왈,

“네 조뫼 알거시로ᄃᆡ 니ᄅᆞ디 아니ᄒᆞ고 ᄆᆡ양 날ᄃᆞ려 니ᄅᆞ라 ᄒᆞ니 네 도로 드러가 ᄇᆡ호라.”

쳔셩이 드러와 조모긔 그 ᄉᆞ연을 고ᄒᆞ고 ᄇᆡ화디라 ᄒᆞ니 유한당이 웃고,

“그리면 내【12a】 니ᄅᆞ리라. 당외 ᄌᆡ위 일ᄇᆡᆨ년이오, 우슌 ᄌᆡ위 오십년이니 합 일ᄇᆡᆨ오십년이오, 하 적 십칠뎨의 ᄌᆡ위 합 ᄉᆞᄇᆡᆨᄉᆞ십일년이오, 은 적의 이십팔뎨의 ᄌᆡ위 합 뉵ᄇᆡᆨᄉᆞ십ᄉᆞ년이오, 쥬 적은 셔쥬의 이십뎨니 ᄌᆡ위 합 삼ᄇᆡᆨ오십년이오, 동쥬의 이십뉵뎨니 ᄌᆡ위 합 오ᄇᆡᆨ이십이년이니 동·셔쥬 합ᄒᆞ면 삼십팔뎨의 ᄌᆡ위 합 팔ᄇᆡᆨ칠십ᄉᆞ년이니 문왕과 태임 태ᄉᆞ의 젹덕누인ᄒᆞᆫ 공이 아니 거룩ᄒᆞ냐.

진나라ᄂᆞᆫ 두 ᄃᆡ예 ᄌᆡ위 ᄉᆞ십년이니 진시황의 강포ᄒᆞ기 그리 촉망ᄒᆞ니라. 한나라ᄂᆞᆫ 셔한의 십이뎨니 ᄌᆡ위 합 이ᄇᆡᆨᄉᆞ십년이오, 동한의 이십뎨니 ᄌᆡ위 합 일ᄇᆡᆨ【12b】구십뉵년이오, 촉한의 이뎨니 ᄌᆡ위 합 ᄉᆞ십삼년이오, 셔한·동한 두 ᄉᆞ이의 왕망이 참위ᄒᆞ니 셔한·동한·쵹한 합ᄒᆞ야 이십뉵뎨의 ᄌᆡ위 합 ᄉᆞᄇᆡᆨ뉵십구년이니, ᄉᆞ마진은 ᄉᆞ뎨의 ᄌᆡ위 합 오십년이오, 동진의 십일뎨의 ᄌᆡ위 합 일ᄇᆡᆨᄉᆞ년이니 두 진이 합ᄒᆞ야 십오뎨의 ᄌᆡ위 불과 일ᄇᆡᆨ오십뉵년이라.

송은 팔뎨의 ᄌᆡ위 합 뉵십년이오, 졔나라ᄂᆞᆫ 칠쥬의 ᄌᆡ위 합 이십ᄉᆞ년이오, 냥나라ᄂᆞᆫ ᄉᆞ쥬의 ᄌᆡ위 오십뉵년이오, 진나라ᄂᆞᆫ 오쥬의 합 삼십년이오, 슈나라ᄂᆞᆫ 삼주의 ᄌᆡ위【13a】 합 삼십팔년이오, 당나라ᄂᆞᆫ 이십뎨니 ᄌᆡ위 합 이ᄇᆡᆨ구십년이오, 후냥은 이쥬의 ᄌᆡ위 합 십칠년이오, 후당은 ᄉᆞ쥬의 ᄌᆡ위 합 십ᄉᆞ년이

오, 후진의 이쥬의 직위 합 십일년이오, 후한의 이쥬의 직위 합 ᄉᆞ년이오, 후쥬의 삼뎨 직위 합 십년이오, 송은 구뎨의 직위 합 일ᄇᆡᆨ뉵십팔년이오, 남송은 구쥬의 직위 합 일ᄇᆡᆨ오십삼년이니 두 송은 합ᄒᆞ면 십팔뎨위 직위 합 삼ᄇᆡᆨ이십년이오, 원 셰조 홀필녈이 십쥬의 직위 합ᄒᆞ여 구십년이오, 아태조 고황뎨 무신년의 텬하롤 뎡ᄒᆞ오시니 태조 ᄉᆡ[직]위 삼십일년, 혜종황뎨 직위 ᄉᆞ년, 셩종황뎨 직위 이십이년, 인종황뎨 직위 일년, 션종황뎨 직위 십년, 영종황뎨 직위 이십이년, ᄃᆡ종황뎨 직【13b】위 칠년, 헌종황뎨 직위 십팔년, 무종황뎨 직위 십뉵년, 셰종황뎨 직위 ᄉᆞ십오년, 목종황뎨 직위 뉵년이니 즉금 우리 황뎨 원년 계유ᄭᆞ디 당요 갑진으로부터 이ᄇᆡᆨ삼십뎨니 삼쳔구ᄇᆡᆨ삼십년이라. 녁ᄃᆡ 힉수롤 혜려 ᄒᆞ면 대쳬 이러ᄒᆞ니라."

쳔셩이 부술 잡아 칙녁의 긔록홀 제 두효직 드러와 보고,

"부인이 임의 뎌리 알며 아히롤 처엄의 니ᄅᆞ디 아니ᄒᆞ고 내게 내여 보내기ᄂᆞᆫ 어인 일이뇨?"

유한당 왈,

"부녀의 녁ᄃᆡ ᄉᆞ긔 아ᄂᆞᆫ 톄 ᄒᆞ기 간쳥티 아녀 아니 니ᄅᆞ고 아돌들 ᄌᆞ란 후로ᄂᆞᆫ 뭇ᄂᆞᆫ 말 ᄃᆡ답ᄒᆞ노라 마디못ᄒᆞ야 이 경셔 귀어나 일캇줍기 ᄌᆞ연 말이 기러 평싱 간【14a】이ᄒᆞ려든 공뷔 도로혀 다언ᄒᆞ야 가니 민망ᄒᆞ여 내여 보내엿ᄂᆞ이다."

효직 왈,

"말이 올흔 말이오 당흔 말이면 만하 공부의 해로올 일이 이시리오."

부인이 ᄃᆡ왈,

"'만언만당이 불여일묵이라' ᄒᆞ엿ᄉᆞ오니 말이 젹으니 밧 잇ᄉᆞ오리잇가."

효ᄌᆡ 왈,

"ᄆᆡᆼ뫼 삼쳔지교 ᄒᆞ실 제 엇디 일목ᄒᆞ고 ᄀᆞᄅᆞ쳐ᄉᆞ오리잇가."

ᄒᆞ고 대쇼ᄒᆞ더라.

쳔셩이 긔록ᄒᆞ여 가지고 부친과 졔슉을 뵈니 모다 보고 ᄌᆞ당의 박남ᄒᆞ신 것도 어려울 ᄲᅮᆫ 아니라 쇼시의 보신 거ᄉᆞᆯ 시방의 와 니ᄅᆞ시미 ᄒᆞᆫ ᄌᆞ도 그ᄅᆞᆺ 아니 닐러 겨오시니 춍명이 감티 아니ᄒᆞ야 계시니 다ᄒᆡᆼᄒᆞ다 ᄒᆞ더라.

유한당 뎨삼손 운셩이 십일【14b】셰예 조모긔 무러 왈,

"작야 초혼의 뉵슉부와 계슉뷔 앙관ᄃᆡ예 올라 별을 보고 도수ᄅᆞᆯ 의논ᄒᆞ다가 서로 닐너 왈, '별을 보니 경칩졀이 ᄌᆡ명일의 든다' ᄒᆞ거ᄂᆞᆯ 소ᄌᆞ도 ᄇᆡ호기ᄅᆞᆯ 쳥ᄒᆞ니 계슉뷔 방셔ᄅᆞᆯ 보고 알라 ᄒᆞ시고 ᄀᆞᄅᆞ치디 아니ᄒᆞ오니 조뫼 아오시거든 니ᄅᆞ쇼셔."

유한당 왈,

"텬문을 별 긔운이나 별 빗치나 보와 젼두 길흉을 마치기 어려운 거시니, 태양이 졀긔 ᄯᆞ라 가ᄂᆞᆫ 도수야 뎡ᄒᆞᆫ 거시니 알기 어렵디 아니ᄒᆞ니라. 즉금 이월 경칩졀 드ᄂᆞᆫ 날노 닐러도 태양이 이십팔슈 듕의 위슈 뎨십도의 이실 거시오, 쳥명 삼월졀 드ᄂᆞᆫ 날은 태양이【15a】 벽도 뎨팔도의 이실 거시오, 입하 ᄉᆞ월졀은 드ᄂᆞᆫ 날은 위슈 초두의 이실 거시오, 망죵 오월졀의ᄂᆞᆫ 필슈 뎨팔도의 이실 거시오, 쇼셔 뉵월졀 드ᄂᆞᆫ 날은 뎡슈 뎨십도의 이시리라."

운셩이 고왈,

"칠월 이후란 니ᄅᆞ디 아니시면 쇼손이 혜여 보리이다."

손을 곱아 혜고 ᄀᆞᆯ오ᄃᆡ,

"입츄 칠월졀 드ᄂᆞᆫ 날은 뉴슈 뎨칠도의 잇고, ᄇᆡᆨ노 팔월졀 드ᄂᆞᆫ 날은 댱슈 십일도의 잇고, 한노 구월졀 드ᄂᆞᆫ 날은 딘슈 뎨눅도의 잇고, 입동 십월졀 드ᄂᆞᆫ 날은 졔슈 뎨이도의 잇고, 대셜 십일월졀 드ᄂᆞᆫ 날은 미슈 뎨이도의 가고, 쇼한 십이월졀의ᄂᆞᆫ 녀슈 뎨오도의 잇ᄂᆞ니잇가?"

유한당 왈,【15b】

"너도 도수 혜아리ᄂᆞᆫ 거시 무던ᄒᆞ다. 과연 그러ᄒᆞ니라."

운셩이 대희ᄒᆞ야 밧그로 나가 졔슉부긔 다 아랏노라 쟈랑ᄒᆞ야 왈,

"내 손을 곱아 혜여 보니 태양 가ᄂᆞᆫ 도수ᄅᆞᆯ 다 혜아려 ᄭᆡᄃᆞᆺᄉᆞ올너이다."

슉뷔 ○[왈],

"네 ᄌᆞ시 니ᄅᆞ라."

운셩이 십이월 가ᄂᆞᆫ 거ᄉᆞᆯ 혜여 고ᄒᆞ니 슉뷔 ○[왈]

"네 ᄌᆞ당긔 고ᄒᆞ여 별 듕의 구셩이란 별이 모양이 졀구 확 ᄀᆞᆺ기 구셩이라 ᄒᆞ고 ᄯᅩ 파구셩이란 별이 ᄯᅩ 졀구 확 ᄀᆞᄐᆞᄃᆡ 이거ᄉᆞᆫ 파구셩이라 ᄒᆞ기ᄂᆞᆫ 어인 일이니잇가 ᄌᆞ당긔 고ᄒᆞ야 보라."

운셩이 드러와 고ᄒᆞ니 부인이 우서 왈,

"네 슉뷔 아라오라 ᄒᆞ더냐?"

운셩이 실로ᄡᅧ 고ᄒᆞ니 부인 왈,

"구셩은 졀구 확 모양이 바로 노히고 그 우ᄒᆡ【16a】 졀구공이 ᄀᆞᄐᆞᆫ 별이 져셩이 이시니 구셩이라 □[ᄒᆞ]기 당연ᄒᆞ고, 파구셩이란 거ᄉᆞᆫ 기우로 노히고 져셩이 업ᄉᆞ니 폐ᄒᆞ야 못 쓰ᄂᆞᆫ 졀구니 파구셩이라 ᄒᆞ기 당연ᄒᆞ니 무ᄅᆞᆯ 거시 어이 이시리."

운셩이 나가 슉부긔 고ᄒᆞ니 칠봉이 대쇼 왈,

"어제 밤의 두 별을 보고 일홈 다른 거술 의심ᄒᆞ여 그 말을 ᄒᆞ엿더니 ᄌᆞ당 말솜을 듯ᄌᆞ오니 너도 알 쁜 아냐 나도 아랏노라."

일〃은 샹셰 모든 ᄌᆞ손을 ᄃᆞ리고 슈월뎡의 올라 꼿도 보고 글을 지이며 노다가 손ᄌᆞ 칠봉을 보내여 부인긔 며ᄂᆞ리와 ᄯᆞᆯ과 손부, 손녀를 거ᄂᆞ리고 오라 ᄒᆞ니, 원부인이 세 ᄌᆞ부와 ᄯᆞᆯ과 손부 십삼과 손녀 수 인과 증손 동몽들을 거ᄂᆞ리고【16b】 나아가니, 동산의 꼿치 픠고 빵학이 넘놀며 난간 밧긔 젼당호쉬 둘럿고 ᄇᆡ 돗대 노래ᄂᆞᆫ 곳〃이 니러 나ᄂᆞᆫ더라. 샹셰 술을 부이고 부인ᄃᆞ려 왈,

"녜브터 시인묵킥이 붕우롤 모화 ᄃᆞ리고 강호 누ᄃᆡ예 오ᄅᆞᄂᆞ니 무수ᄒᆞ여시ᄃᆡ 일실 듕 노쇼남녀 삼ᄉᆞᄃᆡ 모혀 노ᄂᆞ니ᄂᆞᆫ 드물게 드럿더니, 금일 오가의 이 노름이 인가의 쉽디 아닌 일이로다."

부인 왈,

"통부 유한당이 고셔롤 만히 보아시니 녯적 뉘 집이 이러ᄒᆞ더니?"

유한당이 ᄃᆡ왈,

"니태빅 「츈야원셔」의 텬눈의 낙ᄉᆞ롤 일ᄏᆞ라ᄉᆞ오ᄃᆡ 그ᄂᆞᆫ 형뎨만 모혓ᄂᆞ니이다. 쥬부ᄌᆡ 벗의게 ᄒᆞᆫ 편지의 '진실유산이 심시긔ᄉᆞ'라 ᄒᆞ오시니, 그 벗은 왼 집이 ᄒᆞᆫ 가【17a】지로 뫼히 노라ᄉᆞ오나 산슈간의 동쳑 힝역지괴 잇솝고 유치동몽ᄀᆞ디 간 줄 엇디 알리잇가. 오가의 금일 노름은 힝역지괴 업솝고 젼당호 텬하승경을 난간 아래 두옵고 츈하츄동 무론ᄒᆞ고 일실 듕 노쇼남녀 좌와긔거 이 듕의 ᄯᅥ나디 아니ᄒᆞ오니 실로 텬디 간 뎨일 낙ᄉᆡ오니 젼고의 비홀 ᄃᆡ 업ᄂᆞ이다."

샹셰 왈,

"오가 션셰 적덕으로 내 집의 영홰 늉듕ᄒᆞ고 ᄌᆞ손이 번챵ᄒᆞ기 이럿툿 ᄒᆞ니

실노 일실샹하 노쇠 숑늠ᄒᆞᆫ ᄆᆞ음을 두고 츌입 힝실을 각별 삼가고 의복음식을 각별 검박히 ᄒᆞ야 션셰 유훈을 져ᄇᆞ리디 아니ᄒᆞ기로 술을 부어 서로 언약ᄒᆞᄂᆞᆫ 거시【17b】 올흔디라.”

유한당 왈,

“금일 계틱ᄒᆞ시ᄂᆞᆫ 하괴 실노 셩만지계에 낫ᄉᆞ오니 ᄌᆞ손들이 뉘 아니 텽녕ᄒᆞ리잇가.”

통손 일봉이 잔을 드러 샹셔긔 나오니 통손뷔 잔을 드러 원부인긔 나오고 ᄎᆞ례로 잔을 부어 동ᄌᆞ들ᄭᆡ디 마신 후 샹셰 왈,

“술이 몃 잔이 부엿ᄂᆞ뇨?”

손뷔 ᄃᆡ왈,

“금일 부인 술이 오십여 ᄇᆡ로소이다.”

공이 『근ᄉᆞ록』과 『녈녀뎐』을 가져오라 ᄒᆞ여 아돌과 손ᄌᆞᄅᆞᆯ 근ᄉᆞ록 ᄒᆞᆫ 대문식 닑히고 ᄌᆞ부와 손부ᄅᆞᆯ 원부인 압ᄒᆡ셔 『녈녀뎐』 ᄒᆞᆫ 대문식 닑히고 그친 후 유한당이 고왈,

“이런 글들을 보와 혹문을 ᄒᆞ오려니와 혹문의 뜻을 두오면 글이 아니라도 눈 알ᄑᆡ 잇ᄂᆞᆫ 곤튱【18a】초목이라도 니회ᄒᆞ여 보오면 다 힝실의 유익ᄒᆞᆯ 거시로소이다.”

원부인 왈,

“과연 그러ᄒᆞ니라. 뎌 못 가온대 년ᄭᆞᆺ츤 쥬렴계 화듕군ᄌᆞ라 일ᄏᆞ라시니 군ᄌᆞ지혹을 가히 ᄉᆡᆼ각ᄒᆞᆯ 거시오, 뎌 수풀 가온대 반포ᄒᆞᄂᆞᆫ 가마괴ᄂᆞᆫ ᄇᆡᆨ낙쳔 시에 됴듕증ᄉᆞᆷ이라 ᄒᆞ여시니 효ᄌᆞ디도ᄅᆞᆯ ᄉᆡᆼ각ᄒᆞᆯ 거시오, 밧 가온대 지득ᄒᆞᄂᆞᆫ 쇼ᄅᆞᆯ 보면 ᄌᆞᄋᆡ지정을 가히 ᄉᆡᆼ각ᄒᆞᆯ 거시오, ᄌᆞ형화, 열니지ᄅᆞᆯ 보게 되면 형뎨지뉸

을 가히 ᄉᆡᆼ각ᄒᆞᆯ 거시오, 섬돌 아래 가야미ᄅᆞᆯ 보아ᄂᆞᆫ 군신지의ᄅᆞᆯ ᄉᆡᆼ각ᄒᆞ리니 어ᄂᆞ 거시 혹문 공뷔 아니 되리오."

유한당이 ᄃᆡ왈,

"쇼강졀이 눈 가온대 만물노 『쥬역』 일【18b】부ᄅᆞᆯ 삼아ᄉᆞ오니 즉금 누 우ᄒᆡ 뵈ᄂᆞᆫ 쵸목됴슈로 오륜지교ᄅᆞᆯ 사마도 족ᄒᆞ이다."

일〃은 원셩의 뎨뉵뎨 친영일의 쥬 부인이 왓더니 연셕 파ᄒᆞᆫ 후 쥬 부인이 유한당긔 말ᄉᆞᆷᄒᆞᄃᆡ,

"금일 좌듕의 친쳑 부녜 손으로 오니 ᄇᆡᆨ여인이 다 쥬옥금슈로 의장을 화치이 ᄒᆞ고 모혀시ᄃᆡ 쥬가 부녀 근ᄇᆡᆨ인이 샹의하샹을 다 목면포로 ᄒᆞ여 닙고 문단 의복 ᄒᆞᆫ 가지 닙으니 업ᄉᆞ니 샹셔공의 검박ᄒᆞ온 가풍을 탄복ᄒᆞ옵거니와, 년쇼 부녀들이 목면포 의샹을 닙고 쥬옥금슈 ᄉᆞ이의 녈좌ᄒᆞ엿ᄃᆡ 붓그러워ᄒᆞᄂᆞᆫ 긔운이 일분도 업ᄉᆞ니 과연 교되 극진ᄒᆞ신 줄 아올너이다."

유한당【19a】이 쇼왈,

"년쇼 부녀들이 내 집의 갓 드러 와실 적 그런 일 붓그러워ᄒᆞᄂᆞᆫ 일도 업디 아니ᄒᆞ더니 수년이 디나면 쾌히 나아디더이다."

쥬 부인 왈,

"고인의 말ᄉᆞᆷ의 'ᄒᆞ여ᄃᆡᆫ 오ᄉᆞᆯ 닙고 호ᄇᆡᆨ구 닙은 겻ᄐᆡ셔 붓그러워 아니ᄒᆞ기ᄂᆞᆫ 공문뎨ᄌᆞ 듕의도 ᄌᆞ로 ᄒᆞ나ᄲᅮᆫ'이오니 년쇼 부녜 고이티 아니ᄒᆞ니이다. 수년만의 즉시 나아 오니 이런 거ᄉᆞᆫ 일실 듕 교화 아니오니잇가. 녯 글의 '일가흥인이면 일국흥인'이라 ᄒᆞ여ᄉᆞ오니 엇디 ᄒᆞ면 샹셔공 일문가풍으로 셰샹 풍쇽이 화ᄒᆞ올고 ᄒᆞᄂᆞ이다."

유한당 댱손녜 조모긔 묻ᄌᆞ오ᄃᆡ,

“글 닑ᄂᆞᆫ 댱부들이 요슌우탕문무ᄅᆞᆯ 셩왕으로 일ᄏᆞᆺ고, 공ᄌᆞ와 안증【19b】ᄉᆞ밍과 념낙졔현을 다 셩현으로 일ᄏᆞᄅᆞᄃᆡ 쇼녀ᄂᆞᆫ 그 셩명과 싱졸을 노샹 모로오니, 녀ᄌᆞ로셔 그런 일을 아라 무엇ᄒᆞ리잇가마ᄂᆞᆫ 너모 노무ᄒᆞ오미 븟그럽ᄉᆞ오니 조모긔 오ᄂᆞᆯ은 ᄇᆡ화디이다.”

유한당 왈,

“부녀로셔 ○[여]공을 슝샹ᄒᆞᆯ 거시니 그런 일 아라 무엇ᄒᆞ리마ᄂᆞᆫ 너모 모로ᄂᆞᆫ 거ᄉᆞᆫ 고루ᄒᆞ기 심ᄒᆞ니 내 대강 니ᄅᆞ리라.

뎨요 도당씨ᄂᆞᆫ 셩은 긔시오 명은 방훈이시오 졔곡 고신씨 아ᄃᆞᆯ이시라. 모ᄂᆞᆫ 진봉이시니 슈ᄐᆡᄒᆞ연디 십ᄉᆞ삭 만의 ᄉᆡᆼᄒᆞ시니 고신씨 즉위ᄒᆞ신 뉵십삼년 뎡ᄒᆡ라. 뎨요 ᄌᆡ위 ᄇᆡᆨ년이오 슈 일ᄇᆡᆨ 십칠셰라.

뎨슌 유우씨ᄂᆞᆫ 셩은 요시니 명은 듕화시오 부【20a】ᄂᆞᆫ 고수요 모ᄂᆞᆫ 명이 악등이시니 ᄒᆞᆫ 무지게ᄅᆞᆯ 보고 ᄠᅳᆺ이 감동ᄒᆞ여 슌을 나흐시니 뎨요의 ᄉᆞ십일년 갑신이라. 뎨요ᄅᆞᆯ 니어 셔시니 원년 갑신이라. ᄌᆡ위 오십ᄌᆡ예 향년 일ᄇᆡᆨ 십셰시라.

하우씨ᄂᆞᆫ 셩은 사시오 명은 문명이시라. 곤의 아ᄃᆞᆯ이오 모ᄂᆞᆫ 슈긔시니 별을 보고 ᄠᅳᆺ이 감동ᄒᆞ여 뎨요 오십오셰 무슐뉵월뉵일의 우ᄅᆞᆯ 나흐시니 갑슐년의 슌을 니어 셔시니 ᄌᆡ위 십셰니 향년 일ᄇᆡᆨ 뉵셰라.

은왕 셩탕의 셩이 ᄌᆞ시오 명은 이니 모ᄂᆞᆫ 도뷔시니 흰 긔운이 ᄃᆞᆯ을 ᄢᅦᆫ 거ᄉᆞᆯ 보고 ᄠᅳᆺ이 감동ᄒᆞ야 탕을 나흐시니 하나라 공갑의 이십칠셰 무진이라. 하걸이 무도ᄒᆞ니 졔휘 탕【20b】을 놉혀 텬ᄌᆞ 위예 오ᄅᆞ시게 ᄒᆞ니 원년이 을미라. ᄌᆡ위 삼년이오 슈 일ᄇᆡᆨ셰라.

쥬문왕은 셩은 희시오 명은 챵이니 후직의 십뉵셰손이시라. 모는 태임이시니 은나라 님군 경졍 원년 임인의 나시니 셔뵉을 봉ᄒᆞ야 무인년의 졸ᄒᆞ시니 슈ᅵ 구십칠셰시라.

무왕은 문왕 아ᄃᆞᆯ이시니 명은 발이시라. 문왕이 태ᄉᆞ를 취ᄒᆞ샤 무왕을 나흐시니 은나라 님군 경졍의 십이년 계튝의 무왕을 나흐시니 문왕이 훙ᄒᆞ시매 니어 셔뵉이 되엿더니 은쥬 무도ᄒᆞ거ᄂᆞᆯ 왕이 졔후를 모도와 티니 졔휘 왕을 놉혀 텬ᄌᆞ를 삼으니 원년 긔묘요 ᄌᆡ위 칠년이오 슈ᅵ 구십삼셰시라.

이 여ᄉᆞᆺ 님【21a】군은 만고 셩인이시라. 셩덕과 ᄉᆞ젹이 경셔 ᄉᆞ긔예 실녓ᄂᆞ니라.

공ᄌᆞᄂᆞᆫ 명은 구오 ᄌᆞᄂᆞᆫ 듕니시니 부ᄂᆞᆫ 노나라 사ᄅᆞᆷ 듕냥흘이시니 모ᄂᆞᆫ 징ᄌᆡ니 슉냥흘이 나히 만흔 고로 니구산의 비러 아ᄃᆞᆯ 뵉니를 나코 ᄯᅩ 비러 듕니를 나흐시니 공ᄌᆡ 쥬녕왕 이십일년 경슐의 나오셔 쥬경왕 ᄉᆞ십 일년 임슐의 졸ᄒᆞ시니 향년이 칠십삼셰라.

안ᄌᆞᄂᆞᆫ 명은 회오 ᄌᆞᄂᆞᆫ ᄌᆞ연이니 부ᄂᆞᆫ 놋나라 사ᄅᆞᆷ 안무유오 모ᄂᆞᆫ 강시니 쥬경왕 칠년 무ᄌᆞ의 ᄉᆡᆼᄒᆞ셔 삼십팔년 긔미의 졸ᄒᆞ시니 슈 삼십이셰라.

증ᄌᆞᄂᆞᆫ 명이 ᄉᆞᆷ이시오 부ᄂᆞᆫ 놋나라 사ᄅᆞᆷ 증졈이시라. 모 셩시ᄂᆞᆫ 후셰예 뎐티 아니ᄒᆞ엿ᄂᆞ니【21b】라. 증ᄌᆡ 쥬경왕 십오년 병신의 나셔 쥬고왕 오년 을ᄉᆞ에 졸ᄒᆞ시니 슈ᅵ 칠십이시라.

ᄌᆞᄉᆞᄂᆞᆫ 명은 급이오 ᄌᆞᄂᆞᆫ ᄌᆞᄉᆞ니 공ᄌᆞ의 손ᄌᆞ요 뵉어의 아ᄃᆞᆯ이시라. ᄉᆡᆼ년은 후셰의 뎐티 아니ᄒᆞ고 쥬 위녈왕 이십이년 뎡튝의 졸ᄒᆞ시니 슈ᄂᆞᆫ 혹 니ᄅᆞ기를 일뵉십여셰라 ᄒᆞᄂᆞ니라.

ᄆᆡᆼᄌᆞ의 명은 가요 ᄌᆞᄂᆞᆫ ᄌᆞ여시니 부ᄂᆞᆫ 추나라 사ᄅᆞᆷ 격공의오 모ᄂᆞᆫ 댱시라.

쥬녈왕 ᄉᆞ년 긔유의 싱ᄒᆞ셔 쥬난왕 이십뉵년 임신의 졸ᄒᆞ시니 슈 팔십ᄉᆞ라.

이 오셩인은 쳔고대셩이시니 공ᄌᆞ의 『논어』와 밍ᄌᆞ의 『밍ᄌᆞ』와 증ᄌᆞ의 『대ᄒᆞᆨ』과 ᄌᆞᄉᆞ의 『듕용』의 덕과 말ᄉᆞᆷ이 가히 보올디라. 안ᄌᆡ 홀노 지으신 글 【22a】이 업ᄉᆞ니 조세ᄒᆞ셔 그러턴가 ᄒᆞ니라.

념낙제현을 의논ᄒᆞ면 송 태조 건덕 오년 뎡묘의 금·목·슈·화·토 다ᄉᆞᆺ 별이 규셩 분야의 모혀 잇기 여러 셩인이 나시다 일캇ᄂᆞ니라.

쇼강졀 션싱은 명은 옹이오 ᄌᆞᄂᆞᆫ 요부니 강졀은 별호라. 낙양 사ᄅᆞᆷ이라. 송진종 태듕 샹부 ᄉᆞ년 신ᄒᆡ의 싱ᄒᆞ샤 송진종 희령 십년 뎡ᄉᆞ의 졸ᄒᆞ시니 슈 뉵십칠이라.

쥬념계 션싱은 명은 돈이오 ᄌᆞᄂᆞᆫ 무슉이니 념계ᄂᆞᆫ 별호라. 부ᄂᆞᆫ 계령녕 보션이니 도쥬 사ᄅᆞᆷ이오 모ᄂᆞᆫ 뎡 시라. 송진종 텬의 원년 뎡ᄉᆞ의 나오셔 송신 희령 뉵년 계튝의 졸ᄒᆞ시니 슈 오십칠이라.

당횡거 션싱은【22b】 명은 ᄌᆡ이오 ᄌᆞᄂᆞᆫ ᄌᆞ후니 횡거ᄂᆞᆫ 별호라. 부ᄂᆞᆫ 젼듕승 젹이니 ᄀᆡ봉 사ᄅᆞᆷ이라. 송진종 텬희 ᄉᆞ년 경신 싱ᄒᆞ셔 희령 뎡ᄉᆞ의 졸ᄒᆞ시니 슈 오십팔이라.

뎡명도 션싱은 명은 호요 ᄌᆞᄂᆞᆫ ᄇᆡᆨ슌이니 부ᄂᆞᆫ 태듕태우니 하람 사ᄅᆞᆷ이라. 모ᄂᆞᆫ 후 시라. 션싱이 송인종 원년 임신의 싱ᄒᆞ셔 송 신종 원풍 팔년 을튝의 졸ᄒᆞ시니 슈 오십ᄉᆞ라. 이쳔{셩} 션싱은 명은 이오 ᄌᆞᄂᆞᆫ 졍슉이니 이쳔은 별호라. 명도 아이시니 명도 나시던 이듬ᄒᆡ 계유의 나시니 송휘종 대관 원년 뎡ᄒᆡ에 졸ᄒᆞ시니 슈 칠십오셰라.

쥬ᄌᆞᄂᆞᆫ 명은 회오 ᄌᆞᄂᆞᆫ 원회니 별호ᄂᆞᆫ 회암션싱이라. 부ᄂᆞᆫ 니부원외랑이니 무원사【23a】ᄅᆞᆷ이라. 모ᄂᆞᆫ 튝 시시라. 송 고종 건염 ᄉᆞ년 경슐의 싱ᄒᆞ시니 공ᄌᆞ

도 경슐싱이시오 쥬ᄌᆞ도 경슐싱이시니 경슐 셩현 싱이라 일ᄏᆞ라 글 지으니 잇ᄂᆞ니라. 송 녕종 경원 뉵년 경신의 졸ᄒᆞ시니 슈 칠십일이시라. 쥬ᄌᆡ 요슌 공밍지도롤 뎐ᄒᆞ오샤 후셰예 공ᄌᆡ 다시 나시다 일캇ᄂᆞ니라."

쇼계 듯고 '긔록ᄒᆞ여 두고 보려 ᄒᆞᄂᆞ이다' ᄒᆞ더라.

일〃은 샹셔의 외종미 쥬 부인이 왓더니 유한당긔 무러 골오ᄃᆡ,

"노야긔셔 구십이 넘어 겨오시니 근녁이 강건ᄒᆞ오신 줄은 아옵거니와 근ᄂᆡᄂᆞᆫ 대범 엇더ᄒᆞ오시니잇가?"

유한당 왈,

"쇼시로브터 새볘 글 외오시기롤 시방ᄭᆞ디 ᄒᆞᄅᆞ도 그티디 아니ᄒᆞ시【23b】시고 소셰ᄒᆞ시고 ᄉᆞ당의 신알녜롤 긔한셩셔라도 ᄒᆞ로도 폐티 아니시고 나조히 만슈원 동산과 슈월뎡의 가오셔 안자 겨오시다가 ᄂᆞ려오〃시기롤 폐ᄒᆞ오신 일 업고 섬돌과 누각의 오로ᄂᆞ리오실 제 ᄌᆞ졔들이 븟드오면 말나 ᄒᆞ오시고 그저 오ᄅᆞ시고 근녁이 대강 여ᄎᆞᄒᆞ시니이다."

"노야 샹시 혹문 공부 겨신 줄 알거니와 무슨 양싱 공부 겨시며 음식지졀은 엇더ᄒᆞ시니잇가?"

유한당 왈,

"음식도 몸과 다ᄅᆞ온 일 업ᄉᆞ오ᄃᆡ 본ᄃᆡ 만히 잡ᄉᆞ오시들 못ᄒᆞ오셔 쇼시로브터 시방ᄭᆞ디 여일ᄒᆞ시고 극히 더운 날이라도 물 마시ᄂᆞᆫ 일이 업ᄉᆞ시고 부체질 아니시고 술을 혹 잡ᄉᆞ오시나 취케 마시디 아니시고 춤【24a】을 허피 밧디 아니시고 소ᄅᆡ롤 크게 아니ᄒᆞ시니 이런 일은 혹문 공부로 그러ᄒᆞ시거니와 이런 등졀이 양싱방의 절노 어긋나디 아니ᄒᆞ더이다."

셥 부인이 또 문왈,

“소릐롤 크게 아니ᄒᆞ시면 뫼신 사ᄅᆞᆷ들이 소릐롤 능히 삼가ᄒᆞᄂᆞ니잇가?”

유한당 왈,

“존구겨오셔 소릐롤 심히 슬희여 ᄒᆞ시거든 ᄌᆞ뎨 삼인이 감히 소릐롤 크게 ᄒᆞ며 부녀들이야 더옥 큰 소릐ᄒᆞ리잇가. 극히 조심ᄒᆞᄂᆞ니이다.”

셥 부인 왈,

“부인이 년셰 칠십이 넘어 계시니 쥬제ᄒᆞ시기 슈고롭디 아니시니잇가?”

유한당 왈,

“『녜긔』예 니ᄅᆞ딕 ‘부모존이어시어든 ᄒᆞᆼ언의 불칭노라’ ᄒᆞ여시니 구고롤 뫼와시니 내 나히 칠십이 되여신【24b】들 늙어로라 ᄒᆞ리잇가. 듣노ᄒᆞ신 두 노친을 뫼와시니 음식지졀을 몸소 밧드옵는 거시 ᄌᆞ식의 도리올 분 아니라 빅발노 봉친ᄒᆞ옵는 거시 인간지낙이오니 어이 슈고롭다 ᄒᆞ오며, 한무뎨 말솜의 ‘이ᄌᆞ낙ᄎᆞ의 불위괴’라 ᄒᆞ엿ᄉᆞ오니 내 낙을 아라 힝ᄒᆞ오니 슈고로온 줄 모로옵고, ᄌᆞ부들이 극히 현철ᄒᆞ오니 죡히 딕힝홀 만ᄒᆞ오딕 내 몸소 밧들녀 ᄒᆞ옵기 저희롤 딕신 시기디 아니ᄒᆞᄂᆞ이다.”

셥 부인이 또 문왈,

“일실 듕의 오딕 ᄌᆞ손 남녜 극히 번셩ᄒᆞ오니 일〃 공궤롤 엇디 ᄒᆞ시ᄂᆞ니잇가?”

부인 왈,

“당부와 부녜 일승미로 마련ᄒᆞ야 일시의 이셕미오 일〃의 ᄉᆞ셕미–듕원일여 셕말–【25a】로소이다. 비복은 일〃의 팔셕미로 밥을 지어 먹ᄂᆞ이다.”

셥 부인 왈,

"반상이 그리 만흐니 슉셜을 엇디 숣피시ᄂᆞ니잇가?"

유한당 왈,

"근ᄂᆡᄂᆞᆫ ᄌᆞ부들이 숣피고 이젼은 내 혼자 ᄒᆞ옵더니 동셔 이인이 노친ᄂᆡ 공양을 손조 ᄒᆞ여디라 지셩으로 쳥ᄒᆞ오니 구괴 허ᄒᆞ오셔 일삭의 십일식 세히 논화 ᄒᆞ게 뎡ᄒᆞ시니 대개 한 적 뉵가 다ᄉᆞᆺ 아돌의게 열흘식 가던 일을 의방ᄒᆞ시미로소이다. 됴셕 의예 조만 한난을 보와 별찬ᄒᆞ야 나오기ᄂᆞᆫ 내 다ᄅᆞ니롤 식이디 못ᄒᆞᄂᆞ이다. 샹시 식셩을 니기 알기 맛게 ᄒᆞ노라 그러ᄒᆞ이다."

셥 부인이 ᄯᅩ 문왈,

"댱부나 부녀나 일〃 소업은 므ᄉᆞ 일을 ᄒᆞ【25b】ᄂᆞ니잇가?"

유한당 왈,

"두 노친 뫼옵고 ᄌᆞ손 남녀들이 문침시션ᄒᆞ옵ᄂᆞᆫ 결을의 글 닑ᄂᆞᆫ 소ᄅᆡ와 뵈 ᄧᆞᄂᆞᆫ 소ᄅᆡ 그치디 아니ᄒᆞᆯ ᄯᆞᄅᆞᆷ이로소이다."

셥 부인 왈,

"노야긔 듀야 뫼시기ᄂᆞᆫ 뉘가 ᄒᆞᄂᆞ니잇가?"

유한당 왈,

"존구 겨신 ᄃᆡᄂᆞᆫ 삼ᄌᆞ뎨 겻방의 듀야 뫼셔 잇고 손ᄌᆞ 이인식 뫼셔 삼일 만의 교톄ᄒᆞ고 존구 겨신 ᄃᆡ도 ᄌᆞ부 삼인이 손부들 거ᄂᆞ리고 일톄로 ᄒᆞᄂᆞ이다."

셥 부인 왈,

"형뎨 ᄌᆞ딜 졔인 수가 대되 몃치나 되ᄂᆞ니잇가?"

유한당 왈,

"오뉵년 젼의 존구겨셔 만슈원의 안ᄌᆞ시고 ᄌᆞ손을 모화 노ᄅᆞ시다가 ᄌᆞ손등 관쟈로 각〃 『쥬역』 ᄒᆞᆫ 괘식 닑혀 뉵십ᄉᆞ괘롤 다 ᄒᆞ고 관쟈 십여【26a】인이 남숩더니 그 후 수십 인이 ᄯᅩ 관녜ᄒᆞ엿ᄂᆞ이다.”

셥 부인이 ᄯᅩ 문왈,

“사ᄅᆞᆷ이 일실의 그리 만흐니 댱공예의 ‘ᄎᆞᆷ을 잉’ ᄌᆞ ᄇᆡᆨ ᄡᅳ던 공부ᄂᆞᆫ 계시려니와 가뎡이 일양 화목ᄒᆞ니 므ᄉᆞᆫ 공부로 그러ᄒᆞ니잇가?”

유한당 왈,

“사ᄅᆞᆷ의 셩품이 유식ᄒᆞ미 각〃 다ᄅᆞ기 ᄀᆞᆺ투여 강유 완급이 다ᄅᆞᆫ 거시니 엇디 ᄒᆞᆫ 사ᄅᆞᆷ의 셩품 ᄀᆞᄐᆞᆯ 거시로ᄃᆡ 다만 일실지인이 무론남녀 노쇼ᄒᆞ고 존구의 ᄆᆞᄋᆞᆷ을 일분 어그릇디 아니ᄒᆞ기로 쥬야 공부ᄅᆞᆯ ᄒᆞᆯ 밧 다ᄅᆞᆫ 도리 어이 잇ᄉᆞ오리잇가. 댱공예의 말ᄉᆞᆷ은 후인이 일ᄏᆞᆺ거니와 사ᄅᆞᆷ의 ᄆᆞᄋᆞᆷ의 부죡ᄒᆞᆫ 거시야 잉ᄒᆞᄂᆞᆫ ᄃᆡ 내 집의ᄂᆞᆫ 잉ᄒᆞᆯ 일이 업기로【26b】ᄡᅧ 공부ᄅᆞᆯ ᄒᆞᄂᆞ이다. 일가의 잇ᄂᆞ니들이 불과 형뎨 슉딜 ᄌᆞ녀들이니 기간의 잡말이 잇게 되면 패륜ᄒᆞ기의 갓가오니 엇디 독셔군ᄌᆞ의 집이라 ᄒᆞ리오.”

셥 부인 왈,

“일실 듕 노쇼 남네 다 인화효뎨 극진ᄒᆞ오시거니와 비복들도 누ᄇᆡᆨ인이 일실 듕의 이시니 엇더ᄒᆞ니잇가?”

유한당 왈,

“셩품이 각〃 다ᄅᆞ거니와 이목이 만키 그ᄅᆞᆫ 일과 사오나온 ᄒᆡᆼ실을 ᄒᆞ다가ᄂᆞᆫ 븟그러오미 심ᄒᆞᆫ 고로 심히 그ᄅᆞᆫ 일 ᄒᆞᄂᆞᆫ 일 업고 죵신토록 효가부로 늙ᄂᆞ이다.”

셥 부인 왈,

“효ᄌᆞ의 몽되 이젼 긔이ᄒᆞ던 거시니 이럿툿ᄒᆞᆫ 복녹은 유한당 공이로소이다.”

유한당 왈,

"구고 텬【27a】셩이 인후ᄒᆞ시므로 셰샹이 다 아ᄂᆞᆫ 일오니 그러ᄒᆞ야 만년 복녹이시니 엇디 ᄌᆞ부 일인의 공이리잇가."

셥 부인이 칭션 왈,

"인간 복녹이 슈·부·귀·다남ᄌᆞ를 일컷ᄂᆞᆫ듸 노야의 슈ᄂᆞᆫ 빅셰 머디 아니ᄒᆞ시고, 귀ᄂᆞᆫ 일품이오, 부ᄂᆞᆫ 만금가산이오, 금슬 히로ᄒᆞ셔 슬하 ᄌᆞ손 누빅 인을 거ᄂᆞ려 겨시니 요슌삼듸 이후로 다시 비홀 듸 업슬 둧ᄒᆞ이다."

유한당 왈,

"고금의 귀ᄒᆞ니도 잇고 슈ᄒᆞ니도 잇고 부ᄒᆞ니도 잇고 다남ᄌᆞᄒᆞ니 이실디라도 우리 구고의 ᄒᆞᆫ 가지 일이 놈의 당티 못홀 일이 잇ᄂᆞ니이다."

셥 부인 왈,

"므슨 일이니잇가?"

유한당 왈,

"존구 ᄌᆞ손 듕 슈틱ᄒᆞ여 반산ᄒᆞ【27b】니도 업고 난 후 요졀ᄒᆞ니 업고 내 존구 뫼시기 뉵십여년이 되여시듸 미감으로 의원 쳥ᄒᆞ여 본 일이 업ᄉᆞ니 이 일이 놈의 집의 흔티 아니ᄒᆞ니이다."

셥 부인 왈,

"이 말솜을 듯ᄉᆞ오니 텬디간 다시 업ᄉᆞ온 일이로소이다. 이러므로 친쳑 딕우들이 노야 얼굴만 뵈옵고 와도 삼산십취예 션노 뵈온 둧 쟈랑티 아니리 업더이다."

셥 부인이 ᄯᅩ 문왈,

"남ᄌᆞ 아히들은 글 ᄀᆞᄅᆞ치기ᄂᆞᆫ ᄌᆞ연 층〃이 서로 ᄒᆞ려니와 드러오ᄂᆞᆫ 부녀들이 어린 아ᄒᆡ와 다ᄅᆞ고 ᄂᆞᆷ의 집의셔 ᄉᆡᆼ당ᄒᆞᆫ 아기ᄂᆡ니 엇디 ᄀᆞᄅᆞ치시ᄂᆞ니잇가?”

유한당 왈,

“아ᄃᆞᆯ ᄌᆞ식들 글 ᄀᆞᄅᆞ치기ᄂᆞᆫ 인가의 녜ᄉᆞ오 부녀들 ᄀᆞᄅᆞ치기ᄂᆞᆫ ᄂᆞᆷ의게 드【28a】믈건마ᄂᆞᆫ 내 집의ᄂᆞᆫ 부녀들이 처엄으로 온 후 몬져 글을 ᄀᆞᄅᆞ치ᄂᆞ이다.”

셥 부인 왈,

“므ᄉᆞᆫ 글을 ᄀᆞᄅᆞ치ᄂᆞ니잇가?”

부인 왈,

“「ᄂᆡ측」편과 『녈녀뎐』과 『쇼ᄒᆞᆨ』을 ᄀᆞᄅᆞ치ᄂᆞ이다.”

셥 부인 왈,

“년쇼 부녀들이 처엄으로 능히 잘 ᄇᆡ호ᄂᆞ니잇가?”

유한당 왈,

“ᄉᆞ족 부녀들이라 젼혀 무식든 아니ᄒᆞ고 내 집의 드러온 후ᄂᆞᆫ ᄒᆞᆨ문을 일삼으매 지셩으로 ᄇᆡ호려 ᄒᆞ기 총명ᄌᆡ화 잇ᄂᆞ니ᄂᆞᆫ 즉시 ᄇᆡ호고 죠곰 둔ᄒᆞ니라도 오라디 아냐 ᄇᆡ호더이다.”

셥 부인 왈,

“ᄌᆞ손이 만흐ᄃᆡ 질병으로 의원 뵈ᄂᆞᆫ 일이 드므다 ᄒᆞ오니 병 아니 들기ᄂᆞᆫ 므ᄉᆞᆫ 공부로 그러ᄒᆞ니잇가?”

유한당 왈,

“병은 풍한셔습을 인연ᄒᆞ【28b】여 날 거시니 집안 사ᄅᆞᆷ들이 긔한 격도록은 아니ᄒᆞ거니와 원노 힝역ᄒᆞᄂᆞᆫ 일 업고 별노 슈고ᄒᆞᄂᆞᆫ 일 업ᄉᆞ니 병이 ᄌᆞ연 젹더이다.”

셥 부인 왈,

“집안 사ᄅᆞᆷ은 어려브터 그리 기ᄅᆞ기 고이티 아니ᄒᆞ거니와 각각 ᄂᆞᆷ의 집으로셔 드러오ᄂᆞᆫ 부녀들이 엇디 ᄒᆞᆫ골ᄀᆞᆺᄉᆞ오니잇가?”

부인 왈,

“엇디 사쇼 질병 드니 업ᄉᆞᆯ 거시 아니오나 내 집의 드러온 후ᄂᆞᆫ 가법이 엄졍ᄒᆞ여 존구 경계의 ᄒᆞᆫ 말ᄉᆞᆷ도 감히 어그ᄅᆞᆺ들 못ᄒᆞ기 몸 가지기ᄅᆞᆯ 경계대로 닝쳐 아니ᄒᆞ고 닝슈 마시디 아니ᄒᆞ고 ᄇᆞ람 뽀이디 아니ᄒᆞ고 위티ᄒᆞᆫ ᄃᆡ 오ᄅᆞ디 아니ᄒᆞ고 술 마시디 말라 ᄒᆞ시면 댱부들이라도 감히 과음【29a】티 못ᄒᆞ니 이런 훈회ᄅᆞᆯ 톄힝ᄒᆞᄂᆞᆫ 거시 ᄌᆞ손의 도릴 분 아니라 ᄌᆞ녀 셥싱방이 되옵더이다.”

셥 부인 왈,

“각〃 집 부녀들이 그럿틋 ᄒᆞ여 여긔 드러온 후 ᄇᆡ호려니와 엇디 그리 일심을 현쳘ᄒᆞ니잇가?”

ᄃᆡ왈,

“처엄으로 아ᄃᆞᆯ 구혼ᄒᆞᆯ 때 부귀ᄒᆞᆫ 집 탐티 말고 빈쳔ᄒᆞᆫ 집 피티 말고 혹식잇고 인후ᄒᆞ기로 일홈난 집을 구ᄒᆞ여 결혼ᄒᆞ니 드러오ᄂᆞ니들이 혹 슉셩ᄒᆞ니도 잇고 슉셩티 못ᄒᆞ니도 이셔 각〃 다ᄅᆞᄃᆡ 텬품은 인후ᄒᆞ고 범ᄉᆞᄅᆞᆯ 가풍의 ᄇᆡ혼 거시 과연 잇기 부귀만 ᄒᆞ고 무식ᄒᆞᆫ 집의셔 ᄌᆞ라니도곤 낫더이다.”

셥 부인이 또 문왈,

“노애 여ᄎᆞᄒᆞ온 강호 누ᄃᆡ【29b】{ᄃᆡ}예 번화부귀ᄅᆞᆯ 누리시니 츈화츄월 풍경 됴흔 적 가무 노름이나 ᄒᆞ시ᄂᆞ니잇가?

부인이 ᄃᆡ왈,

“존귀 가무ᄅᆞᆯ 됴화 아니실 분 아니라 왕우칭 「듁누긔」예 ‘졔기녀장가무ᄂᆞᆫ 비소인지ᄉᆞ’라 ᄒᆞ온 말ᄉᆞᆷ을 닐러 경계ᄒᆞ오시고, ᄌᆞ손들의 독셔셩이 분명ᄒᆞᆫ

거ᄉᆞᆯ 됴흔 노래로 드ᄅᆞ시고 ᄌᆞ손들의 힝보 시 규원규방ᄒᆞᄂᆞᆫ 거ᄉᆞᆯ 됴흔 춤 추ᄂᆞᆫ 거ᄉᆞ로 보셔 '연가초무ᄅᆞᆯ 불워 아니ᄒᆞ노라' ᄒᆞ시니 다ᄅᆞᆫ 노름이 어이 이시리잇가."

셥 부인 왈,

"여러 ᄌᆞ손이 문침ᄒᆞᆯ 제[429] 번요치 아니〃잇가?"

유한당 왈,

"노친ᄂᆡ 문침ᄒᆞᆯ시[430] 엇디 감히 번요ᄒᆞ리잇가. 삼ᄌᆞ뎨 문후ᄒᆞᆫ 후 ○[손]ᄌᆞ들 뉵칠인식 네 번의 절ᄒᆞ여 뵈온 후 증손들이 오뉵인식 여러 번의 절ᄒᆞ【30a】여 뵈옵고, 현손이 그 녜대로 ᄒᆞ야 뵈온 후 ᄉᆞ당의 신알ᄒᆞ고 ᄂᆡ샤의 드러오시면 ᄌᆞ부, 손부, 증현손뷔 녜대로 ᄒᆞ고, ᄯᆞᆯ과 손녀, 증현손녀 ᄭᆞ디 다 그대로 ᄒᆞ고, 동몽 남녀들이 다 항녈을 ᄎᆞᆯ혀 절ᄒᆞ여 뵈오니 힝녜ᄒᆞᆯ 째 엄졍 슉〃ᄒᆞ여 비ᄒᆞ면 대쟝군이 대쟝단의 안자시면 막하들이 군ᄉᆞᄅᆞᆯ 거ᄂᆞ려 군녜 힝ᄒᆞᄂᆞᆫ 모양이니 엇디 감히 훤화ᄒᆞ고 요란ᄒᆞ리잇가."

셥 부인 왈,

"ᄌᆞ손 다과ᄅᆞᆯ ᄌᆞ시 알고져 여러 번 말ᄉᆞᆷ이 나되 ᄃᆡ답ᄒᆞ시미 대쳬만 ᄒᆞ고 ᄌᆞ시 니ᄅᆞ디 아니시니 그 어인 일이니잇가?"

유한당 왈,

"사ᄅᆞᆷ의 인ᄉᆡ 과히 ᄇᆞᆰ게 ᄒᆞᄂᆞᆫ 거ᄉᆞᆯ 새리고 셩만ᄒᆞ다 말을 피ᄒᆞ기 그러ᄒᆞ이다."

---

429 계명대본은 여기서부터 낙장이어서 나손본의 내용으로 보충하였다.
430 계명대본은 여기서부터 원문이 있다.

셥 부【30b】인 왈,

"시비를 쾌히 아니ᄒᆞ면 도ᄌᆞ의 도의 갓갑ᄉᆞ오니잇가?"

유한당이 쇼왈,

"과연 그러ᄒᆞ이다. 범ᄉᆞ의 분명ᄒᆞᆫ 거술 ᄊᆡ리니 노도 갓가온 ᄃᆞᆺᄒᆞ고 곤튱지미ᄒᆞᆫ 거시라도 샹해 오ᄂᆞᆫ 거술 대되 ᄊᆡ리니 그ᄂᆞᆫ 불도의 갓갑다 ᄒᆞ고 일실지인이 서로 웃ᄂᆞ이다."

"ᄌᆡ화 박남이 유명ᄒᆞ시니 사ᄅᆞᆷ의 수요댱단과 ᄌᆞ손다과를 아ᄅᆞ실 도리 잇더니잇가?"

유한당 왈,

"샹 보ᄂᆞ니와 츄수ᄒᆞᄂᆞ니들이라도 젼두 일을 마치ᄂᆞ니 드물거든 부녀로셔 ᄌᆞ품이 용하ᄒᆞ니 엇디 알리잇가. 다만 ᄌᆞ손 다과ᄂᆞᆫ 사ᄅᆞᆷ 셩품 강유로 가더이다. ᄂᆞᆷ의 집으로도 ᄌᆞ연 듯ᄂᆞᆫ 일이 만습고 집안 사ᄅᆞᆷ이 심히 만ᄉᆞ오【31a】니 극히 유션ᄒᆞ니ᄂᆞᆫ ᄌᆞ녀를 만히 두고 지ᄎᆞ 유션ᄒᆞ니ᄂᆞᆫ 지ᄎᆞ로 두고 강ᄆᆡᆼᄒᆞ니ᄂᆞᆫ 젹게 두고 과히 강ᄆᆡᆼᄒᆞ니ᄂᆞᆫ 그 해를 만히 밧습더이다. 내 집으로 보와도 칠팔 인 두니도 잇고 혹 오뉵인 두니도 잇고 과히 강ᄆᆡᆼᄒᆞ니ᄂᆞᆫ 집 안히 업습기 아ᄃᆞᆯ 삼 인 못 두니ᄂᆞᆫ 업ᄉᆞ오니 부녀의 텬셩으로 만히 아올너이다."

셥 부인 왈,

"대개 그러ᄒᆞ거니와 극히 인션ᄒᆞ고 무ᄌᆞᄒᆞ니도 잇고 극히 악ᄒᆞ니도[431] 다ᄌᆞᄒᆞ니 이시니 그ᄂᆞᆫ 아니 고이ᄒᆞ니잇가?"

유한당이 왈,

---

431 계명대본은 여기서부터 다음 주석까지 낙장이어서 나손본의 내용으로 보충하였다.

"극악ᄒᆞ고 다ᄌᆞᄒᆞ니ᄂᆞᆫ 인션ᄒᆞ고[432] 다ᄌᆞᄒᆞ니도곤 젹을 거시오 인션ᄒᆞ고 무ᄌᆞᄒᆞ니 극악ᄒᆞ고 무ᄌᆞᄒᆞ니의셔 젹을 거시오니, 비ᄒᆞ여 니ᄅᆞ면 화긔 덥기 덧〃ᄒᆞᆫ ᄃᆡ 니ᄅᆞᄃᆡ 혹 한염이 잇고 슈긔 넝키 덧〃ᄒᆞᆫ 니ᄅᆞᄃᆡ 온쳔이 이심 ᄀᆞᄐᆞ【31b】{ᄐᆞ}여 반샹ᄒᆞᆫ 니 되오니 엇디 덧〃ᄒᆞᆫ 니롤 ᄇᆞ리고 드므러 반샹ᄒᆞ니롤 취ᄒᆞ리잇가. 쥬ᄌᆞ 말솜의 '엄상대동동지듕의도 무긔사소온화지일이오' ᄒᆞ여 계시니 겨울 극한읜들 온화ᄒᆞᆫ 날이 업ᄉᆞ리오마ᄂᆞᆫ 겨울을 칩다 일ᄏᆞᆺ기ᄂᆞᆫ 덧〃ᄒᆞᆫ 니롤 의거ᄒᆞᆫ 말이오 안ᄌᆡ 단졀ᄒᆞ고 ᄇᆡᆨ되 무ᄌᆞᄒᆞᆫ 거ᄉᆞᆫ 반샹ᄒᆞᄂᆞ니이다."

셥 부인 왈,

"인가 길흉이 과연 부녀로 ᄡᆞ로여 가ᄂᆞᆫ 고로 『ᄉᆞ긔』롤 보와도 하우ᄡᅵ 니러날 ᄣᅢ 도산ᄡᅵ 계시고, 걸이 망홀 ᄣᅢ ᄆᆡ희 잇고, 은탕이 계실 ᄣᅢ 유신ᄡᅵ 계시고, 쥬 망홀 ᄣᅢ 달긔 잇고, 쥬나라 희ᄂᆞᆫ 문왕후비 태ᄉᆞ 계시고 무왕후비 강시 계시고, 유왕이 쇠홀【32a】 ᄣᅢ의 포ᄉᆡ 이시니 뎨왕의 텬하 득실도 부인 션악으로도 가히 볼 거시오, 인가 길흉이 부녀로 아니 가리잇가. 오ᄂᆞᆯ 유한당 말솜이 과연 니롤 ᄭᆡᄃᆞ라신 말솜이로소이다."

유한당 왈,

"인가의 댱부ᄂᆞᆫ 득실 길흉이 녀ᄌᆞ의게 어이 이시리. 댱부의게 젼혀 잇다 ᄒᆞ야 ᄌᆞ〃히 인션지도롤 ᄒᆡᆼᄒᆞ고 녀ᄌᆞ 되엿ᄂᆞ니ᄂᆞᆫ 인가 길흉이 ᄂᆡ조의 잇다 ᄒᆞ야 ᄌᆞ〃히 인션을 ᄒᆡᆼᄒᆞ오면 가되 흉티 아니리 드므옵더이다."

셥 부인이 칭션 왈,

"부인 가뎡이 인션 화슌{화슌}ᄒᆞ기로 유명ᄒᆞ여 셰샹 사ᄅᆞᆷ이 흠션 아니리

---

432 계명대본은 여기까지가 낙장이다.

업ᄉᆞ니 내 ᄆᆞ양 드ᄅᆞ매 므ᄉᆞᆫ 공부로 그러ᄒᆞ신고 ᄒᆞ여ᄉᆞᆸ더니 유한당 말ᄉᆞᆷ을 듯ᄉᆞ오니【32b】 과연 근본 잇ᄂᆞᆫ 줄 아올소이다.

셥 부인의 뎨삼녜 나히 팔셰예 모친을 조차 왓더니 고ᄒᆞ여 왈,

"『쥬역참동계』의 니ᄅᆞᄃᆡ, '연쟉이 불싱봉ᄒᆞ고 호토불유린이라' ᄒᆞ니, '져비와 새ᄂᆞᆫ 봉을 나티 못ᄒᆞ고 여ᄋᆞ와 톳기ᄂᆞᆫ 린을 졋 못 먹인다' ᄒᆞ여ᄉᆞ오니 현모 업시 공밍뎡쥬 ᄀᆞᄐᆞ니 엇디 나 계시리잇가."

유한당 왈,

"셰쇽 부녀들이 이런 일을 아디 못ᄒᆞ고 무복이나 슝샹ᄒᆞᄂᆞ니들은 아니 개연ᄒᆞ니잇가. 쇼져의 말이 총명ᄒᆞ여 말ᄉᆞᆷ ᄯᅳᆺ을 ᄭᆡ돗ᄉᆞ오니 긔특ᄒᆞ이다."

이윽고 댱ᄌᆞ 일봉이 드러오니 쇼져의 공밍 뎡쥬 일ᄏᆞᆺ던 말ᄉᆞᆷ을 고ᄒᆞ니 일봉 왈,

"공ᄌᆞ 아바님 슉냥【33a】흘이 젹덕긔인이오 밍모ᄂᆞᆫ 삼쳔지교로 일ᄏᆞᆺ거니와 부친 격공의 교훈이 어이 업서시며 후부인과 튝부인이 착ᄒᆞ실 분 아니라 뎡태듕과 쥬위 두 어룬이 다 착ᄒᆞ시니 대개 현뷔 이셔야 현ᄌᆞ를 낫ᄉᆞᆸᄂᆞ니이다."

셥 부인 왈,

"이 말이 앗가 말과 ᄀᆞᄐᆞᆫ디라. 이ᄂᆞᆫ 댱부의 말이기 ᄌᆞ식이 아비를 담ᄂᆞᆫ다 일ᄏᆞᆺ도다."

쇼졔 쇼왈,

"녯 말의 '호부불싱견ᄌᆞ'라 ᄒᆞ니 '범 ᄀᆞᄐᆞᆫ 아비ᄂᆞᆫ 개 ᄀᆞᄐᆞᆫ ᄌᆞ식을 아니 낫ᄂᆞᆫ다' ᄒᆞ니 이 말은 그 ᄯᅳᆺ이로소이다."

ᄒᆞ더라.

셥 부인 왈,

"뎐당이 텬하 명승디로 일ᄏᆞᆺᄂᆞᆫᄃᆡ 이 풍경 가온대셔 좌와긔거ᄅᆞᆯ ᄒᆞ오시니 셰샹 사ᄅᆞᆷ들이 다 불워ᄒᆞ거니【33b】와 뎐당 풍경을 두로 다 보시니잇가?"

유한당 왈,

"부녀의 몸이 되야 뎐당ᄀᆞ의 뉵십년을 이시ᄃᆡ 두로 보들 못ᄒᆞ니 심히 ᄒᆞᆫ 되더이다."

셥 부인 왈,

"뎐당산쳔을 다 보들 못ᄒᆞ여 계시거니와 일홈들은 다 드러 계실 거시니 드ᄅᆞ신 말솜을 더러 니ᄅᆞ실가 시브오니잇가?"

유한당 왈,

"ᄎᆞ례 잇게 못ᄒᆞ려니와 귀로 드ᄅᆞᆫ 대로 더러 ᄒᆞ리이다.

뎐당 문이 물ᄉᆡ의 이셔 일홈을 옥년당이라 ᄒᆞ고, 그 북편의 집 ᄒᆞ나히 이시니 ᄂᆡ쟉누라 ᄒᆞ고, 그 셔편의 뉴슈교라 ᄒᆞᄂᆞᆫ ᄃᆞ리 이셔 ᄃᆞ리 아래 호슈 만히 이셔 폭포 소ᄅᆡ 쇄옥셩 ᄀᆞᆺ고, ᄃᆞ리 디나 쇼셔ᄉᆞ라 ᄒᆞᄂᆞᆫ 졀이 잇고, 그 셔편의 셕함교라 ᄒᆞᄂᆞᆫ ᄃᆞ리【34a】잇고, 그 셔편의 보셕산이라 ᄒᆞᄂᆞᆫ 뫼히 이시니 녯적의 댱낭의 글시로 호산승개라 네 ᄌᆞ 쁜 거시 삭엿고, 뫼 봉이 ᄉᆞ지봉이라 소나모 아래 돌히 이셔 별 ᄯᅥ러딘 모양 ᄀᆞᆺ기 일홈을 낙셩셕이라 ᄒᆞ고, 그 겻ᄐᆡ 관숑ᄃᆡ라 ᄒᆞᄂᆞᆫ ᄃᆡ 잇고, 대 밋ᄐᆡ 심이 이시니 마시 돌아 사ᄅᆞᆷ의 졋 ᄀᆞᆺ기 유쳔뎡이라 ᄒᆞ고, 그 겻ᄐᆡ 셕벽이 이셔 쳔연이 그림 ᄀᆞᆺᄐᆞ니 셰샹 사ᄅᆞᆷ이 뎐ᄒᆞ여 니ᄅᆞ기ᄅᆞᆯ '진시황이 신션 구ᄒᆞᆯ 제 ᄇᆡ ᄆᆡ엿던 돌이라' ᄒᆞ여 일홈을 남션셕이라 ᄒᆞ니 언덕 들은 븕고 글은 프르러 인가들은 흐터 이셔 바독 둔 모양 ᄀᆞᆺ고, 계명견폐 소ᄅᆡᄂᆞᆫ 구ᄅᆞᆷ 속의셔 날 ᄃᆞᆺᄒᆞ고, 골의ᄂᆞᆫ ᄌᆞ양셔원이 이시니【34b】 쥬회암 션싱 졔ᄉᆞᄒᆞᄂᆞᆫ 셔원이오, 쏘 갈웅졍이라 ᄒᆞᄂᆞᆫ ᄃᆡ 이시니 이ᄂᆞᆫ 녯 갈치쳔이 단ᄉᆞ 고으던 우물이라 ᄒᆞ고, 호두암이라 ᄒᆞᄂᆞᆫ 봉 모양이 호두 ᄀᆞᆺ기 일홈ᄒᆞᆫ 거시오 녯적 망긔ᄒᆞᄂᆞ니 이 황쥬에 왕긔 잇다 ᄒᆞ여 버혀 ᄂᆞ리치고, 금문관 북편의 금고동이 이시니 거긔 돌ᄒᆞᆯ 두ᄃᆞ리면 금고 소ᄅᆡ 나ᄂᆞᆫ디라.

그 아래 송적 쟝슈 악비 무덤이 잇고, 경화산의 송적 쳐ᄉᆞ 슝진의 사던 ᄃᆡ기 ᄆᆡ년 뉵월 이십ᄉᆞ일의 골 사ᄅᆞᆷ들이 운집ᄒᆞ야 졔 디내기ᄅᆞᆯ 지금 폐티 아니ᄒᆞ고, 동텬동이라 ᄒᆞᄂᆞᆫ ᄃᆡ 졀벽의 당지긔 젼ᄌᆞ 쁜 글시 잇고, 쏘 연지녕 북편의 셕봉이 이시니 올라 ᄇᆞ라 보면 젼당 모든 뫼들이 병풍【35a】쳐로 둘러 잇고 호슈ᄂᆞᆫ 거울쳐로 ᄆᆞᆰ아 잇고 구름 빗치 것구로 드리웟고, 어쥬와 ᄎᆡ방이 물 우ᄒᆡ 써 올히와 ᄀᆞᆯ멱 ᄀᆞᆺ티 연파의 츌몰ᄒᆞ고 서로 ᄇᆞ라보면 강 빗치 흰 깁을 새로 쌜아 편 ᄃᆞᆺᄒᆞ고 먼니 창ᄒᆡᄅᆞᆯ 졉ᄒᆞ야 망〃이 ᄀᆞ이 업고, 결승문이라 ᄒᆞᄂᆞᆫ ᄃᆡ 이시니 일홈 쁘기ᄅᆞᆯ 혹 갈홍의 글시라도 ᄒᆞ고 혹 송지문의 글시라도 ᄒᆞ고, 젼당문을 나오면 산식이 층〃ᄒᆞ야 쳔 편 부용이 핀 ᄃᆞᆺᄒᆞ고, 금대교라 ᄒᆞᄂᆞᆫ ᄃᆡ 이시니 도뉴와 화훼 ᄉᆞ면의 녕농ᄒᆞ고, 그 겻ᄐᆡ ᄉᆞ현ᄉᆞ라 ᄒᆞᄂᆞᆫ 셔원이 이시니 당적 업후 니필과 샤인 ᄇᆡᆨ거이와 송 적 혹ᄉᆞ 소식과 쳐ᄉᆞ 임포ᄅᆞᆯ 조두지향ᄒᆞᄂᆞᆫ ᄃᆡ니【35b】세 사ᄅᆞᆷ은 항쥐 원을 디내엿고 쳐ᄉᆞᄂᆞᆫ 여긔 사던 대로 쳐ᄉᆞ 묘 잇고, 그 압ᄒᆡ ᄆᆡ화 두어 듀 잇고 쳐ᄉᆞ의 학 노턴 고디라 일ᄏᆞᆺ고, 그 겻ᄐᆡ 망호뎡이 이시니 오산이 텹〃이 프르러 호슈 압ᄒᆡ 둘럿고, 호심뎡이 이시니 물 가온대 학이 션 ᄃᆞᆺᄒᆞ고, ᄇᆞ람은 쳠하 방울을 울니고 ᄃᆞᆯ빗촌 ᄭᅩᆺ 그림재ᄅᆞᆯ 움ᄌᆞᆨ이니 누 우ᄒᆡ 오ᄅᆞᄂᆞ니 우화등션ᄒᆞᆯ ᄉᆡᆼ각이 아니 나리 업다 ᄒᆞ고, 젼당 북편의 쳥하문이 이시니 셕벽의 『쥬역』 가인괘와 『듕용』 「악긔편」을 뻐 삭여시니 ᄉᆞ마온공 글시라 일ᄏᆞᆺᄂᆞᆫ디라. 이 젼당산 슈경들을 눈으로 보디 못ᄒᆞ여도 여러 ᄌᆞ손들이 ᄆᆡ양 보고 와

니ᄅᆞ기 대쳬 이러ᄒᆞᆫ 줄은 알거니와【36a】 그런 긔이ᄒᆞᆫ 경을 엇디 다 말솜으로 형용ᄒᆞ리잇가."

셥 부인 왈,

"젼당 강산을 다 편답ᄒᆞ여 보든 못ᄒᆞᆯ디라도 이 집 안 원님 누ᄃᆡ 풍경을 보오미 강산 유람ᄒᆞ니의셔 못ᄒᆞ디 아니타 ᄒᆞ더이다."

"원님은 츈일이 화란ᄒᆞᆫ ᄯᅢ 만ᄌᆞ텬홍이 ᄉᆞ면의 픠엿고 진금○[이]됴 빵이 화명ᄒᆞ야 나모마다 ᄂᆞ라 이시면 츈풍이 삼월의 보암즉 ᄒᆞ고, 츄긔 쳥냥ᄒᆞ면 나모마다 상과 누〃ᄒᆞ야 두ᄌᆞ미 시의 '혹홍여단사ᄒᆞ고 혹흑여뎜칠이라' ᄒᆞᆫ 글귀 쳔연ᄒᆞ고, 단풍이 깁히 들면 ᄉᆞ면의 금슈 댱을 틴 돗ᄒᆞ여 당시의 '상녑홍어이월하' ᄒᆞᆫ 글귀 쳔연ᄒᆞ여 냥츄 팔구월의 이 경은 보암【36b】즉 ᄒᆞ니이다. 슈월뎡 의논을 ᄒᆞ면 난간 밧긔 호슈 ᄒᆞᆫ 뎜 듯글이 업고 어쥬들이 곳〃이 흣터 이셔 어가 화답ᄒᆞᄂᆞᆫ 거슨 나지 보암즉 ᄒᆞ고, 호슈 ᄀᆞ의 ᄃᆞᆯ이 동파[돋아] 십이난간의 낫 ᄀᆞ티 불가 ᄉᆞ면의 봉만 빗촌 창망ᄒᆞ야 텬디가 븨엿ᄂᆞᆫ 돗ᄒᆞ오니 이ᄂᆞᆫ 월야의 보암즉 ᄒᆞ오니 어ᄂᆞ 경을 몬져 보려 ᄒᆞ시ᄂᆞ니잇가?"

셥 부인 왈,

"봄의 와시니 만슈원 봄경을 보고 오ᄂᆞᆯ날의 슈월뎡 낫경을 보고 수일 후 ᄃᆞᆯ이 됴흘 거시니 슈월뎡 밤경을 보고 금츄의 다시 와 만슈원 츄경, 야경을 ᄒᆞ나토 들니디 말고 보기를 ᄇᆞ라ᄂᆞ이다."

유한당이 {명이}명ᄒᆞ여 만슈원을 가ᄂᆞᆫ 문을 열【37a】나 ᄒᆞ고 ᄌᆞ딜 부녀 십여인과 쇼고와 셥 부인을 뫼셔 가니 왕 쇼져도 ᄯᆞ라 가니라. 북편 문을 나니 좌우의 듁님이 프르럿고 십여간을 힝ᄒᆞ니 동산들이 평광ᄒᆞ여 쳔여 인이나 가히 안줌즉 ᄒᆞ고 뜰 ᄉᆞ면으로 긔화요최 녕농이 픠엿고 화초 뒤흐로는 슈목이 총울 ᄒᆞ야 낙〃ᄒᆞ여 하놀의 다핫고 녹슈 의〃ᄒᆞ야 싸히 드리웟ᄂᆞᆫ디라. 숑뉴 ᄉᆞ이로 완〃이 거러 빅여보롤 힝ᄒᆞ여 앙관ᄃᆡ예 오ᄅᆞ니 젼당호슈 무릅 아래 노혀 잇고 하놀이 졈〃 널니 뵈여 인간이 아니오 별셰계 오른 ᄃᆞᆺᄒᆞ니 셥 부인이 ᄀᆞ로ᄃᆡ,

"이런 경은 셰샹의 업ᄂᆞᆫ ᄃᆞᆺᄒᆞ니 부녀들이 보올 거시 아니라. 남ᄌᆞ 듕【37b】의도 신션풍골이 잇ᄂᆞ니들이 보암즉 ᄒᆞ니이다."

왕 쇼계 왈,

"ᄃᆡ예 올라 호슈롤 보오니 송옥의 글의 '운영쳔광공ᄇᆡ회'라 말이 올ᄉᆞ오니이다."

유한당 왈,

"쇼데 금일의 념낙문ᄌᆞ롤 본다 말 드럿더니 즈금 말이 과연 착톄ᄒᆞ이다."

셥 부인 왈,

"이 ᄃᆡᄂᆞᆫ 엇던 ᄃᆡ니잇가?"

부인 왈,

"댱부들이 이 ᄃᆡ에 올라 셩신을 보ᄂᆞᆫ ᄃᆡ로소이다."

셥 부인 왈,

"이 ᄃᆡ예 오ᄅᆞ면 과연 못 보ᄂᆞᆫ 별이 업ᄉᆞᆯ ᄃᆞᆺᄒᆞ이다. 앗가 숑음듁님의 디나던 뜰은 엇던 곳이니잇가?"

부인 왈,

"사롬이 만키 댱유 남녀 일시의 녈좌ᄒᆞ려시면 너른 누각이라도 ᄆᆡ양 부족ᄒᆞ기 구고 ᄌᆞ손을 일시의 녈좌ᄒᆞ려시면 이리【38a】 오시ᄂᆞ이다."

셥 부인 왈,

"이 ᄯᅳᆯᄒᆡ ᄌᆞ로 모히시ᄂᆞ니잇가?"

유한당 왈,

"댱부녀 더러 나간 ᄉᆞ이ᄂᆞᆫ 사ᄅᆞᆷ이 젹기 아모 누각의나 모히고 다 모히ᄂᆞᆫ 때 이리 오ᄂᆞ이다."

셥 부인 왈,

"젼후의 몃 번이나 모혀ᄂᆞ니잇가?"

유한당 왈,

"구고겨오셔 귀경으로 ᄃᆞ니시기ᄂᆞᆫ 츈츄의{의} 풍일이 쳥명ᄒᆞᆫ 때 아니 ᄃᆞ니오신 일 드므시고 잔치로 모히기ᄂᆞᆫ 일년의 삼ᄉᆞᄎᆞ식 ᄒᆞ고 과거ᄒᆞ여 문희연으로 모히기ᄂᆞᆫ 오십여년의 삼십여ᄎᆞ를 되ᄂᆞ이다."

셥 부인이 거ᄂᆞ리고 북으로 ᄇᆡᆨ여보는 가니 도리님이 잇고 좌편으로 ᄒᆡᆼ니 잇고 우편으로 ᄆᆡ님이 이셔 도화ᄂᆞᆫ 만발ᄒᆞ고 만화ᄂᆞᆫ ᄇᆞ야흐로 픠는 디라. 화양이 골 안ᄒᆡ ᄀᆞ독ᄒᆞ고 바회 ᄉᆞ이의 계견의 소ᄅᆡ【38b】와 수풀의 새 소ᄅᆡ 긔이ᄒᆞ고 만산홍녹이 녕농황홀ᄒᆞ여 형용티 못ᄒᆞ는디라. 셥 부인 왈,

"슈목이 이리 만흐니 만슈원이라 니ᄅᆞ기 당연ᄒᆞ거니와 금일 소견으로ᄂᆞᆫ 숑듁, ᄆᆡ녹, 도ᄒᆡᆼ들을 계유 일홈을 아니 긔화이초ᄂᆞᆫ 이로 아들 못홀소이다."

유한당 왈,

"댱부들도 일홈 모ᄅᆞᄂᆞᆫ 슈목이 만ᄉᆞ오니이다."

{유한당 왈}○[손]녀 왈,

"'간초ᄌᆞ분식이오 산화불변명이라' 말이 과연 올ᄉᆞ오이다."

셥 부인 왈,

"이 쇼졔 조모의 문댱이 ᄂᆞ렷다."

ᄒᆞ더라. 셔편 수풀노 빅여 보롤 힝ᄒᆞ니 수풀이 진ᄒᆞ고 언덕 우히 젹은 누각 ᄒᆞ나히 잇ᄂᆞᆫ더라. 셥 부인 왈,

"이 누ᄂᆞᆫ 므슨 누니잇가?"

유한당 왈,

"압 뜰히 너ᄅᆞ기 공【39a】작을 시기고 츈츄의 댱부들이 누각의 와 보기 누 일홈이 관가뎡이라 ᄒᆞᄂᆞ이다."

"이 뜰히 십여 리나 ᄒᆞ니 다 집안 뎐토니잇가?"

유한당 왈,

"그러ᄒᆞ니이다."

셥 부인 왈,

"츄슈ᄒᆞ여 어ᄃᆡ 두고 엇디 쓰시ᄂᆞ니잇가?"

유한당 왈,

"의고 겻틔 별고 이시니 그리로 드려 냥식을 ᄒᆞ게 ᄒᆞ고 댱부들이 누히 와 친히 보와 거두ᄂᆞᆫ 곡식은 졔물고로 드려 일년 ᄌᆞ셩을 밧ᄃᆞᄂᆞ이다."

이윽고 시비 수십 인이 상을 니고 꼿나모 ᄉᆞ이로 뎡ᄌᆞ의 와 찬상을 ᄎᆞ례로 드리니 셥 부인 왈,

"창졸의 엇디 셜찬ᄒᆞ미 이리 장ᄒᆞ뇨?"

유한당 왈,

"노친 뫼신 집이라 음식은 ᄆᆡ양 ᄃᆡ령ᄒᆞᆫ 거시 잇ᄉᆞ오니 별노 ᄒᆞᆫ 거시 아니로소이다."

왕 쇼제【39b】 왈,

"『녜긔』예 샹진이라 ᄒᆞ여시니 시하에 ᄆᆡ양 진미롤 ᄃᆡ령ᄒᆞ기ᄂᆞᆫ 그 례로소이

다."

유한당 왈,

"음식을 ᄆᆡ양 ᄃᆡ령ᄒᆞ거니와 진미ᄂᆞᆫ 쉽디 아니ᄒᆞ이다."

상을 물닌 후 셥 부인이 도라오매 유한당 왈,

"오던 길노 가려 ᄒᆞ면 멀 ᄲᅮᆫ 아니라 님목화훼ᄅᆞᆯ 더 보시게 새 길노 가사이다."

셥 부인이 됴타 ᄒᆞ고 층계로 ᄂᆞ려 수풀 ᄉᆞ이로 십여 보ᄅᆞᆯ 힝ᄒᆞ니 젹은 누 여ᄉᆞ시 잇ᄂᆞᆫ디라. 셥 부인이 무러 왈,

"이ᄂᆞᆫ 므슨 누히니잇가?"

부인 왈,

"이 누ᄂᆞᆫ 뉵예누라 ᄒᆞ고 뎨일누의ᄂᆞᆫ 녜셔ᄅᆞᆯ 모화 두고 뎨이누의ᄂᆞᆫ 악서ᄅᆞᆯ 모화 두고 네 누의ᄂᆞᆫ 샤어셔수 글을 모화 두고 댱부들이 녜ᄅᆞᆯ 의논ᄒᆞ려 ᄒᆞ면 뎨일누의 와 녜셔ᄅᆞᆯ 보고【40a】{고} 의논ᄒᆞ고 악을 의논ᄒᆞ려 ᄒᆞ면 이루의 와 악셔ᄅᆞᆯ 노코 의논ᄒᆞ고 샤·어·셔·수ᄅᆞᆯ 의논ᄒᆞ려 ᄒᆞ면 다 그대로 ᄒᆞᄂᆞ이다."

셥 부인 왈,

"샹셔공 가ᄒᆞᆨ이 이러ᄒᆞ거든 셰샹 사ᄅᆞᆷ의 뉵에 의논ᄒᆞᆯ ᄯᅢ예 노야와 ᄌᆞ뎨들을 일ᄏᆞᆺ디 아니리 업더니 엇디 공부ᄒᆞ고 그러ᄒᆞ리잇가."

뎨일누의 올라 녜셔 빠흔 거ᄉᆞᆯ 구경ᄒᆞ고 와

"고경의 니ᄅᆞᄃᆡ '녜악은 불과사슈거신'이라 ᄒᆞ야시니 녜악은 ᄒᆞᆨ쟈 공부의 ᄋᆞᆺ듬이라. 이러케 셔젹을 모화 힘써 공부ᄒᆞᄂᆞᆫ 거시 댱부의 도릴 ᄲᅮᆫ 아니라 부녀들도 보고 듯ᄂᆞᆫ 거시 어이 만티 아니ᄒᆞ리잇가."

유한당 왈,

"존구게셔 이 집을 지으시고 '위ᄌᆞ손계ᄒᆞ노라' ᄒᆞ시니 댱부들도 ᄆᆡ양 예셔 강악【40b】ᄒᆞ거니와 부녀들은 약간도 ᄇᆡ화 아디 못ᄒᆞ니 겸연ᄒᆞ더이다."

셥 부인이 ᄎᆞ례로 올라 샤어셔 세 누흘 보고 나죵의 뎨늑누의 안자 왕 쇼져ᄃᆞ려,

"네 ᄆᆡ양 수법을 됴하ᄒᆞ더니 이 누의 와시니 유한당긔 뭇ᄌᆞ와 ᄇᆡ호라."

유한당 왈,

"년쇼 총명ᄒᆞ니 수법을 응당 만히 아라ᄉᆞ오리이다."

ᄒᆞ고 닐오ᄃᆡ,

"수법을 부녀로셔 아라 무엇ᄒᆞ리잇가마ᄂᆞᆫ 부녀의게 쇽ᄒᆞᆫ 일노 무를 거시니 ᄃᆡ답ᄒᆞ라. '공쟉동남비힝의 삼일단오필'이라 ᄒᆞ여시니 일필이 ᄉᆞ십쳑이니 ᄒᆞ로 ᄲᅮᆫ 거시 몃 자 몃 치 몃 픈이오리잇가?"

왕 쇼졔 즉시 ᄃᆡ왈,

"이거ᄉᆞᆯ 두 치 남은 후의ᄂᆞᆫ 수법의 형용을 못ᄒᆞ매 ᄒᆞᆫ 치를 삼분ᄒᆞᆫ 것 둘히라 ᄒᆞ리【41a】잇가."

유한당이 쇼왈,

"우연히 무럿더니 민텹히 ᄃᆡ답ᄒᆞ니 수법의 유의ᄒᆞ던 줄 가히 알리로다."

셥 부인이 늑누의 ᄂᆞ려 슈월뎡의 올나 안ᄌᆞ니 호슈 물은 프르고 셕양이 빗겨 젼당 그림재 갓구로 물 속의 드러 프르럿고 호슈 밧 겻치 창망ᄒᆞ야 하ᄂᆞᆯ인디 물인디 안녁이 궁진ᄒᆞ여 아디 못ᄒᆞᄂᆞᆫ디라. 셥 부인 왈,

"어가호답ᄒᆞᄂᆞᆫ 경이 유한당 말ᄉᆞᆷ과 ᄀᆞᆺᄒᆞ이다."

왕 쇼졔 창망ᄒᆞᆫ 하ᄂᆞᆯ을 ᄀᆞᄅᆞ텨 왈,

"소동파 글의 '텬야운야막디'라 ᄒᆞᆫ 글귀 임의 금일 이 곳의 과연 핍졀ᄒᆞ고,

물의 잇ᄂᆞᆫ ᄇᆡᄂᆞᆫ 두ᄌᆞ미 시의 '츈슈텬여텬샹파'라, '봄물의 ᄇᆡᄂᆞᆫ 하ᄂᆞᆯ 우ᄒᆡ 안ᄌᆞᆫ 듯ᄒᆞ다' 말이 금일 이 슈월【41b】뎡 소견이로다."

셥 부인 왈,

"네 말도 과연 올커니와 그 글 ᄃᆡ귀예 '노년화ᄉᆞ무듕간'이라, '노년의 ᄭᆞᆺᄎᆞᆫ 안개 속의셔 보ᄂᆞᆫ 것 ᄀᆞᆺ다' 말이 내 이 ᄭᆞᆺ 구경ᄒᆞᄂᆞᆫ 모양이로다."

유한당 왈,

"댱유의 말솜이 두ᄌᆞ미 두 글귀롤 논화 일ᄏᆞᄅᆞ셔도 극히 착톄ᄒᆞ오니 문댱가 부녜 과연 다ᄅᆞ신 줄 알리로소이다. 쇼졔 언〃이 글귀로 인증ᄒᆞᄂᆞᆫ 거시 개〃히 맛당ᄒᆞ니 여러 남ᄆᆡ 다 이러ᄒᆞ니잇가?"

셥 부인 왈,

"이 아ᄒᆡ도 남ᄌᆞ되여 나셔도 제 형들이에셔 ᄌᆡ조 못ᄒᆞ디 아니ᄒᆞᆯ 거ᄉᆞᆯ 녀진 줄 애ᄃᆞᆯ나 ᄒᆞᄂᆞ니이다."

셥 부인과 유한당이 서로 거ᄂᆞ려 셔〃히 힝ᄒᆞ여 도라오니 샹셔공이 드러와 ᄀᆞᆯ오ᄃᆡ,

"만슈원과 슈【42a】월뎡을 다 보와ᄂᆞᆫ가. 엇더ᄒᆞ던고?"

셥 부인 왈,

"슈월뎡은 ᄒᆡ식이 창망ᄒᆞ야 호〃탕〃ᄒᆞᆫ 거ᄉᆞᆫ 노야의 흉금 ᄀᆞᆺ고, 젼당군산이 울〃창〃ᄒᆞ야 후듕ᄒᆞ게 셧ᄂᆞᆫ 거ᄉᆞᆫ 노야의 웅듕ᄒᆞᆫ 긔샹ᄀᆞᆺ고, 만슈원의 슈목이 웅장ᄒᆞᆫ 듕의 숑듁이 ᄉᆞ이의 청〃ᄒᆞᆫ 거ᄉᆞᆫ 노야의 고졀 ᄀᆞᆺ고, 앙관ᄃᆡ예 올라 일월셩신을 보게 되면 광화 찰난ᄒᆞ야 노야의 문댱 ᄀᆞᆺ더이다."

샹셰 쇼왈,

"쇼미의 지담은 빅발의도 쇠티 아냣다. 너무 과람훈 말은 말고 진젹훈 소견을 니루라."

셥 부인 왈,

"호슈물이 묽아 뜻글이 업서 하놀과 구룸이 빗최여 빗난 거동은 노야의 청하훈 거동곳고, 군산이 놉【42b】히 셔〃 무수훈 봉만을 젼후 좌우의 총〃이 버렷는 모양은 노야의 주손이 무궁이 버렷는 것 곳고, 슈목화초의 쏫 피고 닙 피는 거슨 노야의 빅년 번화 곳고, 진금이됴의 낫〃치 화명후는 거슨 노야 일문의 화목후는 것 곳고, 앙관딕에 일월 츌입후는 거시 노야의 긔거 음식후는 때 마초는 것 곳습더이다."

샹셰 왈,

"쇼미의 말은 날수록 신이후다."

후니 셥 부인 왈,

"쇼미 젼당호와 만슈원을 보고 유월뎡 풍경 말숨을 후엿수오니 또 『시뎐』을 인후야 세 가지 풍경을 겸후야 후리이다. 『시뎐』의 니루딕 '여텬디방귀후고 여일지승후고 여월지홍후고 여숑무의후고 여듁죠의【43a】후고 여남산지슈후야 불건불붕이라' 후여수오니 노야 복녹이 물 흘너오는 둣후시고 히 돗는 둣후시고 돌이 힝후는 둣후시고 숑빅이 셩훈 둣후시고 대가 터디 둣후시고 남산의 슈 문허지〃 아니는 것 곳투쇼셔. 이 말숨으로 헌튝후누이다."

후고 샹셔와 부인긔 슐을 부어 나오니 샹셰 바다 마시고 대희후여 부인을 도라보며 골오딕,

"이 쇼미 지화와 언변이 이실 쁜 아니라 본딕 다복훈 사룸이기 헌츅후는 말도 귀긔 극히 만흐니 셰쇽 부녀들이 범간 언어룰 이러케 풍후후게 후기룰 비홤

즉 ᄒᆞ도다."

부인이 ᄃᆡ왈,

"셥 부인의 세 번 말솜을 글노 뼈 노흐면 됴흔 문ᄌᆡ 되게 ᄒᆞ엿ᄂᆞ이다."【43b】

ᄒᆞ고 술을 다시 부어 셥 부인긔 드리니

"이 술 ᄒᆞᆫ 잔으로 부인긔 헌슈ᄒᆞᄂᆞ이다."

셥 부인이 바다 마신 후 유한당이 ᄀᆞᆯ오ᄃᆡ,

"뉵예누 말솜은 어이 아니 ᄒᆞ시ᄂᆞ니잇가?"

셥 부인 왈,

"뉵예누ᄂᆞᆫ 풍경도 됴커니와 이ᄂᆞᆫ 풍경을 의논ᄒᆞᆯ 거시 아니라. 텬하의 업ᄉᆞᆫ 경뉸이니 대댱뷔 그 듕의셔 공부ᄒᆞ여 됴뎡의 나셔 우리 황뎨 녜악지치를 도와 대명텬디로 문치 우국ᄒᆞ여 쥬나라 팔빅년 문명ᄒᆞᆫ 운을 다시 볼 거시니 이 뉵예누 ᄒᆞ나히 뎨일 장관이로소이다."

샹셰 외샤로 나가니 셥 부인 왈,

"노야겨오셔 평싱 글을 만히 지으시던 거시니 근일의도 지으시ᄂᆞ니잇가? 응당 드럼즉 ᄒᆞᆫ 글이 잇ᄉᆞ올【44a】거시니 더러 니ᄅᆞ실가 ᄒᆞᄂᆞ이다."

유한당 왈,

"요ᄉᆞ이ᄂᆞᆫ 때때 지으시ᄃᆡ ᄌᆞ셰히 아디 못ᄒᆞ오나 기듕 ᄒᆞᆫ 글귀 됴습기의 외오옵더니이다."

셥 부인이 드러디라 청ᄒᆞ니 유한당이 외와 ᄀᆞᆯ오ᄃᆡ,

누ᄃᆡ텬화수요누에ᄂᆞᆫ 일쳔 쏫나모를 ᄃᆡᄒᆞ엿고

뎡추오셰손이라 　　뜰에는 오셰손이 추창ᄒᆞᄂᆞᆫ도다

“이 ᄒᆞᆫ 글귀 됴솝더이다.”

셥 부인이 ᄌᆡ삼 읇고 탄복ᄒᆞ여 왈,

“글도 됴커니와 복녹도 인간의 업슨 글이로소이다.”

ᄒᆞ더라.

샹셰 구십ᄉᆞ셰예 댱손 일봉의 환갑 ᄉᆡᆼ일이 당ᄒᆞ엿ᄂᆞᆫ디라. 두효ᄌᆡ 샹셔긔 고왈,

“댱ᄌᆞ 일봉의 환갑 ᄉᆡᆼ일이 머디 아냣ᄉᆞ오니 약간 쥬식을【44b】 쟝만ᄒᆞ고 ᄌᆞ손들을 모화디이다.”

샹셰 왈,

“내 ᄌᆞ손의 ᄉᆡᆼ일을 의논ᄒᆞ면 삼ᄇᆡᆨ뉵십 일이 공일이 잇더냐?”

효ᄌᆡ ᄃᆡ왈,

“환갑 ᄉᆡᆼ일은 그저 ᄉᆡᆼ일과 다ᄅᆞ옵고 삼ᄃᆡ 환갑이 과연 희한ᄒᆞ온 셩ᄉᆡ오니 셜연 아니키 셥셥ᄒᆞ이다.”

샹셔공이 허티 아니ᄒᆞ고 ᄂᆡ샤의 드러와 유한당ᄃᆞ려 닐러 왈,

“오ᄂᆞᆯ 아히{셔} 일봉의 환갑 ᄉᆡᆼ일이 머디 아냣다 ᄒᆞ고 셜연ᄒᆞ기를 쳥ᄒᆞᄃᆡ 내 허티 아녓다.”

유한당이 ᄃᆡ왈,

“일실 듕 삼십여년 ᄂᆡ 삼ᄃᆡ 환갑이 실노 텬하의 드믄 경ᄉᆡ오니, 드믄 경ᄉᆞ를 만나 젹막히 디내오니 도로혀 인가의 평샹ᄒᆞᆫ 일이 아니오니, 쥬식 범ᄇᆡᆨ을

간냑히 ᄒᆞ와 셩만ᄒᆞ온 경계ᄅᆞᆯ【45a】 ᄃᆡ희오려니와 셜연 아니키ᄂᆞᆫ 도로혀 고이ᄒᆞ올 듯ᄒᆞ이다."

샹셰 왈,

"과연 그러ᄒᆞ다. 쟈근 경ᄉᆞᄅᆞᆯ 만나든 젹게 깃거ᄒᆞ고 큰 경ᄉᆞᄅᆞᆯ 만나면 크게 깃거ᄒᆞᄂᆞᆫ 거시 덧〃ᄒᆞ온 도리니 ᄌᆞ손의 환갑이 희한ᄒᆞ니 셜연ᄒᆞ게 ᄒᆞ고 ᄌᆞ손만 모ᄒᆞ고 빈ᄀᆡᆨ을 너비 쳥티 말나."

두효ᄌᆡ 오쳔금을 내여 쥬식을 쟝만ᄒᆞ고 만슈원 뜰을 널니 닥고 당일의 졔인 수쳔인 듕의 샹셔공 ᄌᆞ손이 쳔여 인이러라. 샹셔 노야의 녀셔 태혹ᄉᆞ 위쳔경이 슈연셔ᄅᆞᆯ 지어 왈,

"고인이 니ᄅᆞᄃᆡ, '하ᄂᆞᆯ이 션인을 내시매 반ᄃᆞ시 만흔 복을 주신다' ᄒᆞ여시니 이 말을 오ᄂᆞᆯ날 샹셔공 일문의 가히 징험ᄒᆞ리로다. 텬하의 사ᄅᆞᆷ이 향【45b】년 만히 ᄒᆞᄂᆞᆫ 거ᄉᆞᆯ 복으로 일ᄏᆞᆺ고, ᄌᆞ손 만흔 거ᄉᆞᆯ 복으로 일ᄏᆞᆺ고, 과거ᄒᆞ여 벼ᄉᆞᆯ 놉히 ᄒᆞᄂᆞᆫ 거ᄉᆞᆯ 복으로 일ᄏᆞᄅᆞ니 이 세 가지의 ᄒᆞᆫ 가지ᄅᆞᆯ 능히 엇ᄂᆞ니라도 사ᄅᆞᆷ이 흠션티 아니리 업거든, ᄒᆞᆯ믈며 샹셔공 일신의 이 세 가지 복을 겸젼ᄒᆞ야시니 이거시 엇디 하ᄂᆞᆯ이 주신 배 아니리오.

대개 향년 ᄒᆞ신 거ᄉᆞᆯ 의논ᄒᆞ면 샹셔공 츈츄 구십ᄉᆞ셰오, 아ᄃᆞᆯ 삼인이 다 팔십이 갓가왓고, 댱손이 오ᄂᆞᆯ 환갑이 당ᄒᆞ여시니 텬하의 희한ᄒᆞᆫ 복이라 니ᄅᆞᆯ 거시오, ᄌᆞ손 만흔 거ᄉᆞᆯ 의논ᄒᆞ면 아ᄃᆞᆯ이 삼인이오, 손ᄌᆞ 십칠인이오, 증손이 오십인이오, 현손이 일ᄇᆡᆨ 팔십인이오, 오ᄃᆡ손 이십여인이 압ᄒᆡ 버러 잇고,【46a】 증손 현손 오ᄃᆡ손 항녈의ᄂᆞᆫ 젼두의 몃치 날 줄 아디 못ᄒᆞ니 이 쏘 텬하의 희한ᄒᆞᆫ 복이라 니ᄅᆞᆯ 거시오, 과거ᄒᆞ여 벼ᄉᆞᆯᄒᆞᆫ 거ᄉᆞᆯ 의논ᄒᆞ면 샹셔공이 녜부샹셔ᄅᆞᆯ 디내고 칠십의 치ᄉᆞᄒᆞ고, 댱ᄌᆞᄂᆞᆫ 과한을 긋쳐시ᄃᆡ 벼ᄉᆞᆯ품은 시랑의 니ᄅᆞ럿고, 기ᄎᆞ 이

인은 샹셔와 태혹ᄉᆞ롤 디내고 칠십의 치ᄉᆞᄒᆞ여 이고, 손ᄌᆞ 십인이 등과ᄒᆞ여 댱손은 샹셰오 기ᄎᆞᆫ 시랑 이하로 모든 벼술이 다 쳥현ᄒᆞ고, 증손 항의 등과 삼십인과 현손 항의 등과 ᄉᆞ십여 인이 벼술 길이 크게 열니엿고, 문확 지홰 유명ᄒᆞ여 젼두의 몃치 될 디 긔약ᄒᆞ고, 외손들노 의논ᄒᆞ면 샹셔공브터 삼ᄃᆡ 외손의【46b】{외손} 수가 수빅 인의 등과ᄒᆞ니 오십여 인이니 샹셔공 ᄂᆡ외 손 번셩ᄒᆞ기 이럿ᄐᆞᆺ ᄒᆞ니 텬하의 희한ᄒᆞᆫ 복이라 니롤 거시오, 이 세 가지 복이 엇디 근본 업시 니러ᄉᆞ오리잇가.

샹셔공 션셰로브터 젹덕 누인ᄒᆞ여 수빅년 오던 ᄭᅳᆺᄒᆡ 샹셔공이 텬지간 지극히 인후ᄒᆞᆫ ᄌᆞ품으로 어린 ᄣᆡ브터 가뎡의 훈회롤 톄힝ᄒᆞ시고, ᄌᆞ라 오신 후에 스싕의게 혹문을 ᄇᆡ화 평싱 이런일힝이라도 인후유션 서너 ᄌᆞ의 외와 나디 아니ᄒᆞ여 미목ᄉᆞ이의 츈풍 화긔 안연ᄒᆞ여 샹인 해물홀 ᄯᅳᆺ이 일분도 업ᄉᆞ시니, 사룸들이 상 아래 절ᄒᆞ여 뵈옵ᄂᆞ니 샹인셔봉을 보온 ᄃᆞ시 ᄒᆞ여 모ᄅᆞ기롤 ᄆᆡ양 어려【47a】워ᄒᆞ오니 어이 사룸이 스ᄉᆞ로 면강ᄒᆞ여 니ᄅᆞ올 일이 아니오라. 연즉 하ᄂᆞᆯ이 이러ᄒᆞ온 군ᄌᆞ의게 여러 가지 복녹을 주오시미 덧〃이 아니ᄒᆞ리잇가.

회혼녜ᄂᆞᆫ 셰샹의 슉녀라 니ᄅᆞ오ᄃᆡ 샹셔공이 회혼녜롤 디내고, 또 아돌 삼인이 또 디내고, 나 녀셔 텬셩이 쇼년의 공의 문의 기럭이롤 안아 옹셔지의롤 일워 댱년 눅십년이라, 또 회혼녜롤 검츈의 디내오니 이 일도 또 공의 슬하의 ᄒᆞᆫ 가지 길ᄉᆡ라 니ᄅᆞ오리이다.

금일 댱손의 회갑의 모히니 쳔여인은 다 공의 ᄌᆞ손들이니 쳔고의 이리예 ᄌᆞ손 번화ᄒᆞ니 역수ᄒᆞ여 혈여도 공이 뎨일인이 되시게 ᄒᆞ엿ᄂᆞ니이다. 샹셔공이 날【47b】을 명ᄒᆞ여 연셕셔롤 지으라 ᄒᆞ시니 내 평싱의 흠앙ᄒᆞ옵던 졍셩과 오ᄂᆞᆯ날 흠션ᄒᆞ옵ᄂᆞᆫ ᄆᆞ음이 극진ᄒᆞ오니 엇디 감히 샹셔공 압히셔 노병ᄒᆞ여 문ᄌᆞ 짓기 어려외라 말숨을 ᄒᆞ리잇가. 강잉ᄒᆞ여 부술 잡아 세 가지 복녹을 ᄃᆡ강 긔록ᄒᆞ여 셰샹 사ᄅᆞᆷ이 보ᄂᆞ니 공의 복녹을 구ᄒᆞ고져 ᄒᆞ거든 공의 심덕을 ᄇᆡᄒᆞ라 ᄒᆞᄂᆞ이다. 강산풍경의 웅장ᄒᆞᆫ 것과 연셕 쥬식의 화려ᄒᆞ온 거ᄉᆞᆫ 다 긔록디 아니ᄒᆞᄂᆞ이다. 모년 모월 모일의 녀셔 태호ᄉᆞ 위쳔경은 셔ᄒᆞ노라.

공장 병오십일장

『유한당사시언힝녹』 해제

1. 『유한당사시언힝녹』의 개요

『유한당사시언힝녹』은 허구의 여성인물 유한당(幽閒堂) 사 씨(謝氏)를 주인공으로 하여 조선시대의 이상적인 여성상을 그려놓은 작품이다. 중국을 배경으로 삼았던 당시 소설의 관습에 따라 명나라 만력 연간을 배경으로 하였으며, 유한당의 출생으로부터 유년기와 중년기, 노년기의 일화들을 차례로 나열하였다.

이 작품은 국립중앙박물관, 서울대학교 규장각, 한국학중앙연구원 장서각 등 주요 기관에 소장된 이본만 30여종이 넘는다. 또한 왕실 여성들을 위한 한글서책이 주로 소장되었던 창경궁 연경당의 서책목록 『(演慶堂)諺文冊目錄』에 실려 있어 왕실과 양반 가문의 여성을 중심으로 널리 읽힌 듯하다. 조선시대의 대표적인 여성 지식인 김호연재(金浩然齋)나 임윤지당(任允摯堂)의 개인문집 및 이사주당(李師朱堂)의 『태교신기(胎教新記)』 등은 유일본만 전하고, 비교적 널리 알려진 이빙허각(李憑虛閣)의 『규합총서(閨閤叢書)』 이본은 12종이다. 이에 비해 『유한당사시언힝녹』은 한글과 한문으로 기록된 이본이 30종 이상 현전한다. 조선시대 상층 여성의 일반적인 의식지향과 특징을 탐색하기 위해서는 오히려 『유한당샤시언힝녹』이 더 높은 수준의 보편성을 갖춘, 적합한 자료일 수 있다.

『유한당샤시언힝녹』의 저자 및 창작 연대는 아직 밝혀지지 않았다. 계명대학교에 소장된 또 다른 이본 중 1833년 이전에 필사된 자료(고 811.35 유한당사ㅆ)가 있으므로, 늦어도 19세기 초 무렵에는 창작되었을 것으로 보이지만 정확한 창작 연대는 미상이다. 주인공 유한당이 조선후기의 실존 인물이자 호가 '유한당'으로 동일한 홍원주(洪原周, 1791~?)를 모델로 한 것이 아닐까 하는 추정도 가능하다. 홍원주의 친가인 풍산 홍씨(豐山洪氏)와 외가인 달성 서씨(達城徐氏) 모두 문장으로 손꼽히는 명문가였다. 또한 오라비 홍석주(洪奭周, 1774~1842)는 19세기를 대표하는 학자이자 문인으로 대제학과 좌의정을 역임하였으며, 그의 동생 홍길주(洪吉周), 홍현주(洪顯周) 모두 뛰어난 문인이었다. 『유한당샤시언힝녹』의 사 씨가 명문가의 집안에서 태어나 어릴 때 첫째 오라비 사만춘에게 글을 배운다는 점, 유한당의 다른 오라비들도 빼어난 문인으로 나온다는 점에서 유사성을 찾을 수 있다. 다만 지금까지 남아 있는 자료만으로는 『유한당샤시언힝녹』이 실존인물 홍원주를 모델로 하였다고 보기는 아직 근거가 부족하다.

계명대학교 동산도서관에는 4종의 한글본과 1종의 한문본이 소장되어 있다. 이 책에 실린 『유한당샤시언힝녹』(이 811.35 유한랑)은 지금까지 공개된 모든 이본 중에서 가장 분량이 풍부할 뿐 아니라, 다른 이본에 누락된 일화들이 여럿 실려 있어 자료적 가치가 매우 높다.

2. 구성과 내용

계명대학교 동산도서관에 소장된 『유한당샤시언힝녹』은 3권 3책으로, 주인공 유한당이 가족들과 나누는 대화를 별다른 체제 없이 느슨하게 나열해 놓았다. 『유한당샤시언힝녹』의 내용 중에서 대표적인 것으로 ① 출생, ② 어린 시절, ③ 맏며느리 유한당, ④ 자녀 교육, ⑤ 아들의 환갑잔치 대목을 들 수 있다.

① 출생

유한당(幽閒堂) 사 씨(謝氏)는 처사 사광환(謝光翰)의 딸이요, 어머니는 노 씨(盧氏)니 한림학사(翰林學士) 노원경(盧元景)의 딸이었다. 사 씨 집안은 대대로 학문을 숭상하여 세상 사람들이 우러러 기렸고, 노 씨 가문 또한 행실과 문장이 두드러져 대대로 벼슬이 높고 법도가 훌륭한 집안이었다.

노 씨가 유한당을 정축년(丁丑年, 1577) 4월 19일에 낳으니, 송 신종(神宗) 만력(萬曆) 5년이었다. 가문이 청현(淸顯)하고 법도가 엄정하여 유한당이 어릴 때부터 총명하고 학문에 마음을 두니, 친척들이 다 '세상 인물의 총명한 재주는 종자(種子)가 있는 법'이라고 하였다.

유한당은 만력 5년(1577) 4월 19일 처사 사광환과 노 씨 사이에서 태어났다. 유한당의 집안은 대대로 문명(文名)이 있는데다가, 유한당이 어려서부터 매우 총명하고 학문에 마음을 두어 친척들이 감탄하였다.

유한당은 첫째 오라비인 원외랑 사만춘에게 『소학』과 여러 경서를 배운다. 매일 일찍 일어나 부모님께 문안드린 후에는 늘 규중에 앉아 종일토록 학문에 침잠하니, 원의랑이 이를 기이하게 여겨 '유한당'이라는 당호를 지어 준다.

② 어린 시절

유한당이 「소학제사(小學題辭)」를 읽을 때 원외랑이 물었다.

"원형이정(元亨利貞)은 춘하추동(春夏秋冬)의 차례로 하였거니와 인의예지(仁義禮智)는 차례가 다르다. 인(仁)은 봄에 속하고, 의(義)는 가을에 속하고, 예(禮)는 여름에 속하고, 지(智)는 겨울에 속하니 '인예의지'라 이를 법하되 '인의예지'라 하였다. 왜 그러한지 그 뜻을 아느냐?"

"별 깊은 뜻은 없습니다. 원형이정은 사계절의 차례로 일렀거니와, 인의예지는 인이 동(東)에 속하고, 의는 서(西)에 속하고, 예는 남(南)에 속하고, 지는 북(北)에 속한 것이니 동서남북 일컫는 법으로 말한 것입니다."

원외랑이 짐짓 물었다.

"동서남북은 '동남서북'이라고 못 말하느냐?"

"원형이정은 천시(天時)이니 차례로 말하옵고, 동서남북은 지리(地理)이니 마주 선 것을 의거하여 일컬은 것입니다. 어찌 유행대대지리(流行待對之理)를 모르십니까?"

원외랑이 무릎을 치면서 탄복하고 칭찬하였다.

"책 읽는 남자도 유행대대지리를 아는 자 드물거늘, 너는 어린 여자인데도 벌써 알고 있으니 어찌 기특하지 않으냐."

유한당은 일고여덟 살 때부터 학문의 수준이 다른 사람을 뛰어넘었다. '원형이정'과 '인의예지'와 같은 조어(造語)의 이치를 명쾌하게 설명해내고, 부친과 오라비가 천문에 대해 이야기를 나누자 전고를 인용해 십년 후 임진왜란이 일어날 것을 예측한다. 열 살이 되기 전에 유한당은 속저(屬猪)의 유래를 오라비보다 잘 설명하고, '왕여어(王餘魚)' 전고를 둘러싼 일화에서는 여러 선비들을 뛰어넘는 박람의 경지를 보여준다.

③ 맏며느리 유한당

유한당이 드디어 시가에 머물러 세월이 오래 지났다. 효로 시부모를 섬기고 남편을 순순히 따르며, 형제자매와 지극히 우애하고 친척과 비복을 인의로 후대하니 칭송하는 소리가 이웃에 자자하였다. 상서와 부인이 맏며느리의 이렇듯 현철함을 기이하게 여겼다.

하루는 부인이 약간 병환이 있어 하루 넘게 자리에서 일어나지 못하였다. 유한당이 밤낮으로 정성을 다해 약을 친히 맛보고 곁을 떠나지 아니하여 효부의 도리 극진하니, 보는 이가 탄복하고 상서는 기특하게 여겨 부인에게 말하였다.

"신부의 행동이 나이 어린 부녀자의 미칠 바 아니니, 타고 난 숙녀가 아니면 어찌 이렇겠소."

"이번에 저의 병구완하는 것을 보니 차와 죽을 손수 끓여 병든 몸에 맞게 하고, 앉고 눕는 것도 아이들의 힘이 미치지 못하는데 며느리의 약한 몸으로 능히 나의 수고로움을 편하게 한 덕분에 병이 쉽게 나았습니다. 어찌 기특하지 않겠습니까."

유한당이 장성하자, 여러 부귀한 가문의 구혼하는 요청이 몰려든다. 그러나 처사는 이를 다 물리치고, 상서 두원용(杜元庸)의 장자 천복(天復)에게 통혼을 한다. 천복은 어려서부터 효성이 뛰어나 인근에서 '효자'로 일컫는 사람이었다. 『유한당샤시언힝녹』에서도 천복은 줄곧 두효자로 일컬어진다. 두효자와 혼인한 유한당은 시어머니의 병을 정성껏 구완하고, 시아버지의 조복(朝服)을 잘 지어 시가에서도 훌륭한 며느리로 인정받는다. 또 남편에게는 절용을 통한 치산과 의고(義庫) 설치를 건의해 효험을 보고, 제사를 정성스럽고 정결하게 지내 모든 일가친족의 신망을 얻는다.

④ 자녀 교육

유한당이 말하였다.

"형기지사(形氣之私)로 난 것을 인심(人心)이라 이르고 성명지정(性命之正)으로 난 것을 도심(道心)이라 이른다."

손녀가 대답하였다.

"형기지사로 난 것이면 인욕이 됩니까?"

"주자 말씀에 '인심이 구태여 인욕이 아니라'라고 하셨다. 너는 어찌 마음이 둘이냐고 하거니와 인심과 도심이 둘이 아니다. 본심(本心)이라 이르고, 양심(良心)이라 이르고, 적자심(赤子心)이라 이르고, 대인심(大人心)이라 일러 여러 가지로 일컬으셨으니, 너는 『심경(心經)』을 자세히 보아라."

"인심은 형기지사로 나고 도심은 성명지정으로 나게 되면, 『서경』에 요순이 마음 쓰는 법을 전하실 때 어째서 성명지정으로 난 도심을 먼저 일컫지 않고 형기지사로 난 인심을 먼저 일컬으셨습니까?"

"무릇 언어는 가벼운 것을 먼저 하고 중요한 것을 후에 하는 것도 있고 중요한 것을 먼저 하고 가벼운 것을 후에 하는 것도 있다. 인심과 도심의 선후 차례는 구태여 경중을 의논할 것은 아닌데 경계할 것이 인심에 더 있기에 그리하였는가 싶다. 선유(先儒)의 의논에 인심과 도심의 차례 의논하신 것을 보지 못하였다. 사람이 글을 읽을 때에 성현의 정심지훈(正心之訓)과 존심지훈(存心之訓)을 착실히 몸소 실천할 것이니, 도심이니 인심이니 경서 구절만 입으로 외우기만 해서야 제 몸에 유익할 것이 어찌 있겠느냐?"

"할머니 가르침이 참으로 그러합니다."

유한당은 일곱 아들에게 여러 경서와 고전을 직접 가르친다. 아들들이 장성한 후에는 손자와 손녀, 증손자와 증손녀들도 가르친다. 여러 자녀들이 궁금한 점을 묻고, 이에 대해 유한당이 답해 주는 장면을 통해 유한당의 광범위한 지식과 총명한 기억력이 잘 드러난다. 유한당은 단순히 지식만을 강조하지는 않는다. 오히려 학문을 공부하는 목적은 지식의 습득이 아니라 이를 몸소 행하는 데에 있음을 누차 강조한다. 즉 경서 구절을 외우기만 할 것이 아니라, 이를 실천해서 유익하게 하라는 것이다.

유한당이 나이가 든 후에는 손녀와 손부 등을 이끌고 만수원과 수월정 등을 유람하기도 하고, 연배가 비슷한 친족 여성을 맞이해 한담을 나누기도 한다. 대화를 통해 태교와 육아, 치산과 손님 접대, 양생과 질병 예방, 언행의 유의점 등 양반 가문을 운영하는 유한당의 지혜와 요령이 하나씩 설명된다.

⑤ 아들의 환갑잔치

상서 나이 구십사 세에 장손 일봉의 환갑 생일이 되었다. 두효자가 상서에게 아뢰었다.

"장자 일봉의 환갑 생일이 멀지 않았으니 약간의 술과 음식을 장만하고 자손들을 모으고자 합니다."

"내 자손의 생일을 전부 따지면 일 년 중에 비는 날이 있겠느냐?"

"환갑 생일은 보통의 생일과 다르고, 삼대의 환갑은 참으로 보기 드문 성사(盛事)이오니 설연(設宴)하지 않기가 섭섭합니다."

상서공이 허락하지 않고 내사(內舍)에 들어와 유한당에

게 일러 말하였다.

"오늘 일봉의 환갑 생일이 머지않았다며 잔치 마련하기를 청하였는데 내가 허락하지 않았다."

"한 집안에서 삼대가 환갑을 맞는 것은 실로 천하의 드문 경사입니다. 드문 경사를 만나 적막히 지내는 것은 도리어 인가의 평범한 일이 아닙니다. 술과 음식, 여러 가지를 간략히 하여 성만(盛滿)한 경계를 지키려니와, 잔치를 하지 않는 것은 도리어 이상할 듯합니다."

"과연 그러하다. 작은 경사를 만나면 작게 기뻐하고, 큰 경사를 만나면 크게 기뻐하는 것이 떳떳한 도리다. 자손의 환갑이 희한하니 잔치를 차리게 하되, 자손만 모으고 빈객(賓客)을 널리 청하지 말거라."

두효자가 오천 금을 내어 주식을 장만하고 만수원 뜰을 널리 닦았다. 당일 모인 수천 명의 하객 중에서 상서공의 자손이 천여 명이었다.

『유한당샤시언힝녹』의 마지막에는 유한당의 장자인 일봉의 환갑잔치가 열린다. 두 상서는 원래 환갑잔치를 허락하지 않으려 하였지만, 삼대가 환갑을 맞는 일은 보기 드문 경사라며 유한당이 설득하자 환갑잔치를 허락한다. 만수원에서 열린 환갑잔치에는 일가친척 수천 명이 모였는데, 그 중에서 두 상서의 후손만 천여 명이었다. 두 상서의 사위인 태학사 위천경이 「수연서」를 지어 그 복록을 기록하는 것으로 끝맺는다.

3. 의의

『유한당샤시언힝녹』은 그 장르를 한 마디로 정의하기 어려울 정도로 다채로운 성격을 지닌 자료다. 서울대학교 규장각과 국립중앙도서관의 해제에는 이 자료를 '윤리서'로 소개하였다.[433] 이지영은 이 작품을 조선시대의 여성지성을 형상화한 일종의 '문답식 백과사전'으로 보았으며,[434] 서경희는 인물과 상황의 허구성에 주목해 '규훈소설'의 하나로 보았다.[435] 이처럼 『유한당샤시언힝녹』에는 교양서, 실용서, 수신서의 세 가지 측면이 공존한다. 까다로운 전고의 유래에 대한 유한당의 박학다식한 면모, 가문의 맏며느리에게 요구되는 실용적인 지식과 요령들, 그리고 아녀자에게 요구되는 도덕규범이 복합적으로 갖추어져 있다.

이에 덧붙여 소설 장르로서의 가능성도 생각해 볼 수 있다. 유한당의 말에는 수많은 서적이 인용되어 있는데, 그 중에는 『이원(異苑)』, 『습유기(拾遺記)』, 『수신기(搜神記)』와 같은 중국 지괴소설 작품이 다수 포함되어 있다. 이는 『유한당샤시언힝녹』이 소설 장르와 거리가 멀지 않음을 시사한다. 또한 조선시대에 널리 읽혔던 소설 『사씨남정기(謝氏南征記)』와의 유

433 서울대학교 규장각 소장 『幽閒堂言行錄』(청구기호 一蓑古 920.7-Y95e)에 대한 김호의 해제에서는 '소설식 윤리서'라고 했고, 국립중앙도서관 소장 『유한당사시언행록』(일모古3636-124)에 대한 양승민의 해제에서는 '일종의 여성 (생활) 윤리서'라고 했다.

434 이 한문본의 존재는 이지영의 선행연구에서 처음 보고된 것이다. 이지영, 「『유한당사씨언행록』을 통해 본 조선시대 여성지성의 의식과 지향」, 『한국고전여성문학연구』 28, 2014, 75쪽.

435 서경희, 「규훈소설의 성립 배경과 특성에 관한 연구」, 『온지논총』 47, 2016, 71쪽. "이 작품들은 '규훈소설(閨訓小說)로 유형화할 수 있는데, 규훈소설은 전통적으로 여성들에게 강조되었던 부덕(婦德)의 내용이나 실천 양상을 허구적 인물과 상황 설정을 통해 전면적으로 구체화한 작품이라 정의할 수 있다."

사성이 보이는 부분도 있다. 『사씨남정기』 역시 명나라 만력 연간을 배경으로 하고, 남주인공 유연수(劉延壽)는 성의백 유기의 후손이다. 그리고 주인공을 도와주는 유연수의 고모는 홍려소경 두강(杜强)과 혼인해 두 부인으로 불린다. 주인공인 사 씨의 모습도 유사한 점이 많다. 『사씨남정기』의 주인공 사정옥(謝貞玉) 역시 "자신이 내면화한 도덕적 원칙을 끝까지 구현하는 이상적 도덕적 주체로 형상화"[436]되어 있다.

『유한당샤시언힝녹』은 주목받을 만한 가치가 상당한 자료이지만 아직 연구가 소략한 편이다. 앞으로 여러 이본의 차이 및 작품의 장르적인 성격 등에 대해 보다 깊이 있게 연구될 필요가 있다.

---

436 류준경, 「<사씨남정기>를 통해 본 소설사의 전변의 한 국면-사씨 형상의 형성배경과 의미」, 『국문학연구』 41, 국문학회, 2015, 26쪽.

참고문헌

김동욱, 「〈유한당사씨언행록〉 연구」, 『진단학보』 134, 진단학회, 2020, 309~329쪽.

서경희, 「규훈소설의 성립 배경과 특성에 관한 연구」, 『온지논총』 47, 온지학회, 2016, 69~101쪽.

이지영, 「『유한당사씨언행록』을 통해 본 조선시대 여성지성의 의식과 지향」, 『한국고전여성문학연구』 28, 한국고전여성문학연구, 2014, 63~93쪽.

찾아보기

ㄱ

강목(綱目) | 159
경재잠(敬齋箴) | 73
고금사문유취(古今事文類聚) | 124
고문진보(古文眞寶) | 140
공자(孔子) | 25
구양수(歐陽修) | 138, 139
굴원(屈原) | 137
근사록(近思錄) | 167
금궤요략논주(金匱要畧論註) | 123

ㄴ

내칙(內則) | 109
노자(老子) | 107

ㄷ

당음(唐音) | 60
대대례기(大戴禮記) | 106
대학(大學) | 21, 67
동국통감(東國通鑑) | 93
동방삭(東方朔) | 89
동의보감(東醫寶鑑) | 49
동파집(東坡集) | 106
두보(杜甫) | 138
둔갑개산도(遁甲開山圖) | 105

ㅁ

만력(萬曆) | 14
만수원(萬樹園) | 113
맹자(孟子) | 46
명산기(名山記) | 156

ㅂ

백리해(百里奚) | 61
본초강목(本草綱目) | 114
비급천금요방(備急千金要方) | 123

ㅅ

사기(史記) | 21

사물기원(事物紀原) | 30
사찬좌편(史纂左編) | 106
산해경(山海經) | 115
서경(書經) | 48, 65
서호유람지(西湖遊覽志) | 156, 189
설부(說郛) | 105
소강절(邵康節) | 130
소동파(蘇東坡) | 23
소학(小學) | 14, 17
소학제사(小學題辭) | 18
수신기(搜神記) | 106
숙량흘(叔梁紇) | 43
숙흥야매잠(夙興夜寐箴) | 47, 73
순(舜)임금 | 46
습유기(拾遺記) | 105
시경(詩經) | 46
신농씨(神農氏) | 122
심경(心經) | 24
심경부주(心經附註) | 24
십육국춘추(十六國春秋) | 105

ㅇ

악양(樂羊) | 87
안자(顔子) | 129
언해태산집요(諺解胎産集要) | 49
열녀전(列女傳) | 19
염이가(扊扅歌) | 61
예기(禮記) | 20, 31
예문유취(藝文類聚) | 131
왕양명(王陽明) | 105, 106
요(堯)임금 | 43
유기(劉基) | 35
육예루(六藝樓) | 113
이백(李白) | 166
이원(異苑) | 106
이윤(伊尹) | 80
이필(李泌) | 190

ㅈ

자치통감(資治通鑑) | 159, 191
장횡거(張橫渠) | 80
적벽부(赤壁賦) | 25
전국책(戰國策) | 21
전당호(錢塘湖) | 30
전등록(傳燈錄) | 107
정명도(程明道) | 26
정자(程子) | 122
제해기(齊諧記) | 134, 140
조선(朝鮮) | 16
주렴계(周濂溪) | 26
주역(周易) | 25
주자(朱子) | 23, 51
주자어류(朱子語類) | 51
주지번(朱之蕃) | 91
중용(中庸) | 67
증자(曾子) | 52
진주선(珍珠船) | 106

ㅊ

천중기(天中記) | 131

ㅌ

태사(太姒) | 59
태임(太妊) | 59

ㅍ

팽조(彭祖) | 106

ㅎ

하(夏)나라 | 105
한 고조(漢高祖) | 43
한 무제(漢武帝) | 89
한서(漢書) | 105
한 소제(漢昭帝) | 105
한원신서(翰苑新書) | 132
형천좌편(荊天左編) | 107
형초세시기(荊楚歲時記) | 132
화봉인(華封人) | 43
황제 헌원씨(黃帝軒轅氏) | 106
회암(晦庵) | 23
회암집(晦庵集) | 24

옮긴이 소개

김동욱

계명대학교 인문국제학대학 국어국문학전공 조교수. 군담소설과 한글장편소설을 중심으로 연구하고 있다. 역서로 『흥보만보록』(문학동네, 2020), 논문으로 「유한당사씨언행록 연구」(2020) 등이 있다.

감수자 소개

이종한

계명대학교 인문국제학대학 중국어문학전공 교수, 동산도서관장. 한유를 위시한 중국 산문 연구와 고전 번역에 관심을 두고 있다. 『한유산문역주』(전5권, 2013년 대한민국학술원 우수도서) 등을 출간하였다.

장요한

계명대학교 국어국문학전공 부교수. 중세 국어와 근대 국어의 문법 전공으로 주요 저서는 『『석보상절』 권24와 『월인석보』 권25의 역주 및 비교 연구』, 『『宸翰帖 坤』의 연구 및 역주』 등이 있다.

계명대학교 동산도서관 소개

계명대학교 동산도서관은 『용비어천가』 등 22종 96책의 국가지정문화재(보물)와 『대구읍지』 등 8종 18책의 대구시 유형문화재를 포함하여 78,000여 점의 고문헌을 소장한 우리나라의 대표적인 고문헌 소장 기관으로, 전시회 개최, 목록과 해제집, 번역서 발간 등을 통하여 전통문화 유산의 체계적 관리와 한국학 연구의 증진에 기여하고 있다.